이중표

전남대학교 철학과를 졸업한 뒤 동국대학교 대학원에서
불교학 석 · 박사 학위를 취득했다. 이후 전남대학교
철학과 교수로 재직했으며, 정년 후 동 대학교
철학과 명예교수로 위촉됐다.
호남불교문화연구소 소장, 범한철학회 회장,
불교학연구회 회장을 역임했으며, 현재 불교 신행 단체인
'붓다나라'를 설립하여 포교와 교육에 힘쓰고 있다.
저서로는 『정선 디가 니까야』, 『정선 맛지마 니까야』,
『정선 쌍윳따 니까야』, 『붓다의 철학』, 『니까야로 읽는 금강경』,
『니까야로 읽는 반야심경』, 『담마빠다』, 『숫따니빠따』,
『불교란 무엇인가』, 『붓다가 깨달은 연기법』,
『근본불교』 외 여러 책이 있으며, 역서로
『붓다의 연기법과 인공지능』, 『불교와 양자역학』 등이 있다.

精選 정선 앙굿따라 니까야

Aṅguttara-Nikāya

이중표 역해

精選 정선 앙굿따라 니까야

Aṅguttara-Nikāya

이중표 역해

불광출판사

머리말

『니까야』를 정선(精選)하여 번역하고, 이를 엮어서 '불경'을 편찬하려는 생각으로 2014년 1월에 『정선 디가 니까야』를 출간하고, 2016년 1월에 『정선 맛지마 니까야』를 출간했다. 이후 2021년 4월에 『정선 쌍윳따 니까야』를 출간했고, 이제 『정선 앙굿따라 니까야』를 출간하게 되었다.

『앙굿따라 니까야(Aṅguttara-nikāya)』는 한역(漢譯) 『증일아함경(增壹阿含經)』에 상응하는 경이다. 앙굿따라는 '구성요소'를 의미하는 'aṅga'와 '증가'를 의미하는 'uttara'의 합성어이며, 이름에서 추측할 수 있듯이, 경을 구성하는 주제의 수가 하나씩 증가하는 형식으로 편집되었다. 이렇게 주제의 수가 하나씩 증가하는 『앙굿따라 니까야』는 주제가 하나인 경을 모은 '하나-모음(Eka-nipāta)'에서 시작하여 '열하나-모음(Ekādasaka-nipāta)'까지 모두 11개의 '모음(Nipāta)'으로 이루어져 있다. 주석서에 의하면 『앙굿따라 니까야』는 4부 니까야 가운데 가장 늦게 결집되었다고 한다. 긴 경을 결집한 『디가 니까야』가 맨 먼저 결집되었고, 중간 크기의 경을 결집한 『맛지마 니까야』가 두 번째로 결집되었으며, 주제별로 경을 결집한 『쌍윳따 니까야』가 세 번째로 결집되었는데, 『쌍윳따 니까야』에 포함되지 않은 주제들을 주제의 법수(法數)에 따라 한데 모은 것이 『앙굿따라 니까야』라고 한다.

『앙굿따라 니까야』를 구성하는 11개의 '모음(Nipāta)'은 각각 50개의 경(Sutta)으로 묶은 '50묶음(Paṇṇāsaka)'의 형태로 구성되어 있고, 각각의 '50묶음'에는 10개의 경으로 이루어진 '품(Vagga)'이 5개씩 들어있다. 그런데 '50묶음'은 50개의 경을 모아놓았다는 의미일 뿐 다른 의미는 없고, 실제로 각각의 '모음'은 여러 개의 '품'으로 이루어져 있다.

주석서에는 『앙굿따라 니까야』에 수록된 경의 수가 9,557개라고 적혀 있지만 PTS본에는 2,344개의 경이 수록되어 있다. 이것은 경을 편집하는 과정에서 경우에 따라 여러 개의 경을 하나로 묶은 결과이며, 기본 내용에는 차이가 없다.

이 번역은 PTS본을 저본으로 삼았다. PTS본 『앙굿따라 니까야』는 11개의 '모음' 속에 총 171개의 품이 있다. 각 품에는 기본적으로 경이 10개씩 들어있는데, 어떤 품에는 10개 미만의 경이 있기도 하고, 182개의 경이 들어있는 '하나-모음'의 제20품처럼 분량이 많은 품도 있다. 171개의 품은 많은 경을 편집하기 위하여 설정한 틀에 지나지 않기 때문에 이 책에서는 '품'을 무시하고 각각의 '모음' 속에 정선한 경을 순서대로 배열했다.

이 중 '열하나-모음'은 대부분 앞부분과 겹치는 내용이 많아서 생략했다. '열하나-모음'을 생략한 10개의 모음 가운데 정선한 188개의 경을 편집, 번역했다. 그리고 『앙굿따라 니까야』에는 없지만, 매우 중요한 의미가 있는 『증일아함경』의 제45 마왕품(馬王品) 제4경을 번역하여 '아홉-모음' 마지막 부분에 추가했다. 따라서 이 책에는 마왕품을 더하여 189개의 경을 담았다.

각 모음의 품과 정선하여 편집한 경의 개수를 표로 나타내면 다음과 같다.

	품(vagga)의 개수	PTS본 경(經)의 개수	정선한 경(經)의 개수
하나-모음	21	575	59
둘-모음	17	283	5
셋-모음	16	163	30
넷-모음	27	271	14
다섯-모음	26	365	16
여섯-모음	12	156	7
일곱-모음	9	96	10
여덟-모음	9	96	10
아홉-모음	9	95	18
열-모음	22	219	19
열하나-모음	3	25	생략
『증일아함경』 「마왕품(馬王品)」			1
합계	171	2,344	189

경의 번호 표시는 'A.1.1'의 형태로 했다. 맨 앞의 'A'는 '앙굿따라 니까야'를 의미하고 그다음 숫자는 모음(Nipāta)의 번호이고, 마지막 숫자는 경(Sutta)의 번호이다. 예를 들어 'A.3.4'는 앙굿따라 니까야 '셋-모음'의 네 번째 경을 의미한다. 그리고 경 이름 뒤 홑화살괄호(〈 〉) 안에 들어있는 것은 PTS본의 경 번호이다.

이 책이 나오기까지 많은 분들의 도움과 노고가 있었다. 먼저 번역에 전념할 수 있도록 모든 편의를 제공하신 보해 임성우 회장님께 깊이 감사드린다. 원고를 꼼꼼히 살펴서 교정해주신 보인, 담연, 보령, 명인, 그리고 조근영 법우님께 감사드린다. 책의 출판을 위해 항상 정성을 다하는 불광출판사의 편집부 여러분께도 감사드린다. 마지막으로 함께 공부하면서 항상 큰 힘이 되어주시는 붓다나라 법우님들께 깊이 감사드린다.

목차

제2장 둘-모음(Duka-Nipāta)

제3장 셋-모음(Tika-Nipāta)

제4장 넷-모음(Catukka-Nipāta)

제5장 다섯-모음(Pañcaka-Nipāta)

제6장 여섯-모음(Chakka-Nipāta)

제7장 일곱-모음(Sattaka-Nipāta)

제8장 여덟-모음(Aṭṭhaka-Nipāta)

제9장 아홉-모음(Navaka-Nipāta)

제10장 열-모음(Dasaka-Nipāta)

일러두기

- 이 번역은 빨리성전협회(PTS, Pāli Text Society)에서 발간한 책을 저본으로 삼았다.
- 원전 경(經) 번호는 〈 〉 속에 넣었으며, 번호 또한 PTS본을 따랐다.
- 내용의 이해를 돕기 위한 보충 설명과 요약 등은 ( ) 안에 넣었다.
- 경 제목에서 '경'은 계속 반복되므로 생략했다.
  예) '고요한 마음 경' → '고요한 마음'
- 4성제, 7각지, 8정도 등과 같이 수사(數詞)가 붙는 단어는 아라비아숫자로 표기했다. 단 인명과 지명에 들어간 수사는 한글로 표기했다.

나는 이와 같이 들었습니다

1

하나-모음

Eka-Nipāta

해제

'하나-모음(Eka-Nipāta)'은 21품(Vagga) 575경(Sutta)으로 이루어져 있다. '하나-모음'은 하나의 주제를 다루는 경을 모은 것으로 내용이 짧고 단순하다. 그리고 다른 모음(Nipāta)의 내용과 겹치는 것이 많아서 경을 생략하거나 하나의 경으로 통합하여 번역했다. 예를 들어 첫 다섯 경은 여자의 형색[色]과 소리[聲], 향기[香], 맛[味], 촉감[觸]을 각각 하나의 주제로 삼고 있는 '여자의 형색(Itthirūpa)'이라는 동일한 이름의 경들이다. 이 책에서는 이들 다섯 개의 경을 하나로 묶어서 A.1.1. '여자의 형색(Itthirūpa)〈A.1.1.~A.1.5.〉'으로 편집하여 번역했다. A.1.1.은 이 책에서 정선한 경에 매긴 번호이고, 〈A.1.1.~A.1.5.〉는 PTS본의 경 번호를 표시한 것이다.

'하나-모음'에서 주목해야 할 경은 비구에서 청신녀에 이르는 여러 부류의 10대 제자들에 관하여 설하는 7개의 경, 즉 A.1.43. 비구 제자(Bhikkhūnaṃ) ① 〈A.1.131.〉, A.1.44. 비구 제자(Bhikkhūnaṃ) ② 〈A.1.132.〉, A.1.45. 비구 제자(Bhikkhūnaṃ) ③ 〈A.1.133.〉, A.1.46. 비구 제자(Bhikkhūnaṃ) ④ 〈A.1.134.〉, A.1.47. 비구니 제자(Bhikkhunīnaṃ) 〈A.1.135.〉, A.1.48. 청신사(淸信士, Upāsakānaṃ) 〈A.1.136.〉, A.1.49. 청신녀(淸信女, Upāsikānaṃ) 〈A.1.137.〉이다. 이 경들은 부처님 당시부터라고 할 수는 없을지라도, 비교적 일찍부터 부처님의 10대 제자가 거론되고 있었다는 것을 보여준다.

여타의 경들은 해설이 없어도 쉽게 이해할 수 있는 내용이다.

◈

A.1.1. 여자의 형색(Itthirūpa) 〈A.1.1.~A.1.5.〉

세존께서 싸왓티(Sāvatthī)의 제따와나(Jetavana) 아나타삔디까(Anāthapiṇḍika) 사원(寺院)에 머무실 때, 세존께서 비구들에게 말씀하셨습니다.

"비구들이여, 나는 어떤 형색[色]이나 소리[聲], 향기[香], 맛[味], 촉감[觸]도 여자의 형색이나 소리, 향기, 맛, 촉감만큼 남자의 마음을 사로잡는 것을 하나도 보지 못했다오. 비구들이여, 여자의 형색이나 소리, 향기, 맛, 촉감은 남자의 마음을 사로잡는다오."

A.1.2. 남자의 형색(Purisarūpa) 〈A.1.6.~A.1.10.〉

"비구들이여, 나는 어떤 형색[色]이나 소리[聲], 향기[香], 맛[味], 촉감[觸]도 남자의 형색이나 소리, 향기, 맛, 촉감만큼 여자의 마음을 사로잡는 것을 하나도 보지 못했다오. 비구들이여, 남자의 형색이나 소리, 향기, 맛, 촉감은 여자의 마음을 사로잡는다오."

A.1.3. 아름다운 모습(Subhanimitta) 〈A.1.11.〉

"비구들이여, 나는 아름다운 모습[01] 이외에는, 그것에 의해서 일어나지 않은 감각적 욕망[貪欲]이 일어나고, 일어난 감각적 욕망은 더욱 크고 강해지는 것을 하나도 보지 못했다오.

비구들이여, 아름다운 모습을 이치에 맞지 않게 생각하면,[02] 일어나지 않은 감각적 욕망이 일어나고, 일어난 감각적 욕망은 더욱 크고 강해진다오."

A.1.4. 거슬리는 모습(Paṭighanimitta) 〈A.1.12.〉

"비구들이여, 나는 거슬리는 모습[03] 이외에는, 그것에 의해서 일어나지 않은 분노[瞋恚]가 일어나고, 일어난 분노는 더욱 크고 강해지는 것을 하나도 보지 못했다오.

비구들이여, 거슬리는 모습을 이치에 맞지 않게 생각하면, 일어나지 않은 분노가 일어나고, 일어난 분노는 더욱 크고 강해진다오."

A.1.5. 해이(解弛)한 마음(Līnacitta) 〈A.1.13.〉

"비구들이여, 나는 불만과 권태, 졸림, 식곤증(食困症), 해이(解弛)한 마음[04] 이외에는, 그것에 의해서 일어나지 않은 혼침(惛沈)이[05] 일어나고,

01 'subha-nimittaṃ'의 번역.

02 'subha-nimittaṃ bhikkhave ayoniso manasikaroto'의 번역.

03 'paṭigha-nimittaṃ'의 번역.

04 'aratī-tandīvijambhikā bhatta-sammado cetaso ca līnattaṃ'의 번역.

05 'thīna-middhaṃ'의 번역.

일어난 혼침은 더욱 크고 강해지는 것을 하나도 보지 못했다오.

비구들이여, 마음이 해이해지면, 일어나지 않은 혼침이 일어나고, 일어난 혼침은 더욱 크고 강해진다오."

A.1.6. 고요하지 않은 마음(Avūpasantacitta) 〈A.1.14.〉

"비구들이여, 나는 고요하지 않은 마음[06] 이외에는, 그것에 의해서 일어나지 않은 흥분과 후회[悼擧]가[07] 일어나고, 일어난 흥분과 후회는 더욱 크고 강해지는 것을 하나도 보지 못했다오.

비구들이여, 마음이 고요하지 않으면, 일어나지 않은 흥분과 후회가 일어나고, 일어난 흥분과 후회는 더욱 크고 강해진다오."

A.1.7. 이치에 맞지 않는 생각(Ayonisomanasikāra) 〈A.1.15.〉

"비구들이여, 나는 이치에 맞지 않는 생각[08] 이외에는, 그것에 의해서 일어나지 않은 의심[09]이 일어나고, 일어난 의심은 더욱 크고 강해지는 것을 하나도 보지 못했다오.

---

06 'cetaso avūpasamo'의 번역.

07 'uddhacca-kukkuccam'의 번역.

08 'ayoniso manasikāro'의 번역.

09 'vicikiccham'의 번역.

비구들이여, 이치에 맞지 않는 생각을 하면, 일어나지 않은 의심이 일어나고, 일어난 의심은 더욱 크고 강해진다오."

A.1.8. 추한 모습(Asubhanimitta) 〈A.1.16.〉

"비구들이여, 나는 추한 모습[10] 이외에는, 그것에 의해서 일어나지 않은 감각적 욕망[貪欲]은 일어나지 않고, 일어난 감각적 욕망은 사라지는 것을 하나도 보지 못했다오.

비구들이여, 추한 모습을 이치에 맞게 생각하면, 일어나지 않은 감각적 욕망은 일어나지 않고, 일어난 감각적 욕망은 사라진다오."

A.1.9. 자애로운 마음에 의한 해탈(Mettā-cetovimutti) 〈A.1.17.〉

"비구들이여, 나는 자애(慈愛)로운 마음의 해탈[11] 이외에는, 그것에 의해서 일어나지 않은 분노[瞋恚]는 일어나지 않고, 일어난 분노는 사라지는 것을 하나도 보지 못했다오.

비구들이여, 자애로운 마음에 의한 해탈을 이치에 맞게 생각하면, 일어나지 않은 분노는 일어나지 않고, 일어난 분노는 사라진다오."

---

10 'asubha-nimittaṃ'의 번역.

11 'mettā ceto-vimutti'의 번역.

A.1.10. 용맹정진(Ārambhaviriya) 〈A.1.18.〉

"비구들이여, 나는 발근계(發勤界), 출리계(出離界), 용맹계(勇猛界)[12] 이외에는, 그것에 의해서 일어나지 않은 혼침(昏沈)은 일어나지 않고, 일어난 혼침은 사라지는 것을 하나도 보지 못했다오.

비구들이여, 정진(精進)하기 시작하면, 일어나지 않은 혼침은 일어나지 않고, 일어난 혼침은 사라진다오."

A.1.11. 고요한 마음(Vūpasantacitta) 〈A.1.19.〉

"비구들이여, 나는 고요한 마음[13] 이외에는, 그것에 의해서 일어나지 않은 흥분과 후회[悼擧]는 일어나지 않고, 일어난 흥분과 후회는 사라지는 것을 하나도 보지 못했다오.

비구들이여, 마음이 고요하면, 일어나지 않은 흥분과 후회[悼擧]는 일어나지 않고, 일어난 흥분과 후회는 사라진다오."

A.1.12. 이치에 맞는 생각(Yonisomanasikāra) 〈A.1.20.〉

"비구들이여, 나는 이치에 맞는 생각[14] 이외에는, 그것에 의해서 일어나지 않은 의심은 일어나지 않고, 일어난 의심은 사라지는 것을 하나도

---

12 'ārambha-dhātu nikkama-dhātu parakkama-dhātu'의 번역.

13 'cetaso vūpasamo'의 번역.

14 'yoniso manasikāro'의 번역.

보지 못했다오.

비구들이여, 이치에 맞는 생각을 하면, 일어나지 않은 의심은 일어나지 않고, 일어난 의심은 사라진다오."

A.1.13. 닦지 않은 마음(Abhāvitacitta) ① 〈A.1.21.〉

"비구들이여, 나는 마음 이외에는, 닦지 않으면 다루기 어려운 것을 하나도 보지 못했다오. 비구들이여, 닦지 않은 마음은 다루기 어렵다오."

A.1.14. 닦은 마음(Bhāvitacitta) ① 〈A.1.22.〉

"비구들이여, 나는 마음 이외에는, 닦으면 다루기 쉬운 것을 하나도 보지 못했다오. 비구들이여, 닦은 마음은 다루기 쉽다오."

A.1.15. 닦지 않은 마음(Abhāvitacitta) ② 〈A.1.23.〉

"비구들이여, 나는 마음 이외에는, 닦지 않으면 큰 손해를 가져오는 것을 하나도 보지 못했다오. 비구들이여, 닦지 않은 마음은 큰 손해를 가져온다오."

A.1.16. 닦은 마음(Bhāvitacitta) ② 〈A.1.24.〉

"비구들이여, 나는 마음 이외에는, 닦으면 큰 이익을 가져오는 것을 하나도 보지 못했다오. 비구들이여, 닦은 마음은 큰 이익을 가져온다오."

A.1.17. 닦지 않은 마음(Abhāvitacitta) ③ 〈A.1.25.〉

"비구들이여, 나는 마음 이외에는, 닦지 않아 드러나지 않으면[15] 큰 손해를 가져오는 것을 하나도 보지 못했다오. 비구들이여, 닦지 않아 드러나지 않은 마음은 큰 손해를 가져온다오."

A.1.18. 닦은 마음(Bhāvitacitta) ③ 〈A.1.26.〉

"비구들이여, 나는 마음 이외에는, 닦아 드러나면 큰 이익을 가져오는 것을 하나도 보지 못했다오. 비구들이여, 닦아 드러난 마음은 큰 이익을 가져온다오."

A.1.19. 닦지 않은 마음(Abhāvitacitta) ④ 〈A.1.27.〉

"비구들이여, 나는 마음 이외에는, 닦지 않고 익히지 않으면 큰 손해를 가져오는 것을 하나도 보지 못했다오. 비구들이여, 닦지 않고 익히지 않

---

15 'abhāvitaṃ apātubhūtaṃ'의 번역. 마음을 수습(修習)하지 않으면 마음이 드러나지 않는다는 의미이다. 마음을 닦는다는 것은 주의집중하여 마음이 일어나고 사라지는 것을 잘 살펴보는 것인데, 이렇게 마음을 닦으면 자신에게 일어나는 마음이 드러나게 된다. 화가 나면 이를 알아차림으로써 화난 마음이 드러나고, 즐거운 느낌이 생기면 이를 알아차림으로써 즐거운 마음이 드러난다.

은 마음은 큰 손해를 가져온다오."

A.1.20. 닦은 마음(Bhāvitacitta) ④ 〈A.1.28.〉

"비구들이여, 나는 마음 이외에는, 닦아 익히면 큰 이익을 가져오는 것을 하나도 보지 못했다오. 비구들이여, 닦아 익힌 마음은 큰 이익을 가져온다오."

A.1.21. 닦지 않은 마음(Abhāvitacitta) ⑤ 〈A.1.29.〉

"비구들이여, 나는 마음 이외에는, 닦지 않고 익히지 않으면 괴로움을 가져오는 것을 하나도 보지 못했다오. 비구들이여, 닦지 않고 익히지 않은 마음은 괴로움을 가져온다오."

A.1.22. 닦은 마음(Bhāvitacitta) ⑤ 〈A.1.30.〉

"비구들이여, 나는 마음 이외에는, 닦아 익히면 즐거움을 가져오는 것을 하나도 보지 못했다오. 비구들이여, 닦아 익힌 마음은 즐거움을 가져온다오."

A.1.23. 길들이지 않은 마음(Adantacitta) 〈A.1.31.〉

"비구들이여, 나는 마음 이외에는, 길들이지 않으면 큰 손해를 가져오는 것을 하나도 보지 못했다오. 비구들이여, 길들이지 않은 마음은 큰 손해를 가져온다오."

A.1.24. 길들인 마음(Dantacitta) 〈A.1.32.〉

"비구들이여, 나는 마음 이외에는, 길들이면 큰 이익을 가져오는 것을 하나도 보지 못했다오. 비구들이여, 길들인 마음은 큰 이익을 가져온다오."

A.1.25. 지켜보지 않은 마음(Aguttacitta) 〈A.1.33.〉

"비구들이여, 나는 마음 이외에는, 지켜보지 않으면 큰 손해를 가져오는 것을 하나도 보지 못했다오. 비구들이여, 지켜보지 않은 마음은 큰 손해를 가져온다오."

A.1.26. 지켜본 마음(Guttacitta) 〈A.1.34.〉

"비구들이여, 나는 마음 이외에는, 지켜보면 큰 이익을 가져오는 것을 하나도 보지 못했다오. 비구들이여, 지켜본 마음은 큰 이익을 가져온다오."

A.1.27. 수호하지 않은 마음(Arakkhitacitta) 〈A.1.35.〉

"비구들이여, 나는 마음 이외에는, 수호(守護)하지 않으면 큰 손해를 가져오는 것을 하나도 보지 못했다오. 비구들이여, 수호하지 않은 마음은 큰 손해를 가져온다오."

A.1.28. 수호한 마음(Rakkhitacitta) 〈A.1.36.〉

"비구들이여, 나는 마음 이외에는, 수호하면 큰 이익을 가져오는 것을 하나도 보지 못했다오. 비구들이여, 수호한 마음은 큰 이익을 가져온다오."

A.1.29. 제어하지 않은 마음(Asaṃvutacitta) 〈A.1.37.〉

"비구들이여, 나는 마음 이외에는, 제어(制御)하지 않으면 큰 손해를 가져오는 것을 하나도 보지 못했다오. 비구들이여, 제어하지 않은 마음은 큰 손해를 가져온다오."

A.1.30. 제어한 마음(Saṃvutacitta) 〈A.1.38.〉

"비구들이여, 나는 마음 이외에는, 제어하면 큰 이익을 가져오는 것을 하나도 보지 못했다오. 비구들이여, 제어한 마음은 큰 이익을 가져온다오."

A.1.31. 손해(Anattha) 〈A.1.39.〉

"비구들이여, 나는 마음 이외에는, 길들이지 않고, 지켜보지 않고, 수호하지 않고, 제어하지 않으면 큰 손해를 가져오는 것을 하나도 보지 못했다오. 비구들이여, 길들이지 않고 지켜보지 않고, 수호하지 않고, 제어하지 않은 마음은 큰 손해를 가져온다오."

A.1.32. 이익(Attha) 〈A.1.40.〉

"비구들이여, 나는 마음 이외에는, 길들이고, 지켜보고, 수호하고, 제어하면 큰 이익을 가져오는 것을 하나도 보지 못했다오. 비구들이여, 길들이고, 지켜보고, 수호하고, 제어한 마음은 큰 이익을 가져온다오."

A.1.33. 마음수련을 하지 않음(Cittabhāvanā n'atthi) 〈A.1.51.〉

"비구들이여, 이 마음은 밝게 빛난다오.[16] 그런데 그 마음이 밖에서 온 번뇌[客塵煩惱]에 의해서 오염된다오. 무지한 범부(凡夫)는 그것을 있는 그대로 통찰하지 못한다오. '그래서 무지한 범부는 마음수련을 하지 않는다'[17]라고 나는 말한다오."

A.1.34. 마음수련을 함(Cittabhāvanā atthi) 〈A.1.52.〉

"비구들이여, 이 마음은 밝게 빛난다오. 그리고 그 마음이 밖에서 온 번뇌[客塵煩惱]에서 벗어난다오. 학식이 많은 거룩한 제자는 그것을 있는 그대로 통찰한다오. '그래서 학식이 많은 거룩한 제자는 마음수련을 한다'라고 나는 말한다오."

---

16 'pabhassaram idaṃ bhikkhave cittaṃ'의 번역.

17 'assutavato puthujjanassa citta-bhāvanā n'atthī ti'의 번역.

A.1.35. 못된 친구(Pāpamittatā) 〈A.1.70.〉

"비구들이여, 나는 못된 친구와 사귀는 것 이외에, 발생하지 않았던 불선법(不善法)을 일으키고, 발생한 선법(善法)을 줄어들게 하는 것을 하나도 보지 못했다오. 비구들이여, 못된 친구와 사귀면 발생하지 않았던 불선법이 생기고, 발생한 선법은 줄어든다오."

A.1.36. 좋은 친구(Kalyāṇamittatā) 〈A.1.71.〉

"비구들이여, 나는 좋은 친구와 사귀는 것 이외에, 발생하지 않았던 선법(善法)을 일으키고, 발생한 불선법(不善法)을 줄어들게 하는 것을 하나도 보지 못했다오. 비구들이여, 좋은 친구와 사귀면 발생하지 않았던 선법이 생기고, 발생한 불선법은 줄어든다오."

A.1.37. 친족의 감소(Ñāti-parihāni) 〈A.1.76.〉

"비구들이여, 친족이 줄어드는 것은 큰일이 아니라오. 비구들이여, 통찰지[般若]를 잃는 것이 가장 큰 비극이라오."

A.1.38. 친족의 증가(Ñāti-vuddhi) 〈A.1.77.〉

"비구들이여, 친족이 늘어나는 것은 큰일이 아니라오. 비구들이여, 통찰지[般若]의 성장(成長)이 제일가는 소득이라오. 비구들이여, 그러므로 통찰지를 키우고 늘리는 공부를 해야 한다오. 비구들이여, 그대들은 이와 같이 공부해야 한다오."

A.1.39. 재산의 손실(Ghoga-parihāni) 〈A.1.78.〉

"비구들이여, 재산을 잃는 것은 큰일이 아니라오. 비구들이여, 통찰지[般若]를 잃는 것이 비극이라오."

A.1.40. 재산의 증가(Ghoga-vuddhi) 〈A.1.79.〉

"비구들이여, 재산이 늘어나는 것은 큰일이 아니라오. 비구들이여, 통찰지[般若]의 성장이 가장 큰 소득이라오. 비구들이여, 그러므로 통찰지를 키우고 늘리는 공부를 해야 한다오. 비구들이여, 그대들은 이와 같이 공부해야 한다오."

A.1.41. 명성의 손실(Yaso-parihāni) 〈A.1.80.〉

"비구들이여, 명성을 잃는 것은 큰일이 아니라오. 비구들이여, 통찰지[般若]를 잃는 것이 비극이라오."

A.1.42. 여래(如來, Tathāgato) 〈A.1.121.〉

"비구들이여, 세간에 태어날 때, 많은 사람의 이익을 위하여, 많은 사람의 즐거움을 위하여, 세간을 연민하여, 천신과 인간의 이익과 행복과 즐거움을 위하여 태어나는 단 한 사람이 있다오. 단 한 사람은 어떤 분인가? 그분은 여래, 아라한, 등정각(等正覺)이라오.

비구들이여, 이분은 세간에 태어날 때, 많은 사람의 이익을 위하여, 많은 사람의 즐거움을 위하여, 세간을 연민하여, 천신과 인간의 이익과 행복과 즐거움을 위하여 태어난다오."

A.1.43. 비구 제자(Bhikkhūnaṃ) ① 〈A.1.131.〉

"비구들이여, 나의 비구제자 가운데

기숙제일(耆宿第一)은 안냐 꼰단냐(Aññā Koṇḍañña: 憍陳如)라오.

지혜제일(智慧第一)은 싸리뿟따(Sāriputta: 舍利弗)라오.

신통제일(神通第一)은 마하 목갈라나(Mahā Moggallāna: 大目犍連)라오.

두타제일(頭陀第一)은 마하 깟싸빠(Mahā Kassapa: 大迦葉)라오.

천안제일(天眼第一)은 아누룻다(Anuruddha: 阿那律)라오.

가문제일(家門第一)은 밧디야 깔리고다야뿟따(Bhaddiya Kāligodhāya putta)라오.

묘음제일(妙音第一)은 라꾼따까 밧디야(Lakuṇṭaka Bhaddiya)라오.

사자후제일(師子吼第一)은 삔돌라 바라드와자(Piṇḍola Bhāradvāja)라오.

설법제일(說法第一)은 뿐나 만따니뿟따(Puṇṇa Mantāniputta: 富樓那)라오.

논의제일(論義第一)은 마하 깟짜나(Mahā Kāccāna: 大迦旃延)라오."

A.1.44. 비구 제자(Bhikkhūnaṃ) ② 〈A.1.132.〉

"비구들이여, 나의 비구제자 가운데

의성신제일(意成身第一)은 쭐라 빤타까(Culla Panthaka)라오.

상전제일(想轉[18]第一)은 마하 빤타까(Mahā Panthaka)라오.

무쟁제일(無諍[19]第一)은 쑤부띠(Subhūti: 須菩提)라오.

임서제일(林棲[20]第一)은 레와따 카디라와니야(Revata Khadiravaniya)라오.

선정제일(禪定第一)은 깡카 레와따(Kaṅkhā Revata)라오.

정진제일(精進第一)은 쏘나 꼴리위싸(Soṇa Kolivīsa)라오.

선설제일(善說[21]第一)은 쏘나 꾸띠깐나(Soṇa Kuṭikaṇṇa)라오.

소득제일(所得第一)은 씨왈리(Sīvali)라오.

신심제일(信心[22]第一)은 왁깔리(Vakkali)라오."

A.1.45. 비구 제자(Bhikkhūnaṃ) ③ 〈A.1.133.〉

"비구들이여, 나의 비구 제자 가운데

학계제일(學戒[23]第一)은 라훌라(Rāhula: 羅云)라오.

---

18 'saññā-vivaṭṭa-kusala'의 번역.

19 'araṇavihārin'의 번역.

20 'āraññika'의 번역.

21 'kalyāṇavākkaraṇa'의 번역.

22 'saddhādhimutta'의 번역.

23 'sikkhākāma'의 번역.

신심출가제일(信心出家[24]第一)은 랏타빨라(Raṭṭapāla)라오.
급식제일(給食[25]第一)은 꾼다다나(Kuṇḍadhāna)라오.
변재제일(辯才第一)은 왕기싸(Vaṅgīsa)라오.
선견제일(善見[26]第一)은 우빠세나 왕간따뿟따(Upasena Vaṅgantaputta)라오.
방사단속제일(房舍團束第一)은 답바 말라뿟따(Dabba Mallaputta)라오.
천인애제일(天人愛[27]第一)은 삘린다 왓차(Pilinda Vaccha)라오.
체험지신속제일(體驗智迅速[28]第一)은 바히야 다루찌리야(Bāhiya Dārucīriya)라오.
교설제일(敎說第一)은 꾸마라 깟싸빠(Kumāra Kassapa)라오.
분석제일(分析第一)은 마하 꼿티따(Mahā Koṭṭhita)라오."

A.1.46. 비구 제자(Bhikkhūnaṃ) ④ 〈A.1.134.〉

"비구들이여, 나의 비구 제자 가운데
다문제일(多聞第一)은 아난다(Ānanda: 阿難)라오.
정념제일(正念第一)은 아난다(Ānanda: 阿難)라오.

---

24 'saddhāpabbajita'의 번역.

25 'paṭhamaṃ salākaṃ gaṇhanta'의 번역. 'salākā'는 음식을 분배할 때 순번을 정하는 막대기, 즉 '식권(食券)'을 의미하므로 원뜻은 '식권을 잡은 첫 번째'이다.

26 'samantapāsādika'의 번역.

27 'devatāṃ piyamanāpa'의 번역.

28 'khippābhiñña'의 번역.

정행제일(正行第一)은 아난다(Ānanda: 阿難)라오.

정견제일(正見第一)은 아난다(Ānanda: 阿難)라오.

시봉제일(侍奉第一)은 아난다(Ānanda: 阿難)라오.

대중제일(大衆第一)은 우루웰라 깟싸빠(Uruvela Kassapa)라오.

가문인도제일(家門引導[29]第一)은 깔루다이(Kāḷudayī)라오.

무병제일(無病第一)은 박꿀라(Bakkula)라오.

숙명지제일(宿命知第一)은 쏘비따(Sobhita)라오.

지계제일(持戒第一)은 우빨리(Upāli)라오.

비구니교계제일(比丘尼敎誡第一)은 난다까(Nandaka)라오.

6근수호제일(六根守護第一)은 난다(Nanda)라오.

비구교계제일(比丘敎誡第一)은 마하 깝삐나(Mahā Kappina)라오.

화계선교제일(火界善巧第一)은 싸가따(Sāgata)라오.

질문제일(質問第一)은 라다(Rādha)라오.

분소의제일(糞掃衣第一)은 모가라자(Mogharāja)라오."

A.1.47. 비구니 제자(Bhikkhunīnaṃ) 〈A.1.135.〉

"비구들이여, 나의 비구니 제자 가운데

기숙제일(耆宿第一)은 마하빠자빠띠 고따미(Mahāpajāpatī Gotamī)라오.

지혜제일(智慧第一)은 케마(Khemā)라오.

신통제일(神通第一)은 웁빨라완나(Uppalavaṇṇā)라오.

---

29 'kulappasādaka'의 번역.

지계제일(持戒第一)은 빠따짜라(Paṭācārā)라오.
설법제일(說法第一)은 담마딘나(Dhammadinnā)라오.
선정제일(禪定第一)은 난다(Nandā)라오.
정진제일(精進第一)은 쏘나(Soṇā)라오.
천안제일(天眼第一)은 싸꿀라(Sakulā)라오.
신통지신속제일(神通智迅速第一)은 밧다 꾼달라께싸(Bhaddā Kuṇḍala kesā) 라오.
숙명지제일(宿命知第一)은 밧다 까삘라니(Bhaddā Kapilānī)라오.
대신통지성취제일(大神通智成就第一)은 밧다 깟짜나(Bhaddā Kaccānā)라오.
분소의제일(糞掃衣第一)은 끼사고따미(Kisāgotamī)라오.
신심제일(信心第一)은 씨갈라마따(Sigālamātā)라오."

A.1.48. 청신사(淸信士, Upāsakānaṃ) 〈A.1.136.〉

"비구들이여, 나의 청신사 제자 가운데
최초귀의자(最初歸依者)는 상인(商人) 따뿟싸(Tapussa)와 발리까(Bhallika) 라오.
보시제일(布施第一)은 쑤닷따 아나타삔디까(Sudatta Anāthapiṇḍika)라오.
설법제일(說法第一)은 찟따 맛치까싼디까(Citta Macchikasaṇḍika)라오.
사섭사제일(四攝事[30]第一)은 핫타까 알라와까(Haṭṭhaka Āḷāvaka)라오.

---

30 'catūhi saṅgaha-vatthūhi parisaṃ saṅgṇhanta'의 번역. 4섭사(四攝事)는 중생을 불도(佛道)로 인도하기 위해 보시(布施), 이행(利行), 애어(愛語), 동사(同事)를 실천하는 일이다.

승묘보시제일(勝妙布施第一)은 마하나마 싹까(Mahānāma Sakka)라오.
만족보시제일(滿足布施第一)은 욱가 웨쌀리까(Ugga Vesālika)라오.
승가옹호제일(僧伽擁護第一)은 욱가따(Uggata)라오.
신심불변제일(信心不變第一)은 쑤라 암밧타(Sūra Ambaṭṭha)라오.
인간신심제일(人間信心[31]第一)은 지와까 꼬마라밧짜(Jīvaka Komāra bhacca)라오.
신뢰제일(信賴第一)은 나꿀라삐따(Nakulapitā)라오."

A.1.49. 청신녀(淸信女, Upāsikānaṃ) 〈A.1.137.〉

"비구들이여, 나의 청신녀 제자 가운데
최초귀의자(最初歸依者)는 쑤자따 쎄나니디따(Sujātā Senānidhītā)라오.
보시제일(布施第一)은 위싸카 미가라마따(Visākhā Migāramātā)라오.
다문제일(多聞第一)은 쿠줏따라(Khujjuttarā)라오.
자애제일(慈愛第一)은 싸마와띠(Sāmāvatī)라오.
선정제일(禪定第一)은 웃따라 난다마따(Uttarā Nandamātā)라오.
승묘보시제일(勝妙布施第一)은 쑵빠와싸 꼴리야디따(Suppavāsā Koḷiya dhītā)라오.
간병제일(看病第一)은 쑵삐야(Suppiyā)라오.
변치 않는 신심 제일은 까띠야니(Kātiyānī)라오.

---

31 'puggalappasanna'의 번역.

신뢰제일(信賴第一)은 나꿀라마따(Nakulamātā) 장자 부인[32]이라오.
수문신심제일(隨聞信心[33]第一)은 꾸라라(Kurara) 집안의 깔리(Kāḷī)라오."

A.1.50. 사견(邪見, Micchādiṭhi) ① 〈A.1.161.〉

"비구들이여, 나는 사견(邪見) 이외에, 발생하지 않았던 불선법(不善法)이 생기고, 발생한 불선법을 늘리고 불리는 것을 하나도 보지 못했다오. 비구들이여, 사견을 가지면 발생하지 않았던 불선법이 생기고, 발생한 불선법은 늘어나고 불어난다오."

A.1.51. 정견(正見, Sammādiṭhi) ① 〈A.1.162.〉

"비구들이여, 나는 정견(正見) 이외에, 발생하지 않았던 선법(善法)을 일으키고, 발생한 선법을 늘리고 불리는 것을 하나도 보지 못했다오. 비구들이여, 정견을 가지면 발생하지 않았던 선법이 생기고, 발생한 선법은 늘어나고 불어난다오."

32 'Nakulamātā gahapatānī'의 번역. 신뢰 제일 청신사 나꿀라삐따(Nakulapitā) 장자의 부인.

33 'anussavappasanna'의 번역. 깔리(Kāḷī)는 부처님에 대한 소문을 듣고 신심을 일으켰다고 한다.

A.1.52. 사견(邪見, Micchādiṭhi) ② 〈A.1.163.〉

"비구들이여, 나는 사견(邪見) 이외에, 발생하지 않았던 선법(善法)은 일으키지 않고, 발생한 선법은 줄이는 것을 하나도 보지 못했다오. 비구들이여, 사견을 가지면 발생하지 않았던 선법은 생기지 않고, 발생한 선법은 줄어든다오."

A.1.53. 정견(正見, Sammādiṭhi) ② 〈A.1.164.〉

"비구들이여, 나는 정견(正見) 이외에, 발생하지 않았던 불선법(不善法)은 일으키지 않고, 발생한 불선법은 줄이는 것을 하나도 보지 못했다오. 비구들이여, 정견을 가지면 발생하지 않았던 불선법은 생기지 않고, 발생한 불선법은 줄어든다오."

A.1.54. 이치에 맞지 않는 생각(Ayonisomanasikāra) 〈A.1.165.〉

"비구들이여, 나는 이치에 맞지 않는 생각[34] 이외에, 발생하지 않았던 사견(邪見)을 일으키고, 발생한 사견을 늘리는 것을 하나도 보지 못했다오. 비구들이여, 이치에 맞지 않는 생각을 하면 발생하지 않았던 사견이 생기고, 발생한 사견은 늘어난다오."

---

34 'ayoniso manasikāra'의 번역.

A.1.55. 이치에 맞는 생각(Yonisomanasikāra) 〈A.1.166.〉

"비구들이여, 나는 이치에 맞는 생각[35] 이외에, 발생하지 않았던 정견(正見)을 일으키고, 발생한 정견을 늘리는 것을 하나도 보지 못했다오. 비구들이여, 이치에 맞는 생각을 하면 발생하지 않았던 정견이 생기고, 발생한 정견은 늘어난다오."

A.1.56. 사견(邪見, Micchādiṭhi) ③ 〈A.1.167.〉

"비구들이여, 나는 사견(邪見) 이외에, 그로 인해서 중생들이 몸이 무너져 죽은 후에 험난하고 고통스러운, 지옥과 같은 악취(惡趣)에서 태어나는 것을 하나도 보지 못했다오. 비구들이여, 사견을 가진 중생들은 몸이 무너져 죽은 후에 험난하고 고통스러운, 지옥과 같은 악취에서 태어난다오."

A.1.57. 정견(正見, Sammādiṭhi) ③ 〈A.1.168.〉

"비구들이여, 나는 정견(正見) 이외에, 그로 인해서 중생들이 몸이 무너져 죽은 후에 행복한 천상세계(天上世界)에 태어나는 것을 하나도 보지 못했다오. 비구들이여, 정견을 가진 중생들은 몸이 무너져 죽은 후에 행복한 천상세계에 태어난다오."

---

35 'yoniso manasikāra'의 번역.

A.1.58. 사악한(Pāpika) 〈A.1.169.〉

"비구들이여, 사견(邪見)을 가진 사람들의 그 견해에 따르는 신업(身業)과 구업(口業)과 의업(意業), 그리고 그 견해에 따르는 의도와 희망과 소망과 행위 등은[36] 모든 것들을 만족스럽지 않고, 불쾌하고, 마음에 들지 않고, 무익하고, 괴롭게 만든다오. 그 까닭은 무엇인가? 비구들이여, 그것은 견해가 사악(邪惡)하기 때문이라오.

비구들이여, 비유하면 님바(nimba) 종자나 꼬싸따끼(kosātaki) 종자나 띳따까라부(tittaka-labu) 종자가 젖은 땅에 떨어지면, 종자가 사악하기 때문에 땅의 맛을 취하고 물의 맛을 취하여, 모든 것을 쓰고, 맵고, 맛없게 만들어버리는 것과 같다오."

A.1.59. 훌륭한(Bhaddaka) 〈A.1.170.〉

"비구들이여, 정견(正見)을 가진 사람들의 그 견해에 따르는 신업(身業)과 구업(口業)과 의업(意業), 그리고 그 견해에 따르는 의도와 희망과 소망과 행위 등은 모든 것들을 만족스럽고, 유쾌하고, 마음에 들고, 유익하고, 즐겁게 만든다오. 그 까닭은 무엇인가? 비구들이여, 그것은 견해가 훌륭하기 때문이라오.

비구들이여, 비유하면 웃추(ucchu) 종자나 쌀리(sāli) 종자나 뭇디까(muddikā) 종자가 젖은 땅에 떨어지면, 종자가 훌륭하기 때문에 땅의 맛을 취하고, 물의 맛을 취하여, 모든 것을 달콤하고, 상쾌하고, 상큼하게 만드는 것과 같다오."

---

36 'yathādiṭṭhisamattaṃ samādinnaṃ yā ca cetanā yā ca patthanā yo ca paṇidhi ye ca saṅkhārā'의 번역.

2

둘-모음

Duka-Nipāta

해제

두 개의 주제를 다룬 경을 모은 '둘-모음(Duka-Nipāta)'은 17품(Vagga) 283경(Sutta)으로 이루어져 있다. '둘-모음'에 수록된 경들은 주목할 만한 것이 많지 않기 때문에 이 책에서는 다섯 개의 경만을 선정하여 번역하였다. 여기에 수록된 경들은 해설 없이도 충분히 이해할 수 있는 것들이다.

◈

A.2.1. 죄(罪, Vajja) 〈A.2.1.〉

세존께서 싸왓티(Sāvatthī)의 제따와나(Jetavana) 아나타삔디까(Anātha piṇḍika) 사원(寺院)에 머무실 때 비구들에게 말씀하셨습니다.

"비구들이여, 두 가지 죄가 있다오. 그 둘은 어떤 것인가? 현세에서 벌을 받는 죄와 미래세에서 벌을 받는 죄라오.

비구들이여, 현세에서 벌을 받는 죄는 어떤 것인가? 비구들이여, 어떤 사람이, 왕들이 죄를 지은 도적을 잡아다가 갖가지 형벌을 가하는 것을 본다오. 그는 '이러한 악행으로 인해서 왕들이 죄를 지은 도적을 잡아다가 갖가지 형벌을 가하고, 채찍으로 때리고, 칼로 머리를 자르는구나. 만약 내가 이런 악행을 저지르면 왕들이 나를 잡아다가 갖가지 형벌을 가하고, 채찍으로 때리고, 칼로 머리를 자를 것이다'라고 생각한다오. 그는 현세에서 벌을 받는 죄가 두려워서 다른 사람의 재물을 약탈하지 않는다오. 비구들이여, 이것을 현세에서 벌을 받는 죄라고 한다오.

비구들이여, 미래세에서 벌을 받는 죄는 어떤 것인가? 비구들이여, 어떤 사람은 '몸이나 말이나 마음으로 악행을 저지르면 미래세에 나쁜 과보(果報)가 있다. 만약에 내가 몸이나 말이나 마음으로 악행을 저지르면 그로 인해서 나는 몸이 무너져 죽은 후에 험난하고 고통스러운 지옥과 같은 악취(惡趣)에 태어날 것이다'라고 성찰한다오. 그는 미래세에서 받는 죄가 두려워서 몸이나 말이나 마음으로 행하는 악행을 버리고, 선행을 닦아서 청정한 자신을 지킨다오. 비구들이여, 이것을 미래세에서 벌을 받는 죄라고 한다오.

비구들이여, 그러므로 '나는 현세에서 벌을 받는 죄를 두려워하고, 미래세에서 벌을 받는 죄를 두려워하겠다. 죄를 두려워하고, 죄의 무서움을 통찰하는 사람이 되겠다'라고 공부해야 한다오. 비구들이여 그대들은 이와 같이 공부해야 한다오. 비구들이여, 죄를 두려워하고, 죄의 무서움을 통찰하는 사람은 당연히 모든 죄에서 해탈하게 된다오."

A.2.2. 어리석은 사람(Bāla) 〈A.2.21.〉

"비구들이여, 두 부류의 어리석은 사람이 있다오. 그 둘은 어떤 것인가? 잘못을 잘못으로 알지 못하는 사람과 잘못을 고백하는 사람을 여법하게 받아들이지 않는 사람이라오. 비구들이여, 이들이 두 부류의 어리석은 사람이라오.

비구들이여, 두 부류의 현명한 사람이 있다오. 그 둘은 어떤 것인가? 잘못을 잘못으로 아는 사람과 잘못을 고백하는 사람을 여법하게 받아들이는 사람이라오. 비구들이여, 이들이 두 부류의 현명한 사람이라오."

A.2.3. 사람의 바탕(Bhūmi) 〈A.2.31.〉

"비구들이여, 못된 사람의 바탕[01]과 참된 사람의 바탕에 대하여 설하겠소. 듣고 잘 생각해보시오. 내가 이야기하겠소.

비구들이여, 못된 사람의 바탕은 어떤 것인가? 비구들이여, 못된 사람을 보면, 은혜를 망각하고 감사할 줄 모른다오. 비구들이여, 천박한 사람을 보면, 은혜를 망각하고 감사할 줄 모른다오. 비구들이여, 은혜를 망각하고 감사할 줄 모르는 것이 바로 못된 사람의 바탕이라오.

비구들이여, 참된 사람의 바탕은 어떤 것인가? 비구들이여, 참된 사람을 보면, 은혜를 알고 감사할 줄 안다오. 비구들이여, 고결한 사람을 보면 은혜를 알고 감사할 줄 안다오. 비구들이여, 은혜를 알고 감사할 줄 아는 것이 바로 참된 사람의 바탕이라오."

A.2.4. 막중한 은혜(Duppaṭikāra) 〈A.2.32.〉

"비구들이여, 갚기 어려운 두 가지 은혜를 이야기하겠소. 그 둘은 어떤 것인가? 어머니의 은혜와 아버지의 은혜라오.

비구들이여, 한쪽 어깨에는 어머니를 모시고, 한쪽 어깨에는 아버지를 모시고, 백 세가 되고, 백 년을 사는 동안 향료를 발라 드리고, 주물러 드리고, 씻어 드리고, 머리 감겨 드리면서 부양하고, 부모님의 대소변을 받아낸다고 할지라도 부모님의 은혜를 갚을 수 없다오. 비구들이여, 부모님을 칠보(七寶)가 충만한 이 대지를 다스리는 최고의 제왕(帝王)으로 옹립한다고 할지라도, 부모님의 은혜를 갚을 수 없다오. 왜냐하면, 비구들이여, 부모님이 이 세상에서 자식을 보호하고, 양육하고, 가르친 은혜가 너무 크기 때문이라오.

---

01 'asappurisabhūmi'의 번역.

비구들이여, 그렇지만 부모가 믿음이 없으면 믿음을 성취하여 지니고 확립하여 살아가도록 하고, 계(戒)를 어기면 계를 성취하여 지니고 확립하여 살아가도록 하고, 인색하면 베풂을 성취하여 지니고 확립하여 살아가도록 하고, 통찰지[般若]가 없으면 통찰지를 성취하여 지니고 확립하여 살아가도록 한다면, 이 사람은 부모의 은혜를 갚은 것이며, 충분히 갚은 것이라오."

A.2.5. 학계(學戒, Sikkhāpada) 〈A.2.161.〉

"비구들이여, 여래는 두 가지 목적으로 제자들에게 학계(學戒)를 시설했다오.[02] 그 둘은 어떤 것인가? 승가의 건전을 위하고 승가의 평안을 위함이라오.[03] 여래는 이 두 가지 목적으로 제자들에게 학계를 시설했다오.

품행이 어지러운 사람들을 제어하고, 품행이 올바른 비구들이 평온하게 생활하도록 여래는 이 두 가지 목적으로 제자들에게 학계를 시설했다오.

현세의 번뇌, 죄, 과오(過誤), 두려움과 같은 불선법(不善法)을 제어하고, 미래세의 번뇌, 죄, 과오, 두려움과 같은 불선법을 막도록 여래는 이 두 가지 목적으로 제자들에게 학계를 시설했다오.

재가자에 대한 연민과 사악한 자들의 파당(派黨)을 근절하기 위하

---

02 'dve'me bhikkhave atthavase paṭicca Tathāgatena sāvakānaṃ sikkhāpadaṃ paññattaṃ'의 번역.

03 'saṅgha-suṭṭhutāya saṅgha-phāsutāya'의 번역.

여, 여래는 이 두 가지 목적으로 제자들에게 학계를 시설했다오.

신심(信心)이 없는 자들은 신심을 갖게 되고, 신심이 있는 자들은 신심이 더욱 확고해지도록 여래는 이 두 가지 목적으로 제자들에게 학계를 시설했다오.

바른 가르침[正法]을 확립하고, 율(律)을 섭수(攝受)하도록 여래는 이 두 가지 목적으로 제자들에게 학계를 시설했다오."

3

셋-모음

Tika-Nipāta

해제

세 개의 주제를 다룬 경을 모은 '셋-모음(Tika-Nipāta)'은 16품(Vagga) 163경(Sutta)으로 이루어져 있다. 이 책에서는 그 가운데 30개의 경을 선정하여 번역하였다. '셋-모음'의 주된 주제는 업(業)이다. 업에 관련된 중요한 경이 많은데, 특히 주목되는 경을 소개하면 다음과 같다.

A.3.11. 천사(天使, Devadūta) 〈A.3.35.〉 경에서는 세 천사(天使)에 관해 이야기하는데, 사람의 늙음과 질병과 죽음은 죽음의 세계를 관장하는 야마천왕이 우리에게 보낸 천사라고 이야기한다. 늙음과 질병과 죽음은 야마천왕이 우리에게 보낸 천사라고 보고 우리도 늙고 병들어 죽는다는 사실을 명심하여 방일하지 말고 공덕을 지어야 한다는 것이 이 경의 가르침이다.

A.3.15. 열반(Nibbāna) 〈A.3.55.〉 경에서는 열반에 대하여 탐(貪), 진(瞋), 치(癡)의 소멸이라고 가르칠 뿐 우리의 상식과는 달리 윤회(輪廻)에 대한 언급이 없다. 이 경은 붓다가 가르친 열반은 윤회와 무관하다는 것을 보여준다.

A.3.19. 세 가지 외도(Tittha) 〈A.3.61.〉 경에서는 업(業)의 작용을 부정하는 세 가지 사상을 비판한다. 첫째는 우리의 삶이 자재신(自在神)에 의해 지배된다는 창조론(創造論)이고, 둘째는 우리의 삶이 이전에 행한 행위로 인해 지배된다는 숙명론(宿命論)이며, 셋째는 우리의 삶은 우연히 전개된다는 우연론(偶然論)이다. 붓다는 이들 사상이 옳다면 의욕이나 노력이나 해야 할 일이나 해서는 안 될 일이 없게 되므로 잘못된 사상이라

고 비판한다.

A.3.20. 깔라마(Kālāma) 〈A.3.65.〉 경에서 붓다는 진실을 판단할 때 전통(傳統)에 의지하지 말고, 전승(傳承)에 의지하지 말고, 뜬소문에 의지하지 말고, 경전의 권위에 의지하지 말고, 논리에 의지하지 말고, 추론(推論)에 의지하지 말고, 이론(理論)의 이해와 승인(承認)에 의지하지 말고, 그럴듯한 것에 의지하지 말고, '이 사문(沙門)은 우리의 스승'이라고 해서 의지하지 말 것을 가르친다. 그리고 스스로 실행하고 시도하여 즐겁게 되는 것과 괴롭게 되는 것을 스스로 알게 되었을 때, 그것을 취하거나 버리라고 가르친다.

A.3.22. 존재[有, Bhava] ① 〈A.3.76.〉과 A.3.23. 존재[有, Bhava] ② 〈A.3.77.〉의 두 경은 삼계(三界)에서 생사(生死)의 괴로움을 받는 중생의 존재, 즉 욕유(欲有), 색유(色有), 무색유(無色有)에 대하여 설명한다. 비유하면 업(業)은 밭이고, 분별하는 마음[識]은 종자(種子)이고, 갈애[愛]는 물과 같아서 무명(無明)에 뒤덮이고, 갈애[愛]에 묶인 중생들의 분별하는 마음[識]이 욕계나 색계나 무색계에 머물면, 미래에 그 계에서 다음 존재[後有]로 나타나게 된다는 것이다.

A.3.26. 소금 덩어리(Loṇaphala) 〈A.3.99.〉 경에서는 사소한 악업을 지어도 지옥에 떨어지는 사람과 같은 악업을 지어도 그 과보를 받지 않는 사람이 있는 이유에 대해서 설명한다. 업이 조건에 따라서 달리 성숙[異熟]하기 때문이라는 것이 이 경의 가르침이다. 비유하면 같은 양의 소금을

작은 그릇에 담긴 물에 넣으면 짠물이 되고, 큰 강에 넣으면 전혀 짠맛이 나지 않는 것처럼, 업은 조건에 의해서 달리 성숙한다는 것이다.

A.3.29. 아누룻다(Anuruddha) 〈A.3.128.〉 경에서는 붓다의 제자 가운데 가장 훌륭한 천안통(天眼通)을 얻어서 천안제일(天眼第一)로 알려진 아누룻다 존자의 이야기가 나온다. 아누룻다는 "나는 인간을 초월한 청정한 천안으로 1,000개의 세계를 본다"라고 말하고 다녔다. 이를 본 싸리뿟따 존자는 교만(驕慢)하기 때문에 그런 말을 한다고 아누룻다를 꾸짖는다. 이 일화를 통해 우리는 붓다 당시에 교단에서 천안통이나 숙명통 같은 신통력을 교만한 자의 허풍으로 인식했음을 알 수 있다.

◈

A.3.1. 어리석음(Bāla) 〈A.3.1.〉

세존께서 싸왓티(Sāvatthī)의 제따와나(Jetavana) 아나타삔디까(Anāthapiṇḍika) 사원(寺院)에 머무실 때, 세존께서 비구들에게 말씀하셨습니다.

"비구들이여, 어떤 두려움이건, 모든 두려움은 어리석기 때문에 생긴 것이지 현명하기 때문에 생긴 것이 아니라오. 비구들이여, 어떤 재난이건, 모든 재난은 어리석기 때문에 생긴 것이지 현명하기 때문에 생긴 것이 아니라오.

비구들이여, 비유하면, 갈대집이나 초가집에서 일어난 불이 회벽을 칠하고 빗장을 잠그고 창을 닫아 바람을 막은 누각을 태우듯이, 비구들이여, 어떤 두려움이건, 모든 두려움은 어리석기 때문에 생긴 것이지 현명하기 때문에 생긴 것이 아니라오. 비구들이여, 어떤 재난이건, 모든 재난은 어리석기 때문에 생긴 것이지, 현명하기 때문에 생긴 것이 아니라오.

비구들이여, 이와 같이 어리석으면 두려움과 재앙과 재난을 초래하고, 현명하면 두려움과 재난과 재앙을 초래하지 않는다오. 비구들이여, 현명하면 두려움과 재앙과 재난이 없다오.

비구들이여, 그러므로 '나는 어리석다고 알려진 자가 갖춘 세 가지 법(法)을 버리고, 현명하다고 알려진 자가 갖춘 세 가지 법을 받아 지니겠다'라고 공부해야 한다오. 비구들이여 이와 같이 공부해야 한다오."

A.3.2. 모습(Lakkhaṇ) 〈A.3.2.〉

"비구들이여, 어리석음도 업(業)의 모습으로 드러나고, 현명함도 업의 모습으로 드러나며, 통찰지[般若]도 업의 모습으로 드러난다오.[01]

비구들이여, 세 가지 법을 갖춘 사람은 어리석다고 알려진다오. 그 셋은 몸으로 행하는 악행, 말로 행하는 악행, 마음으로 행하는 악행이라오.[02] 비구들이여, 이 세 법을 갖춘 사람은 어리석다고 알려진다오.

비구들이여, 세 가지 법을 갖춘 사람은 현명하다고 알려진다오. 그 셋은 몸으로 행하는 선행, 말로 행하는 선행, 마음으로 행하는 선행이라오.[03] 비구들이여, 이 세 법을 갖춘 사람은 현명하다고 알려진다오.

비구들이여, 그러므로 '나는 어리석다고 알려진 사람들이 갖춘 세 가지 법을 버리고, 현명하다고 알려진 사람들이 갖춘 세 가지 법을 받아 지니겠다'라고 공부해야 한다오. 비구들이여 이와 같이 공부해야 한다오."

A.3.3. 자해(自害, Attavyāpāda) 〈A.3.17.〉

세존께서 바라나씨(Bārāṇasi)의 이씨빠따나 미가다야(Isipatana migadāya: 鹿野苑)에 머무실 때, 세존께서 비구들에게 말씀하셨습니다.

"비구들이여, 자신도 해치고 상대방도 해치는, 두 사람 모두를 해치는 세 가지 법이 있다오. 그 셋은 어떤 것인가? 그것은 몸으로 행하는 악

---

01 'kammalakkhaṇo bhikkhave bālo kammalakkhaṇo paṇḍito apadāne sobhati paññā'의 번역.

02 'katamehi tīhi kāyaduccaritena vacīduccaritena manoduccaritena'의 번역.

03 'katamehi tīhi kāyasucaritena vacīsucaritena manosucaritena'의 번역.

행, 말로 행하는 악행, 마음으로 행하는 악행이라오. 비구들이여, 이들 세 가지 법은 자신도 해치고, 상대방도 해치고, 두 사람 모두를 해친다오.

비구들이여, 자신도 해치지 않고, 상대방도 해치지 않고, 두 사람 모두를 해치지 않는 세 가지 법이 있다오. 그 셋은 어떤 것인가? 그것은 몸으로 행하는 선행, 말로 행하는 선행, 마음으로 행하는 선행이라오. 비구들이여, 이들 세 가지 법은 자신도 해치지 않고, 상대방도 해치지 않고, 두 사람 모두를 해치지 않는다오."

A.3.4. 종기(腫氣, Aruka) 〈A.3.25.〉

세존께서 싸왓티(Sāvatthī)의 제따와나(Jetavana) 아나타삔디까(Anāthapiṇḍika) 사원(寺院)에 머무실 때, 세존께서 비구들에게 말씀하셨습니다.

"비구들이여, 세상에는 세 종류의 사람이 있다오. 그 셋은 어떤 것인가? 그것은 마음이 종기(腫氣) 같은 사람, 마음이 번갯불 같은 사람, 마음이 금강석(金剛石) 같은 사람이라오.

비구들이여, 어떤 사람이 마음이 종기 같은 사람인가? 비구들이여, 어떤 사람은 성질이 사납고 화가 많아서 사소한 말에도 화를 내고 흥분하고 성내고 격분(激忿)하면서, 원한과 분노와 불만을 드러낸다오. 마치 곪은 종기가 장작개비나 사금파리에 스치면 많은 피고름을 흘려내듯이, 어떤 사람은 성질이 사납고 화가 많아서 사소한 말에도 화를 내고 흥분하고 성내고 격분하면서, 원한과 분노와 불만을 드러낸다오. 비구들이여, 이런 사람을 마음이 종기 같은 사람이라고 한다오.

비구들이여, 어떤 사람이 마음이 번갯불 같은 사람인가? 비구들이여, 어떤 사람은 '이것은 괴로움[苦]이다'라고 있는 그대로 통찰하고, '이것은 괴로움의 쌓임[苦集]이다. 이것은 괴로움의 소멸[苦滅]이다. 이것은 괴로움의 소멸에 이르는 길[苦滅道]이다'라고 있는 그대로 통찰한다오. 비구들이여, 마치 안목(眼目) 있는 사람이 칠흑같이 어두운 밤중에 번갯불이 번쩍이는 사이에 형색(形色)들을 보듯이, 어떤 사람은 '이것은 괴로움이다'라고 있는 그대로 통찰하고, '이것은 괴로움의 쌓임이다. 이것은 괴로움의 소멸이다. 이것은 괴로움의 소멸에 이르는 길이다'라고 있는 그대로 통찰한다오. 비구들이여, 이런 사람을 마음이 번갯불 같은 사람이라고 한다오.

비구들이여, 어떤 사람이 마음이 금강석 같은 사람인가? 비구들이여, 어떤 사람은 번뇌[漏]를 소멸하여, 번뇌가 없는 심해탈(心解脫)과 혜해탈(慧解脫)을 지금 여기에서 스스로 체험적 지혜로 체득하고 성취하여 살아간다오. 비구들이여, 마치 그 어떤 수정(水晶)이나 돌도 부술 수 없는 금강석처럼, 어떤 사람은 번뇌를 소멸하여 번뇌가 없는 심해탈과 혜해탈을 지금 여기에서 스스로 체험적 지혜로 체득하고 성취하여 살아간다오. 비구들이여, 이런 사람을 마음이 금강석 같은 사람이라고 한다오.

비구들이여, 세상에는 이와 같은 세 종류의 사람이 있다오."

A.3.5. 피해야 할 사람(Jigucchitabba) 〈A.3.27.〉

"비구들이여, 세상에는 세 종류의 사람이 있다오. 그 셋은 어떤 것인가?

비구들이여, 어울려서도 안 되고, 가까이해서도 안 되고, 모셔서도 안 되고, 피해야 할 사람이 있다오. 비구들이여, 어울려서도 안 되고, 가까이해서도 안 되고, 모셔서도 안 되는 조심해야 할 사람이 있다오. 비구들이여, 어울리고, 가까이하고, 모셔야 할 사람이 있다오.

비구들이여, 어울려서도 안 되고, 가까이해서도 안 되고, 모셔서도 안 되고, 피해야 할 사람은 어떤 사람인가? 비구들이여, 어떤 사람은 성격이 고약하고, 추잡하고, 의심스러운 행동을 하고, 은밀한 행동을 하고, 사문(沙門)이 아니면서 사문이라고 자칭하고, 청정한 수행자가 아니면서 청정한 수행자라고 자칭하고, 속이 썩어서 더러운 것이 흘러나오고, 천성이 추악하다오. 비구들이여, 이런 사람과는 어울려서도 안 되고, 가까이해서도 안 되고, 모셔서도 안 되고, 피해야 한다오. 왜냐하면, 설령 이런 사람을 본받지 않을지라도, '사악한 친구가 있고, 사악한 동료가 있고, 사악한 벗이 있는 사람이다'라는 악명(惡名)이 퍼지기 때문이리오. 비구들이여, 비유하면, 똥 묻은 뱀이 설령 물지 않을지라도, 똥을 묻히는 것과 같이, 설령 그 사람을 본받지 않을지라도, '사악한 친구가 있고, 사악한 동료가 있고, 사악한 벗이 있는 사람이다'라는 악명이 퍼진다오. 비구들이여, 그러므로, 이런 사람은 어울려서도 안 되고, 가까이해서도 안 되고, 모셔서도 안 되고, 피해야 한다오.

비구들이여, 어울려서도 안 되고, 가까이해서도 안 되고, 모셔서도 안 되고, 조심해야 할 사람은 어떤 사람인가? 비구들이여, 어떤 사람은 성질이 사납고 화가 많아서 사소한 말에도 화를 내고 흥분하고 성내고 격분하면서, 원한과 분노와 불만을 드러낸다오. 비구들이여, 마치 곪은 종기가 장작개비나 사금파리에 스치면 많은 피고름을 흘려내듯이, 어떤 사람은 성질이 사납고 화가 많아서 사소한 말에도 화를 내고 흥분하고 성내고 격분하면서 원한과 분노와 불만을 드러낸다오. 비구들이여,

마치 띤두까(tiṇḍuka) 나무 불쏘시개가 장작개비나 사금파리에 스치면 많은 톡톡대는 소리를 내듯이, 어떤 사람은 성질이 사납고 화가 많아서 사소한 말에도 화를 내고 흥분하고 성내고 격분하면서, 원한과 분노와 불만을 드러낸다오. 비구들이여, 마치 똥구덩이에 장작개비나 사금파리를 던지면 많은 악취가 나듯이, 어떤 사람은 성질이 사납고 화가 많아서 사소한 말에도 화를 내고 흥분하고 성내고 격분하면서, 원한과 분노와 불만을 드러낸다오. 비구들이여, 그러므로, 이런 사람은 어울려서도 안 되고, 가까이해서도 안 되고, 모셔서도 안 되고, 조심해야 한다오.

비구들이여, 어울리고, 가까이하고, 모셔야 할 사람은 어떤 사람인가? 비구들이여, 어떤 사람은 계행(戒行)을 갖추고, 행실이 훌륭하다오.[04] 비구들이여, 이런 사람은 어울리고, 가까이하고, 모셔야 한다오. 왜냐하면, 설령 이런 사람을 본받지 않을지라도, '훌륭한 친구가 있고, 훌륭한 동료가 있고, 훌륭한 벗이 있는 사람이다'라는 좋은 명성이 퍼지기 때문이리오. 비구들이여, 그러므로 이런 사람은 어울리고, 가까이하고, 모셔야 한다오.

비구들이여, 이들이 세상에 있는 세 종류의 사람이라오."

천박한 사람을 사귀면 몰락하고,
동등한 사람을 사귀면 퇴보하지 않고,
훌륭한 사람을 사귀면 빨리 성장한다네.
그러므로 자신보다 뛰어난 사람을 사귀어야 한다네.

---

04 'ekacco puggalo sīlavā hoti kalyāṇadhammo'의 번역.

A.3.6. 꽃 같은 말을 하는 사람(Pupphabhāṇī) 〈A.3.28.〉

"비구들이여, 세상에는 세 종류의 사람이 있다오. 그 셋은 어떤 종류의 사람인가? 그것은 똥 같은 말을 하는 사람, 꽃 같은 말을 하는 사람, 꿀 같은 말을 하는 사람이라오.

비구들이여, 어떤 사람이 똥 같은 말을 하는 사람인가? 어떤 사람은 단체나 집회나 문중(門中)이나 조합이나 법정(法庭) 가운데 증인(證人)으로 불려 나와 '당신은 아는 대로 말하시오!'라고 심문당할 때, 그는 알지 못하는 것을 '나는 안다'라고 말하거나, 알고 있는 것을 '나는 모른다'라고 말하거나, 보지 못한 것을 '나는 보았다'라고 말하거나, 본 것을 '나는 보지 못했다'라고 말한다오. 이와 같이 그는 자신 때문에, 혹은 다른 사람 때문에, 혹은 사소한 이익 때문에 고의로 거짓말을 한다오. 비구들이여, 이런 사람을 똥 같은 말을 하는 사람이라고 한다오.

비구들이여, 어떤 사람이 꽃 같은 말을 하는 사람인가? 어떤 사람은 단체나 집회나 문중이나 조합이나 법정 가운데 증인으로 불려 나와 '당신은 아는 대로 말하시오!'라고 심문당할 때, 그는 알지 못하는 것은 '나는 알지 못한다'라고 말하고, 알고 있는 것은 '나는 안다'라고 말하고, 보지 못한 것은 '나는 보지 못했다'라고 말하고, 본 것을 '나는 보았다'라고 말한다오. 이와 같이 그는 자신 때문에, 혹은 다른 사람 때문에, 혹은 사소한 이익 때문에 고의로 거짓말을 하지 않는다오. 비구들이여, 이런 사람을 꽃 같은 말을 하는 사람이라고 한다오.

비구들이여, 어떤 사람이 꿀 같은 말을 하는 사람인가? 어떤 사람은 거칠고 난폭한 말을 버리고 삼간다오. 그는 부드럽고, 듣기 좋고, 사랑스럽고, 심금을 울리고, 예의 바르고, 대중이 즐거워하고, 대중이 기빠하는 말을 한다오. 비구들이여, 이런 사람을 꿀 같은 말을 하는 사람이라고 한다오.

비구들이여, 이들이 세상에 있는 세 종류의 사람이라오."

A.3.7. 장님(Andha) 〈A.3.29.〉

"비구들이여, 세상에는 세 종류의 사람이 있다오. 그 셋은 어떤 종류의 사람인가? 그것은 장님, 외눈박이, 두 눈을 가진 사람이라오.

비구들이여, 어떤 사람이 장님인가? 어떤 사람은 얻지 못한 재산을 취득하거나, 얻은 재산을 늘릴 수 있는 안목도 없고, 훌륭한 행실과 못된 행실을 알아보고, 비난받을 일과 비난받지 않을 일을 알아보고, 못난 행실과 훌륭한 행실을 알아보고, 흑백은 상반(相伴)하는 법(法)이라는 것을 알아보는 안목도 없다오. 비구들이여, 이런 사람을 장님이라고 한다오.

비구들이여, 어떤 사람이 외눈박이인가? 어떤 사람은 얻지 못한 재산을 취득하거나, 얻은 재산을 늘릴 수 있는 안목은 있지만, 훌륭한 행실과 못된 행실을 알아보고, 비난받을 일과 비난받지 않을 일을 알아보고, 못난 행실과 훌륭한 행실을 알아보고, 흑백은 상반하는 법이라는 것을 알아보는 안목은 없다오. 비구들이여, 이런 사람을 외눈박이라고 한다오.

비구들이여, 어떤 사람이 두 눈 가진 사람인가? 어떤 사람은 얻지 못한 재산을 얻거나, 얻은 재산을 늘릴 수 있는 안목도 있고, 옳은 일과 그른 일을 알아보고, 비난받을 일과 비난받지 않을 일을 알아보고, 못난 행실과 훌륭한 행실을 알아보고, 상반하는 흑백의 행실을 알아보는 안목도 있다오. 비구들이여, 이런 사람을 두 눈 가진 사람이라고 한다오.

비구들이여, 이들이 세상에 있는 세 종류의 사람이라오."

재물도 얻지 못하고 공덕도 쌓지 못하는
눈먼 장님은 (현재와 미래) 양쪽에서 불행해진다네.[05]
한 눈만 온전한 외눈박이는
옳은 일 그른 일 가리지 않고 재물을 구한다네.[06]
도둑질이나 속임수나 거짓말로
능숙하게 재산을 모아 돈 자랑하는[07]
외눈박이는 지옥에 가서 고난을 겪는다네.
최상의 인간으로 알려진 두 눈 가진 사람은
여법하게 열심히 모은 재물로
가장 훌륭한 의도를 가지고 주저하지 않고 보시하는 사람이라네.
그는 좋은 곳으로 가나니, 그곳에 가면 슬퍼하지 않는다네.
장님과 외눈박이는 멀리하고 피해야 한다네.
두 눈 가진 최상의 인간을 가까이 모셔야 한다네.

05 'Ubhayattha kaliggaho andhassa hatacakkhuno'의 번역.

06 'Dhammādhammaena saṃsaṭṭho bhogāni pariyesati'의 번역.

07 'kusalo hoti saṅghātuṃ kāmabhogī ca mānavo'의 번역.

A.3.8. 범천(梵天)이 계시는 가정(Sabrahmaka) 〈A.3.31.〉

"비구들이여, 자녀들이 공경하는 부모님이 계시는 가정은 범천(梵天)이 계시는 가정이라오. 비구들이여, 자녀들이 공경하는 부모님이 계시는 가정은 선대(先代)의 스승님이 계시는 가정이라오. 비구들이여, 자녀들이 공경하는 부모님이 계시는 가정은 공양받아 마땅한 분이 계시는 가정이라오.

비구들이여, 범천은 부모를 지칭하는 말이라오. 선대의 스승은 부모를 지칭하는 말이라오. 비구들이여, 공양받아 마땅한 분은 부모를 지칭하는 말이라오. 왜냐하면, 비구들이여, 부모님은 자녀들에게 많은 도움을 주는 보호자이며, 양육자이며, 이 세간의 안내자이기 때문이라오."

부모님을 범천이라고도 부르고, 선대의 스승님이라고도 부른다네.
부모님은 자손들을 애민하시니, 자녀들의 공경을 받아 마땅하다네.
그러므로 현명한 사람이라면 먹고 마실 음식과 옷과 침구로
존경하고 받들어 모셔야 하리.
목욕시켜 드리고 향을 바르고, 깨끗하게 발을 씻겨드려야 하리.
이와 같이 부모님을 봉양한다면
현생에는 현자들이 칭찬을 하고, 사후에는 천상에서 기뻐하리라.

A.3.9. 싸리뿟따(Sāriputta) 〈A.3.32.〉

어느 날 싸리뿟따 존자가 세존을 찾아와서 예배하고 한쪽에 앉았습니다. 한쪽에 앉은 싸리뿟따에게 세존께서 말씀하셨습니다.

"싸리뿟따여, 나는 법(法)을 간략하게 가르치기도 하고, 자세하게 가르치기도 하고, 간략하면서 자세하게 가르치기도 하지만, 완전하게 이해한 사람을 보기가 어렵구려."

"세존이시여, 지금이 좋은 때입니다. 선서시여, 지금이 좋은 때입니다. 세존께서 법을 간략하게 가르치시거나, 자세하게 가르치시거나, 간략하면서 자세하게 가르치시면, 법을 완전하게 이해하는 사람이 있을 것입니다."

"싸리뿟따여, 그렇다면, 이렇게 공부해야 한다오. '이 의식이 있는 몸에 대하여, 나라는 생각을 하고, 내 것이라는 생각을 하는 아만(我慢)의 잠재적 경향[慢睡眠]들이 있어서는 안 된다. 모든 외모에 대하여 나라는 생각을 하고, 내 것이라는 생각을 하는 아만의 잠재적 경향들이 있어서는 안 된다.[08] 나는 나라는 생각을 하고, 내 것이라는 생각을 하는 아만의 잠재적 경향들 없이 살아가는 심해탈(心解脫)과 혜해탈(慧解脫)을 성취하여 살아가도록 하겠다.' 싸리뿟따여, 이렇게 공부해야 한다오. 싸리뿟따여, 비구에게 이 의식이 있는 몸에 대하여, 나라는 생각을 하고, 내 것이라는 생각을 하는 아만의 잠재적 경향들이 없고, 모든 외모에 대하여 나라는 생각을 하고, 내 것이라는 생각을 하는 아만의 잠재적 경향들이 없기 때문에 그는 나라는 생각을 하고, 내 것이라는 생각을 하는 아만의 잠재적 경향들이 없이 살아가는 심해탈과 혜해탈을 성취하여 살아간다오. 싸리뿟따여, 이런 비구를 갈애를 끊고 결박을

08 'imasmiñ ca saviññāṇake kāye ahaṃkāra-mamaṅkāra-mānānusayā na bhasissanti, bahiddhā ca sabbanimittesu ahaṃkāra-mamaṅkāra-mānānusayā na bhavissanti'의 번역.

제거하여 아만을 바르게 이해하여 괴로움을 끝낸 비구라고 한다오."

A.3.10. 알라와까(Āḷavaka) 〈A.3.34.〉

세존께서 알라위(Āḷavī)의 씽싸빠(Siṃsapā) 숲에 있는 고막가(Gomagga)[09]에서 낙엽을 깔고 지내실 때, 핫타까(Hatthaka) 알라와까(Āḷavaka)는 이리저리 배회하며 돌아다니다가, 씽싸빠 숲에서 낙엽을 깔고 앉아계시는 세존을 보고, 세존께 다가가서 예배하고 한쪽에 앉은 후에 말했습니다.

"세존이시여, 편히 주무셨습니까?"

"그렇단다. 동자여, 나는 편히 잘 잤단다. 나는 세상에서 편히 잘 자는 사람 가운데 한 사람이란다."

"세존이시여, 겨울밤은 춥습니다. 한겨울 8일간은[10] 눈이 오는 혹한기(酷寒期)입니다. 땅은 황소들이 발굽으로 짓밟아 고르지 않고, 낙엽을 깔아서 만든 잠자리는 나뭇잎이 적어서 얇으며, 바람은 차가운데 가사(袈裟)와 옷은 추워 보입니다."

그러자 세존께서 이렇게 말씀하셨습니다.

"그렇지만, 동자여, 나는 편히 잘 잤단다. 나는 세상에서 편히 잘 자는 사람 가운데 한 사람이란다. 동자여, 그렇다면, 내가 물을 테니, 좋은 대로 대답해보아라. 동자여, 어떻게 생각하느냐? 장자나 장자의 아들에게 바람이 들어오지 못하게 빗장을 걸고 창문을 닫은 잘 치장된 저택이

---

09 고막가(Gomagga)는 소(go)의 길(magga), 즉 소들이 다니는 길이다.

10 'antaraṭṭhake'의 번역. 인도에서 가장 추운 1월 말의 4일과 2월 초의 4일을 의미한다.

있고, 그곳에 양쪽에 붉은 등받이가 있고, 위에는 덮개가 있는, 갖가지 진귀한 양탄자를 깐 침상(寢牀)이 있는데, 기름등에 불을 밝히고, 네 명의 아내가 매우 즐겁게 시중을 든다면, 동자여, 그는 잠을 편히 잘 잘 것이다. 그렇지 않겠느냐?"

"세존이시여, 그는 편히 잘 잘 것입니다. 그는 세상에서 편히 잘 자는 사람 가운데 한 사람일 것입니다."

"동자여, 어떻게 생각하느냐? 그 장자나 장자의 아들에게 탐욕이나, 분노나, 어리석음이 생겨 육체적으로나 정신적으로 뜨거운 고뇌가 있다면, 탐욕이나, 분노나, 어리석음이 생겨서 그 고통으로 잠 못 이루지 않겠느냐?"

"그렇습니다. 세존이시여!"

"동자여, 그 장자나 장자의 아들은 탐욕이나, 분노나, 어리석음이 생기면 뜨거운 고뇌로 인해 괴롭게 잠을 자겠지만, 여래는 그 탐욕과 분노와 어리석음을 버리고, 뿌리 뽑고, 그루터기가 잘린 종려나무처럼 다시 존재할 수 없게 하고, 미래에는 생기지 않게 했단다. 그래서 나는 편히 잘 잤단다."

감각적 쾌락에 물들지 않고 취착이 없는, 맑고 시원한
반열반(般涅槃)을 성취한 바라문은 언제나 참으로 편히 잔다네.
일체의 집착을 끊고, 가슴에서 고통을 제거하고,
마음의 적정(寂靜)을 얻은 고요한 사람은 편히 잔다네.

A.3.11. 천사(天使, Devadūta) 〈A.3.35.〉

"비구들이여, 세 종류의 천사(天使)가 있다오. 그 셋은 어떤 천사들인가?

비구들이여, 어떤 사람은 몸으로 악행을 행하고, 말로 악행을 행하고, 마음으로 악행을 행한다오. 그는 몸이 무너져 죽은 후에 괴롭고, 험난하고, 고통스러운 지옥에 태어난다오. 비구들이여, 그러면 지옥의 옥졸(獄卒)들이 그의 팔을 붙잡고 야마천왕에게[11] 보여준다오.

'대왕이시여, 이 사람은 어머니를 공경하지 않고, 아버지를 공경하지 않고, 사문을 공경하지 않고, 바라문을 공경하지 않고, 가문의 어른들을 공경하지 않았습니다. 대왕이시여, 이자에게 벌을 내리십시오.'

비구들이여, 그러면 야마천왕은 그에게 첫 번째 천사에 대하여 물으며 추궁한다오.

'네 이놈! 너는 인간 가운데 출현한 첫 번째 천사를 보지 못했느냐?'

그는 '대왕님, 보지 못했습니다'라고 말한다오.

비구들이여, 그에게 야마천왕은 이렇게 말한다오.

'네 이놈! 너는 인간 가운데서 여든 살이나 아흔 살이나 백 살을 먹은, 태어나서 늙어 서까래처럼 등이 휘고, 지팡이에 의지하여 떨면서 걸어가는, 병들고 늙어 이가 빠지고, 백발에 머리 빠진 대머리에, 이마에는 주름이 지고, 온몸에는 검버섯이 핀 여인이나 사내를 보지 못했단 말이냐?'

---

11 'Yamassa raññо'의 번역. 야마천은 제석천 위에 있는 욕계의 하늘세계로서 사람이 죽으면 야마천에 가서 야마천왕의 심판을 받는다고 한다. 야마천은 중국에서 명부(冥府)의 시왕(十王) 가운데 염라대왕(閻羅大王)과 동일시된다.

그는 '대왕님, 보았습니다'라고 말한다오.

비구들이여, 그에게 야마천왕은 이렇게 말한다오.

'네 이놈! 분별 있는 늙은이라면 '나도 늙는 존재다. 늙음은 피할 수 없다. 그러니 나는 몸과 말과 마음으로 공덕을 지어야겠다'라고 생각해야 하지 않았겠느냐?'

그는 '대왕님, 저는 그렇게 하지 못했습니다. 대왕님, 저는 방일(放逸)했습니다'라고 말한다오.

비구들이여, 그에게 야마천왕은 이렇게 말한다오.

'네 이놈! 방일하여 몸과 말과 마음으로 공덕을 짓지 못했단 말이냐? 네 이놈! 너는 분명히 방일해서 그렇게 했을 것이다. 그런데 이 악업(惡業)은 어머니가 지은 것도 아니고, 아버지가 지은 것도 아니고, 형제가 지은 것도 아니고, 누이가 지은 것도 아니고, 친구가 지은 것도 아니고, 친척이 지은 것도 아니고, 천신이 지은 것도 아니고, 사문이나 바라문이 지은 것도 아니다. 이 악업은 네가 지었으니 마땅히 네가 그 과보를 받아라.'

비구들이여, 야마천왕은 다시 그에게 두 번째 천사에 대하여 물으며 추궁한다오.

'네 이놈! 너는 인간 가운데 출현한 두 번째 천사를 보지 못했느냐?'

그는 '대왕님, 보지 못했습니다'라고 말한다오.

비구들이여, 그에게 야마천왕은 이렇게 말한다오.

'네 이놈! 너는 인간 가운데서 심한 병에 걸려 격심한 고통을 느끼면서 자신의 대소변에 드러누워 다른 사람이 일으키고 눕히는 여인이

나 사내를 보지 못했단 말이냐?'

그는 '대왕님, 보았습니다'라고 말한다오.

비구들이여, 그에게 야마천왕은 이렇게 말한다오.

'네 이놈! 분별 있는 늙은이라면 '나도 병드는 존재다. 질병은 피할 수 없다. 그러니 나는 몸과 말과 마음으로 공덕을 지어야겠다'라고 생각해야 하지 않았겠느냐?'

그는 '대왕님, 저는 그렇게 하지 못했습니다. 대왕님, 저는 방일했습니다'라고 말한다오.

비구들이여, 그에게 야마천왕은 이렇게 말한다오.

'네 이놈! 방일하여 몸과 말과 마음으로 공덕을 짓지 못했단 말이냐? 네 이놈! 너는 분명히 방일해서 그렇게 했을 것이다. 그런데 이 악업은 어머니가 지은 것도 아니고, 아버지가 지은 것도 아니고, 형제가 지은 것도 아니고, 누이가 지은 것도 아니고, 친구가 지은 것도 아니고, 친척이 지은 것도 아니고, 천신이 지은 것도 아니고, 사문이나 바라문이 지은 것도 아니다. 이 악업은 네가 지었으니 마땅히 네가 그 과보를 받아라.'

비구들이여, 야마천왕은 그에게 마지막으로 세 번째 천사에 대하여 물으며 추궁한다오.

'네 이놈! 너는 인간 가운데 출현한 세 번째 천사를 보지 못했느냐?'

그는 '대왕님, 보지 못했습니다'라고 말한다오.

비구들이여, 그에게 야마천왕은 이렇게 말한다오.

'네 이놈! 너는 인간 가운데서 죽은 지 하루나 이틀이나 사흘이 지

나, 푸르뎅뎅하게 변하여 부풀어 오르고 썩어 문드러진 여인이나 사내를 보지 못했단 말이냐?'

그는 '대왕님, 보았습니다'라고 말한다오.

비구들이여, 그에게 야마천왕은 이렇게 말한다오.

'네 이놈! 분별 있는 늙은이라면 '나도 죽는 존재다. 죽음은 피할 수 없다. 그러니 나는 몸과 말과 마음으로 공덕을 지어야겠다'라고 생각해야 하지 않았겠느냐?'

그는 '대왕님, 저는 그렇게 하지 못했습니다. 대왕님, 저는 방일했습니다'라고 말한다오.

비구들이여, 그에게 야마천왕은 이렇게 말한다오.

'네 이놈! 방일하여 몸과 말과 마음으로 공덕을 짓지 못했단 말이냐? 네 이놈! 너는 분명히 방일해서 그렇게 했을 것이다. 그런데 이 악업은 어머니가 지은 것도 아니고, 아버지가 지은 것도 아니고, 형제가 지은 것도 아니고, 누이가 지은 것도 아니고, 친구가 지은 것도 아니고, 친척이 지은 것도 아니고, 천신이 지은 것도 아니고, 사문이나 바라문이 지은 것도 아니다. 이 악업은 네가 지었으니 마땅히 네가 그 과보를 받아라.'

비구들이여, 야마천왕은 그에게 세 번째 천사에 대하여 물으며 추궁한 후에 침묵하고, 지옥의 옥졸들은 그에게 양손과 양발과 앙가슴에 뜨거운 쇠말뚝을 박는 오박(五縛)[12]이라는 벌을 준다오. 그는 거기에서 매섭고 신랄하고 혹독한 고통을 느끼면서 그 악업이 다할 때까지는 죽

---

12 'pañcavidhabandhanaṃ'의 번역. 'pañcavidhabandhanaṃ'은 '다섯 종류의 결박'이라는 말인데, 이는 양손과 양발 그리고 가슴 한복판, 이렇게 다섯 군데에 쇠말뚝을 박아 결박하는 형벌이다.

지 않는다오.

비구들이여, 지옥의 옥졸들은 그를 눕힌 후에 도끼로 자른다오. 그는 거기에서 매섭고 신랄하고 혹독한 고통을 느끼면서 그 악업이 다할 때까지 죽지 않는다오.

비구들이여, 지옥의 옥졸들은 그를 발이 위로 가고, 머리가 아래로 가도록 거꾸로 세운 후에 면도칼로 살을 깎아낸다오. 그는 거기에서 매섭고 신랄하고 혹독한 고통을 느끼면서 그 악업이 다할 때까지 죽지 않는다오.

비구들이여, 지옥의 옥졸들은 그를 수레에 묶은 후에 화염에 휩싸여 벌겋게 타오르는 땅 위를 오가게 한다오. 그는 거기에서 매섭고 신랄하고 혹독한 고통을 느끼면서 그 악업이 다할 때까지 죽지 않는다오.

비구들이여, 지옥의 옥졸들은 그를 화염에 휩싸여 벌겋게 타오르는 작열하는 숯불산을 오르내리게 한다오. 그는 거기에서 매섭고 신랄하고 혹독한 고통을 느끼면서 그 악업이 다할 때까지 죽지 않는다오.

비구들이여, 지옥의 옥졸들은 그를 발이 위로, 머리가 아래로 가도록 거꾸로 붙잡아서 화염에 휩싸여 벌겋게 타오르는 작열하는 뜨거운 청동 솥에 내던져버린다오. 그는 그곳에 던져져서 거품을 내며 삶아진다오. 그는 거기에서 거품을 내며 삶아지면서 위로 갔다가, 아래로 갔다가, 사방팔방으로 천방지축 돌아다닌다오. 그는 거기에서 매섭고 신랄하고 혹독한 고통을 느끼면서 그 악업이 다할 때까지 죽지 않는다오.

비구들이여, 지옥의 옥졸들은 그를 큰 지옥에 내던진다오.

비구들이여, 그 큰 지옥은 이와 같다오."

형태는 사각(四角)인데, 구분된 네 개의 문이 있다네.
경계(境界)는 철 담장으로 두르고, 쇠 지붕을 덮었다네.
쇠로 된 땅은 작열하는 불길에 휩싸여 있다네.
주위는 각각 100유순(由旬)[13]이며,
언제나 그 자리에 버티고 있다네.[14]

"비구들이여, 옛적에 야마천왕에게 이런 생각이 들었다오.

'세간에서 악업을 지은 자들은 이렇게 갖가지 업보를 받는구나. 아아! 나는 진정으로 인간이 되어, 여래 아라한 등정각께서 출현하신 세간에서 세존을 가까이 모시고 세존께서 나에게 가르침을 설하시면 그 가르침을 배우고 싶다.'

비구들이여, 나는 이것을 다른 사문이나 바라문으로부터 듣고 안 것이 아니라오. 비구들이여, 이것은 내가 직접 분명히 보고 안 것이라오."

천사의 경고를 받고도 방일한 사람들은
비천한 몸을 받아 오랜 세월 슬퍼한다네.
천사의 경고를 받은 착한 참사람들은
거룩한 가르침 속에서 언제나 방일하지 않는다네.
생사(生死)를 일으키는 취(取)에서 두려움을 보고[15]

---

13 'yojanasataṃ'의 번역.

14 'tiṭṭhāti sadā'의 번역.

15 'upādāne bhayaṃ disvā jātimaraṇasambhave'의 번역.

취착하지 않고 생사를 소멸하여 해탈한다네.[16]

그들은 행복한 안온(安穩)에 도달하여,

지금 여기에서 적멸(寂滅)을 얻는다네.

일체의 원한과 두려움을 초월하고, 일체의 괴로움을 극복한다네.

A.3.12. 사대천왕(四大天王, Cātummahārāja) 〈A.3.36.〉

"비구들이여, 반월(半月)의 여덟째 날과 열넷째 날에는 사대천왕(四大天王)의 신하들이 이 세간을 순행(巡行)하면서, 인간들 가운데 얼마나 많은 사람이 부모와 사문과 바라문과 가문의 어른을 공경하고, 포살(布薩)을 행하고, 공덕을 짓는지를 살핀다오.

비구들이여, 포살을 행하는 보름날에는 사대천왕이 몸소 이 세간을 순행하면서, 인간들 가운데 얼마나 많은 사람이 부모와 사문과 바라문과 가문의 어른을 공경하고, 포살을 행하고, 공덕을 짓는지를 살핀다오.

비구들이여, 만약에 인간들 가운데 부모와 사문과 바라문과 가문의 어른을 공경하고, 포살을 행하고, 공덕을 짓는 사람이 적으면, 사대천왕은 도리천(忉利天)의 선법강당(善法講堂)에 함께 모여 앉아있는 33천신(天神)들에게 '존자들이여, 인간들 가운데 부모와 사문과 바라문과 가문의 어른을 공경하고, 포살을 행하고, 공덕을 짓는 사람이 적습니다'라고 보고한다오. 비구들이여, 그러면 도리천의 33천신들은 '여러분, 참으로 천신의 무리는 줄어들고, 아수라(Asura)의 무리는 늘어나겠군요'

---

16 'anupādā vimuccanti jātimaraṇasaṅkhaye'의 번역.

라고 상심한다오.

비구들이여, 만약에 인간들 가운데 부모와 사문과 바라문과 가문의 어른을 공경하고, 포살을 행하고, 공덕을 짓는 사람이 많으면, 사대천왕은 도리천의 선법강당에 함께 모여 앉아있는 33천신들에게 '존자들이여, 인간들 가운데 부모와 사문과 바라문과 가문의 어른을 공경하고, 포살을 행하고, 공덕을 짓는 사람이 많습니다'라고 보고한다오. 비구들이여, 그러면 도리천의 33천신들은 '여러분, 참으로 천신의 무리는 늘어나고, 아수라의 무리는 줄어들겠군요'라고 기뻐한다오."

A.3.13. 호사로운 양육(Sukhumāla) 〈A.3.38.〉

"비구들이여, 나는 더할 나위 없이 지극히 호사로운 양육을 받았다오. 비구들이여, 내 아버지의 집에는 나를 위한 연못들이 조성되어 있었는데, 한 곳에는 청련이 피고, 한 곳에는 홍련이 피고, 한 곳에는 백련이 피었다오. 비구들이여, 나는 까씨(Kāsi)국의 것이 아닌 신발은 신지 않았다오. 비구들이여, 실로 내 두건도 까씨국의 것이었고, 내 외투도 까씨국의 것이었고, 내 속옷도 까씨국의 것이었고, 내 겉옷도 까씨국의 것이었다오. 실로 밤이나 낮이나 나에게 흰 일산(日傘)을 씌워, 한기(寒氣)나 열기(熱氣)나 먼지나 풀이나 이슬이 닿지 않도록 했다오. 비구들이여, 나에게는 세 개의 별궁이 있었다오. 하나는 겨울에 사용하는 것이고, 하나는 여름에 사용하는 것이고, 하나는 우기(雨期)에 사용하는 것이었다오. 나는 우기에 사용하는 별궁에서 넉 달 동안 오로지 여인들과 유희를 즐기면서 아래의 궁전으로 내려오지 않았다오. 비구들이여, 다른 집에서는 하인이나 일꾼에게 쌀겨로 만든 음식에 묵은 죽을 주었지만, 내 아버지의 집에서는 하인이나 일꾼에게 쌀밥에 고기반찬을 주었다오.

비구들이여, 이와 같이 온갖 부귀영화를 누리며 지극히 호사로운 양육을 받았지만, 나에게는 이런 생각이 들었다오.

'배우지 못한 범부는 자신도 늙음과 병과 죽음을 극복하지 못하고 똑같이 늙고 병들고 죽을 수밖에 없는 처지임에도 불구하고, 자신은 극복한 것처럼 늙거나 병들거나 죽은 다른 사람을 보고 염려하고, 걱정하고, 혐오한다. 나도 늙음과 병과 죽음을 극복하지 못하여 똑같이 늙고 병들고 죽을 수밖에 없는 처지에 있다. 그런데 늙음과 병과 죽음을 극복하지 못하고 똑같이 늙고 병들고 죽을 수밖에 없는 처지에 있는 내가 늙거나 병들거나 죽은 다른 사람을 보고 염려하고, 걱정하고, 혐오한다면, 그것은 옳지 않다.'

비구들이여, 이렇게 성찰하자, 내가 젊기 때문에 가졌던 젊음에 대한 자만(自慢), 건강하기 때문에 가졌던 건강에 대한 자만, 살아있기 때문에 가졌던 수명(壽命)에 대한 자만이 모조리 사라졌다오."

A.3.14. 편력수행자(Paribbajaka) 〈A.3.54.〉

어느 날 바라문 편력수행자가 세존을 찾아와서 세존과 함께 인사를 나누고 한쪽에 앉아서 말했습니다.

"고따마 존자여, '지금 여기에서 볼 수 있는 법(法)'이라고 말씀하시는데, 바로 지금 와서 보라고 할 수 있고, 현명한 사람이라면 각자가 알아야 할, '지금 여기에서 볼 수 있는 법'은 어떤 것입니까?"

"바라문이여, 탐욕에 물들고 정복되고 사로잡힌 마음은 자신을 해치는 생각을 하고, 남을 해치는 생각을 하고, 자신과 남을 해치는 생각을 하며, 그 마음에 수반하여 괴로움과 근심을 겪는다오. 탐욕을 버리면, 자신을 해치는 생각을 하지 않고, 남을 해치는 생각을 하지 않고, 자신과 남을 해치는 생각을 하지 않으며, 그 마음에 수반하여 괴로움과 근심을 겪지 않는다오. 바라문이여, '지금 여기에서 볼 수 있는 법'은 이와 같은 것이라오.

바라문이여, 분노로 인해서 화가 나거나 어리석음에 눈이 멀면, 자신을 해치는 생각을 하고, 남을 해치는 생각을 하고, 자신과 남을 해치는 생각을 하며, 그 마음에 수반하여 괴로움과 근심을 겪는다오. 분노를 버리고, 어리석음을 버리면, 자신을 해치는 생각을 하지 않고, 남을 해치는 생각을 하지 않고, 자신과 남을 해치는 생각을 하지 않으며, 그 마음에 수반하여 괴로움과 근심을 겪지 않는다오. 바라문이여, '지금 여기에서 볼 수 있는 법'은 이와 같은 것이라오.

바라문이여, 탐욕에 물들고 정복되고 사로잡힌 마음은 몸으로 삿된 행동을 하고, 말로 삿된 행동을 하고, 마음으로 삿된 행동을 한다오. 탐욕을 버리면, 몸으로 삿된 행동을 하지 않고, 말로 삿된 행동을 하지 않고, 마음으로 삿된 행동을 하지 않는다오. 바라문이여, '지금 여기에서 볼 수 있는 법'은 이와 같은 것이라오.

바라문이여, 탐욕에 물들고 정복되고 사로잡힌 마음은 자신의 이익을 있는 그대로 통찰하지 못하고, 남의 이익을 있는 그대로 통찰하지 못하고, 자신과 남의 이익을 있는 그대로 통찰하지 못한다오. 탐욕을 버리면, 자신의 이익을 있는 그대로 통찰하고, 남의 이익을 있는 그대로 통찰하고, 자신과 남의 이익을 있는 그대로 통찰한다오. 바라문이여, '지금 여기에서 볼 수 있는 법'은 이와 같은 것이라오.

바라문이여, 분노로 인해서 화가 나거나 어리석음에 눈이 멀면, 자신의 이익을 있는 그대로 통찰하지 못하고, 남의 이익을 있는 그대로 통찰하지 못하고, 자신과 남의 이익을 있는 그대로 통찰하지 못한다오. 분노를 버리고, 어리석음을 버리면, 자신의 이익을 있는 그대로 통찰하고, 남의 이익을 있는 그대로 통찰하고, 자신과 남의 이익을 있는 그대로 통찰한다오. 바라문이여, '지금 여기에서 볼 수 있는 법'은 이와 같은 것이라오."

"훌륭합니다. 고따마 존자여! 훌륭합니다. 고따마 존자여! 고따마 존자여, 마치 뒤집힌 것을 바로 세우는 것 같고, 감추어진 것을 드러내는 것 같고, 길 잃은 자에게 길을 알려주는 것 같고, '눈 있는 자들은 보라'고 어둠 속에서 등불을 비춰주는 것 같습니다. 이와 같이 고따마 존자께서는 여러 가지 방법으로 진리를 알려주셨습니다. 이제 저는 고따마 존자님께 귀의합니다. 가르침과 비구 승가에 귀의합니다. 고따마 존자님께서는 저를 청신사(清信士)로 받아주소서. 오늘부터 살아있는 날까지 귀의하겠나이다."

A.3.15. 열반(Nibbāna) 〈A.3.55.〉

어느 날 자눗쏘니(Jāṇussoṇi) 바라문이 세존을 찾아와서 세존과 함께 인사를 나누고 한쪽에 앉아서 말했습니다.

"고따마 존자여, '지금 여기에서 볼 수 있는 열반(涅槃)'이라고 말씀하시는데, 바로 지금 와서 보라고 할 수 있고, 현명한 사람이라면 각자가 알아야 할, '지금 여기에서 볼 수 있는 열반'은 어떤 것입니까?"

"바라문이여, 탐욕에 물들고, 정복되고, 사로잡힌 마음은 자신을 해치는 생각을 하고, 남을 해치는 생각을 하고, 자신과 남을 해치는 생각을 하며, 그 마음에 수반하여 괴로움과 근심을 겪는다오. 탐욕을 버리면, 자신을 해치는 생각을 하지 않고, 남을 해치는 생각을 하지 않고, 자신과 남을 해치는 생각을 하지 않으며, 그 마음에 수반하여 괴로움과 근심을 겪지 않는다오. 바라문이여, '지금 여기에서 볼 수 있는 열반'은 이와 같은 것이라오.

바라문이여, 분노로 인해서 화가 나거나, 어리석음에 눈이 멀면, 자신을 해치는 생각을 하고, 남을 해치는 생각을 하고, 자신과 남을 해치는 생각을 하며, 그 마음에 수반하여 괴로움과 근심을 겪는다오. 분노를 버리고, 어리석음을 버리면, 자신을 해치는 생각을 하지 않고, 남을 해치는 생각을 하지 않고, 자신과 남을 해치는 생각을 하지 않으며, 그 마음에 수반하여 괴로움과 근심을 겪지 않는다오. 바라문이여, '지금 여기에서 볼 수 있는 열반'은 이와 같은 것이라오.

바라문이여, 탐욕이 남김없이 소멸했음을 몸소 체득(體得)하고, 분노가 남김없이 소멸했음을 몸소 체득하고, 어리석음이 남김없이 소멸했음을 몸소 체득하기 때문에 이와 같은 것을 '바로 지금 와서 보라고 할 수 있고, 현명한 사람이라면 각자가 알아야 할, 지금 여기에서 볼 수 있는 열반'이라고 한다오."

"훌륭합니다. 고따마 존자여! 훌륭합니다. 고따마 존자여! 고따마 존자여, 마치 뒤집힌 것을 바로 세우는 것 같고, 감추어진 것을 드러내는 것 같고, 길 잃은 자에게 길을 알려주는 것 같고, '눈 있는 자들은 보라'고 어둠 속에서 등불을 비춰주는 것 같습니다. 이와 같이 고따마 존자께서는 여러 가지 방법으로 진리를 알려주셨습니다. 이제 저는 고따마 존자님께 귀의합니다. 가르침과 비구 승가에 귀의합니다. 고따마 존자님께서는 저를 청신사(淸信士)로 받아주소서. 오늘부터 살아있는 날까지 귀의하겠나이다."

A.3.16. 거부(巨富, Mahāsāla) 〈A.3.56.〉

어느 날 큰 부자 바라문이 세존을 찾아와서 세존과 함께 인사를 나누고 한쪽에 앉아서 말했습니다.

"고따마 존자여, 저는 옛 스승의 스승이 되는 연로하고 나이 많은 바라문들에게 '예전에는 이 세상에 빈틈이 없을[17] 정도로 사람들이 넘쳐났고, 마을과 성읍(城邑)과 왕도(王都)는 닭이 날아갈 수 있을 만큼 가깝게 붙어있었다'라고 들었습니다. 고따마 존자여, 그런데 지금은 사람들이 사라지고 감소하여 마을은 마을이 아니고, 성읍은 성읍이 아니고, 왕도는 왕도가 아니고, 나라는 나라가 아닌 형국(形局)이 되었는데, 그 원인과 이유는 무엇입니까?"

---

17 'avīci'의 번역. 'avīci'는 '사이, 간격'을 의미하는 'vīci'에 부정접두사 'a'가 붙은 것으로서 '간격이 없는'의 의미이다. 지옥 가운데 가장 혹독한 지옥을 '잠시도 고통이 그칠 틈이 없다'는 의미에서 'avīci'라고 부르고, 이것을 아비지옥(阿鼻地獄), 또는 무간지옥(無間地獄)으로 한역하였다. 여기에서는 'avīci'를 무간지옥의 의미가 아닌, '간격 없음'의 의미로 번역하였다.

"바라문이여, 지금은 사람들이 법도(法道)에 어긋난 탐욕에 물들고, 정도(正道)를 벗어난 욕심에 사로잡히고, 삿된 가르침에 빠져들었다오. 그들은 법도에 어긋난 탐욕에 물들고, 정도를 벗어난 욕심에 사로잡히고, 삿된 가르침에 빠져들어서 날카로운 칼을 들고 다른 사람의 목숨을 빼앗는다오. 그래서 많은 사람이 죽는다오. 바라문이여, 이것이 지금은 사람들이 사라지고 감소하여 마을은 마을이 아니고, 성읍은 성읍이 아니고, 왕도는 왕도가 아니고, 나라는 나라가 아닌 형국이 된 원인이고, 이유라오.

바라문이여, 그뿐만 아니라, 지금 사람들이 법도에 어긋난 탐욕에 물들고, 정도를 벗어난 욕심에 사로잡히고, 삿된 가르침에 빠져들기 때문에 천신이 제때 비를 내려주지 않는다오. 그래서 흉년이 들어 기근이 생기고, 사람들은 피골이 상접하여 초근목피로 살아간다오. 그래서 많은 사람이 죽는다오. 바라문이여, 이것이 지금은 사람들이 사라지고 감소하여 마을은 마을이 아니고, 성읍은 성읍이 아니고, 왕도는 왕도가 아니고, 나라는 나라가 아닌 형국이 된 원인이고, 이유라오.

바라문이여, 그뿐만 아니라, 지금 사람들이 법도에 어긋난 탐욕에 물들고, 정도를 벗어난 욕심에 사로잡히고, 삿된 가르침에 빠져들기 때문에 야차(夜叉)들이 맹수들을 풀어놓는다오. 그래서 많은 사람이 죽는다오. 바라문이여, 이것이 지금은 사람들이 사라지고 감소하여 마을은 마을이 아니고, 성읍은 성읍이 아니고, 왕도는 왕도가 아니고, 나라는 나라가 아닌 형국이 된 원인이고, 이유라오."

"훌륭합니다. 고따마 존자여! … (중략) … 이제 저는 고따마 존자님께 귀의합니다. 가르침과 비구 승가에 귀의합니다. 고따마 존자님께서는 저를 청신사(淸信士)로 받아주소서. 오늘부터 살아있는 날까지 귀의하겠나이다."

A.3.17. 띠깐나(Tikaṇṇa) 〈A.3.58.〉

어느 날 띠깐나(Tikaṇṇa) 바라문이 세존을 찾아와서 세존과 함께 인사를 나누고 한쪽에 앉았습니다. 한쪽에 앉은 띠깐나 바라문은 세존의 면전에서 "삼명(三明) 바라문[18]들은 이와 같습니다. 역시 삼명 바라문들은 이렇습니다"라고 삼명 바라문들을 찬탄했습니다.

"바라문이여, 바라문들은 바라문들의 삼명(三明)을 어떻게 규정하나요?"

"고따마 존자여, 바라문의 부모가 모두 훌륭한 가문의 태생으로서, 7대 조부까지 뒤섞이지 않고 비난받지 않은 순수한 혈통이며, 학식 있는 스승으로서 만뜨라를 암송하고,[19] 세 가지 베다에 통달했으며, 어휘론(語彙論)과 의궤론(儀軌論), 음운론과 어원론, 그리고 다섯 번째로 역사에 정통하여 잘 해설하고, 세속의 철학과 대인상(大人相)[20]에 대한 지식에 부족함이 없어야 합니다. 고따마 존자여, 바라문들은 바라문들의 삼명을 이렇게 규정합니다."

"바라문이여, 바라문들이 규정하는 바라문들의 삼명과 성자의 율

18 'tevijja brāhmaṇa'의 번역.

19 'mantadharo'의 번역.

20 'mahāpurisalakkhaṇa'의 번역. 관상으로 큰 인물을 판별하는 것.

(律)에서의 삼명은 다르다오."

"고따마 존자여, 성자의 율에서 삼명은 어떤 것입니까? 고따마 존자여, 부디 저에게 성자의 율에서 삼명은 어떤 것인지를 가르쳐주십시오."

"바라문이여, 그렇다면 듣고 잘 생각해보시오. 내가 이야기하겠소."

띠깐나 바라문은 세존께 "존자여, 그렇게 하겠습니다"라고 대답했습니다.

세존께서 말씀하셨습니다.

"바라문이여, 삼명 비구는 감각적 욕망을 멀리하고, 불선법(不善法)을 멀리하여, 사유[尋]가 있고, 숙고[伺]가 있는, 멀리함에서 생긴 희열과 행복이 있는 초선(初禪)을 성취하여 살아간다오. 그는 사유와 숙고를 억제하여, 내적으로 조용해진, 마음이 집중된, 사유와 숙고가 없는, 삼매에서 생긴 희열과 행복이 있는 제2선(第二禪)을 성취하여 살아간다오. 그는 희열과 이욕(離欲)으로부터 초연하여 평정한 주의집중과 알아차림을 하며 지내는 가운데 몸으로 행복을 느끼는, 성자(聖者)들이 '평정한[21] 주의집중을 하는 행복한 상태'라고 이야기한 제3선(第三禪)을 성취하여 살아간다오. 그는 행복감을 포기하고 괴로움을 버림으로써 이전의 만족과 불만이 소멸하여 괴롭지도 않고 즐겁지도 않은, 평정한 주의집중이 청정한 제4선(第四禪)을 성취하여 살아간다오.

---

21 'upekhaka'의 번역. 사(捨)로 한역(漢譯)되는 'upekhaka'는 고락(苦樂)의 감정에서 벗어난, 평정하고 집착이 없는 상태를 의미한다. 세 가지 감정[受], 즉 고(苦), 낙(樂), 불고불락(不苦不樂) 가운데 불고불락의 상태가 'upekhaka'이다.

그는 이와 같이 청정하게 정화되고, 죄악의 먼지가 없고[無塵], 번뇌의 때가 없으며[無垢], 유연하여 적응력이 있고, 견고하여 움직이지 않는 삼매에 든 마음에서 숙명통(宿命通)[22]에 마음을 기울인다오. 그는 한 번의 태어남, 두 번의 태어남, 세 번의 태어남, 네 번의 태어남, 다섯 번의 태어남, 열 번의 태어남, 스무 번의 태어남, 서른 번의 태어남, 마흔 번의 태어남, 쉰 번의 태어남, 백 번의 태어남, 천 번의 태어남, 백천 번의 태어남, 수많은 괴겁(壞劫), 수많은 성겁(成劫), 수많은 성괴겁(成壞劫)과 같은 여러 가지 전생의 삶을 기억한다오. '그곳에서 나는 이름은 이러했고, 가문은 이러했고, 용모는 이러했고, 음식은 이러했으며, 이러한 고락(苦樂)을 겪었고, 이와 같이 수명을 마쳤다. 그가 죽어서 나는 거기에 태어났다. 그곳에서 나는 이름은 이러했고, 가문은 이러했고, 용모는 이러했고, 음식은 이러했으며, 이러한 고락을 겪었고, 이와 같이 수명을 마쳤다. 그가 죽어서 이 세상에 태어났다.' 이와 같이 그는 용모와 내력을 지닌 여러 가지 전생의 삶을 기억한다오. 이것이 그가 성취한 첫 번째 명지(明智, 明)라오. 게으름피우지 않고 열심히 정진하며 살아감으로써 그에게 무명(無明)은 사라지고 명지가 생긴 것이며, 어둠이 사라지고 광명이 생긴 것이라오.

그는 이와 같이 청정하게 정화되고, 죄악의 먼지가 없고, 번뇌의 때가 없으며, 유연하여 적응력이 있고, 견고하여 움직이지 않는, 삼매에 든 마음에서 중생들의 죽고 태어남을 알기 위하여 그쪽으로 마음을

22 'pubbe-nivāsânussati-ñāṇa'의 번역.

기울인다오. 그는 청정하고 초인적인 천안(天眼)[23]으로 중생들을 보고, 중생들이 업에 따라 죽고, 태어나고, 못나고, 훌륭하고, 잘생기고, 못생기고, 행복하고, 불행한 것을 분명하게 안다오.

'존자들이여, 참으로 이 중생들은 몸으로 악행을 행한 자들이며, 말로 악행을 행한 자들이며, 마음으로 악행을 행한 자들이며, 성자(聖者)를 비방한 자들이며, 사견(邪見)을 가진 자들이며, 사견으로 업을 지은 자들입니다. 그들은 몸이 무너져 죽은 후에 괴로운 곳, 불행한 곳, 험난한 곳, 지옥에 태어났습니다. 존자들이여, 참으로 이 중생들은 몸으로 선행을 행한 자들이며, 말로 선행을 행한 자들이며, 마음으로 선행을 행한 자들이며, 성자를 비방하지 않은 자들이며, 정견을 가진 자들이며, 정견으로 업을 지은 자들입니다. 그들은 몸이 무너져 죽은 후에 행복한 곳, 천상 세계에 태어났습니다.' 이와 같이 그는 청정하고 초인적인 천안으로 중생들을 보고, 중생들이 업에 따라 죽고, 태어나고, 못나고, 훌륭하고, 잘생기고, 못생기고, 행복하고, 불행한 것을 분명하게 안다오. 이것이 그가 성취한 두 번째 명지라오. 게으름피우지 않고 열심히 정진하며 살아감으로써 그에게 무명은 사라지고 명지가 생긴 것이며, 어둠이 사라지고 광명이 생긴 것이라오.

그는 이와 같이 청정하게 정화되고, 죄악의 먼지가 없고, 번뇌의 때가 없으며, 유연하여 적응력이 있고, 견고하여 움직이지 않는 삼매에 든 마음에서 누진통(漏盡通)[24]에 마음을 기울인다오. 그는 '이것은 괴로

---

23 'dibba cakkhu'의 번역.

24 'āsava-kkhaya-ñāṇa'의 번역.

움[苦]이다'라고 있는 그대로 분명하게 안다오. 그는 '이것은 괴로움의 쌓임[苦集][25]이다'라고 있는 그대로 분명하게 안다오. 그는 '이것은 괴로움의 소멸[苦滅][26]이다'라고 있는 그대로 분명하게 안다오. 그는 '이것은 괴로움의 소멸에 이르는 길[苦滅道][27]이다'라고 있는 그대로 분명하게 안다오. 그는 '이것들은 번뇌[漏][28]다'라고 있는 그대로 분명하게 안다오. 그는 '이것은 번뇌의 쌓임[漏][29]이다'라고 있는 그대로 분명하게 안다오. 그는 '이것은 번뇌의 소멸[漏滅][30]이다'라고 있는 그대로 분명하게 안다오. 그는 '이것은 번뇌의 소멸에 이르는 길[漏滅道][31]이다'라고 있는 그대로 분명하게 안다오.

그가 이렇게 알고 이렇게 보았을 때, 마음이 욕루(欲漏)[32]에서 해탈하고, 유루(有漏),[33] 무명루(無明漏)[34]에서 해탈한다오. 해탈했을 때 '나는 해탈했다'라고 알게 된다오. 그는 '태어남은 끝났고, 범행(梵行)을 마쳤

25 'dukkhasamudaya'의 번역.

26 'dukkhanirodha'의 번역.

27 'dukkhanirodhagāminī'의 번역.

28 'āsava'의 번역.

29 'āsavasamudaya'의 번역.

30 'āsavanirodha'의 번역.

31 'āsavanirodhagāminī'의 번역.

32 'kāmâsava'의 번역.

33 'bhavâsava'의 번역.

34 'avijjâsava'의 번역.

으며, 해야 할 일을 끝마쳤다. 다시는 현재의 상태로 되지 않는다'라고 분명하게 안다오. 이것이 그가 성취한 세 번째 명지라오. 게으름피우지 않고 열심히 정진하며 살아감으로써 그에게 무명은 사라지고 명지가 생긴 것이고, 어둠이 사라지고 광명이 생긴 것이라오. 바라문이여, 성자의 율에서 삼명은 이와 같다오."

"고따마 존자여, 이제 보니 바라문들의 삼명과 성자의 율에서의 삼명은 다르군요. 고따마 존자여, 이러한 성자의 율에서의 삼명에 비하면 바라문들의 삼명은 십육 분의 일도 되지 않는군요. 훌륭합니다. 고따마 존자여! … (중략) … 이제 저는 고따마 존자님께 귀의합니다. 가르침과 비구 승가에 귀의합니다. 고따마 존자님께서는 저를 청신사(淸信士)로 받아주소서. 오늘부터 살아있는 날까지 귀의하겠나이다."

A.3.18. 쌍가라와(Saṅgārava) 〈A.3.60.〉

어느 날 쌍가라와(Saṅgārava) 바라문이 세존을 찾아와서 세존과 함께 인사를 나누고 한쪽에 앉았습니다. 한쪽에 앉은 쌍가라와 바라문이 세존께 말씀드렸습니다.

"고따마 존자여, 이른바 우리 바라문들은 헌공(獻供)을 올려 제사를 모시고, 또한 제사를 모시도록 합니다. 고따마 존자여, 그때 제사를 모시는 자와 제사를 모시도록 한 자 모두가 몸으로 여러 가지 행복한 과보(果報)[35]를 받습니다. 이것이 헌공의 결과입니다. 고따마 존자여,

35 'anekasārīrikaṃ puññapaṭipadaṃ'의 번역.

그렇지만 이런저런 가문에서 집을 버리고 출가한 자는 오직 자신만을 수련하고, 오직 자신과 어울리고, 오직 자신만을 반열반(般涅槃)에 들게 합니다. 이와 같이 이 사람은 한 사람만의 행복한 과보를 받습니다. 이것이 출가의 결과입니다."

"바라문이여, 그렇다면, 내가 그대에게 묻겠소. 바라문이여, 어떻게 생각하나요? 아라한(阿羅漢), 원만하고 바르게 깨달으신 분[正遍知], 앎과 실천을 구족하신 분[明行足], 행복하신 분[善逝], 세간을 잘 아시는 분[世間解], 위없는 분[無上士], 사람을 길들여 바른길로 이끄시는 분[調御丈夫], 천신과 인간의 스승[天人師], 진리를 깨달으신 분[佛], 세존(世尊)으로 불리는 여래(如來)가 이 세상에 출현한다오. 그는 이렇게 말한다오.

'오라! 이것이 길이고, 이것이 행도(行道)다.[36] 나는 이 행도를 실천하여 범행(梵行)에 토대를 둔 체험적 지혜를 몸소 체득하여 가르친다. 오라! 그대들도 내가 실천한 행도를 실천하면 범행에 토대를 둔 체험적 지혜를 몸소 체득하고 성취하여 살아가게 될 것이다.'

이렇게 스승은 법(法)을 설하고, 다른 사람들은 그대로 실천한다오. 그리고 그런 사람들이 수백, 수천, 수십만이 된다오. 바라문이여, 어떻게 생각하나요? 이러하다면, 이러한 출가의 결과는 한 사람만 받는 행복한 과보인가요, 여러 사람이 받는 행복한 과보인가요?"

"고따마 존자여, 이러하다면, 이러한 출가의 결과는 여러 사람의 행복한 과보입니다."

36 'ethāyaṃ maggo ayaṃ paṭpadā'의 번역.

A.3.19. 세 가지 외도(Tittha)[37] 〈A.3.61.〉

"비구들이여, 지혜로운 사람들이 자세히 따져 묻고, 이유를 묻고, 함께 토론하다 보면[38] 업(業)의 작용이 없다는 결론에 도달하는[39] 세 가지 외도(外道)들의 사상적 입장이 있다오.[40] 그 셋은 어떤 것인가?

비구들이여, 어떤 사문과 바라문들은 '인간이 느끼는 즐거움이나 괴로움이나 즐겁지도 괴롭지도 않은 느낌은 그것이 어떤 것이든 모두 이전에 행한 것이 원인이다'[41]라는 견해를 주장한다오. 비구들이여, 어떤 사문과 바라문들은, '인간이 느끼는 즐거움이나 괴로움이나 즐겁지도 괴롭지도 않은 느낌은 그것이 어떤 것이든 모두 자재신(自在神)의 창조가 원인이다'[42]라는 견해를 주장한다오. 비구들이여, 어떤 사문과 바라문들은, '인간이 느끼는 즐거움이나 괴로움이나 즐겁지도 괴롭지도 않은 느낌은 그것이 어떤 것이든 모두 원인도 없고 조건도 없

---

37 'tittha'는 물을 건너가는 '나루터'라는 뜻이다. 여기에서 나루터는 고통스러운 이 세상에서 행복한 저세상으로 사람들을 제도한다고 주장하는 종교사상의 은유(隱喩)이다. 이 경에서 'tittha'는 'āyatana'와 결합하여 'titthāyatana'의 형태로 나타나는데, 'āyatana'가 '들어가서 머무는 장소'를 의미하기 때문에 'titthāyatana'는 '이 세상을 구제한다는 사상이 들어가서 머물고 있는 철학적 입장'의 의미라고 할 수 있다. 이 경에 세 가지의 철학적 입장이 나오기 때문에 경의 이름을 '3종 외도'라고 번역했다.

38 'paṇḍitehi samanuyuñjiyamānāni samanugāhiyamānāni samanubhāsimānāni param pi gantvā'의 번역.

39 'akiriyāya saṇṭhahanti'의 번역.

40 'tiṇ' imāni bhikkhave titthāyatanāni'의 번역.

41 'pubbe katahetū'의 번역.

42 'pubbe issaranimmānahetū'의 번역.

다'[43]라는 견해를 주장한다오.

비구들이여, 나는 그중에 '인간이 느끼는 즐거움이나 괴로움이나 즐겁지도 괴롭지도 않은 느낌은 그것이 어떤 것이든 모두 이전에 행한 것이 원인이다'라는 견해를 주장하는 사문과 바라문들에게 가서는 이렇게 말할 것이오.

'존자들이여, 그대들은 진실로 '인간이 느끼는 즐거움이나 괴로움이나 즐겁지도 괴롭지도 않은 느낌은, 그것이 어떤 것이든 모두 이전에 행한 것이 원인이다'라는 견해를 주장하는가?'

만약에 그들이 나의 질문에 '그렇다'라고 동의하면, 나는 이렇게 말할 것이오.

'존자들이여, 그렇다면, (사람들은) 이전에 행한 것이 원인이 되어 살생(殺生)하게 될 것이고, 이전에 행한 것이 원인이 되어 주지 않는 것을 취하게 될 것이고, 이전에 행한 것이 원인이 되어 거짓말을 하게 될 것이고, 이전에 행한 것이 원인이 되어 이간질하게 될 것이고, 이전에 행한 것이 원인이 되어 욕설하게 될 것이고, 이전에 행한 것이 원인이 되어 꾸며대는 말을 하게 될 것이고, 이전에 행한 것이 원인이 되어 탐내게 될 것이고, 이전에 행한 것이 원인이 되어 가해하려는 마음이 일어나게 될 것이고, 이전에 행한 것이 원인이 되어 삿된 견해[邪見]를 갖게 될 것이오.'

비구들이여, 진실로 (모든 행위의 원인이) 이전에 행한 것으로 돌아간다면, 의욕이나 노력이나 해야 할 일이나 해서는 안 될 일이 없다오.[44]

---

43 'ahatu-appaccayā'의 번역.

44 'pubbe kataṃ kho pana bhikkhave sārato paccāgacchataṃ na hoti chando vā vāyāmo vā idaṃ vā

이렇게 해야 할 일과 해서는 안 될 일에 대하여 진실로 확실하게 알지 못하고서, 주의집중을 망각하고 (지각활동을) 지켜보지 않고 살아간다면, 그는 개인적으로 적법한 사문이라는 말을 들을 수 없다오.[45] 비구들이여, 이것이 이러한 견해를 주장하는 사문과 바라문들에 대한 나의 첫 번째 적법한 논박이라오.

비구들이여, 나는 그중에 '인간이 느끼는 즐거움이나 괴로움이나 즐겁지도 괴롭지도 않은 느낌은 그것이 어떤 것이든 모두 자재신의 창조가 원인이다'라는 견해를 주장하는 사문과 바라문들에게 가서는 이렇게 말할 것이오.

'존자들이여, 그대들은 진실로 '인간이 느끼는 즐거움이나 괴로움이나 즐겁지도 괴롭지도 않은 느낌은, 그것이 어떤 것이든 모두 자재신의 창조가 원인이다'라는 견해를 주장하는가?'

만약에 그들이 나의 질문에 '그렇다'라고 동의하면, 나는 이렇게 말할 것이오.

'존자들이여, 그렇다면, (사람들은) 자재신의 창조가 원인이 되어 살생하게 될 것이고, 주지 않는 것을 취하게 될 것이고, 거짓말을 하게 될 것이고, 이간질하게 될 것이고, 욕설하게 될 것이고, 꾸며대는 말을 하게 될 것이고, 탐내게 될 것이고, 가해하려는 마음이 일어나게 될 것이고, 삿된 견해[邪見]를 갖게 될 것이오.'

---

karaṇīyaṃ idaṃ vā akaraṇīyaṃ'의 번역.

45 'iti karaṇīyākaraṇīye kho pana saccato thetato anupalabbhiyamāne muṭṭhasatīnaṃ anārakkhānaṃ viharantaṃ na hoti paccattaṃ sahadhammiko samaṇavādo'의 번역.

비구들이여, 진실로 (모든 행위의 원인이) 자재신의 창조로 돌아간다면, 의욕이나 노력이나 해야 할 일이나 해서는 안 될 일이 없다오. 이렇게 해야 할 일과 해서는 안 될 일에 대하여 진실로 확실하게 알지 못하고서, 주의집중을 망각하고 (지각활동을) 지켜보지 않고 살아간다면, 그는 개인적으로 적법한 사문이라는 말을 들을 수 없다오. 비구들이여, 이것이 이러한 견해를 주장하는 사문과 바라문들에 대한 나의 두 번째 적법한 논박이라오.

비구들이여, 나는 그중에 '인간이 느끼는 즐거움이나 괴로움이나 즐겁지도 괴롭지도 않은 느낌은 그것이 어떤 것이든 모두 원인도 없고 조건도 없다'라는 견해를 주장하는 사문과 바라문들에게 가서는 이렇게 말할 것이오.

'존자들이여, 그대들은 진실로 '인간이 느끼는 즐거움이나 괴로움이나 즐겁지도 괴롭지도 않은 느낌은 그것이 어떤 것이든 모두 원인도 없고 조건도 없다'라는 견해를 주장하는가?'

만약에 그들이 나의 질문에 '그렇다'라고 동의하면, 나는 이렇게 말할 것이오.

'존자들이여, 그렇다면, (사람들은) 원인도 없고 조건도 없이 살생을 하게 될 것이고, 주지 않는 것을 취하게 될 것이고, 거짓말을 하게 될 것이고, 이간질하게 될 것이고, 욕설하게 될 것이고, 꾸며대는 말을 하게 될 것이고, 탐내게 될 것이고, 가해하려는 마음이 일어나게 될 것이고, 삿된 견해를 갖게 될 것이오.'

비구들이여, 진실로 (모든 행위가) 원인도 없고 조건도 없다면, 의욕이나 노력이나 해야 할 일이나 해서는 안 될 일이 없다오. 이렇게 해야 할 일과 해서는 안 될 일에 대하여 진실로 확실하게 알지 못하고서, 주의집중을 망각하고 (지각활동을) 지켜보지 않고 살아간다면, 그는 개인적으로 적법한 사문이라는 말을 들을 수 없다오. 비구들이여, 이것이 이러한 견해를 주장하는 사문과 바라문들에 대한 나의 세 번째 적법한 논박이라오.

비구들이여, 이것이 지혜로운 사람들이 자세히 따져 묻고, 이유를 묻고, 함께 토론해 가다 보면 업(業)의 작용이 없다는 결론에 도달하는 세 가지 외도들의 사상적 입장이라오.

비구들이여, 내가 가르친 법(法)은 결점이 없어서 사문들과 바라문들과 지혜로운 사람들이 논박하지 못하고, 흠을 잡지 못하고, 비난하지 못한다오. 비구들이여, 내가 가르친 법으로서, 결점이 없어서 사문들과 바라문들과 지혜로운 사람들이 논박하지 못하고, 흠을 잡지 못하고, 비난하지 못하는 법은 어떤 것인가?

비구들이여, 6계(六界)는 내가 가르친 법으로서, 사문들과 바라문들과 지혜로운 사람들이 논박하지 못하고, 흠을 잡지 못하고, 비난하지 못하는, 결점이 없는 법이라오. 비구들이여, 6촉입처(六觸入處)는 내가 가르친 법으로서 사문들과 바라문들과 지혜로운 사람들이 논박하지 못하고, 흠을 잡지 못하고, 비난하지 못하는, 결점이 없는 법이라오. 비구들이여, 18의행(十八意行)은[46] 내가 가르친 법으로서, 사문들과 바라문들과 지혜로운 사람들이 논박하지 못하고, 흠을 잡지 못하고, 비난하지 못하는 결점 없는 법(法)이라오. 비구들이여, 4성제(四聖諦)는 내가 가르친 법으로서, 사문들과 바라문들과 지혜로운 사람들이 논박하지 못하고, 흠을 잡

46 'aṭṭhārasa manovicārā'의 번역. 18가지를 마음으로 식별하는 것.

지 못하고, 비난하지 못하는, 결점이 없는 법이라오.

비구들이여, '6계는 내가 가르친 법으로서, 사문들과 바라문들과 지혜로운 사람들이 논박하지 못하고, 흠을 잡지 못하고, 비난하지 못하는, 결점이 없는 법이다'라고 말했는데, 이렇게 말한 근거는 무엇인가? 비구들이여, 6계란 지계(地界), 수계(水界), 화계(火界), 풍계(風界), 공계(空界), 식계(識界)라오. 이 여섯 가지 계(界)가 '내가 가르친 법으로서, 사문들과 바라문들과 지혜로운 사람들이 논박하지 못하고, 흠을 잡지 못하고, 비난하지 못하는, 결점이 없는 법이다'라고 말한 근거라오.

비구들이여, '6촉입처는 내가 가르친 법으로서, 사문들과 바라문들과 지혜로운 사람들이 논박하지 못하고, 흠을 잡지 못하고, 비난하지 못하는, 결점이 없는 법이다'라고 말했는데, 이렇게 말한 근거는 무엇인가? 비구들이여, 6촉입처란 안촉입처(眼觸入處), 이촉입처(耳觸入處), 비촉입처(鼻觸入處), 설촉입처(舌觸入處), 신촉입처(身觸入處), 의촉입처(意觸入處)라오. 이 여섯 가지 촉입처(觸入處)가 '내가 가르친 법으로서, 사문들과 바라문들과 지혜로운 사람들이 논박하지 못하고, 흠을 잡지 못하고, 비난하지 못하는, 결점이 없는 법이다'라고 말한 근거라오.

비구들이여, '18의행은 내가 가르친 법으로서, 사문들과 바라문들과 지혜로운 사람들이 논박하지 못하고, 흠을 잡지 못하고, 비난하지 못하는, 결점이 없는 법이다'라고 말했는데, 이렇게 말한 근거는 무엇인가? 비구들이여, 18의행이란 눈[眼]으로 형색[色]을 본 후에 마음에 만족을 주는 형색을 식별하고, 마음에 고통을 주는 형색을 식별하고, 평정심을 주는 형색을 식별하고, 귀[耳]로 소리[聲]를 들은 후에 마음에 만족을 주는 소리를 식별하고, 마음에 고통을 주는 소리를 식별하고, 평정심을 주는 소리를 식별하고, 코[鼻]로 냄새[香]를 맡은 후에 마음에 만족을 주는 냄새를 식별하고, 마음에 고통을 주는 냄새를 식별하고, 평정심을 주는 냄새를 식별하고, 혀[舌]로 맛[味]을 본 후에 마음에 만족을 주는 맛을 식별하고, 마음에 고통을 주는 맛을 식별하고, 평정심을 주는 맛을 식별하고, 몸[身]으로 접촉[觸]을 한 후에 마음에 만족을 주는 접촉을 식별하고, 마음에 고통을 주는 접촉을 식별하고, 평정심을 주는 접촉을 식별하고, 마음[意]으로 대상[法]을 분별한 후에 마음에 만족을 주는 대상을 식별하고, 마음에 고통을 주는 대상을 식별하고, 평정심을 주는 대상을 식별하는 것이라오. 이 열여덟 가지 의행(意行)이 '내가 가르친 법으로서, 사문들과 바라문들과 지혜로운 사람들이 논박하지 못하고, 흠을 잡지 못하고, 비난하지 못하는, 결점이 없는 법이다'라고 말한 근거라오.

비구들이여, '4성제(四聖諦)는 내가 가르친 법으로서, 사문들과 바라문들과 지혜로운 사람들이 논박하지 못하고, 흠을 잡지 못하고, 비난하지 못하는, 결점이 없는 법이다'라고 말했는데, 이렇게 말한 근거는 무엇인가? 비구들이여, 6계를 취(取)하여 태아가 출현한다오.[47] 출현하기 때문에 이름과 형색[名色]이 있다오.[48] 이름과 형색을 의지하여 6입처가 있고, 6입처를 의지하여 접촉[觸]이 있고, 접촉을 의지하여 느낌[受]이 있다오. 그리고, 비구들이여, 느끼고 있기 때문에 나는 '이것은 괴로움[苦]이

47 'channaṃ bhikkhave dhātūnaṃ upādāya gabbassāvakkhanti'의 번역.

48 'okkaniyā sati nāmarūpaṃ'의 번역.

다'라고 정의(定義)하고,[49] '이것은 괴로움의 쌓임[苦集]이다'라고 정의하고, '이것은 괴로움의 소멸[苦滅]이다'라고 정의하고, '이것은 괴로움의 소멸에 이르는 길[苦滅道]이다'라고 정의한다오.

비구들이여, 고성제(苦聖諦)란 어떤 것인가? 비구들이여, 태어남이 괴로움[苦]이고, 늙음이 괴로움이고, 죽음이 괴로움이고, 슬픔, 비탄, 고통, 근심, 불안이 괴로움이고, 원하는 것을 얻지 못하는 것이 괴로움이라오. 요컨대 5취온(五取蘊)이 괴로움이라오. 비구들이여, 이것을 고성제(苦聖諦)라고 한다오.

비구들이여, 고집성제(苦集聖諦)란 어떤 것인가? 비구들이여, '나라고 할 만한 것이 없다는 사실을 알지 못하는 무지[無明]에 의지하여 내가 있다는 생각을 만드는 행위[行]들이 나타난다오. 내가 있다는 생각을 만드는 행위들에 의지하여 분별하는 마음[識]이 생긴다오. 분별하는 마음에 의지하여 이름과 형색[名色]이 나타난다오. 이름과 형색에 의지하여 보고, 듣고, 냄새 맡고, 맛보고, 만지고 생각하는 주관들[六入處]이 나타난다오. 보고, 듣고, 냄새 맡고, 맛보고, 만지고 생각하는 주관들에 의지하여 객관들을 접촉하는 경험[觸]이 있다오. 객관들을 접촉하는 경험에 의지하여 고락(苦樂)의 느낌[受]이 생긴다오. 고락의 느낌에 의지하여 갈망[愛]이 생긴다오. 갈망에 의지하여 취착[取]이 생긴다오. 취착[取]에 의지하여 나라는 존재[有]가 있다오. 나라는 존재에 의지하여 내가 태어났다는 생각[生]이 있다오. 태어났다는 생각에 의지하여 늙어 죽는다는 생각과 근심, 슬픔, 고통, 우울, 고뇌가 생긴다오. 이와 같은 과정이

---

49 'vediyamānassa kho bhikkhave panāhaṃ idaṃ dukkhan ti paññāpemi'의 번역.

쌓여서[集] 순전한 괴로움 덩어리[苦蘊]가 나타난다오. 비구들이여, 이것을 고집성제(苦集聖諦)라고 한다오.

비구들이여, 고멸성제(苦滅聖諦)란 어떤 것인가? 비구들이여, '나라고 할 만한 것이 없다는 사실을 알지 못하는 무지가 남김없이 사라지면, 내가 있다는 생각을 만드는 행위들이 사라진다오. 내가 있다는 생각을 만드는 행위들이 사라지면 분별하는 마음이 사라진다오. 분별하는 마음이 사라지면 이름과 형색이 사라진다오. 이름과 형색이 사라지면 보고, 듣고, 냄새 맡고, 맛보고, 만지고 생각하는 주관들이 사라진다오. 보고, 듣고, 냄새 맡고, 맛보고, 만지고 생각하는 주관들이 사라지면 객관들을 접촉하는 경험이 사라진다오. 객관들을 접촉하는 경험이 사라지면 고락(苦樂)의 느낌[受]이 사라진다오. 고락의 느낌이 사라지면 갈망[愛]이 사라진다오. 갈망이 사라지면 취착[取]이 사라진다오. 취착이 사라지면 나라는 존재가 사라진다오. 나라는 존재가 사라지면 내가 태어났다는 생각이 사라진다오. 태어났다는 생각이 사라지면 늙어 죽는다는 생각과 근심, 슬픔, 고통, 우울, 고뇌가 사라진다오. 이와 같이 순전한 괴로움 덩어리[苦蘊]가 사라진다오[滅]. 비구들이여, 이것을 고멸성제(苦滅聖諦)라고 한다오.

비구들이여, 고멸도성제(苦滅道聖諦)란 어떤 것인가? 비구들이여, 이것은 거룩한 8정도(八正道), 즉 정견(正見), 정사유(正思惟), 정어(正語), 정업(正業), 정명(正命), 정정진(正精進), 정념(正念), 정정(正定)이라오. 비구들이여, 이것을 고멸도성제(苦滅道聖諦)라고 한다오.

비구들이여, 이 4성제가 '내가 가르친 법으로서, 사문들과 바라문들과 지혜로운 사람들이 논박하지 못하고, 흠을 잡지 못하고, 비난하지 못하는, 결점이 없는 법이다'라고 말한 근거라오.

A.3.20. 깔라마(Kālāma) 〈A.3.65.〉

한때 세존께서는 큰 비구 승가와 함께 꼬쌀라국에서 유행하시다가, 께싸뿟따(Kesaputta)라는 깔라마(Kālāma)족의 마을에 당도하셨습니다. 께싸뿟따의 깔라마족 사람들은 '싸꺄족의 후예로서 싸꺄족에서 출가한 사문 고따마께서 께싸뿟따에 당도하셨다. 고따마 세존은 열 가지 이름[十號]으로 불리는 명성이 자자하신 분이다. 그분은 천계, 마라, 범천을 포함한 이 세간을, 사문과 바라문, 왕과 백성을 포함한 인간계를 수승한 지혜로 몸소 체득하여 알려준다. 그분은 처음도 좋고, 중간도 좋고, 마지막도 좋은, 의미 있고, 명쾌하고, 완벽한 진리[法]를 가르치며, 청정한 범행(梵行)을 알려준다. 그러므로 마땅히 그런 성자(聖者)를 만나보아야 한다'는 말을 들었습니다. 께싸뿟따의 깔라마족 사람들은 세존을 찾아가서, 어떤 이들은 세존께 예배한 후에 한쪽에 앉았고, 어떤 이들은 세존과 정중하게 인사를 하고, 공손한 인사말을 나눈 후에 한쪽에 앉았고, 어떤 이들은 세존에게 합장한 후에 한쪽에 앉았고, 어떤 이들은 세존에게 면전에서 성명(姓名)을 밝힌 후에 한쪽에 앉았고, 어떤 이들은 말없이 조용히 한쪽에 앉았습니다.

한쪽에 앉은 께싸뿟따의 깔라마족 사람들이 세존께 말씀드렸습니다.

"세존이시여, 어떤 사문과 바라문들이 께싸뿟따에 왔었습니다. 그들은 자신의 교리를 설명하고 보여주면서. 다른 이론을 비난하고 경멸하고 무시했습니다. 세존이시여, 또 다른 사문과 바라문들이 께싸뿟따에 왔었습니다. 그들도 자신의 교리를 설명하고 보여주면서 다른 이론을 비난하고 경멸하고 무시했습니다. 세존이시여, 우리는 이 사문 존자들 가운데 누가 진실하고 누가 거짓된지, 그들에게 확신이 없으며, 그들에게 의구심이 있습니다."

"깔라마족 사람들이여, 그대들이 확신이 없고, 의구심이 있는 것은 당연한 일이오. 실로 확신이 없을 경우에 의구심이 생긴다오. 깔라마족 사람들이여, 이제 그대들은 전통(傳統)에 의지하지 말고,[50] 전승(傳承)에 의지하지 말고,[51] 뜬소문에 의지하지 말고,[52] 경전의 권위에 의지하지 말고,[53] 논리에 의지하지 말고,[54] 추론(推論)에 의지하지 말고,[55] 논리적인 추론에 의지하지 말고,[56] 이론(理論)의 이해와 승인(承認)에 의지하지 말고,[57] 그럴듯한 것에 의지하지 말고,[58] '이 사문(沙門)은 우리의 스승'이라고 의지하지 마시오.[59] 깔라마족 사람들이여, 그대들이 '이들

50 'mā anussavena'의 번역.

51 'mā paramaparāya'의 번역.

52 'mā itikarāya'의 번역.

53 'mā piṭakasampadānena'의 번역.

54 'mā takkahetu'의 번역.

55 'mā takkahetu'의 번역.

56 'mā ākāraparivitakkena'의 번역.

57 'mā diṭṭhinijjhānakhantiya'의 번역.

58 'mā bhavyarūpatāya'의 번역.

59 'mā samaṇd no garū ti'의 번역.

법(法)은 좋지 않다. 이들 법은 결함이 있다. 이들 법은 현자(賢者)들이 꾸짖는 것이다. 이들 법은 실행하고 시도하면 해롭고 괴롭게 된다'라고 스스로 알게 되었을 때, 깔라마족 사람들이여, 이제 그대들은 그것을 버리도록 하시오.

깔라마족 사람들이여, 어떻게 생각하나요? 사람의 마음속에서 일어난 탐욕은 이익을 가져올까요, 손해를 가져올까요?"

"세존이시여, 손해를 가져옵니다."

"깔라마족 사람들이여, 탐욕에 정복되고 사로잡힌 마음을 가진 탐욕스러운 사람이 살아있는 것을 죽이고, 주지 않은 것을 취하고, 남의 부인에게 접근하고, 거짓말을 하고, 남에게 이런 일을 권유하면, 그는 오랜 세월 손해가 있고, 괴로움이 있지 않을까요?"

"세존이시여, 그렇습니다."

"깔라마족 사람들이여, 어떻게 생각하나요? 사람의 마음속에서 일어난 악의(惡意)는 이익을 가져올까요, 손해를 가져올까요?"

"세존이시여, 손해를 가져옵니다."

"깔라마족 사람들이여, 악의에 정복되고 사로잡힌 마음을 가진 악의를 지닌 사람이 살아있는 것을 죽이고, 주지 않은 것을 취하고, 남의 부인에게 접근하고, 거짓말을 하고, 남에게 이런 일을 권유하면, 그는 오랜 세월 손해가 있고, 괴로움이 있지 않을까요?"

"세존이시여, 그렇습니다."

"깔라마족 사람들이여, 어떻게 생각하나요? 사람의 마음속에서 일어난 어리석음은 이익을 가져올까요, 손해를 가져올까요?"

"세존이시여, 손해를 가져옵니다."

"깔라마족 사람들이여, 어리석음에 정복되고 사로잡힌 마음을 가진 어리석은 사람이 살아있는 것을 죽이고, 주지 않은 것을 취하고, 남의 부인에게 접근하고, 거짓말을 하고, 남에게 이런 일을 권유하면, 그는 오랜 세월 손해가 있고, 괴로움이 있지 않을까요?"

"세존이시여, 그렇습니다."

"깔라마족 사람들이여, 어떻게 생각하나요? 이들 법은 좋습니까, 좋지 않습니까?"

"세존이시여, 좋지 않습니다."

"결함이 있습니까, 결함이 없습니까?"

"세존이시여, 결함이 있습니다."

"현자들이 꾸짖는 것입니까, 현자들이 칭찬하는 것입니까?"

"세존이시여, 현자들이 꾸짖는 것입니다."

"실행하고 시도하면 해롭고 괴롭게 되지 않을까요?"

"세존이시여, 실행하고 시도하면 해롭고 괴롭게 될 것입니다."

"깔라마족 사람들이여, 그래서 우리는 '이제 그대들은 전통이나 전승과 같은 다른 것에 의지하지 말고, 그대들이 '이들 법은 좋지 않다, 이들 법은 결함이 있다, 이들 법은 현자들이 꾸짖는 것이다, 이들 법은 실행하고 시도하면 해롭고 괴롭게 된다'라고 스스로 알게 되었을 때, 그것을 버리도록 하시오'라고 말했던 것이오.

깔라마족 사람들이여, 이제 그대들은 전통이나 전승과 같은 다른 것에 의지하지 말고, 그대들이 '이들 법은 좋다, 이들 법은 결함이 없다, 이들 법은 현자들이 칭찬하는 것이다, 이들 법은 실행하고 시도하면 이롭고 즐겁게 된다'라고 스스로 알게 되었을 때, 깔라마족 사람들이여,

이제 그대들은 그것을 성취하여 살아가도록 하시오. 깔라마족 사람들이여, 어떻게 생각하나요? 사람의 마음속에서 일어난 탐욕이 없으면 이익이 생길까요, 손해가 생길까요?"

"세존이시여, 이익이 생깁니다."

"깔라마족 사람들이여, 탐욕에 정복되지 않고 사로잡히지 않는 마음을 가진 탐욕 없는 사람이 살아있는 것을 죽이지 않고, 주지 않은 것을 취하지 않고, 남의 부인에게 접근하지 않고, 거짓말을 하지 않고, 남에게 이런 일을 권유하지 않으면, 그는 오랜 세월 이익이 있고, 즐거움이 있지 않을까요?"

"세존이시여, 그렇습니다."

"깔라마족 사람들이여, 어떻게 생각하나요? 사람의 마음속에서 일어난 악의가 없으면 이익이 생길까요, 손해가 생길까요?"

"세존이시여, 이익이 생깁니다."

"깔라마족 사람들이여, 악의에 정복되지 않고 사로잡히지 않는 마음을 가진 악의가 없는 사람이 살아있는 것을 죽이지 않고, 주지 않은 것을 취하지 않고, 남의 부인에게 접근하지 않고, 거짓말을 하지 않고, 남에게 이런 일을 권유하지 않으면, 그는 오랜 세월 이익이 있고, 즐거움이 있지 않을까요?"

"세존이시여, 그렇습니다."

"깔라마족 사람들이여, 어떻게 생각하나요? 사람의 마음속에서 일어난 어리석음이 없으면 이익이 생길까요, 손해가 생길까요?"

"세존이시여, 이익이 생깁니다."

"깔라마족 사람들이여, 어리석음에 정복되지 않고 사로잡히지 않는 마음을 가진 어리석지 않은 사람이 살아있는 것을 죽이지 않고, 주지 않은 것을 취하지 않고, 남의 부인에게 접근하지 않고, 거짓말을 하지 않고, 남에게 이런 일을 권유하지 않으면, 그는 오랜 세월 이익이 있고, 즐거움이 있지 않을까요?"

"세존이시여, 그렇습니다."

"깔라마족 사람들이여, 어떻게 생각하나요? 이들 법은 좋습니까, 좋지 않습니까?"

"세존이시여, 좋습니다."

"결함이 있습니까, 결함이 없습니까?"

"세존이시여, 결함이 없습니다."

"현자들이 꾸짖는 것입니까, 현자들이 칭찬하는 것입니까?"

"세존이시여, 현자들이 칭찬하는 것입니다."

"실행하고 시도하면 이롭고 즐겁게 되지 않을까요?"

"세존이시여, 실행하고 시도하면 이롭고 즐겁게 될 것입니다."

"깔라마족 사람들이여, 그래서 우리는 '이제 그대들은 전통이나 전승과 같은 다른 것에 의지하지 말고, 그대들이 '이들 법은 좋다, 이들 법은 결함이 없다, 이들 법은 현자들이 칭찬하는 것이다, 이들 법은 실행하고 시도하면 이롭고 즐겁게 된다'라고 스스로 알게 되었을 때, 그것을 성취하여 살아가도록 하시오'라고 말했던 것이오.

깔라마족 사람들이여, 이렇게 탐욕을 멀리하고, 악의를 멀리하고, 어리석지 않고, 알아차리고, 주의집중하는 거룩한 제자는 자애로운[慈] 마음으로, 연민[悲]의 마음으로, 기쁜[喜] 마음으로, 평정한[捨] 마음으로 첫째 방향을 가득 채우고 살아가며, 그와 같이 둘째 방향, 셋째 방향, 넷째 방향을 가득 채우고 살아간다오. 이렇게 위로, 아래로, 사방으로, 모든 곳으로, 일체의 모든 세계를 자애로운 마음으로, 연민의 마음으로, 기쁜 마음으로, 평정한 마음으로, 크고, 광대하고, 한량없고, 원한 없고, 평화롭게 가득 채우고 살아간다오. 깔라마족 사람들이여, 이와 같이 원한 없는 마음, 이와 같이 평화로운 마음, 이와 같이 물들지 않은 마음, 이와 같이 청정한 마음의 거룩한 제자는 지금 여기에서 네 가지 마음의 평온을 얻는다오.

그는 '만약에 다음 세상이 있고, 선업(善業)과 악업(惡業)의 과보(果報)가 있다면, 나는 몸이 무너져 죽은 후에 행복한 천상 세계에 태어날 것이다'라고 생각한다오. 이것이 첫 번째로 얻는 마음의 평온이라오.

그는 '만약에 다음 세상이 없고, 선업과 악업의 과보가 없다면, 이제 나는 지금 여기에서 원한 없이, 평화롭게, 근심 없이, 행복하게 나 자신을 돌보겠다'라고 생각한다오. 이것이 두 번째로 얻는 마음의 평온이라오.

그는 '만약에 (내가) 행한 것이 잘못되었어도, 내가 누구에게도 잘못할 생각을 하지 않았으니, 행하지 않은 악업이[60] 어떻게 나를 괴롭히겠는가?'라고 생각한다오. 이것이 세 번째로 얻는 마음의 평온이라오.

그는 '만약에 (내가) 행한 것이 잘못되지 않으면, 나는 나 자신을 안팎으로 청정하다고[61] 여길 것이다'라고 생각한다오. 이것이 네 번째로 얻는 마음의 평온이라오.

깔라마족 사람들이여, 원한 없는 마음, 평화로운 마음, 물들지 않은

---

60 붓다는 업(業)을 '고의(故意)로 한 행위'로 규정한다.

61 'ubhayen' eva visuddhaṃ'의 번역. 원문의 뜻은 '양면(兩面)으로 청정하다'인데, 몸으로 행한 결과가 악행이 되지 않았고, 마음으로 악한 생각을 하지 않았기 때문에 신업(身業)과 의업(意業) 둘 다 청정하다는 의미이다.

마음, 청정한 마음으로 살아가는 거룩한 제자는 이렇게 지금 여기에서 네 가지 마음의 평온을 얻는다오."

"그렇군요. 세존이시여! 그렇군요. 선서(善逝)시여! … (중략) … 원한 없는 마음, 평화로운 마음, 물들지 않은 마음, 청정한 마음으로 살아가는 거룩한 제자는 지금 여기에서 네 가지 마음의 평온을 얻는군요. 훌륭합니다. 세존이시여! … (중략) … 이제 저희는 세존께 귀의합니다. 가르침과 비구 승가에 귀의합니다. 세존께서는 저희를 청신사(淸信士)로 받아주소서. 오늘부터 살아있는 날까지 귀의하겠나이다."

A.3.21. 대화의 바탕(Kathāvatthu) 〈A.3.67.〉

"비구들이여, 대화의 바탕은 세 가지라오. 그 셋은 어떤 것인가? 비구들이여, (대화할 때) '과거의 시기에 이러했다'라고 과거의 시기에 관하여 대화하거나, '미래의 시기에 이럴 것이다'라고 미래의 시기에 관하여 대화하거나, '지금 현재의 시기에 이렇다'라고 현재의 시기에 관하여 대화해야 한다오.[62]

비구들이여, 대화를 통해서 토론에 적합한 사람인지 아닌지를 알아야 한다오.

만약에 질문받은 사람이, 단언적(斷言的)으로 답변해야 할 질문에 단언적으로 답변하지 않고,[63] 자세하게 분별하여 답변해야 할 질문

62 모든 대화는 과거, 현재, 미래의 시제(時制)가 명확해야 한다는 의미이다.

63 'ekaṃsa-vyākaraṇīya pañhaṃ na ekaṃsena vyākaroti'의 번역. 단언적으로 답변해야 할 질

에 자세하게 분별하여 답변하지 않고,[64] 반문(反問)해야 할 질문에 반문하지 않고,[65] (답변하지 않고) 버려둬야 할 질문을 버려두지 않으면,[66] 이런 사람은 토론에 적합하지 않은 사람이라오. 비구들이여, 만약에 질문받은 사람이, 단언적으로 답변해야 할 질문에 단언적으로 답변하고, 자세하게 분별하여 답변해야 할 질문에 자세하게 분별하여 답변하고, 반문해야 할 질문에 반문하고, (답변하지 않고) 버려둬야 할 질문을 버려두면,[67] 이런 사람은 토론에 적합한 사람이라오.

만약에 질문받은 사람이, (자신이 내린) 시비(是非) 판단을 지키지 않고,[68] 전제(前提)를 지키지 않고,[69] 공리(公理)를 지키지 않고,[70] 논증

문은 어떤 모순된 명제에 대하여 어느 하나를 선택해야 하는 질문을 의미한다. 예를 들면, '신은 존재하는가, 존재하지 않는가?'라는 질문에 대한 답은 '존재한다'라고 단언하거나, '존재하지 않는다'라고 단언하는 것 이외에 어떤 조건도 필요하지 않은 질문이다.

64 'vibhajja-vyākaraṇīya pañhaṃ na vibhajjavyākaroti'의 번역. 예를 들면, '서울은 어디에 있는가?'라는 질문에는 서울의 위치와 지형을 다른 지역과 분별하여 자세하게 설명해야 한다.

65 'paṭipucchā-vyākaraṇīya pañhaṃ na paṭipucchā-vyākaroti'의 번역.

66 'ṭhapanīyṃ pañhaṃ na ṭhapeti'의 번역. 이런 질문은 붓다가 대답하지 않은 질문, 즉 '세계는 영원한가, 영원하지 않은가?', '여래는 사후에 존재하는가, 존재하지 않는가?' 등과 같이 답이 없거나, 무의미한 질문을 의미한다.

67 'ṭhapanīyṃ pañhaṃ na ṭhapeti'의 번역. 이런 질문은 붓다가 대답하지 않은 질문, 즉 '세계는 영원한가, 영원하지 않은가?', '여래는 사후에 존재하는가, 존재하지 않는가?' 등과 같이 답이 없거나, 무의미한 질문을 의미한다.

68 'ṭhānāṭṭhāne na saṇṭhāti'의 번역. 문자 그대로는 '시처(施處) 비처(非處)를 지키지 않는다'이다. 여기에서는 토론할 때 자신이 옳다고 긍정하거나, 틀리다고 부정한 내용을 뒤에 가서 바꾸는 것을 의미한다.

69 'parikappe na saṇṭhāti'의 번역. 자신이 내세운 전제를 바꾸는 것을 의미한다. 예를 들어,

법(論證法)을 지키지 않으면,[71] 이런 사람은 토론에 적합하지 않은 사람이라오. 비구들이여, 만약에 질문받은 사람이, (자신이 내린) 시비 판단을 지키고, 전제를 지키고, 공리를 지키고, 논증법을 지키면, 이런 사람은 토론에 적합한 사람이라오.

만약에 질문받은 사람이, 엉뚱한 말로 답변을 피하고,[72] 화제(話題)를 밖으로 돌리고,[73] 화를 내고 성을 내면서 불만을 드러내면, 이런 사람은 토론에 적합하지 않은 사람이라오. 만약에 질문받은 사람이 엉뚱한 말로 답변을 피하지 않고, 주제 밖으로 대화를 돌리지 않고, 화를 내지 않고 성을 내지 않으면서 불만을 드러내지 않으면, 이런 사람은 토론에 적합한 사람이라오.

만약에 질문받은 사람이, 욕하고, 윽박지르고, 조롱하고, 말실수를 붙잡고 늘어지면, 이런 사람은 토론에 적합하지 않은 사람이라오. 만약에 질문받은 사람이, 욕하지 않고, 윽박지르지 않고, 조롱하지 않고, 말실

'모든 사람은 선하다'라는 전제를 가지고 논증하다가, '악한 사람도 있다'라고 말을 바꾸는 것을 말한다.

70 'aññavāde na saṇṭhāti'의 번역. 'aññavāda'는 '다른 이론'이라는 뜻인데, 여기에서는 다른 사람들이 지키는 공인된 이론, 즉 논리학에서 증명이 필요 없는 공리(公理)를 의미한다. 공리를 지키지 않는다는 것은 증명이 필요 없는 공리를 인정하지 않고 증명하라고 시비를 거는 것을 의미한다.

71 'paṭipadāya na saṇṭhāti'의 번역. 'paṭipadā'는 삼단논법(三段論法)과 같이 논리학에서 어떤 주장의 진실성을 논증하는 방법을 의미한다. 인도에서는 오단논법(五段論法)을 사용하여 논증했다.

72 'aññenāññaṃ paṭicarati'의 번역.

73 'bahiddhā kathaṃ apanāmeti'의 번역.

수를 붙잡고 늘어지지 않으면, 이런 사람은 토론에 적합한 사람이라오.

비구들이여, 대화를 통해서 믿음이 있는 사람인지 없는 사람인지를 알아야 한다오. 비구들이여, 귀를 기울이지 않는 사람은 믿음이 없는 사람이고, 귀를 기울이는 사람은 믿음이 있는 사람이라오. 믿음이 있는 사람은 한 법(法)을 체험적으로 알고, 한 법을 이해하고, 한 법을 버리고, 한 법을 체득한다오.[74] 그는 한 법을 체험적으로 알고, 한 법을 이해하고, 한 법을 버리고, 한 법을 체득하면서 바른 해탈에 도달한다오.

비구들이여, 집착이 없는 마음의 해탈, 이것이 대화의 목적이고, 이것이 충고의 목적이고, 이것이 믿음의 목적이고, 이것이 경청(傾聽)의 목적이라오."

A.3.22. 존재〔有, Bhava〕 ① 〈A.3.76.〉

아난다 존자가 세존을 찾아와서 예배하고 한쪽에 앉아 세존께 말씀드렸습니다.

"세존이시여, '존재[有]'라고들 말합니다. 세존이시여, 존재란 어떤 것입니까?"[75]

"아난다여, 욕계(欲界)를 낳는 업(業)이 없다면,[76] 욕계의 존재[欲有]

74 'so sa-upaniso samāno abhijānāti ekaṃ dhammaṃ parijānāti ekaṃ dhammaṃ pajahati ekaṃ dhammaṃ sacchikaroti ekaṃ dhammaṃ'의 번역.

75 'kittāvatā nu kho bhante bhavo hoti'의 번역. '존재[有]'라는 개념을 묻고 있다.

76 'kāmadhatuvepakkañ ca Ānanda kammaṃ nābhavissa'의 번역.

가 시설되겠는가?"

"그렇지 않습니다. 세존이시여!"

"아난다여. 이렇게 업은 밭이고, 분별하는 마음[識]은 종자(種子)이고, 갈애[愛]는 물이다. 무명(無明)에 뒤덮이고, 갈애에 묶인 중생들의 분별하는 마음이 하열한 계[下界]에 머물면 이와 같이 미래에 다음 존재[後有]의 나타남이 있다.[77] 아난다여, 존재란 이런 것이다.[78]

아난다여, 색계(色界)를 낳는 업이 없다면, 색계의 존재[色有]가 시설되겠는가?"

"그렇지 않습니다. 세존이시여!"

"아난다여. 이렇게 업은 밭이고, 분별하는 마음은 종자이고, 갈애는 물이다. 무명에 뒤덮이고, 갈애에 묶인 중생들의 분별하는 마음이 중간의 계[中界]에 머물면, 이와 같이 미래에 다음 존재의 나타남이 있다. 아난다여, 존재란 이런 것이다.

아난다여, 무색계(無色界)를 낳는 업이 없다면, 무색계의 존재[無色有]가 시설되겠는가?"

"그렇지 않습니다. 세존이시여!"

"아난다여. 이렇게 업은 밭이고, 분별하는 마음은 종자이고, 갈애는 물이다. 무명에 뒤덮이고, 갈애에 묶인 중생들의 분별하는 마음이 수승한 계[上界]에 머물면, 이와 같이 미래에 다음 존재의 나타남이 있다. 아난다여, 존재란 이런 것이다."

---

77 'evaṃ āyatiṃ punabhavābhinibbatti hoti'의 번역.

78 'evaṃ kho Ānanda bhovo hoti'의 번역.

A.3.23. 존재〔有, Bhava〕 ② 〈A.3.77.〉

아난다 존자가 세존을 찾아와서 예배하고 한쪽에 앉아 세존께 말씀드렸습니다.

"세존이시여, '존재[有]'라고들 말합니다. 세존이시여, 존재란 어떤 것입니까?"

"아난다여, 욕계(欲界)를 낳는 업(業)이 없다면, 욕계의 존재[欲有]가 시설되겠는가?"

"그렇지 않습니다. 세존이시여!"

"아난다여. 이렇게 업(業)은 밭이고, 분별하는 마음[識]은 종자(種子)이고, 갈애[愛]는 물이다. 무명(無明)에 뒤덮이고, 갈애에 묶인 중생들의 의도(意圖)가[79] 하열한 계[下界]에 머물면, 이와 같이 미래에 다음 존재[後有]의 나타남이 있다. 아난다여, 존재란 이런 것이다.

아난다여, 색계(色界)를 낳는 업(業)이 없다면, 색계의 존재[色有]가 시설되겠는가?"

"그렇지 않습니다. 세존이시여!"

"아난다여. 이렇게 업은 밭이고, 분별하는 마음은 종자이고, 갈애는 물이다. 무명에 뒤덮이고, 갈애에 묶인 중생들의 의도가 중간의 계[中界]에 머물면, 이와 같이 미래에 다음 존재[後有]의 나타남이 있다. 아난다여, 존재란 이런 것이다.

아난다여, 무색계(無色界)를 낳는 업이 없다면, 무색계(無色界)의 존재[無色有]가 시설되겠는가?"

---

79 'cetanā'의 번역.

"그렇지 않습니다. 세존이시여!"

"아난다여. 이렇게 업은 밭이고, 분별하는 마음은 종자고, 갈애는 물이다. 무명에 뒤덮이고, 갈애에 묶인 중생들의 의도가 수승한 계[上界]에 머물면, 이와 같이 미래에 다음 존재의 나타남이 있다. 아난다여, 존재란 이런 것이다."

A.3.24. 향기(Gandha) 〈A.3.79.〉

아난다 존자가 세존을 찾아와서 예배하고 한쪽에 앉아 세존께 말씀드렸습니다.

"세존이시여, 뿌리의 향기, 목재의 향기, 꽃의 향기, 이들 세 가지 향기는 그 향기가 바람을 따라갈 뿐 바람을 거슬러가지는 못합니다. 세존이시여, 그 향기가 바람을 따라가고, 바람을 거슬러가고, 바람을 따라가면서 거슬러가는 향기가 있을까요?"

"아난다여, 그 향기가 바람을 따라가고, 바람을 거슬러가고, 바람을 따라가면서 거슬러가는 향기가 있다."

"세존이시여, 그와 같은 향기는 어떤 향기입니까?"

"아난다여, 마을이나 촌락에서 여자나 남자가 붓다에게 귀의하고, 가르침에 귀의하고, 승가에 귀의하고, 주지 않은 것을 취하지 않고, 삿된 음행을 하지 않고, 거짓말을 하지 않고, 방일의 원인이 되는 곡주나 과일주 같은 취기 있는 음료를 마시지 않고, 계행(戒行)을 지키고, 행실이 훌륭하고,[80] 인색(吝嗇)하지 않은 청정한 마음으로 속가(俗家)에 살면서, 아낌없이 주고,[81] 대가 없이 주고,[82] 남 주기 좋아하고, 요구하는 대로 주고, 베풀고 나누기 좋아하면, 여러 지방에서 사문이나 바라문들이 그 사람의 이러한 행실을 찬탄한다. 그뿐만 아니라 천신(天神)들과 귀신(鬼神)[83]들도 그 사람의 행실을 찬탄한다. 아난다여, 이것이 그 향기가 바람을 따라가고, 바람을 거슬러가고, 바람을 따라가면서 거슬러가는 향기다."

꽃의 향도, 전단향(栴檀香)도, 딱가라(taggara)나 말리까도
그 향기 바람을 거슬러 가지 못하지만,
착한 사람의 향기는 바람을 거슬러간다네.
참사람의 향기는 온 세상에 퍼진다네.

A.3.25. 공부(Sikkhā) 〈A.3.88.~A.3.89.〉

"비구들이여, 공부는 세 가지라오. 그 셋은 어떤 것인가? 그것은 계행을 향상하는 공부[增上戒學], 마음을 향상하는 공부[增上心學], 통찰지[般若]를 향상하는 공부[增上慧學]라오.

---

80 'kalyāṇadhammo'의 번역.

81 'muttacāgo'의 번역.

82 'payatapāṇi'의 번역. 문자 그대로의 의미는 '깨끗한 손'인데, '깨끗한 손'을 주고 나서 대가를 받지 않는 손의 의미로 해석함.

83 'amanussa'의 번역. 문자 그대로의 의미는 '비인(非人)'인데 'amanussa'는 우리말의 귀신과 같이 사람은 아니면서 사람과 비슷한 일을 하는 존재이기 때문에 '귀신'으로 번역함.

비구들이여, 계행을 향상하는 공부란 어떤 것인가? 비구들이여, 비구는 계율을 지킨다오. 그는 별해탈율의(別解脫律儀)를[84] 수호하며 살아가며, 행동규범[行境]을[85] 갖추어 하찮은 죄에서도 두려움을 보고, 학계(學戒)를[86] 수지(受持)하여 공부한다오. 비구들이여, 이것을 계행을 향상하는 공부라고 한다오.

비구들이여, 마음을 향상하는 공부란 어떤 것인가? 비구들이여, 비구는 감각적 욕망을 멀리하고, 불선법(不善法)을 멀리하여, 사유[尋]가 있고, 숙고[伺]가 있는, 멀리함에서 생긴 희열과 행복이 있는 초선(初禪)을 성취하여 살아가고, 다음으로 비구는 사유와 숙고를 억제하여, 내적으로 조용해진, 마음이 집중된, 사유와 숙고가 없는, 삼매에서 생긴 희열과 행복이 있는 제2선(第二禪)을 성취하여 살아가고, 다음으로 비구는 희열과 이욕(離欲)으로부터 초연하여 평정한 주의집중과 알아차림을 하며 몸으로 행복을 느끼는, 성자(聖者)들이 '평정한[捨][87] 주의

84 'pātimokkha-saṃvara'의 번역. 3종 율의(계) 가운데 하나. 5계, 10계, 구족계 등을 받아 신업과 구업으로 지은 악업에서 해탈하는 계법. 3종계에는 별해탈계(別解脫戒) 이외에 정공계(定共戒)와 도공계(道共戒)가 있다. 정공계는 색계유루정(色界有漏定)에 들어가는 동시에 방비지악(防非止惡)의 계체(戒體)를 얻어 몸가짐과 말하는 것이 저절로 율의에 계합하는 것을 말하고, 도공계는 견도(見道)하고 수행하는 자리에서 무루도(無漏道)를 일으키면 방비지악하는 계체를 발하여 저절로 몸과 말의 허물을 여의게 되는 것을 말한다.

85 'ācāra-gocara'의 번역.

86 'sikkhapada'의 번역. '학계(學戒)'로 한역됨.

87 'upekhaka'의 번역. 사(捨)로 한역(漢譯)되는 'upekhaka'는 고락(苦樂)의 감정에서 벗어난, 평정하고 집착이 없는 상태를 의미한다. 세 가지 감정(受), 즉 고(苦), 낙(樂), 불고불락(不苦不樂) 가운데 불고불락의 상태가 'upekhaka'이다.

집중을 하는 행복한 상태'라고 이야기한 제3선(第三禪)을 성취하여 살아가고, 다음으로 비구는 행복감을 포기하고 괴로움을 버림으로써, 이전의 만족과 불만이 소멸하여 괴롭지도 않고 즐겁지도 않은, 평정한 주의집중이 청정한 제4선(第四禪)을 성취하여 살아간다오. 이것을 마음을 향상하는 공부라고 한다오.

비구들이여, 통찰지를 향상하는 공부란 어떤 것인가? 비구들이여, 비구는 '이것은 괴로움이다'라고 있는 그대로 통찰하고, '이것은 괴로움의 쌓임이다'라고 있는 그대로 통찰하고, '이것은 괴로움의 소멸이다'라고 있는 그대로 통찰하고, '이것은 괴로움의 소멸에 이르는 길이다'라고 있는 그대로 통찰한다오. 비구는 번뇌[漏]를 소멸하고 무루(無漏)의 심해탈(心解脫)과 혜해탈(慧解脫)을 지금 여기에서 스스로 체험지(體驗智)로써 체득하고 성취하여 살아간다오. 비구들이여, 이것을 통찰지를 향상하는 공부라고 한다오.

비구들이여, 이것이 세 가지 공부라오."

선정에 들어, 주의집중하여, 6근(六根)을 수호하면서
용맹스럽게 정진하는 수행자가
계행의 향상[增上戒], 마음의 향상[增上心],
통찰지[般若]의 향상[增上慧]을 닦아 가면,
이전처럼 이후에도 그렇게, 이후처럼 이전에도 그렇게,
아래처럼 위도 그렇게, 위처럼 아래도 그렇게,
낮처럼 밤에도 그렇게, 밤처럼 낮에도 그렇게,
무량(無量)한 삼매(三昧)로 사방을 제압하면,

그것을 학계(學戒), 또는 청정한 수행[88]이라고 말한다네.

분별하는 마음[識]이 소멸함으로써 갈애가 파괴되어 해탈한 사람.

(번뇌의) 불길이 꺼져서 마음이 해탈한 사람,

그를 세간에서 바르게 깨달은 분[正覺], 현자(賢者), 목적지에 간 사람이라고 말한다네.[89]

A.3.26. 소금 덩어리(Loṇaphala) 〈A.3.99.〉

"비구들이여, '사람이 어떤 업을 지으면, 지은 그대로 받게 된다'[90]라고 말한다면, 비구들이여, 그렇다면 청정한 수행을 하는 삶도 없고, 바르게 괴로움을 종식할 기회도 시설(施設)되지 않는다오. 비구들이여, '사람이 업을 지어서 받게 되는 것은 지은 업이 조건에 의해 달리 성숙한 과보[異熟]이다'[91]라고 말한다면, 비구들이여, 그러면 청정한 수행을 하는 삶도 있고, 바르게 괴로움을 종식할 기회도 시설된다오.

비구들이여, 어떤 사람은 사소한 악업을 지어도 지옥에[92] 떨어진

---

88 'saṃsuddhacāraṇa'의 번역.

89 'taṃ āhu loke sambuddhaṃ dhīraṃ paṭipadantaguṃ'의 번역.

90 'yathā yathāyṃ puriso kammaṃ karoti tathā tathā taṃ patisaṃvediyī ti'의 번역.

91 'yathā yathā vedanlyaṃ ayaṃ puriso kammaṃ karoti tathā tathāssa vipākaṃ patisaṃvediyī ti'의 번역. 여기에서 '지은 업이 조건에 의해 달리 성숙한 과보[異熟]'로 번역한 'vipākaṃ'은 같은 업이라도 조건에 의해서 달리 변화한 결과를 의미한다. 불교에서 이야기하는 업의 과보는 이러한 이숙(異熟)이다.

92 'niraya'의 번역. 괴로운 곳을 의미하는데, 한역에서 지옥(地獄), 나락(奈落), 니리(尼梨)로 번역함.

다오. 그렇지만 어떤 사람은 그와 같은 사소한 악업을 지어도 지금 여기에서 받으면서, 실로 (그 과보가) 많기는 고사하고 아주 조금도 받지 않는 것처럼 보인다오.[93]

비구들이여 사소한 악업을 지어도 지옥에 떨어지는 사람은 어떤 사람인가? 비구들이여, 어떤 사람은 몸을 닦지 않고, 계행을 닦지 않고, 마음을 닦지 않고, 통찰지[般若]를 닦지 않고, 옹졸하고, 소심하고, 초라하고 비참하게 살아간다오. 비구들이여, 이런 사람은 사소한 악업을 지어도 지옥에 떨어진다오.

비구들이여 그와 같은 사소한 악업을 지어도 지금 여기에서 받으면서, 실로 (그 과보가) 많기는 고사하고 아주 조금도 받지 않는 것처럼 보이는 사람은 어떤 사람인가? 비구들이여, 어떤 사람은 몸을 닦고, 계행을 닦고, 마음을 닦고, 통찰지[般若]를 닦고, 너그럽고, 대범하고, 거침없이 살아간다오. 비구들이여, 이런 사람은 그와 같은 사소한 악업을 지어도 지금 여기에서 받으면서, 실로 (그 과보가) 많기는 고사하고 아주 조금도 받지 않는 것처럼 보인다오.

비구들이여, 비유하면 어떤 사람이 소금 덩어리를 작은 물그릇에 넣는 것과 같다오. 비구들이여, 어떻게 생각하는가? 그 작은 물그릇의 물은 소금 덩어리 때문에 짜서 마실 수 없지 않겠는가?"

"그렇습니다. 세존이시여!"

"그 원인은 무엇인가?"

---

93 'idha pana bhikkhave ekaccassa puggalassa tādisaṃ yeva appamattakaṃ pāpaṃ kammaṃ kataṃ diṭṭhadhamme c'eva vedanīyaṃ hoti nāṇu pi khāyati kiṃ bahud eva'의 번역.

"세존이시여, 그것은 물그릇의 물이 적기 때문입니다. 그 소금 덩어리 때문에 물이 짜져서 마실 수가 없게 된 것입니다."

"비구들이여, 비유하면 어떤 사람이 소금 덩어리를 많은 물이 흐르는 갠지스강에 넣는 것과 같다오. 비구들이여, 어떻게 생각하는가? 많은 물이 흐르는 갠지스강의 물이 그 작은 소금 덩어리 때문에 짜서 마실 수 없겠는가?"

"그렇지 않습니다. 세존이시여!"

"그 원인은 무엇인가?"

"세존이시여, 그것은 갠지스강의 물이 많기 때문입니다. 그 소금 덩어리 때문에 갠지스강의 물이 마실 수 없이 짜게 되지는 않습니다."

"비구들이여, 바로 이와 같이 어떤 사람은 사소한 악업(惡業)을 지어도 지옥에 떨어지지만, 어떤 사람은 그와 같은 사소한 악업을 지어도 지금 여기에서 받으면서, 실로 (그 과보가) 많기는 고사하고 아주 조금도 받지 않는 것처럼 보인다오.

… (중략) …

비구들이여, 어떤 사람은 반 까하빠나(kahāpana)[94] 때문에 감옥에 들어가기도 하고, 1까하빠나 때문에 감옥에 들어가기도 하고, 100까하빠나 때문에 감옥에 들어가기도 한다오. 그렇지만 어떤 사람은 반 까하빠나나 1까하빠나나 100까하빠나 때문에 감옥에 들어가지 않는다오.

비구들이여, 반 까하빠나 때문에 감옥에 들어가기도 하고, 1까하빠나 때문에 감옥에 들어가기도 하고, 100까하빠나 때문에 감옥에 들

94 화폐의 단위.

어가기도 하는 사람은 어떤 사람인가? 비구들이여, 어떤 사람은 가진 것도 없고, 재산도 없이 가난하다오. 비구들이여, 이런 사람은 반 까하빠나 때문에 감옥에 들어가기도 하고, 1까하빠나 때문에 감옥에 들어가기도 하고, 100까하빠나 때문에 감옥에 들어가기도 한다오.

비구들이여, 반 까하빠나나 1까하빠나나 100까하빠나 때문에 감옥에 들어가지는 않는 사람은 어떤 사람인가? 비구들이여, 어떤 사람은 재물도 많고, 재산도 많은 부자라오. 비구들이여, 이런 사람은 반 까하빠나나 1까하빠나나 100까하빠나 때문에 감옥에 들어가지 않는다오.

… (중략) …

비구들이여, 예를 들면, 어떤 사람이 양을 훔치면, 양을 잡는 백정이나 푸줏간 주인은 거리낌 없이 그를 죽이거나, 결박하거나, 태우거나 할 수 있지만 어떤 사람이 양을 훔치면, 양을 잡는 백정이나 푸줏간 주인은 거리낌 없이 그를 죽이거나, 결박하거나, 태우거나 할 수 없다오.

비구들이여, 양을 훔치면, 양을 잡는 백정이나 푸줏간 주인이 거리낌 없이 죽이거나, 결박하거나, 태우거나 할 수 있는 사람은 어떤 사람인가? 비구들이여, 어떤 사람은 가진 것도 없고, 재산도 없이 가난하다오. 비구들이여, 이런 사람이 양을 훔치면, 양을 잡는 백정이나 푸줏간 주인은 거리낌 없이 죽이거나, 결박하거나, 태우거나 할 수 있다오.

비구들이여, 양을 훔치면, 양을 잡는 백정이나 푸줏간 주인이 거리낌 없이 죽이거나, 결박하거나, 태우거나 할 수 없는 사람은 어떤 사람인가? 비구들이여, 어떤 사람은 재물도 많고, 재산도 많은 부자라오. 비구들이여, 이런 사람이 양을 훔치면, 양을 잡는 백정이나 푸줏간 주인은 거리낌 없이 죽이거나, 결박하거나, 태우거나 할 수 없다오.

비구들이여, 이와 같이 어떤 사람은 사소한 악업을 지어도 지옥에 떨어진다오. 그렇지만 어떤 사람은 그와 같은 사소한 악업을 지어도 지금 여기에서 받으면서, 실로 (그 과보가) 많기는 고사하고 아주 조금도 받지 않는 것처럼 보인다오.

비구들이여, '사람이 어떤 업을 지으면, 지은 그대로 받게 된다'라고 말한다면, 비구들이여, 그렇다면 청정한 수행을 하는 삶도 없고, 바르게 괴로움을 종식할 기회도 시설(施設)되지 않는다오. 비구들이여, '사람이 업을 지어서 받게 되는 것은 지은 업이 조건에 의해 달리 성숙한 과보[異熟]이다'라고 말한다면, 비구들이여, 그러면 청정한 수행을 하는 삶도 있고, 바르게 괴로움을 종식할 기회도 시설된다오."

A.3.27. 금세공사(Paṭhamasuvaṇṇakāra) 〈A.3.100.〉

"비구들이여, 황금에는 흙, 모래, 자갈, 돌 같은 거친 불순물들이 있다오. 금세공사나 금세공사의 제자는 그것을 나무통에 넣어 물로 씻어내고, 흔들어내고, 털어낸다오. 그렇게 제거하고 분리해 내면, 황금에는 작은 자갈이나 굵은 모래 같은 중간단계의 불순물들이 남아 있다오.

금세공사나 금세공사의 제자는 그것을 물로 씻어내고, 흔들어내고, 털어낸다오. 그렇게 제거하고 분리해 내면, 황금에는 작은 모래나 검은 티 같은 미세한 불순물들이 남아 있다오.

금세공사나 금세공사의 제자는 그것을 물로 씻어내고, 흔들어내고, 털어낸다오. 그렇게 제거하고 분리해 내면, 이제 사금(砂金)이 남게 된다오.

금세공사나 금세공사의 제자는 그 황금을 용광로에 넣은 후에, 불을 지피고 불이 꺼지지 않게 풀무질을 한다오. 불을 지피고 불이 꺼지지 않게 풀무질을 해도, 그 황금은 불순물이 제거되어 없어지지 않고, 유연하지 않고, 다루기에 적절치 않고, 빛도 나지 않고, 잘 부서져서 제대로 세공할 수 없다오.

비구들이여, 그때 금세공사나 금세공사의 제자는 그 황금에 불을 지피고 불이 꺼지지 않게 풀무질을 한다오. 불을 지피고 불이 꺼지지 않게 풀무질을 하면, 그 황금은 불순물이 제거되어 없어지고, 유연하고, 다루기에 적절하고, 빛이 나고, 잘 부서지지 않아서, 제대로 세공할 수 있게 된다오. 그러면 그는 허리띠든, 귀걸이든, 목걸이든, 황금 화환이든, 그가 원하는 종류의 장신구를 만들어 목적을 달성한다오.

비구들이여, 이와 마찬가지로 마음의 향상[增上心]을 수행하는[95] 비구의 거친 불순물들은 몸으로 하는 악행,[96] 말로 하는 악행,[97] 마음으로 하는 악행[98]이라오. 품성이 훌륭한 사려 깊은 비구는 그것을 버리고 제거하고 그쳐서 없앤다오.

그렇게 버리고, 그렇게 제거하면, 마음의 향상을 수행하는 비구

---

95 'adhicittamanuyutta'의 번역.

96 'kāyaduccaritaṃ'의 번역.

97 'vacīduccaritaṃ'의 번역.

98 'manoduccaritaṃ'의 번역.

에게 중간단계의 불순물인 감각적 쾌락에 대한 생각,[99] 가해하려는 생각,[100] 해치려는 생각이[101] 남아 있다오. 품성이 훌륭한 사려 깊은 비구는 그것을 버리고 제거하고 그쳐서 없앤다오.

그렇게 버리고, 그렇게 제거하면, 마음의 향상을 수행하는 비구에게 미세한 불순물인 다음 생에 대한 생각,[102] 국토(國土)에 대한 생각,[103] 멸시받지 않으려는 생각이[104] 남아 있다오. 품성이 훌륭한 사려 깊은 비구는 그것을 버리고 제거하고 그쳐서 없앤다오.

그렇게 버리고, 그렇게 제거하면, 이제 법(法)에 대한 생각들이[105] 남게 된다오. 그렇지만, 그 삼매(三昧)는 고요하지 않고, 수승하지 않고, 평온(平穩)에 이르지 못하고, 하나로 집중되지 않는 것으로서, 힘들게 억누르고 지켜서 얻어진 것[106]이라오. 비구들이여, 그때 비구는 그 마음을 안에 단단히 붙잡아두고, 하나로 모아서 삼매에 든다오. 그 삼매는 고요하고, 수승하고, 평온에 이르고, 하나로 집중된 것으로서, 힘들게 억누르고 지켜서 얻어진 것이 아니라오. 그가 그 마음을 체험지(體驗智)

---

99 'kāmavittako'의 번역.

100 'vyāpādavittako'의 번역.

101 'vihiṃsāvittako'의 번역.

102 'jātivittako'의 번역. 다음 생에 태어나려는 생각을 의미한다.

103 'janapadavittako'의 번역. 다음 생에 태어날 국토에 대한 생각을 의미한다.

104 'anavaññatti-paṭisaṃyuttavittako'의 번역. 다음 생에 좋은 가문에 태어나려는 생각을 의미한다.

105 'dhammavittakā'의 번역.

106 'sasaṅkhāra-niggayha-vārita-vato'의 번역.

로 증득(證得)해야 할 법에 마음을 기울이면, 체험지로 증득하는 이런 저런 신통(神通)들을 직접 보이게 된다오.

그는 신족통(神足通)을 원하면 신족통을 보이고, 천이통(天耳通)을 원하면 천이통을 보이고, 타심통(他心通)을 원하면 타심통을 보이고, 숙명통을 원하면 숙명통을 보이고, 천안통을 원하면 천안통을 보이고, 누진통(漏盡通)을 원하면 누진통을 보인다오.

비구들이여, 마음의 향상을 수행하는 비구는 수시로 세 가지 상태에 마음을 써야 한다오.[107] 수시로 삼매의 상태[108]에 마음을 써야 하고, 수시로 정근(精勤)의 상태[109]에 마음을 써야 하고, 수시로 평정(平靜)의 상태[110]에 마음을 써야 한다오.

비구들이여, 만약에 마음의 향상을 수행하는 비구가 오로지 삼매의 상태에 마음을 쓰면, 그럴 경우 그 마음은 나태(懶怠)해진다오.[111] 만약에 마음의 향상을 수행하는 비구가 오로지 정근의 상태에 마음을 쓰면, 그럴 경우 그 마음은 들뜨게[掉擧] 된다오.[112] 만약에 마음의 향상을 수행하는 비구가 오로지 평정(平靜)의 상태에 마음을 쓰면, 그럴 경우

---

107 'tīṇi nimittāni kālena kālaṃ manasikātabbāni'의 번역.

108 'samādhinimitta'의 번역.

109 'paggāhadhinimitta'의 번역.

110 'upekhānimitta'의 번역.

111 'ṭhānaṃ taṃ cittaṃ kosajjāya saṃvatteyya'의 번역.

112 'ṭhānaṃ taṃ cittaṃ uddhaccāya saṃvatteyya'의 번역.

그 마음은 번뇌를 소멸하기 위한 바른 삼매(三昧)에 들지 못한다오.[113] 비구들이여, 그러므로 마음의 향상을 수행하는 비구는 수시로 삼매의 상태에 마음을 쓰고, 수시로 정근의 상태에 마음을 쓰고, 수시로 평정의 상태에 마음을 씀으로써, 그 마음이 유연하고, 다루기에 적절하고, 빛이 나고, 쉽게 파괴되지 않고, 번뇌를 소멸하기 위한 바른 삼매에 들어가야 한다오.

비구들이여, 비유하면, 금세공사나 금세공사의 제자가 단열로(鍛熱爐)를 만들어서, 단열로 입구에 불을 붙인 후에, 집게로 황금을 집어서 용광로 입구에 넣고, 수시로 풀무질을 하고, 수시로 물을 뿌려주고, 수시로 살펴보는 것과 같다오. 만약에 금세공사나 금세공사의 제자가 그 황금에 오로지 풀무질만 하면, 그 황금은 타서 녹아버릴 것이오. 만약에 금세공사나 금세공사의 제자가 그 황금에 오로지 물만 뿌려주면, 그 황금은 식어서 굳어버릴 것이오. 만약에 금세공사나 금세공사의 제자가 그 황금에 오로지 살펴보기만 하면, 그 황금은 제대로 정제(精製)되지 못할 것이오.

비구들이여, 금세공사나 금세공사의 제자는 단열로를 만들어서, 단열로 입구에 불을 붙인 후에, 집게로 황금을 집어서 단열로 입구에 넣고, 수시로 풀무질을 하고, 수시로 물을 뿌려주고, 수시로 살펴본다오. 그러면, 그 황금은 유연하고, 다루기에 적절하고, 빛이 나고, 잘 부서지지 않아서, 제대로 세공할 수 있게 된다오. 그때 그는 허리띠든, 귀걸이든, 목걸이든, 황금 화환이든, 그가 원하는 종류의 장신구를 만들

113 'ṭhānaṃ taṃ cittaṃ na sammā samādhiyeyya āsavānaṃ khayāya'의 번역.

어 목적을 달성한다오.

비구들이여, 이와 같이 마음의 향상을 수행하는 비구는 수시로 세 가지 상태에 마음을 써야 한다오. 수시로 삼매의 상태에 마음을 써야 하고, 수시로 정근의 상태에 마음을 써야 하고, 수시로 평정의 상태에 마음을 써야 한다오.

… (중략) …

비구들이여, 마음의 향상을 수행하는 비구가 수시로 삼매의 상태에 마음을 쓰고, 수시로 정근의 상태에 마음을 쓰고, 수시로 평정의 상태에 마음을 써서, 그 마음이 유연하고, 다루기에 적절하고, 빛이 나고, 쉽게 파괴되지 않고, 번뇌를 소멸하기 위한 바른 삼매에 들어가면, 그는 체험지로 증득하는 이런저런 신통들을 직접 보이게 된다오.

그는 신족통을 원하면 신족통을 보이고, 천이통을 원하면 천이통을 보이고, 타심통을 원하면 타심통을 보이고, 숙명통을 원하면 숙명통을 보이고, 천안통을 원하면 천안통을 보이고, 누진통을 원하면 누진통을 보인다오."

A.3.28. 지붕(Kūṭa) 〈A.3.105.〉

어느 날 아나타삔다까(Anāthapiṇḍaka) 장자가 세존을 찾아와서 세존께 예배하고 한쪽에 앉았습니다. 세존께서 한쪽에 앉은 아나타삔다까 장자에게 말씀하셨습니다.

"장자여, 마음을 지키지 않으면, 몸으로 짓는 업[身業]도 지켜지지 않고, 말로 짓는 업[口業]도 지켜지지 않고, 마음으로 짓는 업[意業]도 지켜지지 않는다오. 몸으로 짓는 업이 지켜지지 않고, 말로 짓는 업이 지켜지지 않고, 마음으로 짓는 업이 지켜지지 않는 자로부터 몸으로 짓는 업이 흘러나오고, 말로 짓는 업이 흘러나오고, 마음으로 짓는 업이 흘러나온다오. 몸으로 짓는 업이 흘러나오고, 말로 짓는 업이 흘러나오고, 마음으로 짓는 업이 흘러나오는 자에게 몸으로 짓는 업의 악취(惡臭)가 나고, 말로 짓는 업의 악취가 나고, 마음으로 짓는 업의 악취가 난다오. 몸으로 짓는 업의 악취가 나고, 말로 짓는 업의 악취가 나고, 마음으로 짓는 업의 악취가 나는 자에게는 명예로운 죽음이 있을 수 없고, 명예로운 임종이 있을 수 없다오.

장자여, 비유하면 누각의 지붕이 잘못 덮히면, 지붕도 보호되지 않고, 서까래도 보호되지 않고, 벽도 보호되지 않으며, 지붕도 썩어 내리고, 서까래도 썩어 내리고, 벽도 썩어 내리며, 지붕도 악취가 나고, 서까래도 악취가 나고, 벽도 악취가 나는 것과 같다오.

장자여, 이와 같이 마음을 지키지 않으면, 몸으로 짓는 업도 지켜지지 않고, 말로 짓는 업도 지켜지지 않고, 마음으로 짓는 업도 지켜지지 않으며, … (중략) … 그에게는 명예로운 죽음이 있을 수 없고, 명예로운 임종이 있을 수 없다오.

장자여, 마음을 지키면, 몸으로 짓는 업도 지켜지고, 말로 짓는 업도 지켜지고, 마음으로 짓는 업도 지켜진다오. 몸으로 짓는 업이 지켜지고, 말로 짓는 업이 지켜지고, 마음으로 짓는 업이 지켜지는 사람에게는 몸으로 짓는 업이 흘러나오지 않고, 말로 짓는 업이 흘러나오지 않고, 마음으로 짓는 업이 흘러나오지 않는다오. 몸으로 짓는 업이 흘러나오지 않고, 말로 짓는 업이 흘러나오지 않고, 마음으로 짓는 업이 흘러나오지 않는 사람에게는 몸으로 짓는 업의 악취가 나지 않고, 말로 짓는 업의 악취가 나지 않고, 마음으로 짓는 업의 악취가 나지 않는다오. 몸으로 짓는 업의 악취가 나지 않고, 말로 짓는 업의 악취가 나지 않고, 마음으로 짓는 업의 악취가 나지 않는 사람에게는 명예로운 죽음이 있고, 명예로운 임종이 있다오.

장자여, 비유하면 누각의 지붕이 잘 덮히면, 지붕도 보호되고, 서까래도 보호되고, 벽도 보호되며, 지붕도 썩어 내리지 않고, 서까래도 썩어 내리지 않고, 벽도 썩어 내리지 않으며, 지붕도 악취가 나지 않고, 서까래도 악취가 나지 않고, 벽도 악취가 나지 않는 것과 같다오.

장자여, 이와 같이 마음을 지키면, 몸으로 짓는 업도 지켜지고, 말로 짓는 업도 지켜지고, 마음으로 짓는 업도 지켜지며, … (중략) … 그에게는 명예로운 죽음이 있고, 명예로운 임종이 있다오."

A.3.29. 아누룻다(Anuruddha) 〈A.3.128.〉

어느 날 아누룻다(Anuruddha) 존자가 싸리뿟따 존자를 찾아가서 인사를 나누고 한쪽에 앉았습니다. 한쪽에 앉은 아누룻다 존자가 싸리뿟따 존자에게 말했습니다.

"싸리뿟따 존자님! 저는 인간을 초월한 청정한 천안(天眼)으로 1,000개의 세계를 봅니다. 저는 힘써 정진(精進)하여 물러서지 않으며, 주의집중이 현전(現前)하여 망각(忘却)하지 않습니다. 몸은 편안하고 동요하지 않으며, 마음은 하나로 집중되어 있습니다. 그렇지만 제 마음은 남김없이 번뇌[漏]에서 해탈하지 못하고 있습니다."

"아누룻다 존자여, 그대는 '나는 인간을 초월한 청정한 천안으로 1,000개의 세계를 본다'라고 말하는데, 이것은 그대가 교만(驕慢)하기 때문에 하는 말입니다. 아누룻다 존자여, 그대는 또 '나는 힘써 정진하여 물러서지 않으며, 주의집중이 현전하여 망각하지 않는다'라고 말하는데, 이것은 그대가 불안하기[掉擧] 때문에 하는 말입니다. 아누룻다 존자여, 그대는 또 '내 마음은 남김없이 번뇌[漏]에서 해탈하지 못하고 있다'라고 말하는데, 이것은 그대가 후회하기[惡作] 때문에 하는 말입니다. 아누룻다 존자여, 부디 이들 세 법(法)을 버리고, 이들 세 법에 마음을 쓰지 말고, 불사계(不死界)에 마음을 집중하도록[114] 하시오."

아누룻다 존자는 그 후에 이들 세 법을 버리고, 이들 세 법에 마음을 쓰지 않고, 불사계에 마음을 집중했습니다. 아누룻다 존자는 홀로 외딴곳에서 열심히 노력하고, 정진하며 지냈습니다. 그리고 오래지 않아 선남자(善男子)들이 출가하는 목적인 위없는 청정한 수행[梵行]의 완성을 지금 여기에서 스스로 체험하고 성취하여 살아갔습니다. 그는 태어남은 끝났고, 청정한 수행을 마쳤으며, 해야 할 일을 끝마쳤습니다. 다시는 이런 상태로 되지 않는다는 것을 체득했습니다. 아누룻다 존자는 아라한 가운데 한 분이 되었습니다.

---

114 'amatāya dhātuyā cittaṃ upasaṃharatū'의 번역. 'amata'는 한역에서 감로(甘露)로 번역되는데, 본래는 죽음이 없는[不死]의 의미이다. 여기에서 불사계(不死界)는 열반계(涅槃界)의 의미이다.

A.3.30. 돌에 새긴(Pāsāṇalekha) 〈A.3.130.〉

"비구들이여, 이 세상에는 세 부류의 사람이 있다오. 그 셋은 돌에 새긴 것 같은 사람, 땅에 새긴 것 같은 사람, 물에 새긴 것 같은 사람이라오.

비구들이여, 어떤 사람이 돌에 새긴 것 같은 사람인가? 비구들이여, 어떤 사람은 자주 화를 낸다오. 그리고 그 화가 오랫동안 마음속에 남는다오. 비구들이여, 비유하면 돌에 새긴 글자가 바람이나 물에 의해 빨리 지워지지 않고 오래 남아있는 것과 같다오. 이와 같이 어떤 사람은 자주 화를 낸다오. 그리고 그 화가 오랫동안 마음속에 남는다오. 비구들이여, 이런 사람을 돌에 새긴 것 같은 사람이라고 한다오.

비구들이여, 어떤 사람이 땅에 새긴 것 같은 사람인가? 비구들이여, 어떤 사람은 자주 화를 낸다오. 하지만 그 화가 오랫동안 마음속에 남지 않는다오. 비구들이여, 비유하면 땅에 새긴 글자가 바람이나 물에 의해 빨리 지워지고 오래 남아있지 않는 것과 같다오. 이와 같이 어떤 사람은 자주 화를 낸다오. 하지만 그 화가 오랫동안 마음속에 남지 않는다오. 비구들이여, 이런 사람을 땅에 새긴 것 같은 사람이라고 한다오.

비구들이여, 어떤 사람이 물에 새긴 것 같은 사람인가? 비구들이여, 어떤 사람은 거칠게 말하고, 날카롭게 말하고, 불쾌하게 말하면서도, 화해하고, 어울리고, 교제한다오. 비구들이여, 비유하면 물에 새긴 글자가 금방 사라져서 오래 남아있지 않는 것과 같다오. 이와 같이 어떤 사람은 거칠게 말하고, 날카롭게 말하고, 불쾌하게 말하면서도, 화해하고, 어울리고, 교제한다오. 비구들이여, 이런 사람을 물에 새긴 것 같은 사람이라고 한다오."

4

넷-모음

Catukka-Nipāta

해제

네 개의 주제를 다룬 경을 모은 '넷-모음(Catuka-Nipāta)'은 27품(Vagga) 271경(Sutta)으로 이루어져 있다. 이 책에서는 그 가운데 14개의 경을 선정하여 번역하였다. '넷-모음'에서 주목해야 할 경을 소개하면 다음과 같다.

A.4.5. 네 가지 섭수법[四攝法, Saṅgahavatthu] 〈A.4.32.〉 경은 대승불교에서 보살이 중생을 섭수하는 네 가지 방편으로 설해지는 4섭법(四攝法)이 본래 근본경전에서 설해진 것임을 보여준다. 이 경에서는 베풀고[布施], 애정 어린 말을 하고[愛語], 도움 되는 일을 하고[利行], 같은 일을 하는[同事] 4섭법을 실천하지 않으면 자식을 낳은 어머니나 자식을 키운 아버지도 존경과 공경을 받지 못한다고 이야기하는데, 이것은 4섭법이 부모가 자녀를 양육하고 교육하는 불교의 교육법임을 시사한다.

다음으로 A.4.8. 꼿티따(Koṭṭhita) 〈A.4.174.〉 경은 무아(無我)의 세계를 구체적으로 알려준다. 이 경에서 "존자여, 6촉입처가 남김없이 사라져 소멸하면 (남아있는) 다른 어떤 것이 있습니까?"라고 묻는 꼿티따 존자에게 싸리뿟따 존자는 그런 질문은 희론(戲論)이 소멸한 곳에서 희론을 일으키는 것이라고 대답한다. 우리가 자아로 생각하는 5온(五蘊)이나 6입처(六入處)나 6촉입처(六觸入處)가 소멸하면 무언인가 다른 세계가 나타날 것이라는 생각 자체가 희론이라는 것이다. 이 경에 의하면 열반은 희론의 소멸이며 희론의 적멸이다.

A.4.9. 우빠와나(Upavāna) 〈A.4.175.〉 경은 열반의 명확한 뜻을 알려준다. 우리는 명지(明智)와 수행(修行)에 의해서 괴로움이 소멸한다고 생각한다.

그런데 이 경에서는 명지(明智)와 수행(修行)에 의해서 괴로움이 종식하는 것이 아니라고 이야기한다. 명지를 가지고 수행을 완성하면 있는 그대로 알고 보게 되며, 있는 그대로 알고 보는 것이 괴로움의 종식이라는 것이다. 바꾸어 말하면 불교수행은, 괴로움이라는 실재하는 대상을 제거하는 것이 아니라, 괴로움의 실체가 없음을 있는 그대로 알고 보기 위한 것이며, 괴로움의 실체가 없음을 알고 보는 것이 괴로움의 종식, 즉 열반이라는 것이다.

A.4.11. 포살(布薩, Uposatha) 〈A.4.190.〉 경에서는 천신(天神)의 경지, 범천(梵天)의 경지, 부동(不動)의 경지, 성자(聖者)의 경지를 이야기한다. 이 경에서 이야기하는 천신의 경지는 색계(色界) 4선정(四禪定)을 성취하는 것이고, 범천의 경지는 4무량심(四無量心)을 성취하는 것이며, 부동의 경지는 공무변처(空無邊處)에서 비유상비무상처(非有想非無想處)에 이르는 무색계(無色界) 4처(四處)를 성취하는 것이다. 그리고 성자(聖者)의 경지는 4성제(四聖諦)를 여실하게 통찰하는 것이다.

A.4.13. 왑빠(Vappa) 〈A.4.195.〉 경에서는 업(業)이란 무엇인지에 관해서 논한다. 자이나교에서는 업을 실체로 본다. 자이나교에 의하면 전생에 지은 업이 남아있으면 현생으로 이어지고, 현생에 그 과보를 받지 않으면 남은 업이 미래세에 흘러들어간다. 그러나 불교에서는 업을 실체로 보지 않고 무명(無明)에서 연기한 것으로 본다. 이 경에서 붓다는 무명에 의지하여 발생한 번뇌[漏]와 고통들은 무명이 사라져 명지(明智)가 생기면 존재하지 않으며, 새로운 업을 짓지 않고, 과거의 업은 접촉될 때마다

제거하면 사람을 괴롭게 하는 번뇌가 미래에 흘러들어올 수 없다고 가르친다.

A.4.14. 쌀하(Sāḷha) 〈A.4.196.〉 경에서 붓다는, 불교수행은 염세적인 고행(苦行)이 아님을 강조한다. 붓다는 청정한 계행을 실천하고, 바른 선정에 들어 통찰지로 5온(五蘊)의 실상을 통찰하고, 바른 견해[正見]로 4성제(四聖諦)를 여실하게 통찰함으로써 바른 해탈을 성취할 수 있다고 가르친다.

◈

A.4.1. 자각(自覺, Anubuddha) 〈A.4.1.〉

세존께서 왓지(Vajji)의 반다가마(Bhaṇḍagāma)에 머무실 때 비구들에게 말씀하셨습니다.

"비구들이여, 네 가지에 법(法) 대한 몰지각(沒知覺)과 몰이해(沒理解)가 이와 같이 오랜 세월 나와 그대들을 흘러 다니고, 돌아다니게 했다오.[01] 그 넷은 어떤 것인가?

비구들이여, 거룩한 계행(戒行)에 대한[02] 몰지각과 몰이해가 이와 같이 오랜 세월을 나와 그대들을 흘러 다니고, 돌아다니게 했다오. 비구들이여, 거룩한 삼매(三昧)에 대한[03] 몰지각과 몰이해가 이와 같이 오랜 세월을 나와 그대들을 흘러 다니고, 돌아다니게 했다오. 비구들이여, 거룩한 통찰지[般若]에 대한[04] 몰지각과 몰이해가 이와 같이 오랜 세월을 나와 그대들을 흘러 다니고, 돌아다니게 했다오. 비구들이여, 거룩한 해탈(解脫)에 대한[05] 몰지각과 몰이해가 이와 같이 오랜 세월을

---

01 'catunnaṃ bhikkhave dhammānaṃ ananubodhā appṭivedhā evam idaṃ dīgham addhānaṃ sandhāvitaṃ saṃsaritaṃ mamañ c' eva tumhakākañ ca'의 번역. 'sandhāvitaṃ'과 'saṃsaritaṃ'을 일반적으로 '윤회'의 의미로 해석하는데, 여기에서는 원래의 뜻으로 해석했다.

02 'ariyassa sīlassa'의 번역.

03 'ariyassa samādhissa'의 번역.

04 'ariyāya paññāya'의 번역.

05 'ariyāya vimuttiyā'의 번역.

나와 그대들을 흘러 다니고, 돌아다니게 했다오.

비구들이여, (여래는) 거룩한 계행을 자각(自覺)하고 통달(通達)했으며, 거룩한 삼매를 자각하고 통달했으며, 거룩한 통찰지를 자각하고 통달했으며, 거룩한 해탈을 자각하고 통달했기 때문에 존재에 대한 갈애[有愛]가[06] 끊어지고, 존재로 유도(誘導)하는 것이[07] 소멸하여, 다음 존재[後有]가[08] 없다오."

세존께서는 이렇게 말씀하셨습니다. 선서(善逝)께서는 이렇게 말씀하셨습니다.

스승님께서는 또 이렇게 말씀하셨습니다.

위없는 계행(戒行)과 삼매(三昧)와 통찰지[般若]와 해탈
명성 높은 고따마는 이들 법(法)을 자각했다네.
붓다는 이렇게 몸소 깨달아[09] 그 법을 비구들에게 가르친다네.
괴로움을 끝낸 스승은 눈을 갖추고 번뇌의 불을 꺼버렸네.[10]

---

06 'bhavataṇhā'의 번역. 애(愛)를 의미함.

07 'bhavanetti'의 번역. 취(取)를 의미함.

08 'punabhavo'의 번역.

09 'abhiñāya'의 번역.

10 'parinibbuto'의 번역.

A.4.2. 피해(Khata) 〈A.4.3.〉

"비구들이여, 네 가지 법(法)을 지닌 어리석고, 무지하고, 참되지 못한 사람은 자신의 피해와 파멸을 초래하고, 현자(賢者)의 비난과 빈축을 받으며, 많은 악덕(惡德)을 낳는다오. 그 넷은 어떤 것인가?

잘 알지 못하고, 깊이 알아보지도 않고, 비난받아 마땅한 사람을 찬탄하는 것, 잘 알지 못하고, 깊이 알아보지도 않고, 찬탄 받아 마땅한 사람을 비난하는 것, 잘 알지 못하고, 깊이 알아보지도 않고, 믿음을 주어서는 안 되는 경우에 믿음을 주는 것, 잘 알지 못하고, 깊이 알아보지도 않고, 믿음을 주어야 하는 경우에 믿음을 주지 않는 것, 비구들이여, 이들 네 가지 법을 지닌 어리석고, 무지하고, 참되지 못한 사람은 자신의 피해와 파멸을 초래하고, 현자의 비난과 빈축을 받으며, 많은 악덕을 낳는다오.

비구들이여, 네 가지 법을 지닌 지혜롭고, 학식 있는, 참된 사람은 자신의 피해와 파멸을 초래하지 않고, 현자의 찬탄과 칭찬을 받으며, 많은 복덕(福德)을 낳는다오. 그 넷은 어떤 것인가?

잘 알고, 깊이 알아보고서, 비난받아 마땅한 사람을 비난하는 것, 잘 알고, 깊이 알아보고서, 찬탄 받아 마땅한 사람을 찬탄하는 것, 잘 알고, 깊이 알아보고서, 믿음을 주어서는 안 되는 경우에 믿음을 주지 않는 것, 잘 알고, 깊이 알아보고서, 믿음을 주어야 하는 경우에 믿음을 주는 것, 비구들이여, 이들 네 가지 법을 지닌 지혜롭고, 학식 있는 참된 사람은 자신의 피해와 파멸을 초래하지 않고, 현자의 찬탄과 칭찬을 받으며, 많은 복덕을 낳는다오."

A.4.3. 우루웰라(Uruvela) 〈A.4.22.〉

세존께서 싸왓티의 제따와나 아나타삔디까 사원(寺院)에 머무실 때 비구들에게 말씀하셨습니다.

"비구들이여, 나는 정각(正覺)을 성취한 직후에 우루웰라의 네란자라 강기슭에 있는 아자빨라-니그로다(Ajapāla-nigrodha) 나무 아래에 머물고 있었다오. 비구들이여, 그곳에 늙고 노쇠한, 나이 많은 만년(晚年)의 원로(元老) 바라문들이 찾아와서 나와 함께 인사를 나누고 한쪽에 앉았다오. 비구들이여, 한쪽에 앉은 그 바라문들이 나에게 이렇게 말했다오.

'고따마 존자여, 우리는 '고따마 사문은 늙고 노쇠한, 나이 많은 만년의 원로 바라문들에게 일어나서 인사하거나, 자리를 권하지 않는다'라고 들었습니다. 고따마 존자여, 이것이 사실이군요. 고따마 존자는 늙고 노쇠한, 나이 많은 만년의 원로 바라문들에게 일어나서 인사하거나, 자리를 권하지 않는군요. 고따마 존자여, 정말 이러면 안 됩니다.'

비구들이여, 그러자 나에게 이런 생각이 들었다오.

'이 존자들은 참으로 장로나 장로가 되는 법(法)들을[11] 알지 못하는구나!'

비구들이여, 80이나 90이나 100세가 된 원로일지라도, 시의적절(時宜適切)하지 않은 말을 하거나, 실없는 말을 하거나, 쓸데없는 말을 하거나, 법(法)에 어긋난 말을 하거나, 율(律)에 어긋난 말을 하거나. 입에 담지 못할 말을 하거나. 무익한 말을 가리지 않고 횡설수설 그칠 줄 모르고 이야기한다면, 그는 어리석은 장로라고 불린다오.

---

11 'therakaraṇe dhamme'의 번역.

비구들이여, 그렇지만, 검은 머리에 찬란한 젊음을 지닌, 나이 어린 청년일지라도, 시의적절한 말을 하고, 진실한 말을 하고, 의미 있는 말을 하고, 법을 이야기하고, 율을 이야기하고. 귀담아들을 말을 하고, 유익한 말을 가려서 조리 있게 절제하여 이야기한다면, 그는 현명한 장로라고 불린다오.

비구들이여, 장로가 되는 네 가지 법이 있다오. 그 넷을 어떤 것인가?

비구들이여, ① 계행(戒行)을 갖춘 비구가 있다오. 그는 별해탈율의(別解脫律儀)를 지키며 살아가면서 행동규범(行動規範)을 갖추어 작은 죄도 두렵게 보고 학계(學戒)를 수지(受持)하여 배우고 익힌다오. ② 배운 것을 기억하고,[12] 배운 것을 모아놓은,[13] 많이 배운 비구가 있다오. 그는 처음도 좋고 중간도 좋고 마지막도 좋은, 의미 있고 명쾌하고 완벽하고 청정한 범행(梵行)을 알려주는 가르침들을 많이 배우고 기억하고 언어로 모아서[14] 심사숙고하고, 바른 견해로 잘 이해한다오.[15] ③ 그는 마음을 향상시키는[16] 4선(四禪)을 만족스럽게 어려움 없이 얻어 지금 여기에서 행복하게 살아간다오. ④ 그는 번뇌[漏]를 소멸하고, 무루(無漏)의 심해탈과 혜해탈을 지금 여기에서 몸소 체험지(體驗智)로[17] 체득하고 성취하여

---

12 'sutadharo'의 번역.

13 'sutasannicayo'의 번역.

14 'vacasā paricitā'의 번역.

15 'diṭṭhiyā suppaṭividdhā'의 번역.

16 'abhicetasikānaṃ'의 번역.

17 'abhiññā'의 번역.

살아간다오.

비구들이여, 이것이 장로(長老)가 되는 네 가지 법(法)이라오.”

A.4.4. 세간(Loka) 〈A.4.23.〉

“비구들이여, 여래는 세간을 온전히 깨달았으며, 여래는 세간에서 벗어났다오. 비구들이여, 여래는 세간의 쌓임[集]을 온전히 깨달았으며, 여래는 세간의 쌓임을 버렸다오. 비구들이여, 여래는 세간의 소멸[滅]을 온전히 깨달았으며, 여래는 세간의 소멸을 증득(證得)했다오. 비구들이여, 여래는 세간의 소멸에 이르는 길[道]을 온전히 깨달았으며, 여래는 세간의 소멸에 이르는 길을 닦아 익혔다오[修習].

비구들이여, 여래는 천신들을 포함한 세간의 마라와 범천 그리고 사문과 바라문, 왕과 백성을 포함한 인간들이 보고, 듣고, 생각하고, 인식하고, 도달하고, 탐구하고, 마음으로 숙고하는 모든 것을 온전히 깨달았다오. 그래서 여래라고 부른다오. 비구들이여, 여래가 온전히 깨달은 날 밤부터 여래가 열반에 드는 날 밤까지, 그동안 가르치고, 이야기하고, 설명한 모든 것은 사실 그대로[如如]일 뿐, 다른 것이 없다오.[18] 그래서 여래라고 부른다오.[19]

비구들이여, 여래는 말한 대로 행하고, 행한 대로 말한다오. 이렇게 말한 대로 행하고, 행한 대로 말하기 때문에 여래라고 부른다오.

---

18 'sabbaṃ taṃ tatth' eva hoti no aññathā'의 번역.

19 'tasmā Tathāgato ti vuccati'의 번역.

비구들이여, 여래는 천신들을 포함한 세간의 마라와 범천 그리고 사문과 바라문, 왕과 백성을 포함한 인간들 가운데서 승리자이며, 불패자(不敗者)이며, 모든 것을 보는 자이며, 위력자(威力者)라오. 그래서 여래라고 부른다오."

A.4.5. 네 가지 섭수법〔四攝法, Saṅgahavatthu〕〈A.4.32.〉

세존께서 싸왓티의 제따와나 아나타삔디까 사원(寺院)에 머무실 때, 세존께서 비구들에게 말씀하셨습니다.

"비구들이여, 네 가지 섭수법[四攝法]이 있다오. 그 넷은 어떤 것인가? 그것은 베풀기[布施], 애정 어린 말하기[愛語], 도움 되는 일하기[利行], 같은 일하기[同事]라오."

베풀고[布施], 애정 어린 말을 하고[愛語], 도움 되는 일을 하고[利行],
그와 같이 적절하게 같은 일을 하는 것[同事].
이들 섭수법(攝受法)은 세간에서 차축의 연결고리 같다네.
이들 섭수법이 없으면 자식을 낳은 어머니나
자식을 키운 아버지도 존경과 공경을 얻지 못하리.[20]
현자들은 이들 섭수법을 실증한다네.
그래서 그들은 위대해지고, 찬탄을 받는다네.

---

20 자녀를 4섭법(四攝法)으로 양육해야 존경과 공경을 받는다는 의미.

A.4.6. 께씨(Kesi) 〈A.4.111.〉

말 조련사 께씨(Kesi)가 세존을 찾아와서 예배한 후에 한쪽에 앉았습니다. 한쪽에 앉은 말 조련사 께씨에게 세존께서 말씀하셨습니다.

"께씨여, 그대는 훈련받은 말 조련사가 아닌가요? 께씨여, 그렇다면 그대는 말을 어떻게 조련하나요?"

"세존이시여, 저는 말을 부드럽게 조련하기도 하고, 거칠게 조련하기도 하고, 부드럽고 거칠게 조련하기도 합니다."

"께씨여, 만약에 조련하는 말이 부드럽게 조련해도 제어되지 않고, 거칠게 조련해도 제어되지 않고, 부드럽고 거칠게 조련해도 제어되지 않으면, 그대는 그 말을 어떻게 하나요?"

"세존이시여, 만약에 조련 받는 말이 부드럽게 조련해도 제어되지 않고, 거칠게 조련해도 제어되지 않고, 부드럽고 거칠게 조련해도 제어되지 않으면, 저는 그 말을 죽입니다. 왜냐하면, 제 문파(門派)가 비난받지 않기 위해서입니다. 세존이시여, 세존께서는 최상(最上)의 사람 조련사[調御丈夫]가 아니십니까? 세존이시여, 그렇다면 세존께서는 어떻게 사람을 조련하십니까?"

"께씨여, 나도 사람을 부드럽게 조련하기도 하고, 거칠게 조련하기도 하고, 부드럽고 거칠게 조련하기도 한다오. 께씨여, '몸으로 행하는[身行] 착한 일은 이런 것이고, 몸으로 행하는 착한 일의 과보(果報)는 이런 것이다.' '말로 행하는[口行] 착한 일은 이런 것이고, 말로 행하는 착한 일의 과보는 이런 것이다.' '마음으로 행하는[意行] 착한 일은 이런 것이고, 마음으로 행하는 착한 일의 과보는 이런 것이다.' '천신은 이런 것이고, 인간은 이런 것이다.' 이렇게 하는 것이 부드럽게 하는 것이라오.

께씨여, '몸으로 행하는 악한 일은 이런 것이고, 몸으로 행하는 악한 일의 과보는 이런 것이다.' '말로 행하는 악한 일은 이런 것이고, 말로 행하는 악한 일의 과보는 이런 것이다.' '마음으로 행하는 악한 일은 이런 것이고, 마음으로 행하는 악한 일의 과보는 이런 것이다.' '지옥은 이런 것이고, 축생(畜生)의 자궁은 이런 것이고, 아귀(餓鬼)의 경계는 이런 것이다.' 이렇게 하는 것이 거칠게 하는 것이라오.

께씨여, '몸으로 행하는 착한 일은 이런 것이고, 몸으로 행하는 착한 일의 과보는 이런 것이다.' '몸으로 행하는 악한 일은 이런 것이고, 몸으로 행하는 악한 일의 과보은 이런 것이다.' '말로 행하는 착한 일은 이런 것이고, 말로 행하는 착한 일의 과보는 이런 것이다.' '말로 행하는 악한 일은 이런 것이고, 말로 행하는 악한 일의 과보는 이런 것이다.' '마음으로 행하는 착한 일은 이런 것이고, 마음으로 행하는 착한 일의 과보는 이런 것이다.' '마음으로 행하는 악한 일은 이런 것이고, 마음으로 행하는 악한 일의 과보는 이런 것이다.' '천신은 이런 것이고, 인간은 이런 것이다.' '지옥은 이런 것이고, 축생의 자궁은 이런 것이고, 아귀의 경계는 이런 것이다.' 이렇게 하는 것이 부드럽고 거칠게 하는 것이라오."

"세존이시여, 만약에 조련 받는 사람이 부드럽게 조련해도 제어되지 않고, 거칠게 조련해도 제어되지 않고, 부드럽고 거칠게 조련해도 제어되지 않으면, 세존께서는 그 사람을 어떻게 하십니까?"

"께씨여, 만약에 조련 받는 사람이 부드럽게 조련해도 제어되지 않고, 거칠게 조련해도 제어되지 않고, 부드럽고 거칠게 조련해도 제어되지 않으면, 께씨여, 나는 그 사람을 죽인다오."

"세존이시여, 세존에게는 살생이 허용되지 않는다고 알고 있는데 세존께서 '께씨여, 나는 그 사람을 죽인다'라고 말씀하셨습니다."

"께씨여, 여래에게 살생이 허용되지 않는 것은 사실이라오. 조련받는 사람이 부드럽게 조련해도 제어되지 않고, 거칠게 조련해도 제어되지 않고, 부드럽고 거칠게 조련해도 제어되지 않으면, 여래는 그에게 말하거나 가르칠 생각을 하지 않고, 현명한 도반들도 그에게 말하거나 가르칠 생각을 하지 않는다오. 께씨여, 성자의 율에서는 이것이 살해나 마찬가지라오."

"세존이시여, 여래도 그에게 말하거나 가르칠 생각을 하지 않고, 현명한 도반들도 그에게 말하거나 가르칠 생각을 하지 않으면, 그것이 선서(善逝)께서 죽인 것이군요. 훌륭합니다. 세존이시여! 훌륭합니다. 세존이시여! 세존이시여, 마치 뒤집힌 것을 바로 세우는 것 같고, 감추어진 것을 드러내는 것 같고, 길 잃은 자에게 길을 알려주는 것 같고, '눈 있는 자들은 보라'고 어둠 속에 등불을 비춰주는 것 같습니다. 이와 같이 세존께서는 여러 가지 방법으로 진리를 알려주셨습니다. 이제 저는 세존께 귀의합니다. 가르침과 비구 승가에 귀의합니다. 세존께서는 저를 청신사(淸信士)로 받아주소서. 오늘부터 살아있는 날까지 귀의하겠나이다."

A.4.7. 채찍(Patoda) 〈A.4.113.〉

"비구들이여, 세간에는 네 종류의 혈통이 좋은 명마(名馬)가 있다오. 그 넷은 어떤 것인가?

비구들이여, 어떤 말은 채찍 그림자만 보아도 두려움을 느끼면서 '조련사가 오늘은 나에게 어떤 일을 시킬까? 나는 그것에 어떤 대책을 세워야 할까?'라고 생각한다오. 비구들이여, 이런 말이 세간에 있는 첫째로 혈통이 좋은 명마라오.

비구들이여, 어떤 말은 채찍 그림자를 보아도 두려움을 느끼지 않고, 채찍이 털을 파고들어야 두려움을 느끼면서 '조련사가 오늘은 나에게 어떤 일을 시킬까? 나는 그것에 어떤 대책을 세워야 할까?'라고 생각한다오. 비구들이여, 이런 말이 세간에 있는 둘째로 혈통이 좋은 명마라오.

비구들이여, 어떤 말은 채찍 그림자를 보아도 두려움을 느끼지 않고, 채찍이 털을 파고들어도 두려움을 느끼지 않고, 살을 파고들어야 두려움을 느끼면서 '조련사가 오늘은 나에게 어떤 일을 시킬까? 나는 그것에 어떤 대책을 세워야 할까?'라고 생각한다오. 비구들이여, 이런 말이 세간에 있는 셋째로 혈통이 좋은 명마라오.

비구들이여, 어떤 말은 채찍 그림자를 보아도 두려움을 느끼지 않고, 채찍이 털을 파고들어도 두려움을 느끼지 않고, 살을 파고들어도 두려움을 느끼지 않고, 골수에 파고들어야 두려움을 느끼면서 '조련사가 오늘은 나에게 어떤 일을 시킬까? 나는 그것에 어떤 대책을 세워야 할까?'라고 생각한다오. 비구들이여, 이런 말이 세간에 있는 넷째로 혈통이 좋은 명마라오.

비구들이여, 이와 같이 세간에는 네 종류의 혈통이 좋은 훌륭한 사람이 있다오. 그 넷은 어떤 것인가?

비구들이여, 어떤 사람은 마을이나 촌락에서 여인이나 사내가 고통을 겪고 죽었다는 말을 듣고서, 그로 인해서 두려움을 느끼고 이치에 맞게 노력하고 정진하여 몸소 최상의 진리를 증득하고, 통찰지[般若]로 통달하여 본다오. 비구들이여, 예를 들어, 채찍 그림자만 보아도 두려움을 느끼는 말을 내가 혈통이 좋은 훌륭한 말이라고 했듯이, 비구들이여, 이런 사람이 세간에 있는 첫째로 혈통이 좋은 훌륭한 사람이라오.

비구들이여, 어떤 사람은 마을이나 촌락에서 여인이나 사내가 고통을 겪고 죽었다는 말을 들어서가 아니라, 스스로 여인이나 사내가 고통을 겪거나 죽는 것을 보고서, 그로 인해서 두려움을 느끼고 이치에 맞게 노력하고 정진하여 몸소 최상의 진리를 증득하고, 통찰지로 통달하여 본다오. 비구들이여, 예를 들어, 채찍이 털을 파고들면 두려움을 느끼는 말을 내가 혈통이 좋은 훌륭한 말이라고 했듯이, 비구들이여, 이런 사람이 세간에 있는 둘째로 혈통이 좋은 훌륭한 사람이라오.

비구들이여, 어떤 사람은 마을이나 촌락에서 여인이나 사내가 고통을 겪고 죽었다는 말을 들어서도 아니고, 스스로 여인이나 사내가 고통을 겪거나 죽는 것을 보아서도 아니고, 친척이 고통을 겪거나 죽는 것을 보아서, 그로 인해서 두려움을 느끼고 이치에 맞게 노력하고 정진하여 몸소 최상의 진리를 증득하고, 통찰지로 통달하여 본다오. 비구들이여, 예를 들어, 채찍이 살을 파고들면 두려움을 느끼는 말을 내가 혈통이 좋은 훌륭한 말이라고 했듯이, 비구들이여, 이런 사람이 세간에 있는 셋째로 혈통이 좋은 훌륭한 사람이라오.

비구들이여, 어떤 사람은 마을이나 촌락에서 여인이나 사내가 고통을 겪고 죽었다는 말을 들어서도 아니고, 스스로 여인이나 사내가 고통을 겪고 죽는 것을 보아서도 아니고, 친척이 고통을 겪거나 죽는 것을 보아서도 아니고, 스스로 몸으로 불쾌하고, 기분 나쁘고, 격렬하고 혹독하고 쓰라린 죽을 지경의 고통을 느끼면, 그로 인해서 두려움을 느끼고 이치에 맞게 노력하고 정진하여 몸소 최상의 진리를 증득하고, 통찰지로 통달하여 본다오. 비구들이여, 예를 들어, 채찍이 뼈를 파고들면 두려움을 느끼는 말을 내가 혈통이 좋은 훌륭한 말이라고 했듯이, 비구들이여, 이런 사람이 세간에 있는 넷째로 혈통이 좋은 훌륭한 사람이라오.

비구들이여, 이들이 세간에는 네 종류의 혈통이 좋은 훌륭한 사람이라오."

A.4.8. 꼿티따(Koṭṭhita) 〈A.4.174.〉

마하꼿티따(Mahākoṭṭhita) 존자가 싸리뿟따 존자를 찾아가서 함께 인사를 나누고 한쪽에 앉았습니다. 한쪽에 앉은 마하꼿티따 존자가 싸리뿟따 존자에게 말했습니다.

"존자여, 6촉입처(六觸入處)가 남김없이 사라져 소멸하면 (남아있는) 다른 어떤 것이 있습니까?"[21]

"존자여, 그렇게 말해서는 안 됩니다."

"존자여, 6촉입처가 남김없이 사라져 소멸하면 (남아있는) 다른 어떤 것이 없습니까?"

"존자여, 그렇게 말해서는 안 됩니다."

---

21 'channaṃ āvuso phassāyatanānaṃ asesavirāganirodhā atth' aññaṃ kiñcīti'의 번역.

"존자여, 6촉입처가 남김없이 사라져 소멸하면 (남아있는) 다른 어떤 것이 있기도 하고 없기도 합니까?"

"존자여, 그렇게 말해서는 안 됩니다."

"존자여, 6촉입처가 남김없이 사라져 소멸하면 (남아있는) 다른 어떤 것이 있지도 않고 없지도 않습니까?"

"존자여, 그렇게 말해서는 안 됩니다."

"존자여, '6촉입처가 남김없이 사라져 소멸하면 (남아있는) 다른 어떤 것이 있습니까?'라고 물어도 '존자여, 그렇게 말해서는 안 됩니다'라고 말씀하시고, '다른 어떤 것이 없습니까?'라고 물어도 '존자여, 그렇게 말해서는 안 됩니다'라고 말씀하시고, '다른 어떤 것이 있기도 하고 없기도 합니까?'라고 물어도 '존자여, 그렇게 말해서는 안 됩니다'라고 말씀하시고, '다른 어떤 것이 있지도 않고 없지도 않습니까?'라고 물어도 '존자여, 그렇게 말해서는 안 됩니다'라고 말씀하시는데, 이 말씀의 의미를 어떻게 이해해야 할까요?"

"존자여, '6촉입처가 남김없이 사라져 소멸하면 (남아있는) 다른 어떤 것이 있습니까?'라고 말하는 것은 희론(戲論)이 소멸한 곳에서 희론을 일으키는 것입니다.[22] '다른 어떤 것이 없습니까?'라고 말하는 것도, '다른 어떤 것이 있지도 않고 없지도 않습니까?'라고 말하는 것도, '다른 어떤 것이 있지도 않고 없지도 않습니까?'라고 말하는 것도 희론이 소멸한 곳에서 희론을 일으키는 것입니다. 존자여, 6촉입처에 빠지기

22 'iti vadaṃ appapañcaṃ papañceti'의 번역. 'papañca'는 '희론(戲論)'으로 한역되는 말로서, 실체가 없는 것을 실체시하는 이론을 의미한다. 여기에서 'papañca'는 경험 이전에 경험을 하는 선험적(先驗的)인 자아가 있다고 생각하는 이론을 의미한다.

때문에 희론에 빠지고, 희론에 빠지기 때문에 6촉입처에 빠집니다.[23] 존자여, 6촉입처가 남김없이 사라져 소멸한 것이 희론의 소멸이고 희론의 적멸입니다."[24]

A.4.9. 우빠와나(Upavāna) 〈A.4.175.〉

우빠와나(Upavāna) 존자가 싸리뿟따 존자를 찾아가서 함께 인사를 나누고 한쪽에 앉았습니다. 한쪽에 앉은 우빠와나 존자가 싸리뿟따 존자에게 말했습니다.

"싸리뿟따 존자여, 명지(明智)에 의해서 (괴로움의) 종식이 있습니까?"[25]

"존자여, 그렇지 않습니다."

"싸리뿟따 존자여, 그렇다면 수행(修行)에 의해서 (괴로움의) 종식이 있습니까?"[26]

"존자여, 그렇지 않습니다."

"싸리뿟따 존자여, 그렇다면 명지와 수행에 의해서 (괴로움의) 종식이 있습니까?"

---

23 'yāvatā āvuso channaṃ phassāyatanānaṃ gati tāvatā papañcassa gati, yāvatā papañcassa gati tāvatā channaṃ phassāyatanānaṃ gati'의 번역.

24 'channaṃ āvuso phassāyatanānaṃ asesavirāganirodhā papañcanirodho papañcavūpasamo'의 번역.

25 'kinnu kho āvuso Sāriputta vijjāy' antakaro hotīti'의 번역.

26 'kim pan' āvuso Sāriputta caraṇen' antakaro hotīti'의 번역.

"존자여, 그렇지 않습니다."

"싸리뿟따 존자여, 그렇다면 명지와 수행 없이 (괴로움의) 종식이 있습니까?"

"존자여, 그렇지 않습니다."

"싸리뿟따 존자여, '명지에 의해서 (괴로움의) 종식이 있습니까?'라고 물어도 '존자여, 그렇지 않습니다'라고 말씀하시고, '수행에 의해서 (괴로움의) 종식이 있습니까?'라고 물어도 '존자여, 그렇지 않습니다'라고 말씀하시고, '명지와 수행에 의해서 (괴로움의) 종식이 있습니까?'라고 물어도 '존자여, 그렇지 않습니다'라고 말씀하시고, '명지와 수행 없이 (괴로움의) 종식이 있습니까?'라고 물어도 '존자여, 그렇지 않습니다'라고 말씀하시는데, 이 말씀의 의미를 어떻게 이해해야 할까요?"

"존자여, 만약에 명지에 의해서 (괴로움의) 종식이 있다면, 취(取)를 가지고 존재하는 (괴로움의) 종식이[27] 있을 것입니다.[28] 존자여, 만약에 수행에 의해서 (괴로움의) 종식이 있거나, 명지와 수행에 의해서 (괴로움의) 종식이 있거나, 명지나 수행 없이 (괴로움의) 종식이 있다면, 취를 가지고 존재하는 (괴로움의) 종식이 있을 것입니다. 존자여, 명지와 수행 없이 수행을 하지 않는 범부는 있는 그대로 알지 못하고 보지 못합니다. 수행을 완성하면 있는 그대로 알고 봅니다. 있는 그대로 알고 보는 것이 (괴로움의) 종식입니다."

---

27 'savupādāno va samāno antakaro'의 번역.

28 '(괴로움의) 종식', 즉 열반은 수행이나 명지를 통해서 취할 수 있는 대상이 아니라는 의미이다.

A.4.10. 증득(證得, Sacchikiriyā) 〈A.4.189.〉

"비구들이여, 네 가지 증득(證得)해야 할 법이[29] 있다오. 그 넷은 어떤 것인가?

비구들이여, 몸으로[30] 증득해야 할 법이 있다오. 비구들이여, 주의집중으로[31] 증득해야 할 법이 있다오. 비구들이여, 눈으로[32] 증득해야 할 법이 있다오. 비구들이여, 통찰지[般若]로[33] 증득해야 할 법이 있다오.

비구들이여, 몸으로 증득해야 할 법은 어떤 것인가? 비구들이여, 8해탈(八解脫)이 몸으로 증득해야 할 법이라오.

비구들이여, 주의집중으로 증득해야 할 법은 어떤 것인가? 비구들이여, 이전의 삶[前生]이[34] 주의집중으로 증득해야 할 법이라오.

비구들이여, 눈으로 증득해야 할 법은 어떤 것인가? 비구들이여, 중생들의 죽고 태어남이[35] 눈으로 증득해야 할 법이라오.

비구들이여, 통찰지로 증득해야 할 법은 어떤 것인가? 비구들이여, 번뇌의 멸진(滅盡)이[36] 통찰지로 증득해야 할 법이라오.

---

29 'sacchikaraṇīyā dhammā'의 번역.

30 'kāyena'의 번역.

31 'satiyā'의 번역.

32 'cakkhunā'의 번역.

33 'paññāya'의 번역.

34 'pubbenivāso'의 번역. 이전의 삶을 증득하는 것이 숙명통이다.

35 'sattānaṃ cutuppāto'의 번역. 중생들이 태어나서 죽는 것을 증득하는 것이 천안통이다.

36 'āsavānaṃ khayo'의 번역. 통찰지로 증득하는 것이 누진통이다.

비구들이여, 이들이 네 가지 증득해야 할 법이라오."

A.4.11. 포살(布薩, Uposatha) 〈A.4.190.〉

한때 세존께서 싸왓티의 뿝바라마(Pubbārama) 미가라마뚜(Migāramātu) 강당에 머무셨습니다. 어느 포살의 날에 세존께서는 비구 승가에 둘러싸여 앉아계셨습니다. 세존께서는 침묵하고 있는 비구 승가를 묵묵히 둘러보신 후에 비구들에게 말씀하셨습니다.

"비구들이여, 이 대중은 정숙하고, 잡담하지 않는군요. 이 대중은 청정하고, 중심을 확실하게 잡고 있군요.[37] 비구들이여, 이런 비구 승가 그리고 이와 같은 대중은 세간에서 찾아보기 어렵다오. 비구들이여, 이런 비구 승가 그리고 이와 같은 대중은 합장하여 존중하고, 공경하고 공양해야 할 세간의 위없는 복전(福田)이오. 비구들이여, 이런 비구 승가 그리고 이와 같은 대중에게 적은 보시를 해도 큰 공덕이 되고, 많은 보시를 하면 더욱 큰 공덕이 된다오. 비구들이여, 이런 비구 승가 그리고 이와 같은 대중은 마땅히 도시락을 챙겨 100리 길을 가서라도 보아야 한다오.[38]

비구들이여, 이 비구 승가 가운데는 천신(天神)의 경지에 도달하

---

37 'suddhā sāre patiṭṭhitā 의 번역.

38 'alaṃ yojanagaṇanāni pi dassanāya gantuṃ api puṭaṃsenāi'의 번역. '100리 길'은 'yojanagaṇanāni'의 번역이다. 원어의 의미는 '여러 요자나(yojana)'인데, 1요자나는 14km 정도의 거리를 의미하므로 '여러 요자나'를 40km의 거리를 의미하는 '100리 길'로 번역했다.

여[39] 살아가는 비구들도 있고, 범천(梵天)의 경지에 도달하여[40] 살아가는 비구들도 있고, 부동(不動)의 경지에 도달하여[41] 살아가는 비구들도 있고, 성자(聖者)의 경지에 도달하여[42] 살아가는 비구들도 있군요.

비구들이여, 비구는 어떻게 천신의 경지에 도달하는가? 비구들이여, 비구는 감각적 욕망을 멀리하고, 불선법(不善法)을 멀리하여, 사유[尋]가 있고, 숙고[伺]가 있는, 멀리함에서 생긴 희열과 행복이 있는 초선(初禪)을 성취하여 살아가고, 그다음에 비구는 사유와 숙고를 억제하여, 내적으로 조용해진, 마음이 집중된, 사유와 숙고가 없는, 삼매에서 생긴 희열과 행복이 있는 제2선(第二禪)을 성취하여 살아가고, 그다음에 비구는 희열과 이욕(離欲)으로부터 초연하여 평정한 주의집중과 알아차림을 하며 지내면서 몸으로 행복을 느끼는, 성자들이 '평정한(捨) 주의집중을 하는 행복한 상태'라고 이야기한 제3선(第三禪)을 성취하여 살아가고, 그다음에 비구는 행복감을 포기하고 괴로움을 버림으로써, 이전의 만족과 불만이 소멸하여 괴롭지도 않고 즐겁지도 않은, 평정한 주의집중이 청정한 제4선(第四禪)을 성취하여 살아간다오. 비구들이여, 비구는 이렇게 천신의 경지에 도달한다오.

비구들이여, 비구는 어떻게 범천의 경지에 도달하는가? 비구들이여, 비구는 자애로운 마음[慈]으로 한쪽을 가득 채우고 살아간다오. 그

---

39 'devappattā'의 번역.

40 'brahmappattā'의 번역.

41 'ānejjappattā'의 번역.

42 'ariyappattā'의 번역.

와 같이 두 번째, 세 번째, 네 번째 방향을 가득 채우고 살아간다오. 이와 같이 위로, 아래로, 사방으로, 모든 곳에 빠짐없이, 온 세상을 편재(遍在)하고 광대하고 무한하게 원한 없고 폭력 없는 자애로운 마음으로 가득 채우고 살아간다오. 비구는 연민하는 마음[悲]으로, … (중략) … 기뻐하는 마음[喜]으로, … (중략) … 평정한 마음[捨]으로 한쪽을 가득 채우고 살아간다오. 그와 같이 두 번째, 세 번째, 네 번째 방향을 가득 채우고 살아간다오. 이와 같이 위로, 아래로, 사방으로, 모든 곳에 빠짐없이, 온 세상을 편재하고 광대하고 무한하게 원한 없고 폭력 없는 자애로운 마음으로 가득 채우고 살아간다오. 비구들이여, 비구는 이렇게 범천의 경지에 도달한다오.

비구들이여, 비구는 어떻게 부동의 경지에 도달하는가? 비구들이여, 비구는 일체의 형색에 대한 관념[色想][43]을 초월하고, 지각대상에 대한 관념[有對想]을 소멸하고, 다양한 모습에 대한 관념[想][44]에 마음 쓰지 않음[不作意][45]으로써 '허공은 무한하다'라고 생각하는 공무변처(空無邊處)를 성취하여 살아간다오. 그다음에 비구는 일체의 공무변처를 초월하여, '의식은 무한하다'라고 생각하는 식무변처(識無邊處)를 성취하여 살아간다오. 그다음에 비구는 일체의 식무변처를 초월하여, '아무것도 없다'라고 생각하는 무소유처(無所有處)를 성취하여 살아간다오. 그다음에 비구는 일체의 무소유처를 초월하여, 비유상비무상처(非

43 'rūpa-saññā'의 번역.

44 'nānatta-saññā'의 번역.

45 'amanasi-kāra'의 번역.

有想非無想處)를 성취하여 살아간다오. 비구들이여, 비구는 이렇게 부동(不動)의 경지에 도달한다오.

비구들이여, 비구는 어떻게 성자의 경지에 도달하는가? 비구들이여, 비구는 '이것은 괴로움[苦]이다'라고 있는 그대로 통찰하고, '이것은 괴로움의 쌓임[苦集]이다'라고 있는 그대로 통찰하고, '이것은 괴로움의 소멸[苦滅]이다'라고 있는 그대로 통찰하고, '이것은 괴로움의 소멸에 이르는 길[苦滅道]이다'라고 있는 그대로 통찰한다오. 비구들이여, 비구는 이렇게 성자의 경지에 도달한다오."

A.4.12. 밧디야(Bhaddiya) 〈A.4.193.〉

한때 세존께서 웨쌀리(Vesālī)의 마하와나(Mahāvana)에 있는 중각강당(重閣講堂)에[46] 머무셨습니다. 그때 밧디야(Bhaddiya) 릿차위(Licchavī)[47]가 세존을 찾아와서 예배하고 한쪽에 앉았습니다. 한쪽에 앉은 밧디야 릿차위가 세존께 말씀드렸습니다.

"세존이시여, 저는 '환술(幻術)을 부리는 고따마 사문은 전향(轉向)시키는 환술을 알아서 그것으로 외도(外道)의 제자들을 전향시킨다'라는 말을 들었습니다. 세존이시여, 그렇게 말하는 사람들은 세존에 대하여 진실을 말한 것입니까? 그들은 거짓으로 세존을 헐뜯는 것은 아닙니까? 그들은 가르침에 어긋난 말을 한 것은 아닙니까? 가르침에 대하

46 'Kūṭāgārasālāyaṃ'의 번역.

47 왓지(Vajji)국에 거주하는 종족(種族)의 이름.

여 비판하는 사람이 비난하게 되지는 않겠습니까? 세존이시여, 저희들은 세존을 비방할 생각이 없습니다."

"밧디야여, 이제 그대들은 전통(傳統)에 의지하지 말고, 전승(傳承)에 의지하지 말고, 뜬소문에 의지하지 말고, 경전의 권위에 의지하지 말고, 논리에 의지하지 말고, 추론(推論)에 의지하지 말고, 논리적인 추론에 의지하지 말고, 이론(理論)의 이해와 승인(承認)에 의지하지 말고, 그럴듯한 것에 의지하지 말고, '이 사문(沙門)은 우리의 스승'이라고 해서 의지하지 마시오. 밧디야여, 그대들은 '이들 법은 좋지 않다, 이들 법은 결함이 있다, 이들 법은 현자들이 꾸짖는 것이다, 이들 법을 실행하고 시도하면 해롭고, 괴롭게 된다'라고 스스로 알도록 하시오. 그리고 밧디야여, 그대들은 그것을 버리도록 하시오.

밧디야여, 어떻게 생각하나요? 사람의 마음속에 일어난 탐욕이나 악의(惡意)나 어리석음은 이익을 가져오나요, 손해를 가져오나요?"[48]

"손해를 가져옵니다. 세존이시여!"

"밧디야여, 탐욕이나 악의나 어리석음에 정복되고 사로잡힌 마음을 가진 사람이 살아있는 것을 죽이고, 주지 않은 것을 취하고, 남의 부인에게 접근하고, 거짓말을 하고, 남에게 이런 일을 권유하면, 그는 오랜 세월 손해가 있고, 괴로움이 있지 않을까요?"

"그렇습니다. 세존이시여!"

"밧디야여, 어떻게 생각하나요? 이들 법(法)은 좋습니까, 좋지 않

---

48 이후의 내용은 A.3.20. 깔라마 (Kālāma) 〈A.3.65.〉와 같다. 원본에는 탐욕, 악의(惡意), 어리석음에 대하여 따로따로 문답이 이어지는데, 여기에서는 이들을 하나로 묶어서 번역했다.

습니까?"

"좋지 않습니다. 세존이시여!"

"결함이 있습니까, 결함이 없습니까?"

"결함이 있습니다. 세존이시여!"

"현자(賢者)들이 꾸짖는 것입니까, 현자들이 칭찬하는 것입니까?"

"현자들이 꾸짖는 것입니다. 세존이시여!"

"실행하고 시도하면 해롭고 괴롭게 되지 않을까요?"

"실행하고 시도하면 해롭고 괴롭게 될 것입니다. 세존이시여!"

"밧디야여, 그래서 우리는 '이제 그대들은 전통이나 전승과 같은 다른 것에 의지하지 말고, 그대들이 '이들 법은 좋지 않다, 이들 법은 결함이 있다, 이들 법은 현자들이 꾸짖는 것이다, 이들 법은 실행하고 시도하면 해롭고 괴롭게 된다'라고 스스로 알게 되었을 때, 그것을 버리도록 하시오'라고 말했던 것이오.

밧디야여, 이제 그대들은 전통이나 전승과 같은 다른 것에 의지하지 말고, 그대들이 '이들 법은 좋다, 이들 법은 결함이 없다. 이들 법은 현자들이 칭찬하는 것이다. 이들 법은 실행하고 시도하면 이롭고 즐겁게 된다'라고 스스로 알게 되었을 때, 밧디야여, 이제 그대들은 그것을 성취하여 살아가도록 하시오.

밧디야여, 어떻게 생각하나요? 사람의 마음속에서 일어난 탐욕이나 악의나 어리석음이 없으면 이익이 생길까요, 손해가 생길까요?"

"이익이 생깁니다. 세존이시여!"

"밧디야여, 탐욕이나 악의나 어리석음에 정복되지 않고 사로잡히지 않는 마음을 가진 사람이 살아있는 것을 죽이지 않고, 주지 않은 것을 취하지 않고, 남의 부인에게 접근하지 않고, 거짓말을 하지 않고, 남에게 이런 일을 권유하지 않으면, 그는 오랜 세월 이익이 있고, 즐거움이 있지 않을까요?"

"그렇습니다. 세존이시여!"

"밧디야여, 어떻게 생각하나요? 이들 법은 좋습니까, 좋지 않습니까?"

"좋습니다. 세존이시여!"

"결함이 있습니까, 결함이 없습니까?"

"결함이 없습니다. 세존이시여!"

"현자들이 꾸짖는 것입니까, 현자들이 칭찬하는 것입니까?"

"현자들이 칭찬하는 것입니다. 세존이시여!"

"실행하고 시도하면 이롭고 즐겁게 되지 않을까요?"

"실행하고 시도하면 이롭고 즐겁게 될 것입니다. 세존이시여"

"밧디야여, 그래서 우리는 '이제 그대들은 전통이나 전승과 같은 다른 것에 의지하지 말고, 그대들이 '이들 법은 좋다, 이들 법은 결함이 없다, 이들 법은 현자들이 칭찬하는 것이다, 이들 법은 실행하고 시도하면 이롭고 즐겁게 된다'라고 스스로 알게 되었을 때, 그것을 성취하여 살아가도록 하시오'라고 말했던 것이오.

밧디야여, 세간에 있는 참사람들은 제자들에게 '여보시오! 이리 오시오! 그대는 탐욕을 버리고 살아가도록 하시오! 탐욕을 버리고 살아가면, 몸이나 말이나 마음으로 탐욕에서 생긴 업을 짓지 않을 것이오. 그대는 악의를 버리고 살아가도록 하시오! 악의를 버리고 살아가면, 몸이나 말이나 마음으로 악의에서 생긴 업을 짓지 않을 것이오. 그대는 어리석음을 버리고 살아가도록 하시오! 어리석음을 버리고 살아가면, 몸이나 말이나 마음으로 어리석음에서 생긴 업을 짓지 않을 것이오. 그대는 분노를 버리고 살아가도록 하시오! 분노를 버리고 살아가면, 몸이나 말이나 마음으로 분노에서 생긴 업을 짓지 않을 것이오'라고 이렇게 권유한다오."

이와 같이 말씀하시자, 밧디야 릿차위가 세존께 말씀드렸습니다.

"훌륭합니다. 세존이시여! … (중략) … 이제 저는 세존께 귀의합니다. 가르침과 비구 승가에 귀의합니다. 세존께서는 저를 청신사(淸信士)로 받아주소서. 오늘부터 살아있는 날까지 귀의하겠나이다."

"밧디야여, 내가 '밧디야여, 그대는 이리 와서 나의 제자가 되라, 나는 그대의 스승이 되겠다'라고 말했나요?"

"아닙니다. 세존이시여!"

"밧디야여, 이와 같이 말하고, 이와 같이 알려준 나를 어떤 사문이나 바라문들은 사실이 아닌, 근거 없는, 진실이 아닌 거짓으로 '환술을 부리는 고따마 사문은 전향시키는 환술을 알아서 그것으로 외도의 제자들을 전향시킨다'라고 중상(中傷)한다오."

"세존이시여, 전향시키는 환술은 축복입니다. 세존이시여, 전향시키는 환술은 아주 좋습니다. 세존이시여, 사랑스러운 나의 친지와 혈육들이 이 전향시키는 환술을 통해 전향한다면, 사랑스러운 나의 친지와 혈육들에게 오랜 세월 동안 이익과 즐거움이 있을 것입니다. 세존이시여, 크샤트리아들이든, 바라문들이든, 바이샤들이든, 수드라들이든, 그 누구든 이 전향시키는 환술을 통해 전향한다면, 그들에게는 오랜 세월 동안 이익과 즐거움이 있을 것입니다."

"밧디야여, 그렇다오. 밧디야여, 그렇다오. 밧디야여, 크샤트리아들이든, 바라문들이든, 바이샤들이든, 수드라들이든, 그 누구든 전향한다면, 좋지 않은 법[不善法]을 버리고, 좋은 법[善法]을 구족함으로써, 그들에게 오랜 세월 동안 이익과 즐거움이 있을 것이오. 밧디야여, 만약에 이 커다란 쌀라(sāla) 나무들이 전향한다면, 좋지 않은 법을 버리고, 좋은 법을 구족함으로써, 이 나무들에게는 오랜 세월 동안 이익과 즐거움이 있을 것이오. 만약에 이렇게 생각한다면, 인간존재에 대해서는 말해서 무엇할까요?"

A.4.13. 왑빠(Vappa) 〈A.4.195.〉

한때 세존께서는 싹까(Sakka)족의 까삘라왓투(Kapilavatthu)에 있는 니그로다(Nigrodha) 사원(寺院)에 머무셨습니다. 어느 날 니간타(Nigaṇṭha)의 제자인 싹까족 왑빠(Vappa)가 마하목갈라나(Mahāmoggallāna) 존자를 찾아와서 예배하고 한쪽에 앉았습니다. 한쪽에 앉은 싹까족 왑빠(Vappa)에게 마하목갈라나 존자가 말했습니다.

"왑빠여, 몸과 말과 마음으로 무명과 욕탐을 제어하여 명지(明智)가 생기면, 왑빠여, 그대는 그 경우에 사람을 괴롭게 하는 번뇌[漏]가 미래에 흘러들어오는 어떤 이유가 있다고 봅니까?"

"존자여, 나는 그 경우에, 전생에 악업(惡業)을 짓고, 받지 않은 과보가[49] 있으면, 그로 인해서 사람을 괴롭게 하는 번뇌[漏]가 미래에 흘러들 것이라고 봅니다."

그런데 마하목갈라나 존자가 싹까족 왑빠와 함께 나누던 대화는

49 'avipakkvipākaṃ'의 번역.

중단되었습니다. 그때 세존께서 저녁에 좌선에서 일어나 강당에 오셔서 마련된 자리에 앉으셨기 때문입니다. 자리에 앉으신 세존께서 마하목갈라나 존자에게 말씀하셨습니다.

"목갈라나여, 그대들은 지금 무슨 이야기를 하기 위해서 함께 앉아있나요? 그대들이 도중에 중단한 이야기는 무엇인가요?"

마하목갈라나 존자는 세존께 니간타의 제자인 싹까족 왑빠와 나누다가 세존께서 오시자 중단된 이야기를 말씀드렸습니다.

그 말씀을 들으신 세존께서 니간타의 제자인 싹까족 왑빠에게 말씀하셨습니다.

"왑빠여, 만약에 그대가 나에게 인정할 수 있으면 인정하고, 반대해야 한다면 반대하십시오. 나아가서, 내 말의 의미를 모르겠으면, 나에게 '이 말은 이 의미인가요?'라고 반문하십시오. 이렇게 대화를 하시겠습니까?"

"세존이시여, 제가 세존께 인정할 수 있으면 인정하고, 반대해야 한다면 반대하겠습니다. 나아가서, 제가 말씀의 의미를 모르겠으면, 세존께 '이 말은 이 의미인가요?'라고 반문하겠습니다."

"왑빠여, 어떻게 생각하나요? 몸으로 행하는 활동이나 말로 행하는 활동이나 마음으로 행하는 활동에 의지하여 발생한 번뇌[漏]와 열뇌(熱惱)와 고통들은 몸으로 행하는 활동이나 말로 행하는 활동이나 마음으로 행하는 활동을 삼가면,[50] 이와 같은 번뇌와 열뇌와 고통들은 존재

50 원문에는 몸과 언어와 마음으로 행하는 행동들을 각각 분리하여 대화하고 있는데, 여기에서는 하나로 묶어서 번역함.

하지 않습니다.[51] 그는 새로운 업은 짓지 않고, 과거의 업은 접촉될 때마다 제거합니다.[52] 그때 볼 수 있는 소멸들은 즉각 와서 보라고 할 수 있으며, 도움이 되며, 현자들이 각자 알아야 할 것들입니다.[53] 왑빠여, 그대는 그 경우에 사람을 괴롭게 하는 번뇌가 미래에 흘러들어오는 어떤 이유가 있다고 봅니까?"

"그렇지 않습니다. 세존이시여!"

"왑빠여, 어떻게 생각하나요? 무명(無明)에 의지하여 발생한 번뇌와 열뇌와 고통들은 무명이 사라져 명지가 생기면, 이와 같은 번뇌와 열뇌와 고통들은 존재하지 않습니다. 그는 새로운 업은 짓지 않고, 과거의 업은 접촉될 때마다 제거합니다. 그때 볼 수 있는 소멸들은 즉각 와서 보라고 할 수 있으며, 도움이 되며, 현자들이 각자 알아야 할 것들입니다. 왑빠여, 그대는 그 경우에 사람을 괴롭게 하는 번뇌가 미래에 흘러들어오는 어떤 이유가 있다고 봅니까?"

"그렇지 않습니다. 세존이시여!"

"왑빠여, 이와 같이 바르게 마음이 해탈한 비구는 여섯 가지 한결같은 삶을[54] 성취합니다. 그는 눈[眼]으로 형색[色]을 보고, 결코 좋아하지 않고, 싫어하지 않고, 평정심으로 주의집중을 하고 알아차리면서 살

---

51 'ye kāyasamārambha-paccayā uppajjanti āsavā vighātapariḷāhā kāyasamārambhā paṭiviratassa evaṃ sa te āsavā vighātapariḷāhā na honti'의 번역.

52 'purāṇaṃ kammaṃ phussa phussa vyantikaroti'의 번역.

53 'sandiṭṭhikā nijjarā akālika ehipassikā opnayikā paccattaṃ veditabbā viññūhi'의 번역.

54 'satatavihārā'의 번역.

아갑니다.[55] 그는 귀[耳]로 소리[聲]를 듣고, 코[鼻]로 냄새[香]를 맡고, 혀[舌]로 맛[味]을 보고, 몸[身]으로 접촉[觸]을 느끼고, 마음[意]으로 대상[法]을 인식하고, 결코 좋아하지 않고, 싫어하지 않고, 평정심으로 주의집중을 하고 알아차리면서 살아갑니다. 그는 몸의 마지막 느낌을 느낄 때,[56] '나는 몸의 마지막 느낌을 느낀다'라고 통찰하고, 수명의 마지막 느낌을 느낄 때,[57] '나는 수명의 마지막 느낌을 느낀다'라고 통찰합니다. 그는 '몸이 무너지고 수명이 다하여 죽은 후에는, 이제 느끼고 즐겼던 모든 것이 싸늘하게 식어버릴 것이다'라고 통찰합니다. … (중략) …"

이와 같이 말씀하시자, 니간타의 제자인 싹까족 왑빠는 세존께 이렇게 말씀드렸습니다.

"세존이시여, 비유하면 이득을 기대하고 말을 사서 키운 사람이 이득을 보지 못할 뿐만 아니라 피곤한 고민거리만 떠안게 된 것과 같습니다. 세존이시여, 저는 이와 같이 어리석은 니간타들을 받들었지만 이득을 보지 못했을 뿐만 아니라 피곤한 고민거리만 떠안았었습니다. 세존이시여, 저는 오늘부터 어리석은 니간타들에 대한 믿음을 큰 바람에 날려버리고, 강물이나 급류에 흘려버리겠습니다. 훌륭합니다. 세존이시여! … (중략) … 이제 저는 세존께 귀의합니다. 가르침과 비구 승가에 귀의합니다. 세존께서는 저를 청신사(淸信士)로 받아주소서. 오늘부터 살아있는 날까지 귀의하겠나이다."

---

55 'so cakkhunā rūpaṃ disvā n' eva sumano hoti na dummano upekhako viharati sato sampajāno'의 번역.

56 'so kāyapariyantikaṁ vedanaṁ vediyamāno'의 번역.

57 'jīvitapariyantikaṁ vedanaṁ vediyamāno'의 번역.

A.4.14. 쌀하(Sāḷha) 〈A.4.196.〉

한때 세존께서 웨쌀리의 마하와나에 있는 중각강당(重閣講堂)에 머무셨습니다. 그때 쌀하(Sāḷha) 릿차위와 아바야(Ahhaya) 릿차위가 세존을 찾아와서 예배하고 한쪽에 앉았습니다. 한쪽에 앉은 쌀하 릿차위가 세존께 말씀드렸습니다.

"세존이시여, 어떤 사문과 바라문들은 두 가지 원인, 즉 청정한 계행(戒行)과 염세적인 고행에 의해서 격류(激流)를 건넌다고 천명합니다. 세존이시여, 세존께서는 무엇을 말씀하십니까?"

"쌀하여, 나는 청정한 계행을 사문의 자격 가운데 하나라고 말한다오. 쌀하여, 그렇지만 염세적인 고행을 (격류를 건너는) 원인이라고 주장하면서 염세적인 고행을 핵심으로 삼아 염세적인 고행에 집착하고 살아가는 사문과 바라문들은 격류를 건널 수 없다오. 쌀하여, 몸으로 하는 행위가 청정하지 못하고, 말로 하는 행위가 청정하지 못하고, 마음으로 하는 행위가 청정하지 못한 사문과 바라문들은 위없는 바른 깨달음에 대하여 알고 볼 수 없다오.

… (비유 생략) …

쌀하여, 그렇지만 염세적인 고행을 (격류를 건너는) 원인이라고 주장하지 않고, 염세적인 고행을 핵심으로 삼지 않고, 염세적인 고행에 집착하지 않고 살아가는 사문과 바라문들은 격류를 건널 수 있다오. 쌀하여, 몸으로 하는 행위가 청정하고, 말로 하는 행위가 청정하고, 마음으로 하는 행위가 청정한 사문과 바라문들은 위없는 바른 깨달음에 대하여 알고 볼 수 있다오.

… (비유 생략) …

쌀하여, 예를 들어 만약에 활 쏘는 재주가 많은 무사가 세 가지 일을 할 수 있으면, 그는 왕이 될 자질이 있으며, 왕의 자격을 갖춘 제왕이라고 불리는 것과 같다오.[58] 그 셋은 어떤 것인가? 멀리 쏘고, 번개처럼 빨리 쏘고, 큰 적군을 쳐부수는 것이라오.[59]

쌀하여, 멀리 쏘는 무사처럼, 이와 같이 거룩한 제자는 바른 삼매에 든다오. 바른 삼매에 든 거룩한 제자는 '과거, 미래, 현재의 모든 몸의 형색[色]은, 그것이 내적인 것이든 외적인 것이든, 거친 것이든 섬세한 것이든, 저열한 것이든 훌륭한 것이든, 멀리에 있든 가까이에 있든, 몸의 형색은 어떤 것이든, 그것은 나의 것이 아니고, 그것은 내가 아니고, 그것은 나의 자아가 아니다'라고 이것을 있는 그대로 바른 통찰지로 통찰한다오. 느낌[受], 관념[想], 유위를 조작하는 행위[行]들, 분별하는 마음[識]도 이와 같이 있는 그대로 통찰지로 통찰한다오.

쌀하여, 번개처럼 빨리 쏘는 무사처럼, 이와 같이 거룩한 제자는 바른 견해[正見]가 있다오. 바른 견해가 있는 거룩한 제자는 '이것은 괴로움[苦]이다'라고 있는 그대로 통찰하고, '이것은 괴로움의 쌓임[苦集]이다'라고 있는 그대로 통찰하고, '이것은 괴로움의 소멸[苦滅]이다'라고 있는 그대로 통찰하고, '이것은 괴로움의 소멸에 이르는 길[苦滅道]이다'라고 있는 그대로 통찰한다오.

쌀하여, 큰 적군을 쳐부수는 무사처럼, 이와 같이 거룩한 제자는

---

58 'seyyathāpi Sāḷha yodhājīvo bahūni ce pi kaṇḍacitakāni jānāti atha ko so tīhi ṭhānehi rājāraho hoti rājabhoggo rañño aṅgan t' eva saṅkhaṃ gacchati'의 번역.

59 'dūrepātī ca akkhaṇavedhī ca mahato ca kāyassa padāletā'의 번역.

바른 해탈을 한다오. 바른 해탈을 한 거룩한 제자는 커다란 무명 덩어리를[60] 쳐부순다오."

60 'mahantaṃ avijjākhandaṃ'의 번역.

5

다섯-모음

Pañcaka-Nipāta

해제

다섯 개의 주제를 다룬 경을 모은 '다섯-모음(Catuka-Nipāta)'은 26품(Vagga) 365경(Sutta)으로 이루어져 있다. 이 책에서는 그 가운데 16개의 경을 선정하여 번역하였다.

선정된 경 가운데 주목되는 경을 소개하면 다음과 같다.

A.5.1. 설명(Vitthata) ① 〈A.5.2.〉 경에서는 불교를 공부하는 사람이 갖추어야 할 다섯 가지 힘[五力]에 대하여 설명한다. 일반적으로 5력(五力)은 믿음의 힘[信力], 정진(精進)의 힘[進力], 주의집중의 힘[念力], 삼매의 힘[定力], 통찰지[般若]의 힘[慧力]인데, 이 경에서는 주의집중의 힘과 삼매의 힘 대신에 부끄러움의 힘과 뉘우침의 힘을 5력에 포함시키고 있다. 이것은 부처님 당시에는 5력이 일정한 형태로 이야기되지 않았으며, 5력을 포함하는 37조도품이 후대에 성립된 것임을 보여준다.

A.5.2. 설명(Vitthata) ② 〈A.5.14.〉 경에서는 5력, 즉 믿음의 힘[信力], 정진(精進)의 힘[進力], 주의집중의 힘[念力], 삼매의 힘[定力], 통찰지[般若]의 힘[慧力]에 대하여 자세하게 설명하고 있다.

A.5.5. 꼬쌀라(Kosala) 〈A.5.49.〉 경에서는 생사(生死)의 극복에 관해서 설명한다. 배우지 못한 범부에게 늙음이 오고, 병이 오고, 죽음이 온다. 배움이 많은 거룩한 제자에게도 늙음이 오고, 병이 오고, 죽음이 찾아온다. 범부는 그것 때문에 괴로워하고 슬퍼하지만, 거룩한 제자는 그것 때문에 괴로워하지 않고, 슬퍼하지 않는다. 열반을 성취하면 범부가 겪는 생로병사(生老病死)가 없어지는 것이 아니라 생로병사를 괴로움으로 받아

들이지 않는 것이 열반임을 이 경은 설한다.

A.5.7. 사실(Ṭhāna) 〈A.5.57.〉 경에서는 생로병사를 대면하는 자세에 관해서 알려준다. 생로병사는 살아있는 모든 존재가 겪는 엄연한 사실이다. 불교는 이 사실을 부정하지 않는다. 이 경에서 붓다는 생로병사는 나만 겪는 일이 아니라 살아있는 모든 존재가 겪는 엄연한 사실이므로, 이 사실을 항상 생각하면서, '모든 중생은 업(業)의 소유자이며, 업의 상속자이며, 업을 모태(母胎)로 하며, 업의 친척이며, 업에 의지한다'라고 성찰하면, 그 사실을 성찰함으로써 길이 생긴다고 가르친다. 그리고 이렇게 드러난 길을 열심히 수행하여 익히면 결박들이 사라지고, 잠재적 경향[睡眠]들이 종식된다고 이야기한다.

◈

A.5.1. 설명(Vitthata) ① 〈A.5.2.〉

세존께서 싸왓티의 제따와나 아나타삔디까 사원(寺院)에 머무실 때 비구들에게 말씀하셨습니다.

"비구들이여, 공부하는 사람의 다섯 가지 힘이 있다오. 그 다섯은 어떤 것인가? 그것은 믿음의 힘,[01] 부끄러움의 힘,[02] 뉘우침의 힘,[03] 정진(精進)의 힘,[04] 통찰지[般若]의 힘[05]이라오.

비구들이여, 믿음의 힘은 어떤 것인가? 비구들이여, 거룩한 제자는 여래의 깨달음을 믿는다오. 즉, 여래는 '아라한(阿羅漢), 원만하고 바르게 깨달으신 분[正遍知], 앎과 실천을 구족하신 분[明行足], 행복하신 분[善逝], 세간을 잘 아시는 분[世間解], 위없는 분[無上士], 사람을 길들여 바른길로 이끄시는 분[調御丈夫], 천신과 인간의 스승[天人師], 진리를 깨달으신 분[佛], 세존(世尊)'이라고 믿는다오. 비구들이여, 이것을 믿음의 힘이라고 한다오.

비구들이여, 부끄러움의 힘은 어떤 것인가? 비구들이여, 거룩한

---

01 'saddhābalaṃ'의 번역.

02 'hiribalaṃ'의 번역.

03 'ottappabalaṃ'의 번역.

04 'viriyabalaṃ'의 번역.

05 'paññābalaṃ'의 번역.

제자는 몸으로 행한 악행, 말로 행한 악행, 마음으로 행한 악행에 대하여 부끄러워하고, 사악하고, 불선(不善)한 법을 실행한 것에 대하여[06] 부끄러워한다오. 비구들이여, 이것을 부끄러움의 힘이라고 한다오.

비구들이여, 뉘우침의 힘은 어떤 것인가? 비구들이여, 거룩한 제자는 몸으로 행한 악행, 말로 행한 악행, 마음으로 행한 악행에 대하여 뉘우치고, 사악하고, 불선법(不善法)을 실행한 것에 대하여 뉘우친다오. 비구들이여, 이것을 뉘우침의 힘이라고 한다오.

비구들이여, 정진의 힘은 어떤 것인가? 비구들이여, 거룩한 제자는 불선법을 버리고, 선법을 구족하기 위하여, 선법에 대하여 강력하게 열심히 노력하면서 끈기 있게 열정적으로 정진하며 살아간다오. 비구들이여, 이것을 정진의 힘이라고 한다오.

비구들이여, 통찰지의 힘은 어떤 것인가? 비구들이여, 거룩한 제자는 거룩한 바른 괴로움의 소멸에 이르기 위해서, 나타나고 사라지는 것을 꿰뚫어 보는 통찰지를 구족한다오. 비구들이여, 이것을 통찰지의 힘이라고 한다오.

비구들이여, 이들이 공부하는 사람의 다섯 가지 힘이라오. 비구들이여, 그러므로 '나는 믿음의 힘을 구족하고, 부끄러움의 힘을 구족하고, 뉘우침의 힘을 구족하고, 정진의 힘을 구족하고, 통찰지의 힘을 구족하겠다'라고 공부해야 한다오."

---

06 'pāpakānaṃ akusalānaṃ dhammānaṃ samāpattiyā'의 번역.

A.5.2. 설명(Vitthata) ② 〈A.5.14.〉

"비구들이여, 다섯 가지 힘이 있다오. 그 다섯은 어떤 것인가? 그것은 믿음의 힘, 정진(精進)의 힘, 주의집중의 힘,[07] 삼매의 힘,[08] 통찰지[般若]의 힘[09]이라오.

비구들이여, 믿음의 힘은 어떤 것인가? 비구들이여, 거룩한 제자는 여래의 깨달음을 믿는다오. 즉, 여래는 '아라한(阿羅漢), 원만하고 바르게 깨달으신 분[正遍知], 앎과 실천을 구족하신 분[明行足], 행복하신 분[善逝], 세간을 잘 아시는 분[世間解], 위없는 분[無上士], 사람을 길들여 바른길로 이끄시는 분[調御丈夫], 천신과 인간의 스승[天人師], 진리를 깨달으신 분[佛], 세존(世尊)'이라고 믿는다오. 비구들이여, 이것을 믿음의 힘이라고 한다오.

비구들이여, 정진의 힘은 어떤 것인가? 비구들이여, 거룩한 제자는 불선법(不善法)을 버리고, 선법(善法)을 구족하기 위하여, 선법에 대하여 강력하게 열심히 노력하면서 끈기 있게 열정적으로 정진하며 살아간다오. 비구들이여, 이것을 정진의 힘이라고 한다오.

비구들이여, 주의집중의 힘은 어떤 것인가? 비구들이여, 거룩한 제자는 최상의 사려 깊은 주의집중을 구족하여 오래전에 행한 것과 오래전에 말한 것을 기억하고 상기(想起)한다오. 비구들이여, 이것을 주의집중의 힘이라고 한다오.

---

07 'satibalaṃ'의 번역.

08 'samādhibalaṃ'의 번역.

09 'paññābalaṃ'의 번역.

비구들이여, 삼매의 힘은 어떤 것인가? 비구들이여, 거룩한 제자는 감각적 욕망을 멀리하고, 불선법을 멀리하여, 사유[尋]가 있고, 숙고[伺]가 있는, 멀리함에서 생긴 희열과 행복이 있는 초선(初禪)을 성취하여 살아가고, 사유와 숙고를 억제하여, 내적으로 조용해진, 마음이 집중된, 사유와 숙고가 없는, 삼매에서 생긴 희열과 행복이 있는 제2선(第二禪)을 성취하여 살아가고, 희열과 이욕(離欲)으로부터 초연하여 평정한 주의집중과 알아차림을 하며 지내면서 몸으로 행복을 느끼는, 성자(聖者)들이 '평정한 주의집중을 하는 행복한 상태'라고 이야기한 제3선(第三禪)을 성취하여 살아가고, 행복감을 포기하고 괴로움을 버림으로써, 이전의 만족과 불만이 소멸하여 괴롭지도 않고 즐겁지도 않은, 평정한 주의집중이 청정한 제4선(第四禪)을 성취하여 살아간다오. 비구들이여, 이것을 삼매의 힘이라고 한다오.

비구들이여, 통찰지의 힘은 어떤 것인가? 비구들이여, 거룩한 제자는 통찰지가 있다오. 그는 거룩한 바른 괴로움의 소멸에 이르기 위해서, 나타나고 사라지는 것을 꿰뚫어 보는 통찰지를 구족한다오. 비구들이여, 이것을 통찰지의 힘이라고 한다오.

비구들이여, 이들이 다섯 가지 힘이라오."

A.5.3. 공경하지 않는(Agārava) 〈A.5.22.〉

"비구들이여, 도반(道伴)을 공경하지 않고, 화순(和順)하지 않고, 화합하지 않는 비구가 실천해야 할 바른 법을 성취하는 일은 있을 수 없다오.

비구들이여, 실천해야 할 바른 법을[10] 성취하지 못한 비구가 공부해야 할 법을[11] 성취하는 일은 있을 수 없다오. 비구들이여, 공부해야 할 법을 성취하지 못한 비구가 계온(戒蘊)을[12] 성취하는 일은 있을 수 없다오. 비구들이여, 계온을 성취하지 못한 비구가 정온(定蘊)을[13] 성취하는 일은 있을 수 없다오. 비구들이여, 정온을 성취하지 못한 비구가 혜온(慧蘊)을[14] 성취하는 일은 있을 수 없다오.

비구들이여, 도반을 공경하고, 화순하고, 화합하는 비구가 실천해야 할 바른 법을 성취할 수 있다오. 비구들이여, 실천해야 할 바른 법을 성취한 비구가 공부해야 할 법을 성취할 수 있다오. 비구들이여, 공부해야 할 법을 성취한 비구가 계온을 성취할 수 있다오. 비구들이여, 계온을 성취한 비구가 정온을 성취할 수 있다오. 비구들이여, 정온을 성취한 비구가 혜온을 성취할 수 있다오."

A.5.4. 씨하(Sīha) 〈A.5.34.〉

한때 세존께서 웨쌀리의 마하와나에 있는 중각강당(重閣講堂)에 머무셨습니다. 그때 씨하(Sīha) 장군(將軍)이 세존을 찾아와서 세존께 예배

10 'abhisamacārikaṃ dhammaṃ'의 번역.

11 'sekhaṃ dhammaṃ'의 번역.

12 'sīlakkhandhaṃ'의 번역.

13 'samādhikkhandhaṃ'의 번역.

14 'palññākkhandhaṃ'의 번역.

하고 한쪽에 앉았습니다. 한쪽에 앉은 씨하 장군이 세존께 말씀드렸습니다.

"세존이시여, 눈에 보이는 보시의 결실을 알려줄 수 있겠습니까?"

세존께서는 "씨하여, 알려줄 수 있다오"라고 말씀하시고, 이렇게 말씀하셨습니다.

"씨하여, 보시를 행하는 시주(施主)는 많은 사람의 사랑을 받는다오. 씨하여, 이것이 눈에 보이는 보시의 결실이라오. 씨하여, 그다음에, 보시를 행하는 시주를 착하고 참된 사람들이 가까이한다오. 씨하여, 이것이 눈에 보이는 보시의 결실이라오. 씨하여, 그다음에, 보시를 행하는 시주의 훌륭한 명성이 높아진다오. 씨하여, 이것이 눈에 보이는 보시의 결실이라오. 씨하여, 그다음에, 보시를 행하는 시주는 크샤트리아의 모임에 가든, 바라문의 모임에 가든, 거사의 모임에 가든, 사문의 모임에 가든, 어느 모임에 가더라도 떳떳하고 당당하게 간다오. 씨하여, 이것이 눈에 보이는 보시의 결실이라오. 씨하여, 그다음에, 보시를 행하는 시주는 몸이 무너져 죽은 후에 행복한 천상세계에 태어난다오. 씨하여, 이것은 내세(來世)의 보시의 결실이라오."

이와 같이 말씀하시자, 씨하 장군은 세존께 이렇게 말씀드렸습니다.

"세존이시여, 세존께서 말씀하신 눈에 보이는 네 가지 보시의 결실은 제가 세존에 대한 믿음으로 알게 된 것이 아니라, 저도 그것들을 알고 있습니다. 세존이시여, 저는 보시하는 시주이기 때문에 많은 사람의 사랑을 받습니다. 세존이시여, 저는 보시하는 시주이기 때문에 착하고 참된 사람들이 가까이합니다. 세존이시여, 저는 보시하는 시주이기 때문에 '씨하 장군은 보시를 행하는 승가의 단월(檀越)이다'라는 훌륭한 명성이 높습니다. 세존이시여, 저는 보시하는 시주이기 때문에 크샤트리아의 모임에 가든, 바라문의 모임에 가든, 거사의 모임에 가든, 사문의 모임에 가든, 어느 모임에 가더라도 떳떳하고 당당하게 갑니다. 세존이시여, 이와 같이 세존께서 말씀하신 눈에 보이는 네 가지 보시의 결실은 제가 세존에 대한 믿음으로 알게 되는 아니라, 저도 그것들을 알고 있습니다. 그런데 세존께서 '씨하여, 보시를 행하는 시주는 몸이 무너져 죽은 후에 행복한 천상세계에 태어난다오. 씨하여, 이것은 내세의 보시의 결실이라오'라고 하신 말씀은 알지 못했습니다. 그래서 저는 세존에 대한 믿음으로 그렇게 알겠습니다."

"씨하여, 그렇다오. 씨하여, 그렇다오. 씨하여, 보시를 행하는 시주는 몸이 무너져 죽은 후에 행복한 천상세계에 태어난다오."

A.5.5. 꼬쌀라(Kosala) 〈A.5.49.〉

한때 세존께서는 싸왓티의 제따와나 아나타삔디까 사원에 머무셨습니다. 어느 날 꼬쌀라(Kosala)의 왕 빠쎄나디(Pasenadi)가 세존을 찾아와서 세존께 예배하고 한쪽에 앉았습니다. 그때 말리까(Malikā) 왕비가 죽었습니다. 그래서 어떤 하인이 꼬쌀라의 왕 빠쎄나디에게 와서 그의 귀에 대고 "말리까 왕비께서 운명하셨습니다"라고 알렸습니다. 이 말을 들은 꼬쌀라의 왕 빠쎄나디는 괴롭고 슬퍼서, 축 처진 어깨에 고개를 떨어뜨린 채로 말을 잃고 앉아있었습니다. 세존께서는 꼬쌀라의 왕 빠쎄나디가 괴롭고 슬퍼서, 축 처진 어깨에 고개를 떨어뜨린 채로 말을 잃고 있는 것을 보시고 그에게 말씀하셨습니다.

"대왕이시여, 사문이든, 바라문이든, 천신이든, 마라(Māra)든, 범천(梵天)이든, 세간에서 그 누구도 할 수 없는 다섯 가지가 있습니다. 그 다섯은 어떤 것일까요? 늙는 존재를 늙지 말라고 하고,[15] 병드는 존재를 병들지 말라고 하고, 죽는 존재를 죽지 말라고 하고, 소멸하는 존재를 소멸하지 말라고 하고, 사라지는 존재를 사라지지 말라고 하는 것은 사문이든, 바라문이든, 천신이든, 마라(Māra)든, 범천(梵天)이든, 세간에서 그 누구도 할 수 없습니다.

대왕이시여, 배우지 못한 범부에게 늙음이 오고, 병이 들고, 죽음이 오고, 소멸하게 되고, 사라지게 되면, 그는 늙음, 병, 죽음, 소멸, 사라짐에 대하여 '늙음, 병, 죽음, 소멸, 사라짐은 나에게만 오는 것이 아니다. 오고, 가고, 죽고, 태어나는 것이 중생이기 때문에 모든 중생에게는 늙음, 병, 죽음, 소멸, 사라짐이 온다. 그런데 내가 늙음이 오고, 병이 들고, 죽음이 오고, 소멸하게 되고, 사라지게 되었다고 해서 괴로워하고, 탄식하고, 슬퍼하고, 가슴을 치며 울부짖고, 당황하게 된다면, 밥맛도 없을 것이고,[16] 몸은 추한 몰골이 될 것이고, 일을 할 수 없게 될 것이고, 적들은 기뻐하고, 친구들은 걱정할 것이다'라고 성찰하지 못합니다. 그는 늙음이 오고, 병이 들고, 죽음이 오고, 소멸하게 되고, 사라지게 되면 괴로워하고, 탄식하고, 슬퍼하고, 가슴을 치며 울부짖고, 당황하게 됩니다.

대왕이시여, 이것을 '배우지 못한 범부는 고뇌의 독화살을 맞고서

---

15 'jarādhammaṃ mā jīyī ti'의 번역. 'jarādhammaṃ'을 '늙는 존재'로 번역함. 'dhamma'는 일반적으로 어떤 존재 현상을 의미하는데, 인간 존재를 의미함.

16 'bhattam pi me na cchādeyyaṃ'의 번역. 원문의 의미는 '음식이 나를 즐겁게 하지 못한다'이다.

자신을 괴롭힌다'라고 말하는 것입니다.

대왕이시여, 배움이 많은 거룩한 제자에게도 늙음이 오고, 병이 들고, 죽음이 오고, 소멸하게 되고, 사라지게 되지만, 그는 늙음, 병, 죽음, 소멸, 사라짐에 대하여 '늙음, 병, 죽음, 소멸, 사라짐은 나에게만 오는 것이 아니다. 오고, 가고, 죽고, 태어나는 것이 중생이기 때문에 모든 중생에게는 늙음, 병, 죽음, 소멸, 사라짐이 온다. 그런데 내가 늙음이 오고, 병이 들고, 죽음이 오고, 소멸하게 되고, 사라지게 되었다고 해서 괴로워하고, 탄식하고, 슬퍼하고, 가슴을 치며 울부짖고, 당황하게 된다면, 밥맛도 없을 것이고, 몸은 추한 몰골이 될 것이고, 일을 할 수 없게 될 것이고, 적들은 기뻐하고, 친구들은 걱정할 것이다'라고 성찰합니다. 그는 늙음이 오고, 병이 들고, 죽음이 오고, 소멸하게 되고, 사라지게 되어도 괴로워하지 않고, 탄식하지 않고, 슬퍼하지 않고, 가슴을 치며 울부짖지 않고, 당황하지 않습니다.

대왕이시여, 이것을 '배움이 많은 거룩한 제자는 배우지 못한 범부가 맞고서 스스로 괴롭히는 고뇌의 독화살을 뽑았다. 화살을 제거하여 고뇌 없는 거룩한 제자는 자신을 반열반(般涅槃)에 들게 한다'라고 말하는 것입니다."

A.5.6. 친교사(親教師, Upajjhāya) 〈A.5.56.〉

어떤 비구가 자신의 친교사(親教師)를 찾아가서 말했습니다.

"존자님! 요즘 제 몸은 마치 취한 것처럼 방향을 가늠할 수 없고, 가르침들이 생각나지 않습니다. 제 마음은 혼미하며 저는 수행하는 것이 즐겁지 않습니다.[17] 저에게는 가르침들에 대한 의심이 있습니다."

그 비구는 제자 비구를 데리고 세존을 찾아가서 세존께 예배하고 한 쪽에 앉았습니다. 한쪽에 앉은 그 비구는 세존께 이렇게 말씀드렸습니다.

"세존이시여, 이 비구가 '존자님! 요즘 제 몸은 마치 취한 것처럼 방향을 가늠할 수 없고, 가르침들이 생각나지 않습니다. 제 마음은 혼미하며 저는 수행하는 것이 즐겁지 않습니다. 저에게는 가르침들에 대한 의심이 있습니다'라고 말했습니다."

"비구여, 참으로 그러할 것이오. 지각활동을 할 때 문을 지키지 않고, 음식의 양을 조절하지 못하고, 깨어있음에 전념하지 못하고, 좋은 법들을 알아보지 못하고,[18] 초저녁[初夜]과 새벽[後夜]에[19] 깨달음에 도움이 되는 법들[菩提分法]을[20] 수행하는 데 전념하여 살아가지 않으면, 몸은 마치 취한 것처럼 방향을 가늠할 수 없고. 가르침들이 생각나지 않으며, 마음은 혼미하고, 수행하는 것이 즐겁지 않으며, 가르침들에 대한 의심이 있게 된다오. 비구여, 그러므로 '나는 지각활동을 할 때 문을 지키고, 음식의 양을 조절하고, 깨어있음에 전념하고, 좋은 법들을 알아보고, 초저녁과 새벽에 깨달음에 도움이 되는 법들을 수행하는 데 전념하며 살아가겠

---

17 'anabhirato ca brahmacariyaṃ carāmi'의 번역.

18 'avipassaka kusalānaṃ dhammānaṃ'의 번역.

19 'pubbarattāpararattaṃ'의 번역. 불교에서는 밤을 초야(初夜), 중야(中夜), 후야(後夜)로 나눈다. 초야는 잠들기 이전의 시간이고, 중야는 잠자는 시간이며, 후야는 잠에서 깨어나 아침이 되기 전까지의 시간이다. 붓다는 밤에도 잠자는 시간을 제외하고는 수행에 전념하라는 의미에서 초야와 후야를 말씀하신 것이다.

20 'bodhipakkhikānaṃ dhammānaṃ'의 번역. 37조도품을 의미한다.

다'라고 공부해야 한다오. 비구여, 실로 이렇게 공부해야 한다오."

그 비구는 세존으로부터 이러한 가르침을 받고, 자리에서 일어나 세존께 예배하고 떠나갔습니다. 그 비구는 홀로 외딴곳에서 열심히 노력하고 정진하며 지냈습니다. 그리고 오래지 않아 선남자(善男子)들이 출가하는 목적인 위없는 청정한 수행[梵行]의 완성을 지금 여기에서 스스로 체험하고 성취하여 살아갔습니다. 그는 '태어남은 끝났고, 청정한 수행을 마쳤으며, 해야 할 일을 끝마쳤다. 다시는 이런 상태로 되지 않는다'라는 것을 체득했습니다. 그리하여 그는 아라한 가운데 한 분이 되었습니다.

아라한이 된 그 비구는 자신의 친교사를 찾아가서 말했습니다.

"존자님! 요즘 제 몸은 방향을 잘 가늠하고 있습니다. 가르침들이 잘 떠오르고, 마음은 혼미하지 않습니다. 저는 수행하는 것이 즐겁습니다. 저에게는 가르침들에 대한 의심이 없습니다."

… (이하 생략) …

A.5.7. 사실(Ṭhāna) 〈A.5.57.〉

"비구들이여, 이들 다섯 가지 사실을 여자든 남자든, 재가자든 출가자든, 항상 성찰(省察)해야 한다오.[21] 그 다섯은 어떤 것인가?

여자든 남자든, 재가자든 출가자든, '나는 늙음에서 벗어나지 못한

---

21 'abhiṇhaṃ paccavekkhitabbaṃ'의 번역.

늙는 존재다'[22]라고 항상 성찰해야 한다오. 여자든 남자든, 재가자든 출가자든, '나는 질병에서 벗어나지 못한 병드는 존재다'라고, 항상 성찰해야 한다오. 여자든 남자든, 재가자든 출가자든, '나는 죽음에서 벗어나지 못한 죽는 존재다'라고, 항상 성찰해야 한다오. 여자든 남자든, 재가자든 출가자든, '나는 사랑하고 좋아하는 것들과 헤어지고 이별해야 한다'라고, 항상 성찰해야 한다오. 여자든 남자든, 재가자든 출가자든, '나는 업(業)의 소유자이며, 업의 상속자이며, 업을 모태(母胎)로 하며, 업의 친척이며, 업에 의지한다. 나는, 좋은 업[善業]이든 사악한 업[惡業]이든, 내가 지은 업의 상속자가 될 것이다'라고, 항상 성찰해야 한다오.

비구들이여, 무엇 때문에 여자든 남자든, 재가자든 출가자든, '나는 늙음에서 벗어나지 못한 늙는 존재다'라고 항상 성찰해야 하는가? 중생들은 젊은 시절에 젊음에 대한 자만(自慢)이 있으며, 자만에 빠져서 몸으로 악행을 저지르고, 말로 악행을 저지르고, 마음으로 악행을 저지른다오. 그가 이런 사실을 항상 성찰하면, 젊은 시절 젊음에 대한 자만이 모두 사라지거나, 줄어든다오. 이런 까닭에 여자든 남자든, 재가자든 출가자든, '나는 늙음에서 벗어나지 못한 늙는 존재다'라고 항상 성찰해야 한다오.

비구들이여, 무엇 때문에 여자든 남자든, 재가자든 출가자든, '나는 질병에서 벗어나지 못한 병드는 존재다'라고 항상 성찰해야 하는가? 중생들은 건강할 때 건강에 대한 자만이 있으며, 자만에 빠져서 몸으로 악행을 저지르고, 말로 악행을 저지르고, 마음으로 악행을 저지른다오. 그

22 'jarādhammo 'mhi jaraṃ anatīto'의 번역.

가 이런 사실을 항상 성찰하면, 건강할 때 건강에 대한 자만이 모두 사라지거나, 줄어든다오. 이런 까닭에 여자든 남자든, 재가자든 출가자든, '나는 질병에서 벗어나지 못한 병드는 존재다'라고 항상 성찰해야 한다오.

비구들이여, 무엇 때문에 여자든 남자든, 재가자든 출가자든, '나는 죽음에서 벗어나지 못한 죽는 존재다'라고 항상 성찰해야 하는가? 중생들은 살아가는 동안 수명(壽命)에 대한 자만이 있으며, 자만에 빠져서 몸으로 악행을 저지르고, 말로 악행을 저지르고, 마음으로 악행을 저지른다오. 그가 이런 사실을 항상 성찰하면, 살아갈 때 수명에 대한 자만이 모두 사라지거나, 줄어든다오. 이런 까닭에 여자든 남자든, 재가자든 출가자든, '나는 죽음에서 벗어나지 못한 죽는 존재다'라고 항상 성찰해야 한다오.

비구들이여, 무엇 때문에 여자든 남자든, 재가자든 출가자든, '나는 사랑하고 좋아하는 것들과 헤어지고 이별해야 한다'라고 항상 성찰해야 하는가? 중생들은 사랑스러운 것들에 대한 욕탐(欲貪)이 있으며, 욕탐 때문에 몸으로 악행을 저지르고, 말로 악행을 저지르고, 마음으로 악행을 저지른다오. 그가 이런 사실을 항상 성찰하면, 사랑스러운 것들에 대한 욕탐이 모두 사라지거나, 줄어든다오. 이런 까닭에 여자든 남자든, 재가자든 출가자든, '나는 사랑하고 좋아하는 것들과 헤어지고 이별해야 한다'라고 항상 성찰해야 한다오.

비구들이여, 무엇 때문에 여자든 남자든, 재가자든 출가자든, '나는 업의 소유자이며, 업의 상속자이며, 업을 모태로 하며, 업의 친척이며, 업에 의지한다. 나는, 좋은 업이든 사악한 업이든, 내가 지은 업의 상속자가 될 것이다'라고 항상 성찰해야 하는가? 중생들은 몸으로 저지른 악행, 말로 저지른 악행, 마음으로 저지른 악행이 있다오. 그가 이런 사실을 항상 성찰하면, 악행이 모두 사라지거나, 줄어든다오. 이런 까닭에 여자든 남자든, 재가자든 출가자든, '나는 업의 소유자이며, 업의 상속자이며, 업을 모태로 하며, 업의 친척이며, 업에 의지한다. 나는, 좋은 업이든 사악한 업이든, 내가 지은 업의 상속자가 될 것이다'라고 항상 성찰해야 한다오.

비구들이여, 거룩한 제자가 '나 혼자만 늙음에서 벗어나지 못한 늙는 존재가 아니다. 오고, 가고, 죽고, 태어나는 것이 중생이기 때문에 모든 중생은 늙음에서 벗어나지 못한 늙는 존재다'라고 성찰하면, 그 사실을 항상 성찰함으로써 그에게 길이 생긴다오. 그는 그 길을 열심히 수행하여 익힌다오. 그 길을 열심히 수행하여 익힘으로써, 그에게 결박들이 사라지고, 잠재적 경향[睡眠]들이 종식된다오. '나 혼자만 질병에서 벗어나지 못한 병드는 존재가 아니다. 오고, 가고, 죽고, 태어나는 것이 중생이기 때문에 모든 중생은 질병에서 벗어나지 못한 병드는 존재다'라고 성찰하면, 그 사실을 항상 성찰함으로써 그에게 길이 생긴다오. 그는 그 길을 열심히 수행하여 익힌다오. 그 길을 열심히 수행하여 익힘으로써, 그에게 결박들이 사라지고, 잠재적 경향들이 종식된다오. '나 혼자만 죽음에서 벗어나지 못한 죽는 존재가 아니다. 오고, 가고, 죽고, 태어나는 것이 중생이기 때문에 모든 중생은 죽음에서 벗어나지 못한 죽는 존재다'라고 성찰하면, 그 사실을 항상 성찰함으로써 그에게 길이 생긴다오. 그는 그 길을 열심히 수행하여 익힌다오. 그 길을 열심히 수행하여 익힘으로써, 그에게 결박들이 사라지고, 잠재적 경향들이 종식된다오. '나 혼자만 사랑하고 좋아하는 것들과 헤어지고 이별해야 하는 것이 아니다. 오고, 가고, 죽고, 태어나는 것이 중생이기 때문에 모든 중생은 사랑하고 좋아하는 것들과 헤어지고 이별해야 한다'라고 성찰하면, 그 사실을 항상 성찰함으로써 그에게 길이 생긴다오. 그는 그 길을 열심히 수행하여 익힌다오. 그 길을 열심히 수행하여 익힘으로써, 그에게 결박들이 사라지고, 잠재적 경향들이 종식된다오. '나 혼자만 업의 소유자이며, 업의 상속자이며, 업을 모태로 하며, 업의 친척이며, 업에 의지하는 것이 아니다. 오고, 가고, 죽고, 태어나는 것이 중생이기 때문에 모든 중생은 업의 소유자이며, 업의 상속자이며, 업을 모태로 하며, 업의 친척이며, 업에 의지한다'라고 성찰하면, 그 사실을 항상 성찰함으로써 그에게 길이 생긴다오. 그는 그 길을 열심히 수행하여 익힌다오. 그 길을 열심히 수행하여 익힘으로써, 그에게 결박들이 사라지고, 잠재적 경향들이 종식된다오."

A.5.8. 릿차위 소년(Licchavikumāraka) 〈A.5.58.〉

한때 세존께서 웨쌀리의 마하와나에 있는 중각강당(重閣講堂)에 머무셨습니다. 어느 날 세존께서 오전에 옷을 입고, 발우와 법의를 지니고 탁발하러 웨쌀리에 들어가셨습니다. 웨쌀리에서 탁발을 마치고 돌아와서 식사를 마치신 후에 마하와나 숲속에 들어가서 오후의 휴식을 위해 나무 아래 앉으셨습니다. 그때 많은 릿차위(Licchavi) 소년들이 시위를 건 활을 들고, 개떼에 둘러싸여 마하와나 숲속에서 사냥감을 찾아 돌아다니다가 어떤 나무 아래 앉아계시는 세존을 보았습니다. 그들은 세존을 보자 시위를 건 활을 내려놓고, 개떼를 한쪽으로 쫓아버린 후에, 세존께

다가가서 예배하고 말없이 조용히 합장하고 세존을 공경했습니다.

그때 마하나마(Mahānama) 릿차위가 마하와나 숲속에서 산책하면서 돌아다니다가 릿차위 소년들이 말없이 조용히 합장하고 세존을 공경하는 것을 보고, 세존께 다가가서 예배하고 한쪽에 앉았습니다. 한쪽에 앉은 마하나마 릿차위가 우다나(udāna)를 읊었습니다.

이들이 왓지 사람이 되게 하소서![23]
이들이 왓지 사람이 되게 하소서!

"마하나마여, 그대는 어찌하여, '이들이 왓지 사람이 되게 하소서! 이들은 왓지 사람이 되게 하소서!'라고 말하는 것이오?"

"세존이시여, 이 릿차위 소년들은 사납고, 거칠고, 탐욕스러운 젊은 이들입니다. 가문에 보내온 사탕수수며, 대추며, 빵이며, 사탕이며, 과자 등을 수시로 훔쳐서 먹고, 양갓집 여인과 소녀들을 뒤에서 밀어뜨립니다. 그런 그들이 말없이 조용히 합장하고 세존을 공경하고 있습니다."

"마하나마여, 관정(灌頂)을 받아 왕이 된 크샤트리아든, 세습(世襲) 관료(官僚)든, 군대의 장군이든, 마을의 관리(官吏)든, 단체의 수장(首長)이든, 가문을 다스리는 가장(家長)이든, 그 누구든, 다섯 가지 법이 드러나면 결코 몰락하지 않고 번영을 기대할 수 있을 것이오. 그 다섯은 어떤 것인가?

---

23 'bhavissanti Vajjī'의 번역. 릿차위는 왓지국의 종족 이름이다. 거칠고 사나운 소년들이 세존을 공경하는 모습을 보고, 이들이 부처님의 가르침을 받아 왓지의 훌륭한 인물이 되기를 희망하면서 한 말이다.

마하나마여, 선남자가 도덕적으로 여법하게 손수 땀 흘려 힘써 노력하여 얻은 재산으로 부모를 봉양하고 정성껏 보살피면, 봉양과 보살핌을 받는 부모는 선한 마음으로 '오랜 수명을 누리며 장수하여라!'라고 축원한다오. 마하나마여, 부모가 축원하는 선남자는 결코 몰락하지 않고 번영을 기대할 수 있을 것이오.

마하나마여, 그다음에, 선남자가 도덕적으로 여법하게 손수 땀 흘려 힘써 노력하여 얻은 재산으로 처자와 하인과 노복을 봉양하고 정성껏 보살피면, 봉양과 보살핌을 받는 처자와 하인과 노복은 선한 마음으로 '오랜 수명을 누리며 장수하시오!'라고 축원한다오. 마하나마여, 처자와 하인과 노복이 축원하는 선남자는 결코 몰락하지 않고 번영을 기대할 수 있을 것이오.

마하나마여, 그다음에, 선남자가 도덕적으로 여법하게 손수 땀 흘려 힘써 노력하여 얻은 재산으로 전답을 일구는 일꾼이나 주변의 일을 돕는 사람들을 봉양하고 정성껏 보살피면, 봉양과 보살핌을 받는 전답을 일구는 일꾼이나 주변의 일을 돕는 사람들은 선한 마음으로 '오랜 수명을 누리며 장수하시오!'라고 축원한다오. 마하나마여, 전답을 일구는 일꾼이나 주변의 일을 돕는 사람들이 축원하는 선남자는 결코 몰락하지 않고 번영을 기대할 수 있을 것이오.

마하나마여, 그다음에, 선남자가 도덕적으로 여법하게 손수 땀 흘려 힘써 노력하여 얻은 재산으로 헌공(獻供)을 받는 천신들을 봉양하고 정성껏 헌공하면, 헌공을 받는 천신들은 선한 마음으로 '오랜 수명을 누리며 장수하시오!'라고 축원한다오. 마하나마여, 천신들이 축원하는 선남자는 결코 몰락하지 않고 번영을 기대할 수 있을 것이오.

마하나마여, 그다음에, 선남자가 도덕적으로 여법하게 손수 땀 흘려 힘써 노력하여 얻은 재산으로 사문과 바라문들을 봉양하고 정성껏 보살피면, 봉양과 보살핌을 받는 사문과 바라문들은 선한 마음으로 '오랜 수명을 누리며 장수하시오!'라고 축원한다오. 마하나마여, 사문과 바라문들이 축원하는 선남자는 결코 몰락하지 않고 번영을 기대할 수 있을 것이오.

마하나마여, 관정을 받아 왕이 된 크샤트리아든, 세습(世襲) 관료(官僚)이든, 군대의 장군이든, 마을의 관리(官吏)이든, 단체의 수장(首長)이든, 가문을 다스리는 가장(家長)이든, 그 누구든, 이들 다섯 가지 법이 드러나면 결코 몰락하지 않고 번영을 기대할 수 있을 것이오."

… (게송 생략) …

A.5.9. 공부하는 사람[學人]의 자신감(Sekhavesārajja) 〈A.5.101.〉

"비구들이여, 이들 다섯 가지 법은 공부하는 사람[學人]에게 자신감을 준다오. 그 다섯은 어떤 것인가?

비구들이여, 비구는 신념(信念)을 지니고, 계행(戒行)을 갖추고, 많이 배우고, 열심히 정진하고, 통찰력[般若]이 있어야 한다오.[24] 비구들이여, 신념을 갖지 않으면 자신감이 없다오. 신념을 가져야 자신감이 생긴다오. 따라서 이 법은 공부하는 사람에게 자신감을 준다오. 비구들이여, 계율을 어기면 자신감이 없다오. 계행을 갖추어야 자신감이 생긴다

24 'bhikkhu saddho hoti, sīlavā hoti, bahussuto hoti, āraddhaviriyo hoti, paññavā hoti'의 번역.

오. 따라서 이 법은 공부하는 사람에게 자신감을 준다오. 비구들이여, 많이 배우지 않으면 자신감이 없다오. 많이 배워야 자신감이 생긴다오. 따라서 이 법은 공부하는 사람에게 자신감을 준다오. 비구들이여, 열심히 정진하지 않으면 자신감이 없다오. 열심히 정진해야 자신감이 생긴다오. 따라서 이 법은 공부하는 사람에게 자신감을 준다오. 비구들이여, 통찰력이 없으면 자신감이 없다오. 통찰력이 있어야 자신감이 생긴다오. 따라서 이 법은 공부하는 사람에게 자신감을 준다오."

A.5.10. 평온한 삶(Phāsuvihāra) 〈A.5.105.〉

"비구들이여, 이들 다섯 가지는 평온한 삶을 준다오. 그 다섯은 어떤 것인가?

비구들이여, (평온한 삶을 사는) 비구는 볼 때나 보지 않을 때나 도반에 대하여, 몸으로 자애로운 행동을 보이고, 말로 자애로운 행동을 보이고, 마음으로 자애로운 행동을 보인다오. 그는 볼 때나 보지 않을 때나 도반에 대하여, 청정무구하게 흠 없이 깨끗하게 계율을 범하지 않고, 현자들이 칭찬하는 집착이 없고 삼매에 도움이 되는 이런 계율을 가지고 계율에 일치하여[25] 살아간다오. 그는 볼 때나 보지 않을 때나 도반에 대하여, 그것을 행한 사람이 바르게 괴로움을 소멸하도록 거룩한 출리(出離)로 이끄는 이런 견해(見解)를 가지고 견해에 일치하여 살아간다오.

비구들이여, 이들 다섯 가지는 평온한 삶을 준다오."

---

25 'sīlasāmaññagato'의 번역.

A.5.11. 아난다(Ānanda) 〈A.5.106.〉

세존께서 싸왓티의 고씨따(Ghosita) 사원에 머무실 때, 아난다 존자가 세존을 찾아가서 예배하고 한쪽에 앉아 세존께 말씀드렸습니다.

"세존이시여, 비구 승가가 살아갈 때, 어떻게 하면 평안하게 살아갈 수 있습니까?"

"아난다여, 비구가 자신은 계율을 구족하고, 다른 사람의 계율에 대하여 비난하지 않으면, 비구 승가가 살아갈 때 평안하게 살아갈 수 있을 것이다."

"세존이시여, 그렇다면, 비구 승가가 살아갈 때, 평안하게 사는 다른 방법도 있습니까?"

세존께서는 "있다. 아난다여!"라고 말씀하시고 이렇게 말씀하셨습니다.

"아난다여, 비구가 자신은 계율을 구족하고, 다른 사람의 계율에 대하여 비난하지 않으면서, 자신을 살피고 다른 사람을 살피지 않으면, 비구 승가가 살아갈 때 평안하게 살 수 있을 것이다."

"세존이시여, 그렇다면, 비구 승가가 살아갈 때, 평안하게 사는 다른 방법도 있습니까?"

세존께서는 "있다. 아난다여!"라고 말씀하시고 이렇게 말씀하셨습니다.

"아난다여, 비구가 자신은 계율을 구족하고 다른 사람의 계율에 대하여 비난하지 않고, 자신을 살피고 다른 사람을 살피지 않으면서, (자신의 명성이) 알려지지 않았다고 해서 그것 때문에 걱정하지 않는다면, 비구 승가가 살아갈 때 평안하게 살 수 있을 것이다."

"세존이시여, 그렇다면, 비구 승가가 살아갈 때, 평안하게 사는 다른 방법도 있습니까?"

세존께서는 "있다. 아난다여!"라고 말씀하시고 이렇게 말씀하셨습니다.

"아난다여, 비구가 자신은 계율을 구족하고 다른 사람의 계율에 대하여 비난하지 않고, 자신을 살피고 다른 사람을 살피지 않고, 알려지지 않았다고 해서 그것 때문에 걱정하지 않으면서, 4선정(四禪定)이라고 하는 마음의 향상[增上心]을 지금 여기에서 만족스럽게 얻어 즐겁게 살아가면, 비구 승가가 살아갈 때 평안하게 살 수 있을 것이다."

"세존이시여, 그렇다면, 비구 승가가 살아갈 때, 평안하게 사는 다른 방법도 있습니까?"

세존께서는 "있다. 아난다여!"라고 말씀하시고 이렇게 말씀하셨습니다.

"아난다여, 비구가 자신은 계율을 구족하고 다른 사람의 계율에 대하여 비난하지 않고, 자신을 살피고 다른 사람을 살피지 않고, 알아주지 않는다고 해서 그것 때문에 걱정하지 않고, 4선정이라고 하는 마음의 향상을 지금 여기에서 만족스럽게 얻어 즐겁게 살아가면서, 어렵지 않고 쉽게 번뇌[漏]를 소멸하여, 무루(無漏)의 심해탈과 혜해탈을 지금 여기에서 스스로 체험지로써 체득하여 성취하고 살아가면, 비구 승가가 살아갈 때 평안하게 살 수 있을 것이다. 아난다여, 내가 말하나니, 이 평온한 삶보다 더 높고 수승한 다른 삶은 존재하지 않는다."

A.5.12. 업신여김(Avajānāti) 〈A.5.141.〉

"비구들이여, 세간에는 다섯 부류의 사람이 있다오. 그 다섯은 어떤 것인가?

주고 나서 업신여기는 사람, 함께 살았기 때문에 업신여기는 사람, 쉽게 믿는 사람, 동요하는 사람, 우둔하고 어리석은 사람이라오.

비구들이여, 어떤 사람이 주고 나서 업신여기는 사람인가? 비구들이여, 어떤 사람은 다른 사람에게 의복과 탁발 음식과 거처(居處)와 의약(醫藥) 자구(資具)를 주고 나서 '내가 이것을 주었고, 그는 받았다'라고 생각한다오. 이런 사람이 주고 나서 업신여기는 사람이라오.

비구들이여, 어떤 사람이 함께 살았기 때문에 업신여기는 사람인가? 비구들이여, 어떤 사람은 다른 사람과 함께 몇 년 살고서, 이렇게 함께 살았기 때문에 업신여긴다오. 이런 사람이 함께 살았기 때문에 업신여기는 사람이라오.

비구들이여, 어떤 사람이 쉽게 믿는 사람인가? 비구들이여, 어떤 사람은 다른 사람에 대한 칭찬이나 비난의 말을 듣고 곧장 믿어버린다오. 이런 사람이 쉽게 믿는 사람이라오.

비구들이여, 어떤 사람이 동요하는 사람인가? 비구들이여, 어떤 사람은 신념이 흔들리고, 믿음이 흔들리고, 사랑이 흔들리고, 신심(信心)이 흔들린다오. 이런 사람이 동요하는 사람이라오.

비구들이여, 어떤 사람이 우둔하고 어리석은 사람인가? 비구들이여, 어떤 사람은 유익한 것[善法]과 해로운 것[不善法]을 알지 못하고, 비난받을 일과 비난받지 않을 일을 알지 못하고, 저열한 것과 수승한 것을 알지 못하고, 선악(善惡)이 대립한다는 것을 알지 못한다오. 이런 사람이 우둔하고 어리석은 사람이라오."

A.5.13. 진실하지 않은 사람의 보시(Asappurasadāna) 〈A.5.147.〉

"비구들이여, 이들 다섯 가지는 진실하지 않은 사람의 보시라오. 그 다섯은 어떤 것인가?

진실하지 않은 사람은 공손하지 않게 보시하고, 성의 없이 보시하고, 제 손으로 보시하지 않고, 쓸모없는 것을 보시하고, (보시의 과보가) 돌아온다는 믿음 없이 보시한다오. 비구들이여, 이들이 다섯 가지 진실하지 않은 사람의 보시라오.

비구들이여, 이들 다섯 가지는 진실한 사람의 보시라오. 그 다섯은 어떤 것인가?

진실한 사람은 공손하게 보시하고, 정성스럽게 보시하고, 제 손으로 보시하고, 소중한 것을 보시하고, 돌아온다는 믿음을 가지고 보시한다오. 비구들이여, 이들이 다섯 가지 진실한 사람의 보시라오."

A.5.14. 진실한 사람의 보시(Sappurasadāna) 〈A.5.148.〉

"비구들이여, 이들 다섯 가지는 진실한 사람의 보시라오. 그 다섯은 어떤 것인가?

진실한 사람은 신심을 가지고 보시하고, 공손하게 보시하고, 시의적절(時宜適切)하게 보시하고, 아낌없이 보시하고, 자신과 타인에게 해가 되지 않게 보시한다오.

비구들이여, 신심을 가지고 보시하면 그 후에 어느 곳에서든, 그 과보를 받는 곳에서 그는 많은 재물과 큰 재산을 지닌 부자가 되고, 사랑스럽고 아름다운 연꽃 같은 최상의 용모를 갖게 된다오.

비구들이여, 공손하게 보시하면 그 후에 어느 곳에서든, 그 과보를 받는 곳에서 그는 많은 재물과 큰 재산을 지닌 부자가 되고, 아들이며, 부인이며, 노복이며, 하인이며, 일꾼 등은 귀를 기울여 말을 잘 듣고, 지극한 마음으로 시중을 든다오.

비구들이여, 시의적절하게 보시하면 그 후에 어느 곳에서든, 그 과보를 받는 곳에서 그는 많은 재물과 큰 재산을 지닌 부자가 되고, 때가 오면 여러 가지 좋은 일이 있게 된다오.

비구들이여, 아낌없이 보시하면 그 후에 어느 곳에서든, 그 과보를 받는 곳에서 그는 많은 재물과 큰 재산을 지닌 부자가 되어 최상의 5욕락(五欲樂)을 누리는 데 마음을 기울이게 된다오.

비구들이여, 자신과 타인에게 해가 되지 않게 보시하면 그 후에 어느 곳에서든, 그 과보를 받는 곳에서 그는 많은 재물과 큰 재산을 지닌 부자가 되고, 결코 불이나, 물이나, 왕이나, 도적이나, 사랑하지 않는 사람이나, 상속자에 의해 재산의 피해를 입지 않게 된다오.

비구들이여, 이들이 다섯 가지 진실한 사람의 보시라오."

A.5.15. 원한의 극복(Āghātapaṭivinaya) 〈A.5.161.〉

"비구들이여, 일어난 원한을 모조리 극복할 수 있는 다섯 가지 방법이 있다오. 그 다섯은 어떤 것인가?

비구들이여, 어떤 사람에 대한 원한이 생기면, 그 사람에 대하여 자애(慈愛)의 마음을 일으켜야 한다오. 이렇게 하면, 그 사람에 대한 원한을 극복할 수 있다오.

비구들이여, 어떤 사람에 대한 원한이 생기면, 그 사람에 대하여 연민(憐愍)의 마음을 일으켜야 한다오. 이렇게 하면, 그 사람에 대한 원한을 극복할 수 있다오.

비구들이여, 어떤 사람에 대한 원한이 생기면, 그 사람에 대하여 평정한 마음을 일으켜야 한다오. 이렇게 하면, 그 사람에 대한 원한을 극복할 수 있다오.

비구들이여, 어떤 사람에 대한 원한이 생기면, 그 사람에 대하여 주의를 기울이지 않고, 마음을 쓰지 않도록 해야 한다오.[26] 이렇게 하면, 그 사람에 대한 원한을 극복할 수 있다오.

비구들이여, 어떤 사람에 대한 원한이 생기면, 그 사람에 대하여 업의 소유자라는 사실을 유념하여, '이 존자는 업(業)의 소유자이며, 업의 상속자이며, 업을 모태(母胎)로 하며, 업의 친척이며, 업에 의지한다. 그가 좋은 업을 짓든, 사악한 업을 짓든, 그는 그 업의 상속자가 될 것이다'라고 생각해야 한다오. 이렇게 하면, 그 사람에 대한 원한을 극복할 수 있다오.

비구들이여, 이들이 일어난 원한을 모조리 극복할 수 있는 다섯 가지 방법이라오."

---

26 'asati amanasikāro tasmiṃ puggale āpajjitabbo'의 번역.

A.5.16. 질책(Codanā) 〈A.5.167.〉

싸리뿟따 존자가 비구들에게 말했습니다.

"존자들이여, 질책하려는 비구가 남을 질책할 때는 마음속에 이들 다섯 가지 법을 유념하고 남을 질책해야 합니다. 그 다섯은 어떤 것인가?

'나는 적절한 때에 말하고, 적절하지 않은 때에는 말하지 않겠다. 나는 사실대로 말하고, 사실이 아닌 것은 말하지 않겠다. 나는 부드럽게 말하고, 거칠게 말하지 않겠다. 나는 유익한 말을 하고, 무익한 말은 하지 않겠다. 나는 자애로운 마음으로 말하고, 악의를 품고 말하지 않겠다.'

존자들이여, 질책하려는 비구가 남을 질책할 때는 속으로 이들 다섯 가지 법을 유념하고 남을 질책해야 합니다.

존자들이여, 내가 어떤 사람을 보니, 그는 적절한 때가 아니라 적절하지 않은 때에 질책을 받으면서 화를 내고, 사실 아닌 것으로 질책받으면서 화를 내고, 부드러운 말이 아니라 거친 말로 질책을 받으면서 화를 내고, 유익한 말이 아니라 무익한 말로 질책을 받으면서 화를 내고, 자애로운 마음이 아니라 악의를 품고 하는 질책을 받으면서 화를 냅니다.

존자들이여, 다섯 가지 상태로 법도에 맞지 않게 질책을 받은 비구는 뉘우치지 않아도 됩니다. 적절한 때가 아니라 적절하지 않은 때에 질책을 받은 존자는 뉘우치지 않아도 됩니다. 사실이 아닌 것으로 질책을 받은 존자는 뉘우치지 않아도 됩니다. 부드러운 말이 아니라 거친 말로 질책을 받은 존자는 뉘우치지 않아도 됩니다. 유익한 말이 아니라 무익한 말로 질책을 받은 존자는 뉘우치지 않아도 됩니다. 자애로운 마음이 아니라 악의를 품고 하는 질책을 받은 존자는 뉘우치지 않아도 됩니다. 존자들이여, 이들 다섯 가지 상태로 법도에 맞지 않게 질책을 받은 비구는 뉘우치지 않아도 됩니다.

존자들이여, 다섯 가지 상태로 법도에 맞지 않게 질책한 비구는 뉘우쳐야 합니다. 적절한 때가 아니라 적절하지 않은 때에 질책한 존자는 뉘우쳐야 합니다. 사실이 아닌 것으로 질책한 존자는 뉘우쳐야 합니다. 부드러운 말이 아니라 거친 말로 질책한 존자는 뉘우쳐야 합니다. 유익한 말이 아니라 무익한 말로 질책한 존자는 뉘우쳐야 합니다. 자애로운 마음이 아니라 악의를 품고 질책한 존자는 뉘우쳐야 합니다. 존자들이여, 이들 다섯 가지 상태로 법도에 맞지 않게 질책한 비구는 뉘우쳐야 합니다. 왜냐하면, 그렇게 하면 다른 비구가 사실이 아닌 것으로 질책해서는 안 된다는 생각을 하게 될 것이기 때문입니다.

존자들이여, 내가 어떤 사람을 보니, 그는 적절하지 않은 때가 아니라 적절한 때에 질책을 받으면서 화를 내고, 사실이 아닌 것이 아니라 사실대로 질책을 받으면서 화를 내고, 거친 말이 아니라 부드러운 말로 질책을 받으면서 화를 내고, 무익한 말이 아니라 유익한 말로 질책을 받으면서 화를 내고, 악의가 아니라 자애로운 마음으로 하는 질책을 받으면서 화를 냅니다.

존자들이여, 다섯 가지 상태로 법도에 맞게 질책을 받은 비구는 당연히 뉘우쳐야 합니다. 적절하지 않은 때가 아니라 적절한 때에 질책을 받은 존자는 당연히 뉘우쳐야 합니다. 사실이 아닌 것이 아니라 사실대로 질책을 받은 존자는 당연히 뉘우쳐야 합니다. 거친 말이 아니라 부드러운 말로 질책을 받은 존자는 당연히 뉘우쳐야 합니다. 무익한 말이 아니라 유익한 말로 질책을 받은 존자는 당연히 뉘우쳐야 합니다. 악의가 아니라 자애로운 마음으로 하는 질책을 받은 존자는 당연히 뉘우쳐야 합니다. 존자들이여, 이들 다섯 가지 상태로 법도에 맞게 질책을 받은 비구는 당연히 뉘우쳐야 합니다.

존자들이여, 다섯 가지 상태로 법도에 맞게 질책한 비구는 뉘우치지 않아도 됩니다. 적절하지 않은 때가 아니라 적절한 때에 질책한 존자는 뉘우치지 않아도 됩니다. 사실이 아닌 것이 아니라 사실대로 질책한 존자는 뉘우치지 않아도 됩니다. 거친 말이 아니라 부드러운 말로 질책한 존자는 뉘우치지 않아도 됩니다. 무익한 말이 아니라 유익한 말로 질책한 존자는 뉘우치지 않아도 됩니다. 악의가 아니라 자애로운 마음으로 질책한 존자는 뉘우치지 않아도 됩니다. 존자들이여, 이들 다섯 가지 상태로 법도에 맞게 질책한 비구는 뉘우치지 않아도 됩니다. 왜냐하면, 그렇게 하면 다른 비구가 사실대로 질책해야 한다는 생각을 하게 될 것이기 때문입니다.

존자들이여, 질책을 받는 사람은 다음과 같이 두 가지 법, 즉 진실(眞實)과 부동(不動)에 굳게 머물러야 합니다.

만약에 다른 사람이 나를 질책할 때, 그 시기가 적절하거나 적절하지 않거나, 사실이거나 사실이 아니거나, 부드럽거나 거칠거나, 유익하거나 해롭거나, 자애로운 마음으로 말하거나 악의를 품고 말하거나, 나는 그것에 영향을 받지 않고 진실을 이야기하겠다. 만약에 그런 일이 나에게 있다는 것을 알게 되면, '나는 그런 일을 한 적이 있다'라고 말하고, 만약에 그런 일이 나에게 없다는 것을 알게 되면, '나는 그런 일을 한 적이 없다'라고 말해야 합니다."

6

여섯-모음

Chakka-Nipāta

해제

여섯 개의 주제를 다룬 경을 모은 '여섯-모음(Chakka-Nipāta)'은 12품(Vagga) 156경(Sutta)으로 이루어져 있다. 이 책에서는 그 가운데 7개의 경을 선정하여 번역하였다.

선정된 경 가운데 주목되는 경을 소개하면 다음과 같다.

A.6.2. 항상 생각해야 할 대상(Anussatiṭṭhāna) ② 〈A.6.10.〉 경에서는 붓다의 제자들이 항상 마음에 두고 생각해야 할 여섯 가지 대상에 대하여 설하고 있다. 붓다의 제자들은 항상 붓다를 생각하고[念佛], 가르침을 생각하고[念法], 승가를 생각하고[念僧], 계행(戒行)을 실천할 생각을 하고[念戒], 베풀 생각을 하고[念施], 천신(天神)에 대한 생각[念天]을 하면서 살아가야 한다는 것이다. 이러한 가르침은 후대에 대승불교의 염불(念佛) 신앙으로 발전한다.

A.6.7. 보시(Dāna) 〈A.6.37.〉 경의 주제는 보시(布施), 즉 베풂이다. 이 경에서 붓다는 주는 사람은 보시하기 전에는 행복하고, 보시할 때는 마음이 청정해지고, 보시한 후에는 기뻐해야 공덕이 되고, 받는 사람은 공양을 받고 수행하여 탐욕과 분노와 어리석음을 멀리하여 제거해야 공덕이 된다고 가르친다.

◈

A.6.1. 항상 생각해야 할 대상(Anussatiṭṭhāna) ① 〈A.6.9.〉

"비구들이여, 여섯 가지 항상 생각해야 할 대상들이 있다오. 그 여섯은 어떤 것인가?

붓다[佛]를 항상 생각해야 하고, 가르침[法]을 항상 생각해야 하고, 승가[僧]를 항상 생각해야 하고, 계행(戒行)을 항상 생각해야 하고, 베풂[布施]을 항상 생각해야 하고, 천신(天神)을 항상 생각해야 한다오.

비구들이여, 이들이 여섯 가지 항상 생각해야 할 대상들이라오."

A.6.2. 항상 생각해야 할 대상(Anussatiṭṭhāna) ② 〈A.6.10.〉

한때 세존께서 싹까족의 까삘라왓투에 있는 니그로다 사원에 머무실 때, 마하나마 싹까가 세존을 찾아와서 세존께 예배하고 한쪽에 앉았습니다. 한쪽에 앉은 마하나마 싹까가 세존께 말씀드렸습니다.

"세존이시여, 가르침을 배워서 성과를 얻은 거룩한 제자는 어떤 생각을 하면서 열심히 살아갑니까?"[01]

"마하나마여, 가르침을 배워서 성과를 얻은 거룩한 제자는 이런 생각을 하면서 열심히 살아간다오.

---

01 'yo so bhante ariyasāvako āgataphalo viññātasāsano so katamena vihārena bahulaṃ vīharati'의 번역.

마하나마여, 거룩한 제자는 여래[佛]를 항상 생각한다오.[02] 그는 '그분 세존은 아라한(阿羅漢)이며, 원만하고 바르게 깨달으신 분[正遍知]이며, 앎과 실천을 구족하신 분[明行足]이며, 행복하신 분[善逝]이며, 세간을 잘 아시는 분[世間解]이며, 위없는 분[無上士]이며, 사람을 길들여 바른길로 이끄시는 분[調御丈夫]이며, 천신과 인간의 스승[天人師]이며, 진리를 깨달으신 분[佛]이다'라고 여래를 항상 생각한다오. 마하나마여, 거룩한 제자가 여래를 항상 생각할 때, 마음이 탐욕에 사로잡히지 않고, 분노에 사로잡히지 않고, 어리석음에 사로잡히지 않으며, 그때 여래로 인해서 마음이 올바르게 된다오. 마하나마여, 마음이 올바르게 된 거룩한 제자는 목적에 대한 열정을 얻게 되고, 가르침에 대한 열정을 얻게 되고, 가르침에 수반하는 기쁨을 얻게 되며, 기쁨으로 인해서 희열이 생기고, 희열에 찬 마음으로 인해서 몸이 편안해지고, 편안해진 몸은 행복을 느끼고, 행복해진 마음은 삼매에 든다오. 마하나마여, 이런 사람을 거룩한 제자라고 하나니, 그는 바르지 못한 삶을 사는 사람들 가운데서 바른 삶을 성취하여 살아가며, 악의(惡意)를 가진 사람들 가운데서 악의 없이 살아가며, 법의 흐름에 들어가 붓다 생각[念佛]을 닦아 익힌다오.[03]

마하나마여, 거룩한 제자는 그다음에 가르침[法]을 항상 생각한다오. 그는 '잘 설해진 세존의 가르침은 지금 여기에서 즉시 와서 보라

---

02 'Tathāgataṃ anussarati'의 번역.

03 'dhammasotaṃ samāpanno buddhānussatiṃ bhāveti'의 번역.

고 할 수 있으며, 현자(賢者)들이 각자 스스로 아는 데 도움이 된다'[04]라고 가르침을 항상 생각한다오. 마하나마여, 거룩한 제자가 가르침을 항상 생각할 때, 마음이 탐욕에 사로잡히지 않고, 분노에 사로잡히지 않고, 어리석음에 사로잡히지 않으며, 그때 가르침으로 인해서 마음이 올바르게 된다오. 마하나마여, 마음이 올바르게 된 거룩한 제자는 목적에 대한 열정을 얻게 되고, 가르침에 대한 열정을 얻게 되고, 가르침에 수반하는 기쁨을 얻게 되며, 기쁨으로 인해서 희열이 생기고, 희열에 찬 마음으로 인해서 몸이 편안해지고, 편안해진 몸은 행복을 느끼고, 행복해진 마음은 삼매에 든다오. 마하나마여, 이런 사람을 거룩한 제자라고 하나니, 그는 바르지 못한 삶을 사는 사람들 가운데서 바른 삶을 성취하여 살아가며, 악의를 가진 사람들 가운데서 악의 없이 살아가며, 법의 흐름에 들어가 가르침 생각[念法]을 닦아 익힌다오.

마하나마여, 거룩한 제자는 그다음에 승가[僧]를 항상 생각한다오. 그는 '세존의 제자들의 승가는 훌륭하게 실천하며, 바르게 실천하며, 이치에 맞게 실천하며, 화합하고 존경하면서 실천한다'라고 승가를 항상 생각한다오. 마하나마여, 거룩한 제자가 승가를 항상 생각할 때, 마음이 탐욕에 사로잡히지 않고, 분노에 사로잡히지 않고, 어리석음에 사로잡히지 않으며, 그때 승가로 인해서 마음이 올바르게 된다오. 마하나마여, 마음이 올바르게 된 거룩한 제자는 목적에 대한 열정을 얻게 되고, 가르침에 대한 열정을 얻게 되고, 가르침에 수반하는 기쁨을 얻

---

04 'svākkhāto Bhagavatā dhammo sandiṭṭhiko akāliko ehipassiko opanayiko paccattaṃ veditabbo viññūhī'의 번역.

게 되며, 기쁨으로 인해서 희열이 생기고, 희열에 찬 마음으로 인해서 몸이 편안해지고, 편안해진 몸은 행복을 느끼고, 행복해진 마음은 삼매에 든다오. 마하나마여, 이런 사람을 거룩한 제자라고 하나니, 그는 바르지 못한 삶을 사는 사람들 가운데서 바른 삶을 성취하여 살아가며, 악의를 가진 사람들 가운데서 악의 없이 살아가며, 법의 흐름에 들어가 승가 생각[念僧]을 닦아 익힌다오.

마하나마여, 거룩한 제자는 그다음에 자신의 계행(戒行)을 항상 생각한다오.[05] 그는 '파계(破戒)하지 않았는지, 결함은 없는지, 오점은 없는지, 때는 없는지, 자유로운지, 현자들이 칭찬할만한지, 더럽혀지지는 않았는지, 삼매(三昧)에 도움이 되는지'라고 자신의 계행을 항상 생각한다오. 마하나마여, 거룩한 제자가 자신의 계행을 항상 생각할 때, 마음이 탐욕에 사로잡히지 않고, 분노에 사로잡히지 않고, 어리석음에 사로잡히지 않으며, 그때 계행으로 인해서 마음이 올바르게 된다오. 마하나마여, 마음이 올바르게 된 거룩한 제자는 목적에 대한 열정을 얻게 되고, 가르침에 대한 열정을 얻게 되고, 가르침에 수반하는 기쁨을 얻게 되며, 기쁨으로 인해서 희열이 생기고, 희열에 찬 마음으로 인해서 몸이 편안해지고, 편안해진 몸은 행복을 느끼고, 행복해진 마음은 삼매에 든다오. 마하나마여, 이런 사람을 거룩한 제자라고 하나니, 그는 바르지 못한 삶을 사는 사람들 가운데서 바른 삶을 성취하여 살아가며, 악의를 가진 사람들 가운데서 악의 없이 살아가며, 법의 흐름에 들어가 계행 생각[念戒]을 닦아 익힌다오.

---

05 'attano sīlāni anussarati'의 번역.

마하나마여, 거룩한 제자는 그다음에 자신의 베풂을 항상 생각한다오.[06] 그는 '(베풂은) 실로 나의 소득이다. 실로 나에게 유익하다. 나는 더러운 인색한 생각에 사로잡혀 사는 사람들 가운데서 더러운 인색한 생각이 없는 마음으로 마을에서 살아가면서 마음껏 베풀고, 손에 있는 것을 남김없이 주기 좋아하며, 구하는 것을 주고, 보시하고 나누기를 좋아한다'라고 자신의 베풂을 항상 생각한다오. 마하나마여, 거룩한 제자가 자신의 베풂을 항상 생각할 때, 마음이 탐욕에 사로잡히지 않고, 분노에 사로잡히지 않고, 어리석음에 사로잡히지 않으며, 그때 베풂으로 인해서 마음이 올바르게 된다오. 마하나마여, 마음이 올바르게 된 거룩한 제자는 목적에 대한 열정을 얻게 되고, 가르침에 대한 열정을 얻게 되고, 가르침에 수반하는 기쁨을 얻게 되며, 기쁨으로 인해서 희열이 생기고, 희열에 찬 마음으로 인해서 몸이 편안해지고, 편안해진 몸은 행복을 느끼고, 행복해진 마음은 삼매에 든다오. 마하나마여, 이런 사람을 거룩한 제자라고 하나니, 그는 바르지 못한 삶을 사는 사람들 가운데서 바른 삶을 성취하여 살아가며, 악의를 가진 사람들 가운데서 악의 없이 살아가며, 법의 흐름에 들어가 베푸는 생각[念施]을 닦아 익힌다오.

마하나마여, 거룩한 제자는 그다음에 천신(天神)을 항상 생각한다오.[07] 그는 '사대천왕(四大天王)의 천신들이 있고, 삼십삼천(三十三天)의 천신들이 있고, 야마천의 천신들이 있고, 도솔천의 천신들이 있고, 화

---

06 'attano cāgaṃ anussarati'의 번역.

07 'devatānussarati'의 번역.

락천의 천신들이 있고, 타화자재천의 천신들이 있고, 범신천(梵身天)의 천신들이 있고 그보다 더 높은 천신들이 있다. 그 천신들은 믿음을 구족했기 때문에 이곳에서 죽어 그곳에 태어났다. 나에게도 그와 같은 믿음이 있다. 그 천신들은 계행(戒行)을 구족했기 때문에 이곳에서 죽어 그곳에 태어났다. 나에게도 그와 같은 계행이 있다. 그 천신들은 배움을 구족했기 때문에 이곳에서 죽어 그곳에 태어났다. 나에게도 그와 같은 배움이 있다. 그 천신들은 베풂을 구족했기 때문에 이곳에서 죽어 그곳에 태어났다. 나에게도 그와 같은 베풂이 있다. 그 천신들은 통찰지[般若]를 구족했기 때문에 이곳에서 죽어 그곳에 태어났다. 나에게도 그와 같은 통찰지가 있다'라고 천신을 항상 생각한다오. 마하나마여, 거룩한 제자가 천신들의 믿음과 계행과 배움과 베풂과 통찰지를 항상 생각할 때, 마음이 탐욕에 사로잡히지 않고, 분노에 사로잡히지 않고, 어리석음에 사로잡히지 않으며, 그때 베풂으로 인해서 마음이 올바르게 된다오. 마하나마여, 마음이 올바르게 된 거룩한 제자는 목적에 대한 열정을 얻게 되고, 가르침에 대한 열정을 얻게 되고, 가르침에 수반하는 기쁨을 얻게 되며, 기쁨으로 인해서 희열이 생기고, 희열에 찬 마음으로 인해서 몸이 편안해지고, 편안해진 몸은 행복을 느끼고, 행복해진 마음은 삼매에 든다오. 마하나마여, 이런 사람을 거룩한 제자라고 하나니, 그는 바르지 못한 삶을 사는 사람들 가운데서 바른 삶을 성취하여 살아가며, 악의를 가진 사람들 가운데서 악의 없이 살아가며, 법의 흐름에 들어가 천신 생각[念天]을 닦아 익힌다오.

마하나마여, 가르침을 배워서 성과를 얻은 거룩한 제자는 이런 생각을 하면서 열심히 살아간다오."

A.6.3. 자애(慈愛, Mettā) 〈A.6.13.〉

"비구들이여, 여섯 가지 벗어난 세계[出離界]가[08] 있다오. 그 여섯은 어떤 것인가?

비구들이여, 어떤 비구가 '나는 자애(慈愛)에 의한 심해탈(心解脫)을 수련하고, 열심히 몸에 배도록 철저하게 실행하여 체화(體化)했는데, 악의가 나의 마음을 사로잡고 있다'라고 말하면, '그렇게 말하지 말라!'라고 한 후 이렇게 말해야 한다오.

'존자여, 그렇게 말하지 마시오! 세존을 중상하지 마시오! 세존을 비방하는 것은 좋지 않다오. 세존은 그렇게 말하지 않았을 것이오. 존자여, 그런 일은 불가능하다오. 자애에 의한 심해탈을 수련하고, 열심히 몸에 배도록 철저하게 실행하여 체화했는데, 악의가 마음을 사로잡는 일은 있을 수 없다오. 존자여, 악의에서 벗어나는 것, 그것이 바로 자애에 의한 심해탈[09]이라오.'

비구들이여, 그다음에, 어떤 비구가 '나는 연민(憐愍)에 의한 심해탈을 수련하고, 열심히 몸에 배도록 철저하게 실행하여 체화했는데, 포악한 생각이 나의 마음을 사로잡고 있다'라고 말하면, '그렇게 말하지 말라!'라고 한 후 이렇게 말해야 한다오.

'존자여, 그렇게 말하지 마시오! 세존을 중상하지 마시오! 세존을 비방하는 것은 좋지 않다오. 세존은 그렇게 말하지 않았을 것이오. 존자여, 그런 일은 불가능하다오. 연민에 의한 심해탈을 수련하고, 열심

08 'cha nissāraṇīyā dhātuyo'의 번역.

09 'mettā cetovimutti'의 번역.

히 몸에 배도록 철저하게 실행하여 체화했는데, 포악한 생각이 마음을 사로잡는 일은 있을 수 없다오. 존자여, 포악한 생각에서 벗어나는 것, 그것이 바로 연민에 의한 심해탈[10]이라오.'

비구들이여, 그다음에, 어떤 비구가 '나는 함께 기뻐함[喜]에 의한 심해탈을 수련하고, 열심히 몸에 배도록 철저하게 실행하여 체화했는데, 혐오가 나의 마음을 사로잡고 있다'라고 말하면, '그렇게 말하지 말라!'라고 한 후 이렇게 말해야 한다오.

'존자여, 그렇게 말하지 마시오! 세존을 중상하지 마시오! 세존을 비방하는 것은 좋지 않다오. 세존은 그렇게 말하지 않았을 것이오. 존자여, 그런 일은 불가능하다오. 함께 기뻐함에 의한 심해탈을 수련하고, 열심히 몸에 배도록 철저하게 실행하여 체화했는데, 혐오가 마음을 사로잡는 일은 있을 수 없다오. 존자여, 혐오에서 벗어나는 것, 그것이 바로 함께 기뻐함에 의한 심해탈[11]이라오.'

비구들이여, 그다음에, 어떤 비구가 '나는 평정심(平靜心)에 의한 심해탈을 수련하고, 열심히 몸에 배도록 철저하게 실행하여 체화했는데, 탐욕이 나의 마음을 사로잡고 있다'라고 말하면, '그렇게 말하지 말라!'라고 한 후 이렇게 말해야 한다오.

'존자여, 그렇게 말하지 마시오! 세존을 중상하지 마시오! 세존을 비방하는 것은 좋지 않다오. 세존은 그렇게 말하지 않았을 것이오. 존자여, 그런 일은 불가능하다오. 평정심에 의한 심해탈을 수련하고, 열

---

10 'karuṇā cetovimutti'의 번역.

11 'muditā cetovimutti'의 번역.

심히 몸에 배도록 철저하게 실행하여 체화했는데, 탐욕이 마음을 사로잡는 일은 있을 수 없다오. 존자여, 탐욕에서 벗어나는 것, 그것이 바로 평정심에 의한 심해탈[12]이라오.'

비구들이여, 그다음에, 어떤 비구가 '나는 무상(無相)에 의한 심해탈을 수련하고, 열심히 몸에 배도록 철저하게 실행하여 체화했는데, 나에게 겉모습[相]에 따르는 분별하는 마음[識]이 있다'[13]라고 말하면, '그렇게 말하지 말라!'라고 한 후 이렇게 말해야 한다오.

'존자여, 그렇게 말하지 마시오! 세존을 중상하지 마시오! 세존을 비방하는 것은 좋지 않다오. 세존은 그렇게 말하지 않았을 것이오. 존자여, 그런 일은 불가능하다오. 무상에 의한 심해탈을 수련하고, 열심히 몸에 배도록 철저하게 실행하여 체화했는데, 겉모습에 따르는 분별하는 마음이 있을 수는 없다오. 존자여, 일체의 겉모습에서 벗어나는 것, 그것이 바로 무상에 의한 심해탈[14]이라오.'

비구들이여, 그다음에, 어떤 비구가 '나에게는 '내가 있다'라는 생각이 없어졌다. 나는 '이것이 나다'라고 보지 않는다. 그렇지만 의심과 의문의 화살이 나의 마음을 사로잡고 있다'[15]라고 말하면, '그렇게 말하지 말라!'라고 한 후 이렇게 말해야 한다오.

'존자여, 그렇게 말하지 마시오! 세존을 중상하지 마시오! 세존을

12 'upekkhā cetovimutti'의 번역.

13 'me nimitānusāri viññāṇaṃ hoti'의 번역.

14 'animittā cetovimutti'의 번역.

15 'me vicikicchākathaṃkathāsallaṃ cittaṃ pariyādāya tiṭṭhati'의 번역.

비방하는 것은 좋지 않다오. 세존은 그렇게 말하지 않았을 것이오. 존자여, 그런 일은 불가능하다오. '내가 있다'라는 생각이 없어지고, '이것이 나다'라고 보지 않는데, 의심과 의문의 화살이 마음을 사로잡는 일은 있을 수 없다오. 존자여, 일체의 의심과 의문의 화살에서 벗어나는 것, 그것이 바로 '내가 있다'라고 생각하는 아만(我慢)의 근절(根絶)[16]이라오.'

비구들이여, 이들이 여섯 가지 벗어난 세계라오."

A.6.4. 나꿀라(Nakula) 〈A.6.16.〉

한때 세존께서는 박가(Bhagga)의 쑹쑤마라(Suṃsumāra)산에 있는 베싸까라(Bhesakaḷa) 숲의 사슴 동산에 머무셨습니다. 그때 나꿀라삐따(Nakulapita) 장자가 병이 들어 극심한 고통을 겪고 있었습니다. 그러자 그의 아내 나꿀라마따(Nakulamātā) 부인이 나꿀라삐따 장자에게 말했습니다.

"장자여, 부디 당신은 걱정하면서 임종하지 마십시오.[17] 장자여, 걱정하면서 임종하면 괴롭습니다. 세존께서는 걱정하면서 임종하는 것을 꾸짖었습니다. 장자여, 당신은 '나의 부인 나꿀라마따는 내가 죽으면 아이들을 돌보면서 집안 살림을 꾸려갈 수 없을 것이다'라고 생각할 것입니다. 장자여, 그렇지만, 나를 그렇게 보지 마십시오. 장자여, 나는

16 'asmī ti mānasamugghāto'의 번역.

17 'mā kho tvaṃ gahapati sāpekho kālam akāsi'의 번역.

훌륭하게 솜을 타서 실을 잣고, 베를 짤 수 있답니다. 장자여, 당신이 돌아가시면, 내가 아이들을 돌보면서 집안 살림을 꾸려가겠습니다. 장자여, 그러므로 부디 당신은 걱정하면서 임종하지 마십시오. 장자여, 걱정하면서 임종하면 괴롭습니다. 세존께서는 걱정하면서 임종하는 것을 꾸짖었습니다.

장자여, 당신은 '나의 부인 나꿀라마따는 내가 죽으면 다른 집으로 갈 것이다'라고 생각할 것입니다. 장자여, 그렇지만, 나를 그렇게 보지 마십시오. 장자여, 당신은 내가 16년 동안 재가자의 청정한 수행을 실천했다는 것을[18] 잘 알지 않습니까? 장자여, 그러므로 부디 당신은 걱정하면서 임종하지 마십시오. 장자여, 걱정하면서 임종하면 괴롭습니다. 세존께서는 걱정하면서 임종하는 것을 꾸짖었습니다.

장자여, 당신은 '나의 부인 나꿀라마따는 내가 죽으면 세존을 뵈려고 하지 않고, 비구 승가를 뵈려고 하지 않을 것이다'라고 생각할 것입니다. 장자여, 그렇지만, 나를 그렇게 보지 마십시오. 장자여, 당신이 돌아가시면, 나는 더욱 자주 세존을 찾아가서 뵙고, 비구 승가를 찾아가서 뵙겠습니다. 장자여, 그러므로 부디 당신은 걱정하면서 임종하지 마십시오. 장자여, 걱정하면서 임종하면 괴롭습니다. 세존께서는 걱정하면서 임종하는 것을 꾸짖었습니다.

장자여, 당신은 '나의 부인 나꿀라마따는 내가 죽으면 계행(戒行)을 원만하게 실천하지 않을 것이다'라고 생각할 것입니다. 장자여, 그렇지만, 나를 그렇게 보지 마십시오. 장자여, 나는 흰옷을 입고 계행을

---

18 'gahaṭṭhakaṃ brahmacariyaṃ samāciṇṇaṃ'의 번역.

원만하게 실천하는 세존의 재가 여자 제자들 가운데 한 사람입니다. 그 점에 대하여 의심이나 의혹이 있으면, 아라한(阿羅漢)이시며 등정각(等正覺)이신 세존께서 박가의 쑹쑤마라산에 있는 베싸까라 숲의 사슴 동산에 머물고 있으니, 그분 세존을 찾아가서 물어보세요. 장자여, 그러므로 부디 당신은 걱정하면서 임종하지 마십시오. 장자여, 걱정하면서 임종하면 괴롭습니다. 세존께서는 걱정하면서 임종하는 것을 꾸짖었습니다.

장자여, 당신은 '나의 부인 나꿀라마따는 안으로 마음의 적정(寂靜)을[19] 얻지 못했다'라고 생각할 것입니다. 장자여, 그렇지만, 나를 그렇게 보지 마십시오. 장자여, 나는 흰옷을 입고 안으로 마음의 적정을 얻은 세존의 재가 여자 제자들 가운데 한 사람입니다. 그 점에 대하여 의심이나 의혹이 있으면, 아라한이시며 등정각이신 세존께서 박가의 쑹쑤마라산에 있는 베싸까라 숲의 사슴 동산에 머물고 계시니, 그분 세존을 찾아가서 물어보세요. 장자여, 그러므로 부디 당신은 걱정하면서 임종하지 마십시오. 장자여, 걱정하면서 임종하면 괴롭습니다. 세존께서는 걱정하면서 임종하는 것을 꾸짖었습니다.

장자여, 당신은 '나의 부인 나꿀라마따는 이 가르침과 율에 근거하여 안정된 기반을 얻고 위안을 얻어 의심을 극복하고 의혹이 사라져서 두려움 없이 다른 사람에게 의지하지 않고 스승의 가르침 속에서 살아가지 않을 것이다'라고 생각할 것입니다. 장자여, 그렇지만, 나를 그렇게 보지 마십시오. 장자여, 나는 흰옷을 입고 이 가르침과 율에 근

19 'ajjhattaṃ cetosamathassā'의 번역.

거하여 안정된 기반을 얻고 위안을 얻어 의심을 극복하고 의혹이 사라져서 두려움 없이 다른 사람에게 의지하지 않고 스승의 가르침 속에서 살아가는 세존의 재가 여자 제자들 가운데 한 사람입니다. 그 점에 대하여 의심이나 의혹이 있으면, 아라한이시며 등정각이신 세존께서 박가의 쑹쑤마라산에 있는 베싸까라 숲의 사슴 동산에 머물고 계시니, 그 분 세존을 찾아가서 물어보세요. 장자여, 그러므로 부디 당신은 걱정하면서 임종하지 마십시오. 장자여, 걱정하면서 임종하면 괴롭습니다. 세존께서는 걱정하면서 임종하는 것을 꾸짖었습니다."

나꿀라삐따 장자는 나꿀라마따 부인의 충고를 듣고 곧 병이 나아, 병에서 일어났습니다. 그렇게 나꿀라삐따 장자는 병을 이겨냈습니다. 병에서 일어난 나꿀라삐따 장자는 병에서 일어난 직후에 지팡이를 짚고, 세존을 찾아가서 세존께 예배하고 한쪽에 앉았습니다. 한쪽에 앉은 나꿀라삐따 장자에게 세존께서 말씀하셨습니다.

"장자여, 나꿀라마따 부인이 그대에게 깊은 연민심을 가지고 이익을 주기 위하여 충고하고 조언한 것은 그대에게 유익한 일이고 축복입니다. 장자여, 나꿀라마따 부인은 흰옷을 입고 계행을 원만하게 실천하는 나의 재가 여자 제자들 가운데 한 사람입니다. 장자여, 나꿀라마따 부인은 흰옷을 입고 안으로 마음의 적정을 얻은 나의 재가 여자 제자들 가운데 한 사람입니다. 장자여, 나꿀라마따 부인은 흰옷을 입고 이 가르침과 율에 근거하여 안정된 기반을 얻고 위안을 얻어 의심을 극복하고 의혹이 사라져서 두려움 없이 다른 사람에게 의지하지 않고 스승의 가르침 속에서 살아가는 나의 재가 여자 제자들 가운데 한 사람입니다. 장자여, 나꿀라마따 부인이 그대에게 깊은 연민의 마음을 가지고 이익을 주기 위하여 충고하고 조언한 것은 그대에게 유익한 일이고 축복입니다."

A.6.5. 죽음에 대한 주의집중(Maraṇasati) 〈A.6.19.〉

한때 세존께서는 나디까(Nādika)의 긴자까와싸타(Giñjakāvasatha)에 머무셨습니다. 그곳에서 세존께서 비구들에게 말씀하셨습니다.

"비구들이여, 죽음에 대한 주의집중을 부지런히 수련하면 불사(不死)에 들어가 불사를 이루는 큰 성과와 큰 공덕이 있다오.[20] 비구들이여, 그대들은 죽음에 대한 주의집중을 수련하도록 하시오."

이와 같이 말씀하시자, 어떤 비구가 세존께 말씀드렸습니다.

"세존이시여, 저는 죽음에 대한 주의집중을 수련하고 있습니다."

"비구여, 그렇다면, 그대는 어떻게 죽음에 대한 주의집중을 수련하는가?"

"세존이시여, 저는 '내가 하루 밤낮을 살더라도, 세존의 가르침을 생각한다면 실로 내가 한 일은 많을 것이다'라고 생각합니다. 세존이시여, 저는 이렇게 죽음에 대한 주의집중을 수련합니다."

그러자 어떤 비구가 세존께 말씀드렸습니다.

"세존이시여, 저도 죽음에 대한 주의집중을 수련하고 있습니다."

"비구여, 그렇다면, 그대는 어떻게 죽음에 대한 주의집중을 수련하는가?"

---

20 'mahapphalā hoti mahānisaṃsā amatogadhā amatapariyosānā'의 번역.

"세존이시여, 저는 '내가 낮 동안을 살더라도, 세존의 가르침을 생각한다면 실로 내가 한 일은 많을 것이다'라고 생각합니다. 세존이시여, 저는 이렇게 죽음에 대한 주의집중을 수련합니다."

그러자 어떤 비구가 세존께 말씀드렸습니다.

"세존이시여, 저도 죽음에 대한 주의집중을 수련하고 있습니다."

"비구여, 그렇다면, 그대는 어떻게 죽음에 대한 주의집중을 수련하는가?"

"세존이시여, 저는 '내가 밥 한 그릇 먹는 동안을 살더라도, 세존의 가르침을 생각한다면 실로 내가 한 일은 많을 것이다'라고 생각합니다. 세존이시여, 저는 이렇게 죽음에 대한 주의집중을 수련합니다."

그러자 어떤 비구가 세존께 말씀드렸습니다.

"세존이시여, 저도 죽음에 대한 주의집중을 수련하고 있습니다."

"비구여, 그렇다면, 그대는 어떻게 죽음에 대한 주의집중을 수련하는가?"

"세존이시여, 저는 '내가 밥 네다섯 입을 씹어 삼키는 동안을 살더라도, 세존의 가르침을 생각한다면 실로 내가 한 일은 많을 것이다'라고 생각합니다. 세존이시여, 저는 이렇게 죽음에 대한 주의집중을 수련합니다."

그러자 어떤 비구가 세존께 말씀드렸습니다.

"세존이시여, 저도 죽음에 대한 주의집중을 수련하고 있습니다."

"비구여, 그렇다면, 그대는 어떻게 죽음에 대한 주의집중을 수련하는가?"

"세존이시여, 저는 '내가 밥 한 입을 씹어 삼키는 동안을 살더라도,

세존의 가르침을 생각한다면 실로 내가 한 일은 많을 것이다'라고 생각합니다. 세존이시여, 저는 이렇게 죽음에 대한 주의집중을 수련합니다."

그러자 어떤 비구가 세존께 말씀드렸습니다.

"세존이시여, 저도 죽음에 대한 주의집중을 수련하고 있습니다."

"비구여, 그렇다면, 그대는 어떻게 죽음에 대한 주의집중을 수련하는가?"

"세존이시여, 저는 '내가 숨을 내쉬고 들이쉬거나, 들이쉬고 내쉬는 동안을 살더라도, 세존의 가르침을 생각한다면 실로 내가 한 일은 많을 것이다'라고 생각합니다. 세존이시여, 저는 이렇게 죽음에 대한 주의집중을 수련합니다."

이와 같이 이야기하자, 세존께서 비구들에게 말씀하셨습니다.

"비구들이여, 비구가 '나는 하루 밤낮을 살더라도, 혹은 낮 동안을 살더라도, 혹은 밥 한 그릇 먹는 동안을 살더라도, 혹은 밥 네다섯 입을 씹어 삼키는 동안을 살더라도, 세존의 가르침을 생각한다면 실로 내가 한 일은 많을 것이다'라고 생각한다면, 비구들이여, 이런 비구들을 일러, 방일하게 살아가면서 번뇌를 소멸하기 위하여 죽음에 대한 주의집중을 게으르게 수련한다고 한다오.

비구들이여, 비구가 '나는 밥 한 입을 씹어 삼키는 동안을 살더라도, 혹은 숨을 내쉬고 들이쉬거나, 들이쉬고 내쉬는 동안을 살더라도, 세존의 가르침을 생각한다면 실로 내가 한 일은 많을 것이다'라고 생각한다면, 비구들이여, 이런 비구들을 일러, 방일하지 않고 살아가면서 번뇌를 소멸하기 위하여 죽음에 대한 주의집중을 부지런히 수련한다고 한다오.

비구들이여, 그러므로 이와 같이 '나는 방일하지 않고 살아가면서 번뇌를 소멸하기 위하여 죽음에 대한 주의집중을 부지런히 수련하겠다'라고 생각하면서 공부해야 한다오.

비구들이여, 그대들은 이와 같이 공부하도록 하시오."

A.6.6. 두려움(Bhaya) 〈A.6.23.〉

"비구들이여, '두려움'은 감각적 쾌락을 가리키는 말이라오.[21] 비구들이여, '괴로움'은 감각적 쾌락을 가리키는 말이라오. 비구들이여, '질병'은 감각적 쾌락을 가리키는 말이라오. 비구들이여, '결박'은 감각적 쾌락을 가리키는 말이라오. 비구들이여, '진흙탕'은 감각적 쾌락을 가리키는 말이라오.

비구들이여, 어찌하여 '두려움'은 감각적 쾌락을 가리키는 말인가? 비구들이여, 감각적 쾌락에 대한 탐욕에 물들고 욕망과 탐욕에 묶이면, 지금 여기에서도 두려움에서 벗어나지 못하고, 미래세에도 두려움에서 벗어나지 못한다오. 그러므로 '두려움'은 감각적 쾌락을 가리키는 말이라오.

비구들이여, 어찌하여 '괴로움'은 감각적 쾌락을 가리키는 말인가? 비구들이여, 감각적 쾌락에 대한 탐욕에 물들고 욕망과 탐욕에 묶이면, 지금 여기에서도 괴로움에서 벗어나지 못하고, 미래세에도 괴로움에서 벗어나지 못한다오. 그러므로 '괴로움'은 감각적 쾌락을 가리키

21 'bhayan ti bhikkhave kāmānaṃ etaṃ adhivacanaṃ'의 번역.

는 말이라오.

비구들이여, 어찌하여 '질병'은 감각적 쾌락을 가리키는 말인가? 비구들이여, 감각적 쾌락에 대한 탐욕에 물들고 욕망과 탐욕에 묶이면, 지금 여기에서도 질병에서 벗어나지 못하고, 미래세에도 질병에서 벗어나지 못한다오. 그러므로 '질병'은 감각적 쾌락을 가리키는 말이라오.

비구들이여, 어찌하여 '결박'은 감각적 쾌락을 가리키는 말인가? 비구들이여, 감각적 쾌락에 대한 탐욕에 물들고 욕망과 탐욕에 묶이면, 지금 여기에서도 결박에서 벗어나지 못하고, 미래세에도 결박에서 벗어나지 못한다오. 그러므로 '결박'은 감각적 쾌락을 가리키는 말이라오.

비구들이여, 어찌하여 '진흙탕'은 감각적 쾌락을 가리키는 말인가? 비구들이여, 감각적 쾌락에 대한 탐욕에 물들고 욕망과 탐욕에 묶이면, 지금 여기에서도 진흙탕에서 벗어나지 못하고, 미래세에도 진흙탕에서 벗어나지 못한다오. 그러므로 '진흙탕'은 감각적 쾌락을 가리키는 말이라오.

A.6.7. 보시(Dāna) 〈A.6.37.〉

한때 세존께서는 싸왓티의 제따와나 아나타삔디까 사원에 머무셨습니다. 그때 난다의 어머니 웰루깐다끼(Veḷukaṇḍakī) 청신녀가 싸리뿟따와 목갈라나가 지도하는 비구 승가에 여섯 가지가 갖추어진 공양을 제공했습니다. 세존께서는 인간을 초월한 청정한 천안(天眼)으로 그것을 보시고 비구들에게 말씀하셨습니다.

"비구들이여, 난다의 어머니 웰루깐다끼 청신녀는 싸리뿟따와 목갈라나가 지도하는 비구 승가에 여섯 가지 복덕(福德)이 갖추어진 공양을 제공하고 있다오. 비구들이여, 여섯 가지 복덕이 갖추어진 공양이란 어떤 것인가? 비구들이여, 주는 자가 갖추는 세 가지 복덕이 있고, 받는 자가 갖추는 세 가지 복덕이 있다오.

주는 자의 세 가지 복덕은 어떤 것인가? 비구들이여, 주는 자는 보시하기 전에는 행복하고, 보시할 때는 마음이 청정해지고, 보시한 후에는 기쁘다오. 이것이 주는 자의 세 가지 복덕이라오.

받는 자의 세 가지 복덕은 어떤 것인가? 비구들이여, 받는 자들은 (공양을 받고 수행하여) 탐욕을 멀리하거나 탐욕을 제거하게 되고, 분노를 멀리하거나 분노를 제거하게 되고, 어리석음을 멀리하거나 어리석음을 제거하게 된다오. 이것이 받는 자의 세 가지 복덕이라오.

비구들이여, 이와 같이 여섯 가지가 갖추어진 공양의 복덕은 '좋은 일이 생기고, 행복한 과보가 있고, 천상으로 인도하는, 기분 좋고, 만족스럽고, 유익한 복덕이 이만큼 나온다'라고 할 만큼 측정할 수가 없다오. 그래서 그것은 헤아릴 수 없고, 측량할 수 없이 큰 복덩어리라고 일컬어진다오.

비구들이여, 비유하면 큰 바다의 물에 대하여 '몇 됫박의 물이다'라거나, '몇백 됫박의 물이다'라거나, '몇천 됫박의 물이다'라거나, '몇만 됫박의 물이다'라고 측정할 수 없는 것과 같다오."

7

일곱-모음

Sattaka-Nipāta

해제

일곱 개의 주제를 다룬 경을 모은 '일곱-모음(Sattaka-Nipāta)'은 9품(Vagga) 96경(Sutta)으로 이루어져 있다. 이 책에서는 그 가운데 10개의 경을 선정하여 번역하였다.

선정된 경 가운데 주목되는 경을 소개하면 다음과 같다.

A.7.3. 잠재적 경향[隨眠, Anusaya] 〈A.7.12.〉 경은 불교수행의 목적을 설하고 있다. 붓다는 우리가 괴로움에서 벗어나기 위해서는 괴로움을 일으키는 삶을 변화시켜야 한다고 가르쳤다. 우리는 타성과 무의식적인 습관 속에서 살아간다. 이러한 타성과 무의식적인 습관을 'anusaya'라고 하며, 이것을 한역(漢譯)에서는 수면(隨眠)으로 번역했다.

우리는 타성과 습관에 젖어서 무의식적으로 어떤 것을 좋아하거나 싫어하고, 자신의 견해를 가지고 판단하고 의심하면서, 그러한 자신을 실재한다고 믿고, 지속하기를 바라면서 살고 있다. 이것이 무명 속에서 살아가는 중생의 삶이다. 이 경에서는 청정한 수행은 이러한 우리의 삶을 버리기 위한 것이라고 가르친다.

A.7.5. 물에 빠진 사람(Udakūpamā) 〈A.7.15.〉 경은 고해(苦海)에서 열반에 이르는 과정을 물에 빠진 사람에 비유하여 설명한다. 물에 빠진 사람이 물에서 나와 육지에 안전하게 머무는 과정, 즉 열반에 도달하는 경로를 7단계로 나누어서 비유했다.

A.7.7. 불(Aggi) 〈A.7.44.〉 경은 불을 피우고 동물을 희생하여 제사를 올리는 당시의 종교적 의식을 비판하고, 진정한 제사의 의미를 가르친다.

A.7.8. 판단하지 않음[無記, Abyākata] 〈A.7.51.〉 경에서는 '여래는 사후(死後)에 존재하는가, 존재하지 않는가?'의 문제에 대하여 이야기하지만, 이 밖에도 '세계는 영원한가, 영원하지 않는가?' 등과 같은, 붓다가 어떤 판단도 거부한 문제들을 다룬다. 이 경은 붓다가 이런 문제에 대하여 판단하지 않는 이유를 설명한다.

◈

A.7.1. 사랑스러운(Piya) 〈A.7.1.〉

이와 같이 나는 들었습니다. 세존께서 싸왓티의 제따와나 아나타삔디까 사원에 머무실 때 비구들에게 말씀하셨습니다.

"비구들이여, 일곱 가지 행실(行實)을 갖춘 비구는 도반들이 사랑하지 않고, 좋아하지 않고, 존중하지 않고, 존경하지 않는다오. 그 일곱은 어떤 것인가? 비구들이여, 어떤 비구는 이익을 탐하고, 공경을 탐하고, 명예를 탐하고, 염치가 없고, 수치심이 없고, 사악한 욕심을 가지고 있고, 삿된 견해를 가지고 있다오. 비구들이여. 이들 일곱 가지 법을 갖춘 비구는 도반들이 사랑하지 않고, 좋아하지 않고, 존중하지 않고, 존경하지 않는다오.

비구들이여, 일곱 가지 행실을 갖춘 비구는 도반들이 사랑하고, 좋아하고, 존중하고, 존경한다오. 그 일곱은 어떤 것인가?

비구들이여, 어떤 비구는 이익을 탐하지 않고, 공경을 탐하지 않고, 명예를 탐하지 않고, 염치가 있고, 수치심이 있고, 욕심이 없고, 바른 견해를 가지고 있다오. 비구들이여. 이들 일곱 가지 법을 갖춘 비구는 도반들이 사랑하고, 좋아하고, 존중하고, 존경한다오."

A.7.2. 욱가(Ugga) 〈A.7.7.〉

어느 날 왕의 대신(大臣) 욱가(Ugga)가 세존을 찾아와서 예배하고 한쪽에 앉은 후에 세존께 말씀드렸습니다.

"세존이시여, 놀랍습니다. 세존이시여, 지금까지 이런 부자는 없었습니다. 세존이시여, 미가라 로하네야(Migāra Rohaṇeyya)는 재산이 많고, 재물이 많습니다."

"욱가여, 미가라 로하네야는 재산이 얼마나 되고, 재물이 얼마나 되나요?"

"세존이시여, 황금이 천만(千萬)이라는데, 은(銀)은 말해 무엇하겠습니까?"

"욱가여, 이런 재산이 과연 있는 것일까요? 내 말은 그것이 없다는 것이 아니라오. 욱가여, 이런 재산은 불이나, 물이나, 왕이나, 도적이나, 원치 않는 사람이나, 상속인에 의해서 없어진다오.[01]

욱가여, 일곱 가지 재산은 불이나, 물이나, 왕이나, 도적이나, 원치 않는 사람이나, 상속인에 의해서 없어지지 않는다오. 그 일곱은 어떤 것인가? 그것은 믿음이라는 재산, 계행이라는 재산, 염치라는 재산, 수치심이라는 재산, 배움이라는 재산, 베풂이라는 재산, 통찰지[般若]라는 재산이라오. 욱가여, 이들 일곱 가지 재산은 불이나, 물이나, 왕이나, 도적이나, 마음에 들지 않는 사람이나, 상속인에 의해서 없어지지 않는다오."

---

01 'tañ ca kho etaṃ Ugga dhanaṃ sādhāraṇaṃ agginā udakena rājūhi corehi appiyehi dāyādehi'의 번역.

A.7.3. 잠재적 경향〔隨眠, Anusaya〕〈A.7.12.〉

"비구들이여, 일곱 가지 잠재적 경향[隨眠]을 버리고 끊기 위하여 청정한 수행[梵行] 생활을 한다오. 그 일곱은 어떤 것인가?

감각적 쾌락을 탐하는 잠재적 경향[02]을 버리고 끊기 위하여, 혐오(嫌惡)하는 잠재적 경향을[03] 버리고 끊기 위하여, 견해(見解)를 갖는 잠재적 경향을[04] 버리고 끊기 위하여, 의심하는 잠재적 경향을[05] 버리고 끊기 위하여, 아만(我慢)의 잠재적 경향을[06] 버리고 끊기 위하여, 존재를 탐하는 잠재적 경향을[07] 버리고 끊기 위하여, 무명(無明)의 잠재적 경향을[08]을 버리고 끊기 위하여 청정한 수행 생활을 한다오.

비구들이여, 이들 일곱 가지 잠재적 경향을 버리고 끊기 위하여 청정한 수행 생활을 한다오. 비구들이여, 비구에게 이들 일곱 가지 잠재적 경향이 제거되어 뿌리가 잘린 나무나 밑동이 잘린 야자수처럼 미래에 생기지 않게 되면, 비구들이여, 이것을 비구가 갈애를 끊고, 결박을 제거하고, 바르게 아만을 지멸(止滅)하여 괴로움을 종식했다고 한다오."

---

02 'kāmarāgānusaya'의 번역.

03 'paṭighānusaya'의 번역.

04 'diṭṭhānusaya'의 번역.

05 'vicikicchānusaya'의 번역.

06 'mānānusaya'의 번역.

07 'bhavaragānusaya'의 번역.

08 'avijjānusaya'의 번역.

A.7.4. 가정(Kula) 〈A.7.13.〉

“비구들이여, 일곱 가지를 갖춘 가정은 방문하지 말고, 방문했으면 앉지 않도록 하시오. 그 일곱은 어떤 것인가? 기쁘게 맞이하지 않고, 기쁘게 인사하지 않고, 기쁘게 자리를 건네지 않고, 있는 것을 숨기고, 많이 있지만 적게 주고, 좋은 것이 있지만 나쁜 것을 주고, 공손하지 않고 성의 없이 주는 것이라오. 비구들이여, 이런 일곱 가지를 갖춘 가정은 방문하지 말고, 방문했으면 앉지 않도록 하시오.

비구들이여, 일곱 가지를 갖춘 가정은 방문하도록 하고, 방문했으면 앉도록 하시오. 그 일곱은 어떤 것인가? 기쁘게 맞이하고, 기쁘게 인사하고, 기쁘게 자리를 건네고, 있는 것을 숨기지 않고, 많이 있으면 많이 주고, 좋은 것이 있으면 좋은 것을 주고, 무례하지 않고 정성스레 주는 것이라오. 비구들이여, 이런 일곱 가지를 갖춘 가정은 방문하지 않았으면 방문하고, 방문했으면 앉도록 하시오.”

A.7.5. 물에 빠진 사람(Udakūpamā) 〈A.7.15.〉

“비구들이여, 세간에는 물에 빠진 사람으로 비유할 수 있는 일곱 부류의 사람이 있다오. 그 일곱은 어떤 것인가?

비구들이여, 어떤 사람은 물속에 계속 가라앉아 있다오. 비구들이여, 어떤 사람은 떠올랐다가 가라앉는다오. 비구들이여, 어떤 사람은 떠올라서 머물러 있다오. 비구들이여, 어떤 사람은 떠올라서 둘러보고 살펴본다오.[09] 비구들이여, 어떤 사람은 떠올라서 물을 건넌다오. 비구들이여, 어떤 사람은 떠올라서 얕은 곳에 도달한다오. 비구들이여, 어떤 사람은 떠올라서 건너편으로 건너가 육지에 머물며, 그가 진정한 바라문이라오.

비구들이여, 어떤 사람이 물속에 계속 가라앉아 있는 사람인가? 비구들이여, 어떤 사람은 오로지 검고 좋지 못한 행실만을 갖추고 있다오. 비구들이여, 이런 사람이 한번 물속에 가라앉으면 계속 가라앉아 있는 사람이라오.

비구들이여, 어떤 사람이 떠올랐다가 가라앉는 사람인가? 비구들이여, 어떤 사람은 '선법(善法)에 대한 믿음은 훌륭한 것이다, 염치는 훌륭한 것이다, 수치심은 훌륭한 것이다, 정진(精進)은 훌륭한 것이다, 선법에 대한 통찰지[般若]는 훌륭한 것이다'라는 생각을 떠올린다오. 그렇지만 그에게 그 믿음과 염치와 수치심과 정진과 선법에 대한 통찰지가 머물지 않고, 자라지 않고, 줄어든다오. 비구들이여, 이런 사람이 떠올랐다가 가라앉는 사람이라오.

비구들이여, 어떤 사람이 떠올라서 머무는 사람인가? 비구들이여, 어떤 사람은 '선법에 대한 믿음은 훌륭한 것이다, 염치는 훌륭한 것이다, 수치심은 훌륭한 것이다, 정진은 훌륭한 것이다, 선법에 대한 통찰지는 훌륭한 것이다'라는 생각을 떠올린다오. 그런데 그에게 그 믿음과 염치와 수치심과 정진과 선법에 대한 통찰지가 자라지도 않고, 줄어들지도 않고 머물고 있다오. 비구들이여, 이런 사람이 떠올라서 머무는 사람이라오.

비구들이여, 어떤 사람이 떠올라서 둘러보고 살펴보는 사람인가?

---

09 'ekacco puggalo ummujjitvā vipassati viloketi'의 번역.

비구들이여, 어떤 사람은 '선법에 대한 믿음은 훌륭한 것이다. 염치는 훌륭한 것이다, 수치심은 훌륭한 것이다, 정진은 훌륭한 것이다, 선법에 대한 통찰지는 훌륭한 것이다'라는 생각을 떠올린다오. 그는 세 가지 결박을 끊고 흐름에 든 자[入流]가[10] 되어 뒤로 물러서지 않고 결국은 바른 깨달음을 얻도록 결정된다오. 비구들이여, 이런 사람이 떠올라서 둘러보고 살펴보는 사람이라오.

비구들이여, 어떤 사람이 떠올라서 물을 건너는 사람인가? 비구들이여, 어떤 사람은 '선법에 대한 믿음은 훌륭한 것이다. 염치는 훌륭한 것이다. 수치심은 훌륭한 것이다. 정진은 훌륭한 것이다. 선법에 대한 통찰지는 훌륭한 것이다'라는 생각을 떠올린다오. 그는 세 가지 결박을 끊고, 탐욕과 분노와 어리석음이 줄어들어 한 번 돌아오는 자[一來]가[11] 되어 한 번 이 세간에 돌아와서 괴로움을 끝낸다오. 비구들이여, 이런 사람이 떠올라서 물을 건너는 사람이라오.

비구들이여, 어떤 사람이 떠올라서 얕은 곳에 도달한 사람인가? 비구들이여, 어떤 사람은 '선법에 대한 믿음은 훌륭한 것이다, 염치는 훌륭한 것이다, 수치심은 훌륭한 것이다, 정진(精進)은 훌륭한 것이다, 선법에 대한 통찰지는 훌륭한 것이다'라는 생각을 떠올린다오. 그는 다섯 가지 낮은 단계의 결박[五下分結]을 끊고, (천상세계에) 화생(化生)하여 돌아오지 않는 자[不還]가[12] 되어 그 세간에서 반열반(般涅槃)하게 된다

---

10 'sotapanno'의 번역.

11 'sakadāgāmī'의 번역.

12 'anāvattidhammo'의 번역.

오. 비구들이여, 이런 사람이 떠올라서 얕은 곳에 도달한 사람이라오.

비구들이여, 어떤 사람이 떠올라서 건너편으로 건너가 육지에 머무는 바라문인가? 비구들이여, 어떤 사람은 '선법에 대한 믿음은 훌륭한 것이다, 염치는 훌륭한 것이다, 수치심은 훌륭한 것이다, 정진은 훌륭한 것이다, 선법에 대한 통찰지는 훌륭한 것이다'라는 생각을 떠올린다오. 그는 모든 번뇌를 소멸하고, 번뇌가 없는 심해탈(心解脫)과 혜해탈(慧解脫)을 지금 여기에서 스스로 체험지(體驗智)로써 체득하고 성취하여 살아간다오.[13] 비구들이여, 이런 사람이 떠올라서 건너편으로 건너가 육지에 머무는 바라문이라오.

비구들이여, 세간에는 물에 빠진 사람으로 비유할 수 있는 이들 일곱 부류의 사람이 있다오."

A.7.6. 칭찬의 근거(Niddasavatthu) 〈A.7.40.〉

한때 세존께서는 꼬삼비(Kosambī)의 고시따(Ghosita) 사원(寺院)에 머무셨습니다. 그때 아난다 존자는 오전에 옷을 입고, 발우와 법의를 지니고 탁발하러 꼬삼비에 들어갔습니다. 도중에 아난다 존자는 '지금 꼬삼비에 탁발하러 가기는 너무 이르다. 그러니 외도 편력수행자들의 사원으로 가는 것이 좋겠다'라고 생각했습니다. 아난다 존자는 외도 편력수행자들의 사원을 찾아가서 외도 편력수행자들과 함께 서로 정중하게 인사를 하고, 공손한 인사말을 나눈 후에 한쪽에 앉았습니다.

---

13 'abhiññā sacchikatvā upasampajja viharati'의 번역.

그때 그 외도 편력수행자들은 함께 모여앉아서 이야기하는 도중에 "존자들이여, 누구든 12년을 충실하게 청정한 범행을 수행하면 '훌륭한 비구'라는 칭찬을 듣기에 충분합니다"라는 이야기를 꺼냈습니다. 그런데 아난다 존자는 그 외도 편력수행자들의 말에 찬동하지도 않고, 반대하지도 않았습니다. 그는 찬동하지도 않고, 반대하지도 않고, 자리에서 일어나 떠나오면서 '세존께 직접 이 말의 의미를 알아보아야겠다'라고 생각했습니다.

아난다 존자는 꼬쌈비에서 탁발을 하고 돌아와서 탁발 음식을 먹은 후에, 세존을 찾아가서 세존께 예배하고 한쪽에 앉았습니다. 한쪽에 앉은 아난다 존자는 세존께 탁발 도중에 외도의 사원에서 있었던 일을 말씀드린 후에 이렇게 여쭈었습니다.

"세존이시여, 이 가르침과 율에서 오직 햇수만으로 훌륭한 비구라고 말할 수 있습니까?"

"아난다여, 이 가르침과 율에서는 오직 햇수만으로 훌륭한 비구라고 말할 수 없다. 아난다여, 이 가르침과 율에는 내가 몸소 체험지(體驗智)로써 체득하여 가르친 일곱 가지 칭찬의 근거가 있다. 그 일곱은 어떤 것인가? 아난다여, 비구는 믿음이 있어야 하고, 염치가 있어야 하고, 수치심이 있어야 하고, 많은 배움이 있어야 하고, 확고한 정진(精進)이 있어야 하고, 주의집중이 있어야 하고, 통찰지[般若]가 있어야 한다. 아난다여, 이들이 내가 몸소 체험지로써 체득하여 가르친 일곱 가지 칭찬의 근거다. 아난다여, 이들 일곱 가지 칭찬의 근거를 성취한 비구가 만약에 12년을 충실하게 청정한 범행을 수행하면 '훌륭한 비구'라는 칭찬을 듣기에 충분하고, 만약에 24년을 충실하게 청정한 범행을 수행하면 '훌륭한 비구'라는 칭찬을 듣기에 충분하고, 만약에 36년을 충실하게 청정한 범행을 수행하면 '훌륭한 비구'라는 칭찬을 듣기에 충분하고, 만약에 48년을 충실하게 청정한 범행을 수행하면 '훌륭한 비구'라는 칭찬을 듣기에 충분하다."

A.7.7. 불(Aggi) 〈A.7.44.〉

한때 세존께서 싸왓티의 제따와나 아나타삔디까 사원(寺院)에 머무셨습니다. 그때, 욱가따싸리라(Uggatasarira) 바라문은 큰 제사를 준비하고 있었습니다. 500마리의 수소와 500마리의 수송아지, 500마리의 암송아지, 500마리의 염소, 500마리의 숫양이 제물(祭物)로 끌려 나와 제사기둥[14]에 묶였습니다. 욱가따싸리라 바라문은 세존을 찾아가서 세존과 함께 정중하게 인사를 하고, 공손한 인사말을 나눈 후에 한쪽에 앉았습니다. 한쪽에 앉은 욱가따싸리라 바라문이 세존께 말씀드렸습니다.

"고따마 존자여, 저는 불을 피우고 제사기둥을 세우면,[15] 큰 과보가 있고, 큰 공덕이 있다고 들었습니다."

"바라문이여, 나도 불을 피우고 제사기둥을 세우면, 큰 과보가 있고, 큰 공덕이 있다고 들었다오."

"두 번째로 말씀드립니다. 고따마 존자여, 저는 불을 피우고 제사

---

14 'thūṇa'의 번역. 제사에 제물로 바칠 동물을 묶어두는 기둥.

15 'aggissa ādhānaṃ yūpassa ussāpanaṃ'의 번역. 불을 피워 제사를 올리고, 제사기둥에 가축들을 묶어 제물을 바친다는 의미이다.

기둥을 세우면. 큰 과보가 있고, 큰 공덕이 있다고 들었습니다."

"바라문이여, 나도 불을 피우고 제사기둥을 세우면, 큰 과보가 있고, 큰 공덕이 있다고 들었다오."

"세 번째로 말씀드립니다.[16] 고따마 존자여, 저는 불을 피우고 제사기둥을 세우면, 큰 과보가 있고, 큰 공덕이 있다고 들었습니다."

"바라문이여, 나도 불을 피우고 제사기둥을 세우면, 큰 과보가 있고, 큰 공덕이 있다고 들었다오."

"고따마 존자여, 고따마 존자와 저는 모든 것이 일치하군요."

이와 같이 말하자, 아난다 존자가 욱가따싸리라 바라문에게 말했습니다.

"바라문이여, 여래에게는 '고따마 존자여, 저는 불을 피우고 제사기둥을 세우면. 큰 과보가 있고, 큰 공덕이 있다고 들었습니다'라고 물어서는 안 됩니다. 바라문이여, 여래에게는 '세존이시여, 저는 불을 피우고, 제사기둥을 세우고 있습니다. 세존이시여, 세존께서는 제가 오랜 세월 유익하고 행복할 수 있도록 저를 가르치고 충고해주십시오'라고 물어야 합니다."

그러자 욱가따싸리라 바라문이 세존께 말씀드렸습니다.

"세존이시여, 저는 불을 피우고, 제사기둥을 세우고 있습니다. 세존이시여, 세존께서는 제가 오랜 세월 유익하고 행복할 수 있도록 저를 가르치고 충고해주십시오."

"바라문이여, 불을 피우고, 제사기둥을 세우면, 그는 제사를 행하

---

16 같은 말을 세 번 반복하는 것은 자신의 견해를 확정하는 것이다.

기 전에 괴로움을 일으키고 괴로운 과보를 가져오는 좋지 않은 세 개의 칼을 들게 된다오. 그 셋은 어떤 것인가? 그것은 몸의 칼, 말의 칼, 마음의 칼이라오.

바라문이여, 불을 피우고, 제사기둥을 세우면, 그는 제사를 행하기 전에 '제사를 위해서는 수소는 이만큼 죽여야 하고, 수송아지는 이만큼 죽여야 하고, 암송아지는 이만큼 죽여야 하고, 염소는 이만큼 죽여야 하고, 숫양은 이만큼 죽여야 한다'라고 생각한다오. 그는 '나는 공덕을 짓는다'라고 생각하면서 악덕(惡德)을 짓고, '나는 좋은 일을 한다'라고 생각하면서 좋지 못한 일을 하고, '나는 행복으로 가는 길을 추구한다'라고 생각하면서 불행으로 가는 길을 추구한다오. 바라문이여, 불을 피우고, 제사기둥을 세우는 사람은 제사를 행하기 전에 맨 처음 이러한 괴로움을 일으키고 괴로운 과보를 가져오는 좋지 않은 마음의 칼을 들게 된다오.

바라문이여, 그다음에 불을 피우고, 제사기둥을 세우면, 그는 제사를 행하기 전에 '제사를 위해서는 수소는 이만큼 죽여야 하고, 수송아지는 이만큼 죽여야 하고, 암송아지는 이만큼 죽여야 하고, 염소는 이만큼 죽여야 하고, 숫양은 이만큼 죽여야 한다'라는 말을 한다오. 그는 '나는 공덕을 짓는다'라고 생각하면서 악덕을 짓고, '나는 좋은 일을 한다'라고 생각하면서 좋지 못한 일을 하고, '나는 행복으로 가는 길을 추구한다'라고 생각하면서 불행으로 가는 길을 추구한다오. 바라문이여, 불을 피우고, 제사기둥을 세우는 사람은 제사를 행하기 전에 두 번째로 이러한 괴로움을 일으키고 괴로운 과보를 가져오는 좋지 않은 말의 칼을 들게 된다오.

바라문이여, 그다음에 불을 피우고, 제사기둥을 세우면, 그는 제사를 행하기 전에 '제사를 위해서 수소를 죽여야 한다'라고 몸소 맨 먼저 수소를 죽이기 시작하고, '제사를 위해서 수송아지를 죽여야 한다'라고 몸소 맨 먼저 수송아지를 죽이기 시작하고, '제사를 위해서 암송아지를 죽여야 한다'라고 몸소 맨 먼저 암송아지를 죽이기 시작하고, '제사를 위해서 염소를 죽여야 한다'라고 몸소 맨 먼저 염소를 죽이기 시작하고, '제사를 위해서 숫양을 죽여야 한다'라고 몸소 맨 먼저 숫양을 죽이기 시작한다오. 그는 '나는 공덕을 짓는다'라고 생각하면서 악덕을 짓고, '나는 좋은 일을 한다'라고 생각하면서 좋지 못한 일을 하고, '나는 행복으로 가는 길을 추구한다'라고 생각하면서 불행으로 가는 길을 추구한다오. 바라문이여, 불을 피우고, 제사기둥을 세우는 사람은 제사를 행하기 전에 세 번째로 이러한 괴로움을 일으키고 괴로운 과보를 가져오는 좋지 않은 몸의 칼을 들게 된다오.

바라문이여, 불을 피우고, 제사기둥을 세우면, 그는 제사를 행하기 전에 괴로움을 일으키고 괴로운 과보를 가져오는 좋지 않은 이러한 세 개의 칼을 들게 된다오.

바라문이여, 버려야 하고, 멀리해야 하고, 섬겨서는 안 되는 세 가지 불이 있다오. 그 셋은 어떤 것인가? 그것은 탐욕의 불, 분노의 불, 어리석음의 불이라오.

바라문이여, 그렇다면 탐욕의 불은 왜 버려야 하고, 멀리해야 하고, 섬겨서는 안 되는가? 바라문이여, 마음이 탐욕에 물들고, 정복되고, 사로잡히면, 그는 몸으로 악행(惡行)을 하고, 말로 악행을 하고, 마음으로 악행을 한다오. 그는 몸으로 악행을 하고, 말로 악행을 하고, 마음으로 악행을 하고 나서, 몸이 무너져 죽은 후에 괴롭고, 험난하고, 고통스러운 지옥에 태어난다오. 그러므로 탐욕의 불은 버려야 하고, 멀리해야 하고, 섬겨서는 안 된다오.

바라문이여, 그렇다면 분노의 불은 왜 버려야 하고, 멀리해야 하고, 섬겨서는 안 되는가? 바라문이여, 마음이 분노에 물들고, 정복되고, 사로잡히면, 그는 몸으로 악행을 하고, 말로 악행을 하고, 마음으로 악행을 한다오. 그는 몸으로 악행을 하고, 말로 악행을 하고, 마음으로 악행을 하고 나서, 몸이 무너져 죽은 후에 괴롭고, 험난하고, 고통스러운 지옥에 태어난다오. 그러므로 분노의 불은 버려야 하고, 멀리해야 하고, 섬겨서는 안 된다오.

바라문이여, 그렇다면 어리석음의 불은 왜 버려야 하고, 멀리해야 하고, 섬겨서는 안 되는가? 바라문이여, 마음이 어리석음에 물들고, 정복되고, 사로잡히면, 그는 몸으로 악행을 하고, 말로 악행을 하고, 마음으로 악행을 한다오. 그는 몸으로 악행을 하고, 말로 악행을 하고, 마음으로 악행을 하고 나서, 몸이 무너져 죽은 후에 괴롭고, 험난하고, 고통스러운 지옥에 태어난다오. 그러므로 어리석음의 불은 버려야 하고, 멀리해야 하고, 섬겨서는 안 된다오.

바라문이여, 이들이 버려야 하고, 멀리해야 하고, 섬겨서는 안 되는 세 가지 불이라오.

바라문이여, 공경하고, 존중하고, 존경하고, 숭상(崇尙)한 후에, 바르게 행복을 지켜주어야 할 세 가지 불이 있다오. 그 셋은 어떤 것인가? 그것은 봉헌(奉獻)의 불, 가장(家長)의 불, 공양받을 분의 불이라오.

바라문이여, 봉헌의 불은 어떤 것인가? 어머니나 아버지를 봉헌의 불이라고 한다오. 그 까닭은 무엇인가? 바라문이여, 우리는 이분에게서 태어났기 때문이라오. 그러므로 이 봉헌의 불은 공경하고, 존중하고, 존경하고, 숭상한 후에, 바르게 행복을 지켜주어야 한다오.

바라문이여, 가장(家長)의 불은 어떤 것인가? 아들이나, 아내나, 종이나, 하인이나, 일꾼들을 가장의 불이라고 한다오. 그러므로 이 가장의 불을 공경하고, 존중하고, 존경하고, 숭상한 후에, 바르게 행복을 지켜주어야 한다오.

바라문이여, 공양받을 분의 불은 어떤 것인가? 교만(驕慢)과 방일(放逸)을 삼가고, 관용과 자제(自制)가 몸에 밴 사문이나 바라문들을 공양받을 분의 불이라고 한다오. 그러므로 이 공양받을 분의 불을 공경하고, 존중하고, 존경하고, 숭상한 후에, 바르게 행복을 지켜주어야 한다오.

바라문이여, 이들이 공경하고, 존중하고, 존경하고, 숭상한 후에, 바르게 행복을 지켜주어야 할 세 가지 불이라오.

바라문이여, 이 땔나무는 수시로 불태우고, 수시로 살펴보고, 수시로 끄고, 수시로 방치해야 한다오."

이와 같이 말씀하시자, 가따싸리라 바라문은 세존께 이렇게 말씀드렸습니다.

"훌륭합니다. 고따마 존자여! 훌륭합니다. 고따마 존자여! 고따마 존자께서는 저를 청신사(淸信士)로 받아주소서. 오늘부터 살아있는 날까지 귀의하겠나이다. 고따마 존자여, 이제 저는 500마리의 수소와 500마리의 수송아지, 500마리의 암송아지, 500마리의 염소, 500마리의 숫양을 풀어주고 살려주겠습니다. 그리고 신선한 풀을 먹을 수 있게 하고, 시원한 물을 마실 수 있게 하고, 시원한 바람을 쐴 수 있게 하겠습니다."

A.7.8. 판단하지 않음〔無記, Abyākata〕〈A.7.51.〉

어느 날 어떤 비구가 세존을 찾아와서 예배하고 한쪽에 앉아 세존께 말씀드렸습니다.

"세존이시여, (여래가) 판단하지 않는 문제들에 대하여[17] 배움이 많은 거룩한 제자에게 의심이 일어나지 않는 이유는 무엇이고, 까닭은 무엇입니까?"

"비구여, 이론(理論)이 소멸했기 때문에[18] 배움이 많은 거룩한 제자에게는 (여래가) 판단하지 않는 문제들에 대하여 의심이 일어나지 않는다오. 비구여, '여래는 사후(死後)에 존재한다'라고 생각하는 것은 이론에 빠진 것이라오. 비구여, '여래는 사후에 존재하지 않는다'라고 생각하는 것은 이론에 빠진 것이라오.[19] 비구여, '여래는 사후에 존재하기도 하고 존재하지 않기도 한다'라고 생각하는 것은 이론에 빠진 것이라오. 비구여, '여래는 사후에 존재하는 것도 아니고 존재하지 않는 것도 아니다'라고 생각하는 것은 이론에 빠진 것이라오.

비구여, 배우지 못한 범부는 이론을 통찰하지 못하고,[20] 이론의 쌓임을 통찰하지 못하고,[21] 이론의 소멸을 통찰하지 못하고,[22] 이론의 소

---

17 'abyākatavatthūsu'의 번역.

18 'diṭṭhinirodhā'의 번역.

19 'hoti Tathāgato parammaraṇā ti kho bhikkhu diṭṭhigatam etaṃ'의 번역.

20 'diṭṭhiṃ na ppajānāti'의 번역.

21 'diṭṭhisamudayaṃ na ppajānāti'의 번역.

22 'diṭṭhinirodhaṃ na ppajānāti'의 번역.

멸에 이르는 길을 통찰하지 못한다오.[23] 그에게 이론이 늘어난다오. '그는 태어남과 늙음과 죽음과 근심과 슬픔과 고통과 우울과 불안에서 벗어나지 못하고, 괴로움에서 벗어나지 못한다'라고 나는 말한다오.

비구여, 그렇지만 배움이 많은 거룩한 제자는 이론을 통찰하고, 이론의 쌓임을 통찰하고, 이론의 소멸을 통찰하고, 이론의 소멸에 이르는 길을 통찰한다오. 그에게 그 이론들이 소멸한다오. '그는 태어남과 늙음과 죽음과 근심과 슬픔과 고통과 우울과 불안에서 벗어나고, 괴로움에서 벗어난다'라고 나는 말한다오.

비구여, 이와 같이 알고, 이와 같이 보기 때문에 배움이 많은 거룩한 제자는 '여래는 사후에 존재한다'라고 판단하지도 않고, '여래는 사후에 존재하지 않는다'라고 판단하지도 않고, '여래는 사후에 존재하기도 하고 존재하지 않기도 한다'라고 판단하지도 않고, '여래는 사후에 존재하는 것도 아니고, 존재하지 않는 것도 아니다'라고 판단하지도 않는다오.

비구여, 이와 같이 알고, 이와 같이 보기 때문에 배움이 많은 거룩한 제자는 (여래가) 판단하지 않는 문제들에 대하여 이와 같이 판단하지 않는 것이라오.[24]

비구여, 이와 같이 알고, 이와 같이 보기 때문에 배움이 많은 거룩한 제자는 (여래가) 판단하지 않는 문제들에 대하여 놀라지 않고, 동요하지 않고, 흔들리지 않고, 두려워하지 않는다오.

---

23 'diṭṭhinirodhagāminiṃ paṭipadaṃ na ppajānāti'의 번역.

24 'evaṃ avyākaraṇadhammo hoti avyākatavattuūsu'의 번역.

비구여, '여래는 사후에 존재한다'라고 생각하는 것은 갈애[愛]에 빠진 것이고,[25] 관념[想]에 빠진 것이고,[26] 상상(想像)한 것이고,[27] 희론(戲論)을 한 것이고,[28] 취(取)에 빠진 것이며,[29] 후회할 일이라오.[30] 비구여, '여래는 사후에 존재하지 않는다'라고 생각하는 것은 후회할 일이라오. 비구여, '여래는 사후에 존재하기도 하고 존재하지 않기도 한다'라고 생각하는 것은 후회할 일이라오. 비구여, '여래는 사후에 존재하는 것도 아니고 존재하지 않는 것도 아니다'라고 생각하는 것은 후회할 일이라오.

비구여, 배우지 못한 범부는 후회할 일을 통찰하지 못하고,[31] 이론의 쌓임을 통찰하지 못하고, 이론의 소멸을 통찰하지 못하고, 이론의 소멸에 이르는 길을 통찰하지 못한다오. 그에게 후회할 일이 늘어난다오. '그는 태어남과 늙음과 죽음과 근심과 슬픔과 고통과 우울과 불안에서 벗어나지 못하고, 괴로움에서 벗어나지 못한다'라고 나는 말한다오.

비구여, 그렇지만 배움이 많은 거룩한 제자는 후회할 일을 통찰하고, 후회할 일의 쌓임을 통찰하고, 후회할 일의 소멸을 통찰하고, 후회

25 'taṇhāgatam'의 번역.

26 'saññāgatam'의 번역.

27 'maññitam'의 번역.

28 'papañcitam'의 번역.

29 'upādānagatam'의 번역.

30 'vippaṭisāro'의 번역.

31 'vippaṭisāraṃ na ppajānāti'의 번역.

할 일의 소멸에 이르는 길을 통찰한다오. 그에게 그 이론들은 소멸한다오. '그는 태어남과 늙음과 죽음과 근심과 슬픔과 고통과 우울과 불안에서 벗어나고, 괴로움에서 벗어난다'라고 나는 말한다오.

비구여, 이와 같이 알고, 이와 같이 보기 때문에 배움이 많은 거룩한 제자는 '여래는 사후에 존재한다'라고 판단하지도 않고, '여래는 사후에 존재하지 않는다'라고 판단하지도 않고, '여래는 사후에 존재하기도 하고 존재하지 않기도 한다'라고 판단하지도 않고, '여래는 사후에 존재하는 것도 아니고, 존재하지 않는 것도 아니다'라고 판단하지도 않는다오.

비구여, 이와 같이 알고, 이와 같이 보기 때문에 배움이 많은 거룩한 제자는 (여래가) 판단하지 않는 문제들에 대하여 이와 같이 판단하지 않는 것이라오.

비구여, 이와 같이 알고, 이와 같이 보기 때문에 배움이 많은 거룩한 제자는 판단하지 않는 문제들에 대하여 놀라지 않고, 동요하지 않고, 흔들리지 않고, 두려워하지 않는다오.

비구여, 이것이 (여래가) 판단하지 않는 문제들에 대하여 배움이 많은 거룩한 제자에게 의심이 일어나지 않는 이유이고, 까닭이라오."

A.7.9. 아내(Bhariyā) 〈A.7.59.〉

한때 세존께서 싸왓티의 제따와나 아나타삔디까 사원(寺院)에 머무셨습니다. 어느 날 세존께서 오전에 옷을 입고, 발우와 법의를 지니고 아나타삔디까 장자의 집을 찾아가서 마련된 자리에 앉으셨습니다. 그때 아나타삔디까 장자의 집 안에서 사람들이 큰소리를 질렀습니다. 그러자 아나타삔디까 장자가 세존께 와서 예배하고 한쪽에 앉았습니다. 한쪽에 앉은 아나타삔디까 장자에게 세존께서 말씀하셨습니다.

"장자여, 어찌하여 그대의 집 안에서 사람들이 큰소리를 지르나요? 마치 어부들이 물고기가 가득 찬 그물을 끌어 올리는 것 같군요!"[32]

"세존이시여, 부유한 집안에서 큰 재산을 가지고 시집온 며느리 쑤자따(Sujātā)의 소리입니다. 그녀는 시어머니를 모시지 않고, 시아버지를 모시지 않고, 남편을 모시지 않습니다. 그녀는 세존도 공경하지 않고, 존중하지 않고, 존경하지 않고, 공양하지 않습니다."

그러자 세존께서 그 집의 며느리 쑤자따를 부르셨습니다.

"쑤자따여! 이리 와보겠는가?"

"그렇게 하겠습니다. 세존이시여!"

그 집의 며느리 쑤자따는 세존께 대답하고, 세존께 와서 예배한 후에 한쪽에 앉았습니다. 한쪽에 앉은 쑤자따에게 세존께서 말씀하셨습니다.

"쑤자따여, 일곱 부류의 아내가 있다. 그 일곱은 어떤 것인가? 살인자 같은 아내, 도적 같은 아내, 안주인 같은 아내, 어머니 같은 아내, 누이 같은 아내, 친구 같은 아내, 하녀 같은 아내가 있다. 이들이 일곱 부류의 아내다. 쑤자따여, 그대는 이들 가운데 어떤 부류인가?"

"세존이시여, 저는 세존께서 간략하게 하신 말씀의 의미를 자세하게 이해하지 못하겠습니다. 세존이시여, 부디 세존께서는 저에게 세존

---

32 'kevaṭṭā maññe macchavilope'의 번역.

께서 간략하게 하신 말씀의 의미를 자세하게 이해할 수 있도록 가르침을 주십시오!"

"쑤자따여, 그렇다면 그대는 듣고 잘 생각해보도록 하라. 내가 이야기해주겠다."

"그렇게 하겠습니다. 세존이시여!"

세존께서는 이렇게 말씀하셨습니다.

사악한 마음을 품고, 친절하고 연민하는 마음이 없고,
딴 남자들에게 빠져서 남편을 무시하고,
재물을 받고 몸을 팔면서[33] (남편을) 죽이는 일에 열중하는
이런 아내를 살인자 같은 아내라고 한다네.

기술이나, 장사나 농사에 종사하여
남편이 부인을 위해 얻은 재물을
탕진하여 없애려고 생각하는
이런 아내를 도적 같은 아내라고 한다네.

일하기 싫어하고 게으르면서 많이 먹고,
거칠고 사나운 욕설을 하고,
부지런한 남편에게 주인처럼 행세하는[34]

---

33 'dhanena kītassa'의 번역.

34 'uṭṭhāyakānaṃ abhibhuyya vattati'의 번역.

이런 아내를 안주인 같은 아내라고 한다네.

언제나 친절하고 연민하는 마음을 가지고
어머니나 아버지처럼 남편을 보호하고,
남편이 모은 재산을 지키는
이런 아내를 어머니 같은 아내라고 한다네.

어린 누이가 손위 누이를 존경하듯이
자신의 주인에게 존경심을 가지고[35]
수줍은 듯이 남편을 따르는
이런 아내를 누이 같은 아내라고 한다네.

멀리서 온 친구를 보면 기뻐하듯이
남편을 보면 기뻐하며,
훌륭한 계행을 갖춘 정숙한 아내,
이런 아내를 친구 같은 아내라고 한다네.

막대기로 때리고 위협해도 분노하지 않고 평온하고,
악의 없는 마음으로 남편에게 인내하며,
성내지 않고 남편을 따르는,
이런 아내를 하녀 같은 아내라고 한다네.

35 'sagāravā hoti sakamhi sāmike'의 번역.

계행이 바르지 않고, 거칠고, 무례한
살인자 같은 아내, 도적 같은 아내, 안주인 같은 아내.
그들은 몸이 무너지면 괴로운 지옥으로 간다네.

계행을 확립하고 오랜 세월 자신을 다스린[36]
어머니 같은 아내, 누이 같은 아내, 친구 같은 아내, 하녀 같은 아내.
그들은 몸이 무너지면 행복한 천상으로 간다네.

"쑤자따여, 이들이 일곱 부류의 아내다. 쑤자따여, 그대는 이들 가운데 어떤 부류인가?"

"세존이시여, 세존께서는 오늘부터 저를 제 남편의 하녀 같은 아내로 기억해주십시오."

A.7.10. 불(Aggi) 〈A.7.68.〉

한때 세존께서는 큰 비구 승가와 함께 꼬쌀라에서 유행(遊行)하셨습니다. 세존께서는 길을 가시는 도중에 어떤 지방에서 사납게 타오르는 큰 불덩어리를 보시고, 길에서 벗어나 나무 아래에 마련된 자리에 앉으신 후에 비구들에게 말씀하셨습니다.

"그대들은 사납게 불꽃을 내며 타오르고 있는 큰 불덩어리를 보고 있는가?"

36 'sīle ṭhitattā cirarattasaṃvutā'의 번역.

"그렇습니다. 세존이시여!"

"비구들이여, 어떻게 생각하는가? 사납게 불꽃을 내며 타오르고 있는 큰 불덩어리를 껴안고 옆에 앉거나 눕는 것과 손발이 부드러운 크샤트리아 처녀나 바라문 처녀나 속인 처녀를 껴안고 옆에 앉거나 눕는 것 가운데서 어떤 것이 좋겠는가?"

"세존이시여, 손발이 부드러운 크샤트리아 처녀나 바라문 처녀나 속인 처녀를 껴안고 옆에 앉거나 눕는 것이 좋습니다. 세존이시여, 사납게 불꽃을 내며 타오르고 있는 큰 불덩어리를 껴안고 옆에 앉거나 눕는 것은 괴롭습니다."

"비구들이여, 내가 그대들에게 알려주겠소. 내가 그대들에게 단언하겠소. 계행이 바르지 않고, 행실이 사악하고, 행동이 청정하지 못하여 믿음이 가지 않고, 잘못을 발로(發露)하지 않고 숨기는, 사문(沙門)이 아니면서 사문 행세를 하고, 바라문이 아니면서 바라문 행세를 하고, 청정한 수행자가 아니면서 청정한 수행자 행세를 하고, 속은 썩어서 탐욕으로 가득 찬, 성품이 청정하지 못한 비구에게는 사납게 불꽃을 내며 타오르고 있는 큰 불덩어리를 껴안고 옆에 앉거나 눕는 것이 더 좋을 것이오. 그 까닭은 무엇인가? 비구들이여, 그는 그로 인해서 죽을 지경에 이르거나, 죽을 정도의 고통을 겪게 되겠지만, 그 때문에 몸이 무너져 죽은 후에 괴롭고, 험난하고, 고통스러운 지옥에 태어나지는 않을 것이오. 비구들이여, 계행이 바르지 않고, 행실이 사악하고, 행동이 청정하지 못하여 믿음이 가지 않고, 잘못을 발로하지 않고 숨기는, 사문이 아니면서 사문 행세를 하고, 바라문이 아니면서 바라문 행세를 하고, 청정한 수행자가 아니면서 청정한 수행자 행세를 하고, 속은 썩어서 탐욕으로 가득 찬, 성품이 청정하지 못한 비구가 손발이 부드러운 크샤트리아 처녀나 바라문 처녀나 속인 처녀를 껴안고 옆에 앉거나 누우면, 그는 오랜 세월 동안 이익이 없고, 괴로움을 겪게 되며, 몸이 무너져 죽은 후에는 괴롭고, 험난하고, 고통스러운 지옥에 태어난다오. 비구들이여, 어떻게 생각하는가? 힘센 사내가 단단한 말총 노끈으로 두 다리를 묶고 비틀어서 피부가 찢어지고, 가죽이 찢어지고, 살점이 떨어지고, 뼈가 부서지고, 골수가 흘러나오는 것과 크샤트리아 부호나 바라문 부호나 속인 부호의 예배를 받는 것 가운데서 어떤 것이 좋겠는가?"

"세존이시여, 크샤트리아 부호나 바라문 부호나 속인 부호의 예배를 받는 것이 좋습니다. 세존이시여, 힘센 사내가 단단한 말총 노끈으로 두 다리를 묶고 비틀어서 피부가 찢어지고, 가죽이 찢어지고, 살점이 떨어지고, 뼈가 부서지고, 골수가 흘러나오는 것은 괴롭습니다."

"비구들이여, 내가 그대들에게 알려주겠소. 내가 그대들에게 단언하겠소. 계행이 바르지 않고, … (중략) … 성품이 청정하지 못한 비구에게는 힘센 사내가 단단한 말총 노끈으로 두 다리를 묶고 비틀어서 피부가 찢어지고, 가죽이 찢어지고, 살점이 떨어지고, 뼈가 부서지고, 골수가 흘러나오는 것이 더 좋을 것이오. 그 까닭은 무엇인가? 비구들이여, 그는 그로 인해서 죽을 지경에 이르거나, 죽을 정도의 고통을 겪게 되겠지만, 그 때문에 몸이 무너져 죽은 후에 괴롭고, 험난하고, 고통스러운 지옥에 태어나지는 않을 것이오. 비구들이여, 계행이 바르지 않고, … (중략) … 성품이 청정하지 못한 비구가 크샤트리아 부호나 바라문 부호나 속인 부호의 예배를 받으면, 그는 오랜 세월 동안 이익이 없고, 괴로움을 겪게 되며, 몸이 무너져 죽은 후에는 괴롭고, 험난하고, 고통스러운 지옥에 태어난다오. 비구들이여, 어떻게 생각하는가? 힘센 사내가 기름칠을 한 날카로운 칼로 엉덩이를 내리치는 것과 크샤트리아 부호나 바라문 부호나 속인 부호의 합장을 받는 것 가운데서 어떤 것이 좋겠는가?"

"세존이시여, 크샤트리아 부호나 바라문 부호나 속인 부호의 합장 공경을 받는 것이 좋습니다. 세존이시여, 힘센 사내가 기름칠을 한 날카로운 칼로 엉덩이를 내리치는 것은 괴롭습니다."

"비구들이여, 내가 그대들에게 알려주겠소. 내가 그대들에게 단언하겠소. 계행이 바르지 않고, … (중략) … 성품이 청정하지 못한 비구에게는 힘센 사내가 기름칠을 한 날카로운 칼로 엉덩이를 내리치는 것이 더 좋을 것이오. 그 까닭은 무엇인가? 비구들이여, 그는 그로 인해서 죽을 지경에 이르거나, 죽을 정도의 고통을 겪게 되겠지만, 그 때문에 몸이 무너져 죽은 후에 괴롭고, 험난하고, 고통스러운 지옥에 태어나지는 않을 것이오. 비구들이여, 계행이 바르지 않고, … (중략) … 성품이 청정하지 못한 비구가 크샤트리아 부호나 바라문 부호나 속인 부호의 합장 공경을 받으면, 그는 오랜 세월 동안 이익이 없고, 괴로움을 겪게 되며, 몸이 무너져 죽은 후에는 괴롭고, 험난하고, 고통스러운 지옥에 태어난다오. 비구들이여, 어떻게 생각하는가? 힘센 사내가 사납게 불꽃을 내며 타오르는 뜨거운 철판으로 몸을 감싸는 것과 크샤트리아 부호나 바라문 부호나 속인 부호의 옷을 받아 입는 것 가운데서 어떤 것이 좋겠는가?"

"세존이시여, 크샤트리아 부호나 바라문 부호나 속인 부호의 옷을 받아 입는 것이 좋습니다. 세존이시여, 힘센 사내가 사납게 불꽃을 내며 타오르는 뜨거운 철판으로 몸을 감싸는 것은 괴롭습니다."

"비구들이여, 내가 그대들에게 알려주겠소. 내가 그대들에게 단언하겠소. 계행이 바르지 않고, … (중략) … 성품이 청정하지 못한 비구에게는 힘센 사내가 사납게 불꽃을 내며 타오르는 뜨거운 철판으로 몸을 감싸는 것이 더 좋을 것이오. 그 까닭은 무엇인가? 비구들이여, 그는 그로 인해서 죽을 지경에 이르거나, 죽을 정도의 고통을 겪게 되겠지만, 그 때문에 몸이 무너져 죽은 후에 괴롭고, 험난하고, 고통스러운 지옥에 태어나지는 않을 것이오. 비구들이여, 계행이 바르지 않고, … (중략) … 성품이 청정하지 못한 비구가 크샤트리아 부호나 바라문 부호나 속인 부호의 옷을 받아 입으면, 그는 오랜 세월 동안 이익이 없고, 괴로움을 겪게 되며, 몸이 무너져 죽은 후에는 괴롭고, 험난하고, 고통스러운 지옥에 태어난다오. 비구들이여, 어떻게 생각하는가? 힘센 사내가 사납게 불꽃을 내며 타오르는 뜨거운 쇠꼬챙이로 입을 벌리고, 사납게 불꽃을 내며 타오르는 뜨거운 놋쇠구슬을 입속에 집어넣어서 (그 구슬이) 입술을 태우고, 입속을 태우고, 혀를 태우고, 목구멍을 태우고, 위장을 태우고, 마지막에 내장을 태우면서 아래로 빠져나가는 것과 크샤트리아 부호나 바라문 부호나 속인 부호가 믿음으로 보시한 탁발 음식을 받아먹는 것 가운데서 어떤 것이 좋겠는가?"

"세존이시여, 크샤트리아 부호나 바라문 부호나 속인 부호가 믿음으로 보시한 탁발 음식을 받아먹는 것이 좋습니다. 세존이시여, 힘센 사내가 사납게 불꽃을 내며 타오르는 뜨거운 쇠꼬챙이로 입을 벌리고, 사납게 불꽃을 내며 타오르는 뜨거운 놋쇠구슬을 입속에 집어넣어서 (그 구슬이) 입술을 태우고, 입속을 태우고, 혀를 태우고, 목구멍을 태우고, 위장을 태우고, 마지막에 내장을 태우면서 아래로 빠져나가는 것은 괴롭습니다."

"비구들이여, 내가 그대들에게 알려주겠소. 내가 그대들에게 단언하겠소. 계행이 바르지 않고, … (중략) … 성품이 청정하지 못한 비구에게는 힘센 사내가 사납게 불꽃을 내며 타오르는 뜨거운 쇠꼬챙이로 입을 벌리고, 사납게 불꽃을 내며 타오르는 뜨거운 놋쇠구슬을 입속에 집어넣어서 (그 구슬이) 입술을 태우고, 입속을 태우고, 혀를 태우고, 목구멍을 태우고, 위장을 태우고, 마지막에 내장을 태우면서 아래로 빠져나가는 것이 더 좋을 것이오. 그 까닭은 무엇인가? 비구들이여, 그는 그로 인해서 죽을 지경에 이르거나, 죽을 정도의 고통을 겪게 되겠지만, 그 때문에 몸이 무너져 죽은 후에 괴롭고, 험난하고, 고통스러운 지옥에 태어나지는 않을 것이오. 비구들이여, 계행이 바르지 않고, … (중략) … 성품이 청정하지 못한 비구가 크샤트리아 부호나 바라문 부호나 속인 부호가 믿음으로 보시한 탁발 음식을 받아먹으면, 그는 오랜 세월 동안 이익이 없고, 괴로움을 겪게 되며, 몸이 무너져 죽은 후에는 괴롭고, 험난하고, 고통스러운 지옥에 태어난다오. 비구들이여, 어떻게 생각하는가? 힘센 사내가 머리나 어깨를 잡고, 사납게 불꽃을 내며 타오르는 뜨거운 무쇠 침대나 무쇠 의자에 앉히거나 눕히는 것과 크샤트리아 부호나 바라문 부호나 속인 부호가 믿음으로 보시한 침대나 의자를 받아서 사용하는 것 가운데서 어떤 것이 좋겠는가?"

"세존이시여, 크샤트리아 부호나 바라문 부호나 속인 부호가 믿음으로 보시한 침대나 의자를 받아서 사용하는 것이 좋습니다. 세존이시여, 힘센 사내가 머리나 어깨를 잡고, 사납게 불꽃을 내며 타오르는 뜨거운 무쇠 침대나 무쇠 의자에 앉히거나 눕히는 것은 괴롭습니다.”

“비구들이여, 내가 그대들에게 알려주겠소. 내가 그대들에게 단언하겠소. 계행이 바르지 않고, … (중략) … 성품이 청정하지 못한 비구에게는 힘센 사내가 머리나 어깨를 잡고, 사납게 불꽃을 내며 타오르는 뜨거운 무쇠 침대나 무쇠 의자에 앉히거나 눕히는 것이 더 좋을 것이오. 그 까닭은 무엇인가? 비구들이여, 그는 그로 인해서 죽을 지경에 이르거나, 죽을 정도의 고통을 겪게 되겠지만, 그 때문에 몸이 무너져 죽은 후에 괴롭고, 험난하고, 고통스러운 지옥에 태어나지는 않을 것이오. 비구들이여, 계행이 바르지 않고, … (중략) … 성품이 청정하지 못한 비구가 크샤트리아 부호나 바라문 부호나 속인 부호가 믿음으로 보시한 침대나 의자를 받아서 사용하면, 그는 오랜 세월 동안 이익이 없고, 괴로움을 겪게 되며, 몸이 무너져 죽은 후에는 괴롭고, 험난하고, 고통스러운 지옥에 태어난다오. 비구들이여, 어떻게 생각하는가? 힘센 사내가 거꾸로 세워서 다리를 위로, 머리를 아래로 붙잡고, 사납게 불꽃을 내며 타오르는 뜨거운 쇳물이 부글부글 끓는 솥에 집어넣어 한 번은 위로 올리고, 한 번은 아래로 내리고, 한 번은 좌우로 흔들어서 튀기는 것과 크샤트리아 부호나 바라문 부호나 속인 부호가 믿음으로 보시한 사원(寺院)을 받아서 사용하는 것 가운데서 어떤 것이 좋겠는가?”

“세존이시여, 크샤트리아 부호나 바라문 부호나 속인 부호가 믿음으로 보시한 사원을 받아서 사용하는 것이 좋습니다. 세존이시여, 힘센 사내가 거꾸로 세워서 다리를 위로, 머리를 아래로 붙잡고, 사납게 불꽃을 내며 타오르는 뜨거운 쇳물이 부글부글 끓는 솥에 집어넣어 한번은 위로 올리고, 한번은 아래로 내리고, 한번은 좌우로 흔들어서 튀기는 것은 괴롭습니다."

"비구들이여, 내가 그대들에게 알려주겠소. 내가 그대들에게 단언하겠소. 계행이 바르지 않고, … (중략) … 성품이 청정하지 못한 비구에게는 힘센 사내가 거꾸로 세워서 다리를 위로, 머리를 아래로 붙잡고, 사납게 불꽃을 내며 타오르는 뜨거운 쇳물이 부글부글 끓는 솥에 집어넣어 한 번은 위로 올리고, 한 번은 아래로 내리고, 한 번은 좌우로 흔들어서 튀기는 것이 더 좋을 것이오. 그 까닭은 무엇인가? 비구들이여, 그는 그로 인해서 죽을 지경에 이르거나, 죽을 정도의 고통을 겪게 되겠지만, 그 때문에 몸이 무너져 죽은 후에 괴롭고, 험난하고, 고통스러운 지옥에 태어나지는 않을 것이오. 비구들이여, 계행이 바르지 않고, … (중략) … 성품이 청정하지 못한 비구가 크샤트리아 부호나 바라문 부호나 속인 부호가 믿음으로 보시한 사원을 받아서 사용하면, 그는 오랜 세월 동안 이익이 없고, 괴로움을 겪게 되며, 몸이 무너져 죽은 후에는 괴롭고, 험난하고, 고통스러운 지옥에 태어난다오.

비구들이여, 그러므로 그대들은 이와 같이 공부해야 한다오.

'우리가 받아서 사용하는 의복과 탁발 음식과 잠자리와 의약자구(醫藥資具)를 베풀어준 분들에게 그 행위는 큰 과보와 공덕이 있을 것이고, 우리에게 이 출가는 헛되지 않고, 결과가 있고, 결실이 있을 것이다.'

비구들이여, 그대들은 이와 같이 공부해야 한다오.

비구들이여, 자신의 공덕을 살펴보고 마땅히 방일하지 않고 정진해야 한다오. 비구들이여, (보시한) 타인의 공덕을 살펴보고 마땅히 방일하지 않고 정진해야 한다오. 비구들이여, 자신과 타인의 공덕을 살펴보고 마땅히 방일하지 않고 정진해야 한다오."

이것이 세존께서 하신 말씀입니다. 그런데 이 기별(記別)을 말씀하실 때[37] 60명 정도의 비구들은 입에서 뜨거운 피를 토해냈고, 60명 정도의 비구들은 '세존이시여, 어렵습니다. 세존이시여, 너무 어렵습니다'라고 말하면서 공부를 포기하고 환속했으며, 60명 정도의 비구들은 집착에서 벗어나 마음이 번뇌에서 해탈했습니다.

37 'imasmiñ ca pana veyyākaraṇasmiṃ bhaññamāne'의 번역. 기별(記別)로 번역한 'veyyākaraṇa'는 부처님께서 죽은 다음에 가는 곳을 알려주는 일인데, 부처님께서 이 경에서 계행이 바르지 않은 비구가 공경을 받고, 보시를 수용하면 죽어서 지옥에 간다고 기별하신 것을 의미한다.

8

여덟-모음

Aṭṭhaka-Nipāta

해제

여덟 개의 주제를 다룬 경을 모은 '여덟-모음(Aṭṭhaka-Nipāta)'은 9품(Vagga) 96경(Sutta)으로 이루어져 있다. 이 책에서는 그 가운데 10개의 경을 선정하여 번역하였다.

선정된 경 가운데 주목할 경을 소개하면 다음과 같다.

A.8.3. 씨하(Sīha) 〈A.8.12.〉 경은 니간타의 제자, 즉 자이나교도인 씨하(Sīha) 장군과 붓다의 대화를 담고 있으며, 업(業)에 대한 붓다의 입장을 보여준다. 자이나교에서 업은 괴로움을 일으키는 실체다. 따라서 자이나교에서는 어떤 업이든 업이 침투하게 해서는 안 된다고 가르친다. 그러나 붓다는 업을 실체로 보지 않고 우리의 삶으로 본다. 우리는 살면서 업을 짓게 되는데, 여래는 선업(善業)을 짓고, 악업(惡業)을 짓지 말라고 가르친다는 것이 이 경의 내용이다.

이 경에서 눈길을 끄는 것은 씨하 장군이 붓다에게 음식을 대접하면서 신선한 고기를 구해 음식을 만든다는 것이다. 이것은 당시에 붓다에게 고기로 만든 음식을 올리는 것이 일반적이었음을 보여준다.

A.8.4. 와쎗타(Vāseṭṭha) 〈A.8.44.〉 경에서 붓다는 재가 제자인 와쎗타(Vāseṭṭha)에게 재가 제자가 포살(布薩)을 행할 때 8재계(齋戒)를 행할 것을 가르친다. 이 경에는 재가 제자들이 지켜야 할 계율인 8재계가 상세하게 설해지고 있기 때문에 눈여겨볼 만하다.

A.8.5. 위싸카(Visākhā) 〈A.8.47.〉, A.8.6. 세간(世間)의 정복(Lokavijaya) 〈A.8.49.〉 이 두 경은 부인이 갖추어야 할 행실에 대하여 설한 것으로서,

가정에서 부인의 역할과 중요성을 보여주는 경이다. '위싸카(Visākhā) 경'에서는 여덟 가지 행실[法]을 구족한 부인은 죽은 후에 멋진 몸을 지닌 천신(天神)으로 태어난다고 설한다. '세간(世間)의 정복 (Lokavijaya) 경'에서는 부인이 일을 잘 처리하고, 집안의 식솔들을 잘 섭수하고, 남편이 좋아하는 일을 하고, 재산을 지키면, 그 부인은 세간을 정복하고, 세간을 얻게 된다고 설한다.

A.8.9. 주의집중(Sati) 〈A.8.81.〉 경은 주의집중에서 해탈지견(解脫知見)에 이르는 불교수행의 과정과 단계를 보여준다.

A.8.10. 근본(Mūla) 〈A.8.83.〉 경은 모든 법(法, dhamma)의 근본에 대하여 설한 것이다. "모든 법은 의욕[欲]이 근본이고, 모든 법은 관심[作意]이 기원(起源)이고, 모든 법은 접촉[觸]이 집기(集起)한 것이고, 모든 법은 느낌[受]이 모인 것이고, 모든 법은 삼매[定]가 선두에 있고, 모든 법은 주의집중[念]이 지배하고, 모든 법은 통찰지[般若]가 위에 있고, 모든 법은 해탈(解脫)이 핵심이다"라는 말씀은 불교에서 사용하는 '법(dhamma)'이라는 개념을 이해하는 데 반드시 살펴보아야 할 말씀이다.

◈

A.8.1. 자애(慈愛, Mettā) 〈A.8.1.〉

세존께서 싸왓티의 제따와나 아나타삔디까 사원(寺院)에 머무실 때, 비구들에게 말씀하셨습니다.

"비구들이여, 자애(慈愛)로운 마음에 의한 심해탈(心解脫)을 자주 부지런히 수련하여, 수레로 삼고 터전으로 삼아,[01] 실천하고 체화(體化)하여 잘 실행하면, 여덟 가지 좋은 결과를 기대할 수 있다오. 그 여덟은 어떤 것인가? 그것은 편히 잠들고, 편히 깨어나고, 악몽을 꾸지 않고, 사람들이 좋아하고, 비인(非人)들이 좋아하고, 천신들이 보호하고, 불이나 독이나 칼이 해치지 못하고, 더 높은 세계는 성취하지 못해도 범천의 세계에는 도달하는 것이라오. 비구들이여, 자애로운 마음에 의한 심해탈을 자주 부지런히 수련하여, 수레로 삼고 터전으로 삼아, 실천하고 체화하여 잘 실행하면, 이와 같은 여덟 가지 좋은 결과를 기대할 수 있다오."

A.8.2. 세간법(世間法, Lokadhamma) 〈A.8.6.〉

"비구들이여, 여덟 가지 세간법(世間法)이 세간을 움직이고, 세간은 여덟 가지 세간법 안에서 움직인다오. 그 여덟은 어떤 것인가? 그것은 이

---

01 'yānikatāya vatthukatāya'의 번역.

익과 손해, 명예와 불명예, 비난과 칭찬, 즐거움과 괴로움이라오. 비구들이여, 배우지 못한 범부에게도 이익이나 손해, 명예나 불명예, 비난이나 칭찬, 즐거움이나 괴로움이 생기고, 배움이 많은 거룩한 제자에게도 이익이나 손해, 명예나 불명예, 비난이나 칭찬, 즐거움이나 괴로움이 생긴다오. 비구들이여, 거기에서 구별되는 점은 무엇이고 차이는 무엇인가? 배움이 많은 거룩한 제자가 배우지 못한 범부와 다른 점은 어떤 것인가?"

"세존이시여, 우리의 모든 법(法)은 세존을 근본으로 하고, 세존을 스승으로 하고, 세존을 의지처로 합니다. 세존이시여, 부디 세존께서 말씀하신 의미를 알려주십시오. 비구들은 세존의 말씀을 듣고 명심하겠습니다."

"비구들이여, 그렇다면 그대들은 듣고 잘 생각하도록 하시오. 내가 이야기하겠소."

그 비구들은 "그렇게 하겠습니다. 세존이시여"라고 대답했습니다.

세존께서는 다음과 같이 말씀하셨습니다.

"비구들이여, 배우지 못한 범부에게 이익이나 손해, 명예나 불명예, 비난이나 칭찬, 즐거움이나 괴로움이 생기면, 그는 '나에게 생긴 이 이익이나 손해, 명예나 불명예, 비난이나 칭찬, 즐거움이나 괴로움은 무상(無常)하고 괴로운 변역법(變易法)이다'라고 성찰하지 못하고, '나에게 생긴 이 이익이나 손해, 명예나 불명예, 비난이나 칭찬, 즐거움이나 괴로움은 무상하고 괴로운 변역법이다'라고 있는 그대로 통찰하지 못한다오. 그에게 이익이나 손해, 명예나 불명예, 비난이나 칭찬, 즐거움이나 괴로움이 마음을 사로잡고 머문다오. 그는 이익이나 명예나 칭찬이나 즐거움이 생기면 순응하고, 손해나 불명예나 비난이나 괴로움이 생기면 배척한다오. 그는 이와 같이 순응과 배척에 빠져들기 때문에 태어남과 늙음과 죽음과 근심과 슬픔과 고통과 우울과 불안에서 벗어나지 못하고, 괴로움에서 벗어나지 못한다고 나는 말한다오.

비구들이여, 배움이 많은 거룩한 제자에게 이익이나 손해, 명예나 불명예, 비난이나 칭찬, 즐거움이나 괴로움이 생기면, 그는 '나에게 생긴 이 이익이나 손해, 명예나 불명예, 비난이나 칭찬, 즐거움이나 괴로움은 무상하고 괴로운 변역법이다'라고 성찰하고, '나에게 생긴 이 이익이나 손해, 명예나 불명예, 비난이나 칭찬, 즐거움이나 괴로움은 무상하고 괴로운 변역법이다'라고 있는 그대로 통찰한다오. 그에게 이익이나 손해, 명예나 불명예, 비난이나 칭찬, 즐거움이나 괴로움이 마음을 사로잡고 물지 않는다오. 그는 이익이나 명예나 칭찬이나 즐거움이 생겨도 순응하지 않고, 손해나 불명예나 비난이나 괴로움이 생겨도 배척하지 않는다오. 그는 이와 같이 순응과 배척에 빠져들지 않기 때문에 태어남과 늙음과 죽음과 근심과 슬픔과 고통과 우울과 불안에서 벗어나고, 괴로움에서 벗어난다고 나는 말한다오.

비구들이여, 이것이 구별되는 점이고, 이것이 차이라오. 이것이 배움이 많은 거룩한 제자가 배우지 못한 범부와 다른 점이라오."

A.8.3. 씨하(Sīha) 〈A.8.12.〉

세존께서 웨쌀리의 마하와나에 있는 중각강당(重閣講堂)에 머무실 때, 많은 저명한 릿차위들이 공회당에 함께 모여앉아 갖가지 언설로 붓다를 찬양하고, 가르침을 찬양하고 승가를 찬양했습니다. 그때 니간타의 제자인 씨하(Sīha) 장군이 그 대중 가운데 앉아있었습니다. 씨하 장군은 '세존은 분명히 아라한이고, 등정각(等正覺)일 것이다. 그래서 이들 많은 저명한 릿차위들이 공회당에 함께 모여앉아 갖가지 언설로 붓다를 찬양하고, 가르침을 찬양하고 승가를 찬양한다. 나는 아라한이고 등정각인 세존을 뵈러 가야겠다'라고 생각했습니다.

그래서 씨하 장군은 니간타 나따뿟따를 찾아가서 말했습니다.

"존자여, 저는 고따마 사문을 뵈러 가고 싶습니다."

"씨하여, 업론자(業論者)인 그대가 왜 업부정론자(業否定論者)인 고따마 사문을 보러 가려고 하나요? 씨하여, 고따마 사문은 업(業)을 부정(否定)하는 가르침을 설하고 그것으로 제자들을 가르치는 업부정론자(業否定論者)라오."

그래서 씨하 장군은 세존을 뵈러 가려는 생각을 내려놓았습니다.

두 번째로, 많은 저명한 릿차위들이 공회당에 함께 모여앉아 갖가지 언설로 붓다를 찬양하고, 가르침을 찬양하고 승가를 찬양했습니다. 그때도 니간타의 제자인 씨하 장군이 그 대중 가운데 앉아있었습니다. 씨하 장군은 두 번째로 '세존은 분명히 아라한이고, 등정각일 것이다. 그래서 이들 많은 저명한 릿차위들이 공회당에 함께 모여앉아 갖가지 언설로 붓다를 찬양하고, 가르침을 찬양하고 승가를 찬양한다. 나는 아라한이고 등정각인 세존을 뵈러 가야겠다'라고 생각했습니다.

그래서 씨하 장군은 니간타 나따뿟따를 찾아가서 말했습니다.

"존자여, 저는 고따마 사문을 뵈러 가고 싶습니다."

"씨하여, 업론자인 그대가 왜 업부정론자인 고따마 사문을 보러 가려고 하나요? 씨하여, 고따마 사문은 업을 부정하는 가르침을 설하고 그것으로 제자들을 가르치는 업부정론자라오."

그래서 씨하 장군은 두 번째에도 세존을 뵈러 가려는 생각을 내려놓았습니다.

세 번째로, 많은 저명한 릿차위들이 공회당에 함께 모여앉아 갖가지 언설로 붓다를 찬양하고, 가르침을 찬양하고 승가를 찬양했습니다. 그때도 니간타의 제자인 씨하 장군이 그 대중 가운데 앉아있었습니다. 씨하 장군은 세 번째로 '세존은 분명히 아라한이고, 등정각일 것이다. 그래서 이들 많은 저명한 릿차위들이 공회당에 함께 모여앉아 갖가지 언설로 붓다를 찬양하고, 가르침을 찬양하고 승가를 찬양한다. 허락을 받든, 허락을 받지 않든, 니간타들이 나에게 무엇을 할 수 있겠는가? 나는 아라한이고 등정각인 세존을 뵈러 가야겠다'라고 생각했습니다.

그래서 씨하 장군은 세존을 뵙기 위하여 500대 정도의 수레를 거느리고 아침 일찍 웨쌀리를 나섰습니다. 그는 수레가 갈 수 있는 곳까지는 수레로 간 다음에, 걸어서 사원에 들어갔습니다. 씨하 장군은 세존을 찾아가서 세존께 예배한 후에 한쪽에 앉았습니다. 한쪽에 앉은 씨하 장군이 세존께 말씀드렸습니다.

"세존이시여, 저는 '고따마 사문은 업을 부정하는 가르침을 설하고, 그것으로 제자들을 가르치는 업부정론자다'라고 들었습니다. 세존이시여, 이렇게 말하는 사람들은 세존에 대하여 진실을 말하는 사람인가요? 그들은 세존을 거짓으로 중상하는 것이 아니고, 가르침과 일치하는 판단을 한 것인가요? 그들이 가르침을 따르는 사람이든, 비난하는 사람이든, 그 누구도 비난받게 되지 않나요?[02] 세존이시여, 우리는 세존을 중상하고 싶지 않습니다."

"씨하여, 나에 대하여 바르게 이야기하면서 '고따마 사문은 업을 부정하는 가르침을 설하고, 그것으로 제자들을 가르치는 업부정론자다'라고 말할 수 있는 법문도 있고, '고따마 사문은 업에 대한 가르침을 설하고, 그것으로 제자들을 가르치는 업론자다'라고 말할 수 있는 법문도 있고, '고따마 사문은 단멸(斷滅)에 대한 가르침을 설하고, 그것으로 제자들을 가르치는 단멸론자(斷滅論者)다'라고 말할 수 있는 법문도 있고, '고따마 사문은 혐오에 대한 가르침을 설하고, 그것으로 제자들을 가르치는 혐오론자(嫌惡論者)다'라고 말할 수 있는 법문도 있고, '고따마 사문은 파괴에 대한 가르침을 설하고, 그것으로 제자들을 가르치는 파괴론자(破壞論者)다'라고 말할 수 있는 법문도 있고, '고따마 사문은 고행(苦行)에 대한 가르침을 설하고, 그것으로 제자들을 가르치는 고행론자(苦行論者)다'라고 말할 수 있는 법문도 있고, '고따마 사문은 모태(母胎)에 들어가지 말라는 가르침을 설하고, 그것으로 제자들을 가르치는 입태거부자(入胎拒否者)다'라고 말할 수 있는 법문도 있고, '고따마 사문은 안식(安息)에 대한 가르침을 설하고, 그것으로 제자들을 가르치는 안식론자(安息論者)다'라고 말할 수 있는 법문도 있다오.

씨하여, 나에 대하여 바르게 이야기하면서 '고따마 사문은 업을 부정하는 가르침을 설하고, 그것으로 제자들을 가르치는 업부정론자

---

02 'na ca koci sahadhammiko vādānupāto gārahyaṃ ṭhānaṃ āgacchati'의 번역. 불교를 추종하는 사람이든 비난하는 사람이든 이런 말을 하는 사람은 비난받지 않게 되는지를 묻고 있다.

다'라고 말할 수 있는 법문은 어떤 것인가? 씨하여, 나는 업을 짓지 말라고 이야기한다오. 나는 몸과 말과 마음으로 행하는 못된 행위에 의한 갖가지 사악한 불선법(不善法)을 행하지 말라고 이야기한다오. 씨하여, 이것이 나에 대하여 바르게 이야기하면서 '고따마 사문은 업을 부정하는 가르침을 설하고, 그것으로 제자들을 가르치는 업부정론자다'라고 말할 수 있는 법문이라오.

씨하여, 나에 대하여 바르게 이야기하면서 '고따마 사문은 업에 대한 가르침을 설하고, 그것으로 제자들을 가르치는 업론자다'라고 말할 수 있는 법문은 어떤 것인가? 씨하여, 나는 업을 지으라고 이야기한다오. 나는 몸과 말과 마음으로 행하는 좋은 행위에 의한 갖가지 선법(善法)을 행하라고 이야기한다오. 씨하여, 이것이 나에 대하여 바르게 이야기하면서 '고따마 사문은 업에 대한 가르침을 설하고, 그것으로 제자들을 가르치는 업론자다'라고 말할 수 있는 법문이라오.

씨하여, 나에 대하여 바르게 이야기하면서 '고따마 사문은 단멸에 대한 가르침을 설하고, 그것으로 제자들을 가르치는 단멸론자다'라고 말할 수 있는 법문은 어떤 것인가? 씨하여, 나는 단멸을 이야기한다오. 나는 탐욕과 분노와 어리석음에 의한 갖가지 사악한 불선법을 끊어 없애라고 이야기한다오. 씨하여, 이것이 나에 대하여 바르게 이야기하면서 '고따마 사문은 단멸에 대한 가르침을 설하고, 그것으로 제자들을 가르치는 단멸론자다'라고 말할 수 있는 법문이라오.

씨하여, 나에 대하여 바르게 이야기하면서 '고따마 사문은 혐오에 대한 가르침을 설하고, 그것으로 제자들을 가르치는 혐오론자다'라고 말할 수 있는 법문은 어떤 것인가? 씨하여, 나는 몸과 말과 마음으로 행하는 못된 행위를 혐오한다오. 나는 갖가지 사악한 불선법을 저지르는 것을 혐오한다오. 씨하여, 이것이 나에 대하여 바르게 이야기하면서 '고따마 사문은 혐오에 대한 가르침을 설하고, 그것으로 제자들을 가르치는 혐오론자다'라고 말할 수 있는 법문이라오.

씨하여, 나에 대하여 바르게 이야기하면서 '고따마 사문은 파괴에 대한 가르침을 설하고, 그것으로 제자들을 가르치는 파괴론자다'라고 말할 수 있는 법문은 어떤 것인가? 씨하여, 나는 파괴하는 법을 가르친다오. 나는 탐욕과 분노와 어리석음에 의한 갖가지 사악한 불선법을 파괴하는 법을 가르친다오. 씨하여, 이것이 나에 대하여 바르게 이야기하면서 '고따마 사문은 파괴에 대한 가르침을 설하고, 그것으로 제자들을 가르치는 파괴론자다'라고 말할 수 있는 법문이라오.

씨하여, 나에 대하여 바르게 이야기하면서 '고따마 사문은 고행에 대한 가르침을 설하고, 그것으로 제자들을 가르치는 고행론자다'라고 말할 수 있는 법문은 어떤 것인가? 씨하여, 나는 사악한 불선법들을 불태우라고 말한다오. 씨하여, 몸과 말과 마음으로 행하는 못된 행위를 불태워서 그에게 사악한 불선법들이 제거되고 없어져서 뿌리가 잘린 나무나 밑동이 잘린 야자수처럼 미래에 생기지 않으면, 나는 그를 고행론자라고 말한다오. 씨하여, 여래에게는 사악한 불선법들이 제거되고 없어져서 뿌리가 잘린 나무나 밑동이 잘린 야자수처럼 미래에 생기지 않는다오. 씨하여, 이것이 나에 대하여 바르게 이야기하면서 '고따마 사문은 고행에 대한 가르침을 설하고, 그것으로 제자들을 가르치는 고행론자다'라고 말할 수 있는 법문이라오.

씨하여, 나에 대하여 바르게 이야기하면서 '고따마 사문은 모태에 들어가지 말라는 가르침을 설하고, 그것으로 제자들을 가르치는 입태거부자다'라고 말할 수 있는 법문은 어떤 것인가? 씨하여, 그에게 미래에 모태에 들어가서 후유(後有)가 출생하는 일이[03] 제거되고 없어져서 뿌리가 잘린 나무나 밑동이 잘린 야자수처럼 미래에 생기지 않으면, 나는 그를 입태거부자라고 말한다오. 씨하여, 여래에게는 미래에 모태에 들어가서 후유가 출생하는 일이 제거되고 없어져서 뿌리가 잘린 나무나 밑동이 잘린 야자수처럼 미래에 생기지 않는다오. 씨하여, 이것이 나에 대하여 바르게 이야기하면서 '고따마 사문은 모태에 들어가지 말라 가르침을 설하고, 그것으로 제자들을 가르치는 입태거부자다'라고 말할 수 있는 법문이라오.

씨하여, 나에 대하여 바르게 이야기하면서 '고따마 사문은 안식에 대한 가르침을 설하고, 그것으로 제자들을 가르치는 안식론자다'라고 말할 수 있는 법문은 어떤 것인가? 씨하여, 나는 최상의 안식으로 편히 쉬는 법을 설하고, 그것으로 제자들을 가르친다오. 씨하여, 이것이 나에 대하여 바르게 이야기하면서 '고따마 사문은 안식에 대한 가르침을 설하고, 그것으로 제자들을 가르치는 안식론자다'라고 말할 수 있는 법문이라오."

이와 같이 말씀하시자, 씨하 장군이 세존께 말씀드렸습니다.

"훌륭합니다. 세존이시여! … (중략) … 이제 저는 세존께 귀의합니다. 가르침과 비구 승가에 귀의합니다. 세존께서는 저를 청신사(淸信士)로 받아주소서. 오늘부터 살아있는 날까지 귀의하겠나이다."

---

03 'punabbhābhinibbatti'의 번역.

"씨하여, 깊이 생각하십시오. 당신은 세상에 널리 알려진 사람이니 부디 깊이 생각하도록 하십시오."

"세존이시여, 세존께서 저에게 '씨하여, 깊이 생각하십시오. 당신은 세상에 널리 알려진 사람이니 부디 깊이 생각하도록 하십시오'라고 말씀하시니, 저는 더욱더 세존께 흡족하고 만족합니다. 세존이시여, 외도(外道)들은 저를 제자로 얻은 다음에는, '씨하 장군이 우리의 제자가 되었다'라고 외치면서 깃발을 흔들며 웨쌀리의 모든 곳을 돌아다닐 것입니다. 그런데 세존께서는 저에게 '씨하여, 깊이 생각하십시오. 당신은 세상에 널리 알려진 사람이니 부디 깊이 생각하도록 하십시오'라고 말씀하셨습니다. 이제 저는 거듭 세존께 귀의합니다. 가르침과 비구 승가에 귀의합니다. 세존께서는 저를 청신사로 받아주소서. 오늘부터 살아있는 날까지 귀의하겠나이다."

"씨하여, 당신의 가문은 오랫동안 니간타에게 우물 같은 존재였습니다.[04] 그러므로 그들이 오면 탁발 음식을 보시해야 한다고 생각하십시오."

"세존이시여, 세존께서 저에게 '거사여, 당신의 가문은 오랫동안 니간타에게 우물 같은 존재였습니다. 그러므로 그들이 오면 탁발 음식을 보시해야 한다고 생각하십시오'라고 말씀하시니, 저는 더욱더 세존께 흡족하고 만족합니다. 세존이시여, 저는 사문 고따마는 '나에게만 보시를 베풀고, 다른 사람에게는 보시를 베풀지 말라! 나의 제자들에게만 보시를 베풀고, 다른 사람의 제자들에게는 보시를 베풀지 말라!

04 'opānabhūtaṃ'의 번역.

나에게 베푼 보시만이 큰 공덕이 있고, 다른 사람에게 베푼 보시는 큰 공덕이 없다. 나의 제자들에게 베푼 보시만이 큰 공덕이 있고, 다른 사람의 제자들에게 베푼 보시는 큰 공덕이 없다'라고 말한다고 들었습니다. 그런데 세존께서는 저에게 니간타에게도 보시할 것을 권유하시는군요. 세존이시여, 그 점은 제가 때를 알아 하겠습니다. 세존이시여, 이제 저는 세 번 거듭 세존께 귀의합니다. 가르침과 비구 승가에 귀의합니다. 세존께서는 저를 청신사로 받아주소서. 오늘부터 살아있는 날까지 귀의하겠나이다."

그러자 세존께서는 씨하 장군에게 차제설법(次第說法)을 하셨습니다. 즉 보시를 말씀하시고, 계율을 말씀하시고, 천상(天上)을 말씀하시고, 감각적 쾌락은 위험하고 무익하고 더러운 것이며, 그것에서 벗어나는 것이 이익이 된다는 것을 설명하셨습니다. 세존께서는 씨하 장군의 마음이 유연하고, 편견이 없고, 즐겁고, 청정하여 가르침을 받아들일 준비가 된 것을 아시고, 깨달으신 분들이 찬탄하시는 고(苦), 집(集), 멸(滅), 도(道)의 법문을 그에게 설명하셨습니다. 비유하면, 얼룩이 없는 깨끗한 옷이 염색을 잘 받아들이듯이, 그 자리에서 씨하 장군에게 '어떤 것이든 쌓인 법[集法]은 모두가 소멸하는 법[滅法]'이라는 것을 보는 청정무구(清淨無垢)한 법안(法眼)이 생겼습니다. 진리를 보고, 진리를 획득하고, 진리를 알고, 진리를 깊이 이해하여, 스승의 가르침에 대하여 다른 사람을 의지하지 않고 의심을 극복하고, 의혹이 사라지고, 두려움이 없어진 씨하 장군이 세존께 말씀드렸습니다.

"세존이시여, 세존께서는 비구 승가와 함께 내일 저의 공양을 받아주시옵소서."

세존께서는 침묵으로 승낙하셨습니다.

씨하 장군은 세존께서 승낙하신 것을 알고, 자리에서 일어나 세존께 예배한 후에 오른쪽으로 (세 번) 돌고 떠나갔습니다.

씨하 장군은 어떤 사람에게 "여보시오! 그대는 가서 싱싱한 고기를 알아보시오!"라고 일렀습니다. 씨하 장군은 그날 밤새 단단하고 부드러운 갖가지 훌륭한 음식을 마련한 후에 "세존이시여, 공양이 준비되었습니다"라고 세존께 알렸습니다.

세존께서는 오전에 옷을 입고, 발우와 법의(法衣)를 들고, 비구 승가와 함께 씨하 장군의 집으로 가서 마련된 자리에 앉으셨습니다.

그때 많은 니간타들이 이 길에서 저 길로, 이 거리에서 저 거리로 웨쌀리를 돌아다니면서 손을 쳐들고 "오늘 씨하 장군은 큰 가축을 잡아서 고따마 사문의 음식을 만들었답니다. 고따마 사문은 그것을 알고도 업을 짓게 되는 그 고기를 먹었답니다"[05]라고 울부짖었습니다.

그러자 어떤 사람이 씨하 장군을 찾아와서 조용히 알려주었습니다.

"존자여, 많은 니간타들이 이 길에서 저 길로, 이 거리에서 저 거리로 웨쌀리를 돌아다니면서 손을 쳐들고, '오늘 씨하 장군은 큰 가축을 잡아서 고따마 사문의 음식을 만들었답니다. 고따마 사문은 그것을 알고도 업을 짓게 되는 그 고기를 먹었답니다'라고 울부짖고 있다는 것을 아십시오."

"존자여, 괜찮습니다. 오랜 세월을 그 존자들은 붓다를 비방하고, 가르침을 비방하고, 승가를 비방했습니다. 그 존자들은 실없고, 공허하

05 'taṃ samaṇo Gotamo jānaṃ uddisa katam maṃsaṃ paribuñjati paṭṭcca kammaṃ'의 번역.

고, 허망한 거짓으로 중상했지만, 세존을 해치지 못했습니다. 우리는 먹고살기 위해서 고의로 살아있는 것들의 생명을 빼앗지 않습니다."

씨하 장군은 부처님을 비롯한 비구 승가를 단단하고 부드러운 갖가지 훌륭한 음식으로 손수 시중을 들며 만족하게 했습니다. 씨하 장군은 세존께서 공양을 마치고 발우에서 손을 떼시자 아래에 있는 다른 자리로 가서 한쪽에 앉았습니다. 세존께서는 법을 설하여 한쪽에 앉은 씨하 장군을 가르치고, 격려하고, 칭찬하고, 기쁘게 하신 후에 자리에서 일어나 떠나셨습니다.

A.8.4. 와쎗타(Vāseṭṭha) 〈A.8.44.〉

세존께서 웨쌀리의 마하와나에 있는 꾸따가라(Kūṭāgara) 강당에 머무실 때 청신사 와쎗타(Vāseṭṭha)가 세존을 찾아와서 세존께 예배하고 한쪽에 앉았습니다. 한쪽에 앉은 청신사 와쎗타에게 세존께서 말씀하셨습니다.

"여덟 가지를 구족한 포살(布薩)을 행하면 큰 결실이 있고, 큰 공덕이 있고, 명성이 크게 빛나고,[06] 명성이 널리 퍼진다오.[07] 와쎗타여, 큰 결실이 있고, 큰 공덕이 있고, 명성이 크게 빛나고,[08] 명성이 널리 퍼지는 여덟 가지를 구족한 포살(布薩)은 어떻게 행하는가?

06 'mahājutiko'의 번역.

07 'mahāvipphāro'의 번역.

08 'mahājutiko'의 번역.

와쎗타여, 거룩한 제자는 '아라한들은 수명이 다할 때까지 살생하지 않고, 살생을 삼가고, 몽둥이나 칼을 잡지 않고, 부끄러움을 알고, 모든 생명을 애민(哀愍)하고 보살피고 사랑하며 살아간다. 나도 오늘 하루 이 밤과 이 낮 동안은 살생하지 않고, 살생을 삼가고, 몽둥이나 칼을 잡지 않고, 부끄러움을 알고, 모든 생명을 애민하고 보살피고 사랑하며 지내겠다. 이것으로 아라한을 본받고, 나의 포살이 되도록 하겠다'라고 성찰한다오. 이렇게 함으로써 첫 번째를 구족한다오.

거룩한 제자는 '아라한들은 수명이 다할 때까지 주지 않는 것을 취하지 않고, 주지 않는 것을 취하는 일을 삼가고, 보시받은 것만을 취하고, 보시만을 기대하며, 도둑질하지 않고 청정한 마음으로 살아간다. 나도 오늘 밤과 낮 하루 동안은 주지 않는 것을 취하지 않고, 주지 않는 것을 취하는 일을 삼가고, 보시받은 것만을 취하고, 보시만을 기대하며, 도둑질하지 않고 청정한 마음으로 지내겠다. 이것으로 아라한을 본받고, 나의 포살이 되도록 하겠다'라고 성찰한다오. 이렇게 함으로써 두 번째를 구족한다오.

거룩한 제자는 '아라한들은 수명이 다할 때까지 청정한 범행(梵行)이 아닌 행을 하지 않고, 청정한 범행을 행하며, 세속의 법인 음행(淫行)을 삼가고 멀리하며 살아간다. 나도 오늘 밤과 낮 하루 동안은 청정한 범행이 아닌 행을 하지 않고, 청정한 범행을 행하며, 세속의 법인 음행을 삼가고 멀리하며 지내겠다. 이것으로 아라한을 본받고, 나의 포살이 되도록 하겠다'라고 성찰한다오. 이렇게 함으로써 세 번째를 구족한다오.

거룩한 제자는 '아라한들은 수명이 다할 때까지 거짓말을 하지 않고, 거짓말을 삼가고, 진실을 말하고, 정직하고, 참되고, 믿을 만하며, 세상을 속이지 않고 살아간다. 나도 나도 오늘 밤과 낮 하루 동안은 거짓말을 하지 않고, 거짓말을 삼가고, 진실을 말하고, 정직하고, 참되고, 믿을 만하며, 세상을 속이지 않고 지내겠다. 이것으로 아라한을 본받고, 나의 포살이 되도록 하겠다'라고 성찰한다오. 이렇게 함으로써 네 번째를 구족한다오.

거룩한 제자는 '아라한들은 수명이 다할 때까지 곡주나 과일주 같은 취기 있는 음료를 마시지 않고 삼간다. 나도 오늘 밤과 낮 하루 동안은 곡주나 과일주 같은 취기 있는 음료를 마시지 않고 삼가겠다. 이것으로 아라한을 본받고, 나의 포살이 되도록 하겠다'라고 성찰한다오. 이렇게 함으로써 다섯 번째를 구족한다오.

거룩한 제자는 '아라한들은 수명이 다할 때까지 하루 한 끼만 먹고, 야식(夜食)을 하지 않으며, 때가 아니면 식사를 하지 않는다. 나도 오늘 밤과 낮 하루 동안은 하루 한 끼만 먹고, 야식을 하지 않으며, 때가 아니면 식사를 하지 않겠다. 이것으로 아라한을 본받고, 나의 포살이 되도록 하겠다'라고 성찰한다오. 이렇게 함으로써 여섯 번째를 구족한다오.

거룩한 제자는 '아라한들은 수명이 다할 때까지 춤추고, 노래하고, 연주하고, 연극을 보고, 화만(華鬘)으로 장식하거나 향수를 바르거나 몸을 치장하고 꾸미는 일을 삼간다. 나도 오늘 밤과 낮 하루 동안은 춤추고, 노래하고, 연주하고, 연극을 보고, 화만으로 장식하거나 향수를 바르거나 몸을 치장하고 꾸미는 일을 삼가겠다. 이것으로 아라한을 본받고, 나의 포살이 되도록 하겠다'라고 성찰한다오. 이렇게 함으로써 일곱 번째를 구족한다오.

거룩한 제자는 '아라한들은 수명이 다할 때까지 높은 침상(寢牀)이나 큰 침상을 사용하지 않고, 높은 침상이나 큰 침상을 삼간다. 나도 오늘 밤과 낮 하루 동안은 높은 침상이나 큰 침상을 사용하지 않고, 높은 침상이나 큰 침상을 삼가겠다. 이것으로 아라한을 본받고, 나의 포살이 되도록 하겠다'라고 성찰한다오. 이렇게 함으로써 여덟 번째를 구족한다오.

와쎗타여, 이와 같이 여덟 가지를 구족한 포살을 행하면 큰 결실이 있고, 큰 공덕이 있고, 명성이 크게 빛나고, 명성이 널리 퍼진다오. 어느 정도로 큰 결실이 있고, 큰 공덕이 있고, 큰 과보가 있는가?

와쎗타여, 비유하면 굉장히 많은 칠보(七寶)가 있는 16대국(大國), 즉 앙가(Aṅgā), 마가다(Magadhā), 까씨(Kāsī), 꼬쌀라(Kosalā), 왓지(Vajjī), 말라(Mallā), 쩨띠(Cetī), 왕싸(Vaṃsā), 꾸루(Kurū), 빤짤라(Pañcālā), 맛차(Macchā), 쑤라쎄나(Sūrasenā), 앗싸까(Assakā), 아완띠(Avantī), 간다라(Gandhārā), 깜보자(Kambojā)를 지배하는 왕이 된 사람은 여덟 가지를 구족한 포살을 행한 사람의 16분의 1에도 미치지 못한다오. 그 까닭은 무엇인가? 와쎗타여, 인간의 왕은 천상의 즐거움에 비하면 하찮은 것이라오.

와쎗타여, 인간의 100년은 33천(天)의 하루이고, 그 하루로 30일이 한 달이며, 그 달로 12달이 1년이고, 그 햇수로 1,000년이 33천의 천신들의 수명(壽命)이라오. 와쎗타여, 어떤 여인이나 남자가 여덟 가지를 구족한 포살을 행하면, 몸이 무너져 죽은 후에 33천에 태어날 수 있다오. 와쎗타여, 그래서 나는 '인간의 왕은 천상의 즐거움에 비하면 하찮은 것이다'라고 말한 것이라오.

와쎗타여, 인간의 200년은 야마천의 하루이고, 그 하루로 30일이 한 달이며, 그 달로 12달이 1년이고, 그 햇수로 2,000년이 야마천의 천신들의 수명이라오. 와쎗타여, 어떤 여인이나 남자가 여덟 가지를 구족한 포살을 행하면, 몸이 무너져 죽은 후에 야마천에 태어날 수 있다오. 와쎗타여, 그래서 나는 '인간의 왕은 천상의 즐거움에 비하면 하찮은 것이다'라고 말한 것이라오.

와쎗타여, 인간의 400년은 도솔천(兜率天)의 하루이고, 그 하루로 30일이 한 달이며, 그 달로 12달이 1년이고, 그 햇수로 4,000년이 도솔천의 천신들의 수명이라오. 와쎗타여, 어떤 여인이나 남자가 여덟 가지를 구족한 포살을 행하면, 몸이 무너져 죽은 후에 도솔천에 태어날 수 있다오. 와쎗타여, 그래서 나는 '인간의 왕은 천상의 즐거움에 비하면 하찮은 것이다'라고 말한 것이라오.

와쎗타여, 인간의 800년은 화락천(化樂天)의 하루이고, 그 하루로 30일이 한 달이며, 그 달로 12달이 1년이고, 그 햇수로 8,000년이 화락천의 천신들의 수명이라오. 와쎗타여, 어떤 여인이나 남자가 여덟 가지를 구족한 포살을 행하면, 몸이 무너져 죽은 후에 화락천에 태어날 수 있다오. 와쎗타여, 그래서 나는 '인간의 왕은 천상의 즐거움에 비하면 하찮은 것이다'라고 말한 것이라오.

와쎗타여, 인간의 1,600년은 타화자재천(他化自在天)의 하루이고, 그 하루로 30일이 한 달이며, 그 달로 12달이 1년이고, 그 햇수로 16,000년이 타화자재천의 천신들의 수명이라오. 와쎗타여, 어떤 여인이나 남자가 여덟 가지를 구족한 포살을 행하면, 몸이 무너져 죽은 후에 타화자재천에 태어날 수 있다오. 와쎗타여, 그래서 나는 '인간의 왕은 천상의 즐거움에 비하면 하찮은 것이다'라고 말한 것이라오."

이와 같이 말씀하시자, 청신사 와쎗타가 세존께 말씀드렸습니다.

"세존이시여, 사랑스러운 제 친척과 혈육들도 여덟 가지를 구족한 포살을 실천한다면, 그들에게도 오랜 세월 이익이 있고, 즐거움이 있을까요? 세존이시여, 모든 크샤트리아나 바라문이나 바이샤나 수드라도 여덟 가지를 구족한 포살을 실천한다면, 그들에게도 오랜 세월 이익이 있고, 즐거움이 있을까요?"

"와쎗타여, 그렇다오. 와쎗타여, 모든 크샤트리아나 바라문이나 바이샤나 수드라도 여덟 가지를 구족한 포살을 실천한다면, 그들에게도 오랜 세월 이익이 있고, 즐거움이 있을 것이오. 와쎗타여, 천신과 마라와 범천을 포함한 세간도, 사문과 바라문, 왕과 백성을 포함한 인간도 여덟 가지를 구족한 포살을 실천한다면, 그들에게도 오랜 세월 이익이 있고, 즐거움이 있을 것이오. 와쎗타여, 만약에 이 커다란 쌀라(Sāla) 나무들도 생각할 수 있어서 여덟 가지를 구족한 포살을 실천한다면, 이들 커다란 쌀라 나무들에게도 오랜 세월 이익이 있고, 즐거움이 있을 것이오. 그런데 인간으로 태어난 사람들은 말해 무엇하겠소?"

A.8.5. 위싸카(Visākhā) 〈A.8.47.〉

세존께서 싸왓티의 뿝바라마(Pubbārama) 미가라마뚜(Migāramātu) 강당에 머무실 때 위싸카 미가라마따(Visākhā Migāramātā)가 세존을 찾아와서 세존께 예배하고 한쪽에 앉았습니다. 한쪽에 앉은 위싸카 미가라마따에게 세존께서 말씀하셨습니다.

"위싸카여, 여덟 가지 행실[法]을 구족한 부인은 몸이 무너져 죽은 후에 멋진 몸을 지닌 천신(天神)들의 무리에 태어난다오. 그 여덟은 어떤 것인가? 위싸카여, 부모가 시집을 보내면, 부인은 남편의 이익을 바라고 연민심을 일으켜 '먼저 일어나고 늦게 자며, 하인처럼 순종하고, 마음에 드는 행동을 하고 사랑스러운 말을 하겠다'라고 생각한다오. 어머니든, 아버지든, 사문이나 바라문이든, 남편이 존경하는 사람들을 공경하고, 존경하고, 존중하고, 공양하며, 손님들에게 자리와 (발 씻을) 물로써 존경을 표시한다오. 모직(毛織) 일이든, 면직(綿織) 일이든, 집안일에 능숙하고 부지런하며, 방법을 찾아 익혀서 집안일을 잘 처리하고 완수한다오. 종들이든, 하인들이든, 일꾼들이든, 집안의 식솔들이 한 일과 하지 않은 일을 알고, 아픈 사람의 기력이 있는지 없는지를 알고, 음식이 있으면 각자의 몫을 잘 나누어준다오. 곡물이든, 은이든, 금이든, 남편이 벌어온 재물을 도박이나 음주로 축내거나 탕진하지 않고, 보호하고 지키기 위하여 노력한다오. 청신녀가 되어 붓다께 귀의하고, 가르침에 귀의하고, 승가에 귀의한다오. 계행(戒行)을 갖추어 살생하지 않고, 주지 않는 것을 취하지 않고, 삿된 음행을 하지 않고, 거짓말하지 않고, 곡주나 과일주 같은 취기 있는 음료를 마시지 않는다오. 베푸는 사람이 되어 인색한 마음 없이 속가(俗家)에 살면서 (더러운 인색을) 버리고 베푸는 깨끗한 손이 되어 요청에 응하여 주기를 좋아하고, 베풀고 나누기를 좋아한다오. 위싸카여, 이들 여덟 가지 행실[法]을 구족한 부인은 몸이 무너져 죽은 후에 멋진 몸을 지닌 천신들의 무리에 태어난다오."

A.8.6. 세간(世間)의 정복(Lokavijaya) 〈A.8.49.〉

세존께서 싸왓티의 뿝바라마(Pubbārama) 미가라마뚜(Migāramātu) 강당에 머무실 때 위싸카 미가라마따(Visākhā Migāramātā)가 세존을 찾아와서 세존께 예배하고 한쪽에 앉았습니다. 한쪽에 앉은 위싸카 미가라마따에게 세존께서 말씀하셨습니다.

"위싸카여, 네 가지 행실[法]을 구족한 부인은 여기에서 세간을 정복하고, 그 세간을 얻게 된다오.[09] 그 넷은 어떤 것인가? 위싸카여, 여기에서 부인은 일을 잘 처리하고, 집안의 식솔들을 잘 섭수하고, 남편이 좋아하는 일을 하고, 재산을 지킨다오.

위싸카여, 부인은 어떻게 일을 잘 처리하는가? 위싸카여, 일을 잘 처리하는 부인은 모직 일이든, 면직 일이든, 집안일에 능숙하고 부지런하며, 방법을 찾아 익혀서 집안일을 잘 처리하고 완수한다오. 위싸카여, 일을 잘 처리하는 부인은 이와 같이 집안일을 처리한다오.

위싸카여, 부인은 어떻게 집안의 식솔들을 잘 섭수하는가? 위싸카여, 집안의 식솔들을 잘 섭수하는 부인은 종들이든, 하인들이든, 일꾼들이든, 집안의 식솔들이 한 일과 하지 않은 일을 알고, 아픈 사람의 기력이 있는지 없는지를 알고, 음식이 있으면 각자의 몫을 잘 나누어준다오. 위싸카여, 부인은 이와 같이 집안의 식솔들을 잘 섭수한다오.

위싸카여, 부인은 어떻게 남편이 좋아하는 일을 하는가? 위싸카여, 남편이 좋아하는 일을 하는 부인은 남편이 싫어한다고 생각되는 일

---

09 'catūhi kho Visākhe dhammehi samannāgato mātugāmo idhalokavijayāya paṭipanno hoti ayaṃ sā loko āraddho hoti'의 번역.

은 목숨을 걸고 행하지 않는다오. 위싸카여, 부인은 이와 같이 남편이 좋아하는 일을 한다오.

위싸카여, 부인은 어떻게 재산을 지키는가? 위싸카여, 재산을 지키는 부인은 곡물이든, 은이든, 금이든, 남편이 벌어온 재물을 도박이나 음주로 축내거나 탕진하지 않고, 보호하고 지키기 위하여 노력한다오. 위싸카여, 부인은 이와 같이 재산을 지킨다오.

위싸카여, 이들 네 가지 행실을 구족한 부인은 여기에서 세간을 정복하고, 그 세간을 얻게 된다오.

위싸카여, 네 가지 행실을 구족한 부인은 저세상에서 세간을 정복하고, 그 세간을 얻게 된다오.[10] 그 넷은 어떤 것인가? 위싸카여, 여기에서 부인은 믿음을 구족하고, 계행(戒行)을 구족하고, 베풂을 구족하고, 통찰지[般若]를 구족한다오.

위싸카여, 부인은 어떻게 믿음을 구족하는가? 위싸카여, 믿음이 있는 부인은 여래의 깨달음을 믿는다오. 즉, 여래는 '아라한(阿羅漢), 원만하고 바르게 깨달으신 분[正遍知], 앎과 실천을 구족하신 분[明行足], 행복하신 분[善逝], 세간을 잘 아시는 분[世間解], 위없는 분[無上士], 사람을 길들여 바른길로 이끄시는 분[調御丈夫], 천신과 인간의 스승[天人師], 진리를 깨달으신 분[佛], 세존(世尊)'이라고 믿는다오. 위싸카여, 부인은 이와 같이 믿음을 구족한다오.

위싸카여, 부인은 어떻게 계행을 구족하는가? 위싸카여, 계행을

10 'catūhi kho Visākhe dhammehi samannāgato mātugāmo paralokavijayāya paṭipanno hoti ayaṃ sā loko āraddho hoti'의 번역.

구족한 부인은 살생하지 않고, 주지 않는 것을 취하지 않고, 삿된 음행을 하지 않고, 거짓말하지 않고, 곡주나 과일주 같은 취기 있는 음료를 마시지 않는다오. 위싸카여, 부인은 이와 같이 계행을 구족한다오.

위싸카여, 부인은 어떻게 베풂을 구족하는가? 위싸카여, 베풂을 구족한 부인은 인색한 마음이 없이 속가(俗家)에 살면서 (더러운 인색을) 버리고 베푸는 깨끗한 손이 되어 요청에 응하여 주기를 좋아하고, 베풀고 나누기를 좋아한다오. 위싸카여, 부인은 이와 같이 베풂을 구족한다오.

위싸카여, 부인은 어떻게 통찰지를 구족하는가? 위싸카여, 통찰지를 구족한 부인은 생성과 소멸에 이르는 길에 대한 통찰지를 갖추어 거룩한 괴로움의 소멸에 이르는 바른길을 판단하여 선택한다오. 위싸카여, 부인은 이와 같이 통찰지를 구족한다오.

위싸카여, 이들 네 가지 행실을 구족한 부인은 저세상에서 세간을 정복하고, 그 세간을 얻게 된다오."

A.8.7. 두려움(Bhaya) 〈A.8.56.〉

"비구들이여, '두려움(bhaya)'은 감각적 쾌락(kāma)과 같은 말(adhivacana)이라오. 비구들이여, '괴로움(dukkha)'은 감각적 쾌락과 같은 말이라오. 비구들이여, '질병(疾病, roga)'은 감각적 쾌락과 같은 말이라오. 비구들이여, '종기(腫氣, gaṇḍa)'는 감각적 쾌락과 같은 말이라오. 비구들이여, '화살(salla)'은 감각적 쾌락과 같은 말이라오. 비구들이여, '집착(saṅga)'은 감각적 쾌락과 같은 말이라오. 비구들이여, '진흙(paṅka)'은 감각적 쾌락과 같은 말이라오. 비구들이여, '모태(母胎, gabbha)'는 감각적 쾌락과 같은 말이라오.

비구들이여, 어찌하여 '두려움'은 감각적 쾌락과 같은 말인가? 비구들이여, 감각적 쾌락에 대한 탐욕에 물들어 욕탐에 속박되면, 지금 여기에서도 두려움에서 벗어나지 못하고, 미래에도 두려움에서 벗어나지 못한다오. 그러므로 '두려움'은 감각적 쾌락과 같은 말이라오.

비구들이여, 어찌하여 '괴로움'은 감각적 쾌락과 같은 말인가? 비구들이여, 감각적 쾌락에 대한 탐욕에 물들어 욕탐에 속박되면, 지금 여기에서도 괴로움에서 벗어나지 못하고, 미래에도 괴로움에서 벗어나지 못한다오. 그러므로 '괴로움'은 감각적 쾌락과 같은 말이라오.

비구들이여, 어찌하여 '질병'은 감각적 쾌락과 같은 말인가? 비구들이여, 감각적 쾌락에 대한 탐욕에 물들어 욕탐에 속박되면, 지금 여기에서도 질병에서 벗어나지 못하고, 미래에도 질병에서 벗어나지 못한다오. 그러므로 '질병'은 감각적 쾌락과 같은 말이라오.

비구들이여, 어찌하여 '종기'는 감각적 쾌락과 같은 말인가? 비구들이여, 감각적 쾌락에 대한 탐욕에 물들어 욕탐에 속박되면, 지금 여기에서도 종기에서 벗어나지 못하고, 미래에도 종기에서 벗어나지 못한다오. 그러므로 '종기'는 감각적 쾌락과 같은 말이라오.

비구들이여, 어찌하여 '화살'은 감각적 쾌락과 같은 말인가? 비구들이여, 감각적 쾌락에 대한 탐욕에 물들어 욕탐에 속박되면, 지금 여기에서도 화살에서 벗어나지 못하고, 미래에도 화살에서 벗어나지 못한다오. 그러므로 '화살'은 감각적 쾌락과 같은 말이라오.

비구들이여, 어찌하여 '집착'은 감각적 쾌락과 같은 말인가? 비구들이여, 감각적 쾌락에 대한 탐욕에 물들어 욕탐에 속박되면, 지금 여기에서도 집착에서 벗어나지 못하고, 미래에도 집착에서 벗어나지 못한다오. 그러므로 '집착'은 감각적 쾌락과 같은 말이라오.

비구들이여, 어찌하여 '진흙'은 감각적 쾌락과 같은 말인가? 비구들이여, 감각적 쾌락에 대한 탐욕에 물들어 욕탐에 속박되면, 지금 여기에서도 진흙에서 벗어나지 못하고, 미래에도 진흙에서 벗어나지 못한다오. 그러므로 '진흙'은 감각적 쾌락과 같은 말이라오.

비구들이여, 어찌하여 '모태'는 감각적 쾌락과 같은 말인가? 비구들이여, 감각적 쾌락에 대한 탐욕에 물들어 욕탐에 속박되면, 지금 여기에서도 모태에서 벗어나지 못하고, 미래에도 모태에서 벗어나지 못한다오. 그러므로 '모태'는 감각적 쾌락과 같은 말이라오."

두려움과 괴로움, 질병과 종기,
화살과 집착, 진흙과 모태,
이 모두는 감각적 쾌락이라고 불린다네.
여기에 집착하는 범부는
기꺼이 모태로 다시 들어간다네.
힘써 노력하는 비구는 알아차림을 버리지 않기 때문에
그렇게 힘들고 험한 길을 건너가서
태어나서 늙어가며 떨고 있는 사람들을 바라본다네.

A.8.8. 간략한(Saṃkhitta) 〈A.8.63.〉

어떤 비구가 세존을 찾아와서 세존께 예배하고 한쪽에 앉아 말씀드렸습니다.

"세존이시여, 부디 세존께서는, 저에게 간략하게 법문을 설해 주십시오. 저는 세존의 법문을 듣고 홀로 외딴곳에서 열심히 노력하고 정진하며 지내려고 합니다."

"마땅히 그래야 한다오. 그런데 어떤 어리석은 사람들은 나에게 간청하여 법문을 설해주면, (그 법문을 듣고) 그들은 나를 추종해야 한다고 생각한다오."[11]

"세존이시여, 세존께서는 저에게 간략하게 법문을 설해주십시오. 선서께서는 간략하게 법문을 설해 주십시오. 저는 분명히 세존께서 하시는 말씀의 의미를 알 것 같습니다. 저는 분명히 세존의 말씀의 상속자가 될 것입니다."

"비구여, 그렇다면, 그대는 '나의 마음이 안에 머물게 하고, 잘 안정되게 하겠다. 그리하여 이미 발생한 사악하고 불선한 법들이 마음을 사로잡고 머물지 않도록 하겠다'라고 공부해야 한다오.

비구여, 그대의 마음이 안에 머물러 잘 안정되어 이미 발생한 사악하고 불선한 법들이 마음을 사로잡고 머물지 않으면, 비구여 그대는 '나는 자애(慈愛)로운 마음[慈心]에 의한 심해탈(心解脫)을 자주 부지런히 수련하여, 수레로 삼고 터전으로 삼아, 실천하고 체화(體化)하여 잘

---

11 'evam eva pan' idh' ekacce moghapurisā mamañ ñeva ajjhesanti, dhamme ca bhāsite mamañ ñeva anubandhitabbaṃ maññanti'의 번역.

실행하겠다'라고 공부해야 한다오. 비구여, 그대가 이 삼매를 이와 같이 부지런히 수련했으면, 비구여 그대는 사유가 있고 숙고가 있는 삼매도 수련해야 하고, 사유도 없고 숙고도 없는 삼매도 수련해야 하고, 희열(喜悅)이 있는 삼매도 수련해야 하고, 희열이 없는 삼매도 수련해야 하고, 주의집중을 수반하는 삼매도 수련해야 하고, 평정한 마음이 수반하는 삼매도 수련해야 한다오. 비구여 그대는 이와 같이 공부해야 한다오.

비구여, 그대가 이 삼매를 이와 같이 잘 수련했으면, 비구여 그대는 '나는 연민(憐愍)의 마음[悲心]에 의한 심해탈, 함께 기뻐하는 마음[喜心]에 의한 심해탈, 평정한 마음[捨心] 마음에 의한 심해탈을 자주 부지런히 수련하여, 수레로 삼고 터전으로 삼아, 실천하고 체화하여 잘 실행하겠다'라고 공부해야 한다오. 비구여, 그대가 이 삼매를 이와 같이 부지런히 수련했으면, 비구여 그대는 사유가 있고 숙고가 있는 삼매도 수련해야 하고, 사유도 없고 숙고도 없는 삼매도 수련해야 하고, 희열이 있는 삼매도 수련해야 하고, 희열이 없는 삼매도 수련해야 하고, 주의집중을 수반하는 삼매도 수련해야 하고, 평정한 마음이 수반하는 삼매도 수련해야 한다오.

비구여, 그대가 이 삼매를 이와 같이 잘 수련했으면, 비구여 그대는 '나는 몸을 대상으로 몸을 관찰하며 살아가면서, 열심히 알아차리고 주의집중하여 세간에 대한 탐욕과 근심을 없애겠다'라고 공부해야 한다오. 비구여, 그대가 이 삼매를 이와 같이 부지런히 수련했으면, 비구여 그대는 사유가 있고 숙고가 있는 삼매도 수련해야 하고, 사유도 없고 숙고도 없는 삼매도 수련해야 하고, 희열이 있는 삼매도 수련해야 하고, 희열이 없는 삼매도 수련해야 하고, 주의집중을 수반하는 삼매도 수련해야 하고, 평정한 마음이 수반하는 삼매도 수련해야 한다오.

비구여, 그대가 이 삼매를 이와 같이 잘 수련했으면, 비구여 그대는 '나는 느낌을 대상으로 느낌을 관찰하며 살아가면서, 마음을 대상으로 마음을 관찰하며 살아가면서, 법(法)을 대상으로 법을 관찰하며 살아가면서, 열심히 알아차리고 주의집중하여 세간에 대한 탐욕과 근심을 없애겠다'라고 공부해야 한다오. 비구여, 그대가 이 삼매를 이와 같이 부지런히 수련했으면, 비구여 그대는 사유가 있고 숙고가 있는 삼매도 수련해야 하고, 사유도 없고 숙고도 없는 삼매도 수련해야 하고, 희열이 있는 삼매도 수련해야 하고, 희열이 없는 삼매도 수련해야 하고, 주의집중을 수반하는 삼매도 수련해야 하고, 평정한 마음이 수반하는 삼매도 수련해야 한다오.

비구여, 그대가 이 삼매를 이와 같이 잘 수련하면, 비구여 그대는 어디로 가도 편안하게 가고, 어디에 머물러도 편안하게 머물고, 어디에 앉아도 편안하게 앉고, 어디에 누워도 편안하게 누울 것이오."

그 비구는 세존으로부터 이 가르침을 받고, 자리에서 일어나 세존께 예배하고 오른쪽으로 돈 후에 떠났습니다. 그 비구는 홀로 외딴곳에서 열심히 노력하고 정진하며 지냈습니다. 그리고 오래지 않아 선남자(善男子)들이 출가하는 목적인 위없는 청정한 수행[梵行]의 완성을 지금 여기에서 스스로 체험하고 성취하여 살아갔습니다. 그는 '태어남은 끝났고, 청정한 수행을 마쳤으며, 해야 할 일을 끝마쳤다. 다시는 이런 상태로 되지 않는다'라는 것을 체득했습니다. 그 비구는 아라한 가운데 한 분이 되었습니다.

A.8.9. 주의집중(Sati) 〈A.8.81.〉

"비구들이여, 주의집중과 알아차림이 없으면, 주의집중과 알아차림을 상실함과 동시에 부끄러움과 뉘우침의 조건이 파괴된다오.

비구들이여, 부끄러움과 뉘우침이 없으면, 부끄러움과 뉘우침을 상실함과 동시에 지각활동[根]의 수호(守護)의 조건이 파괴된다오.

비구들이여, 지각활동의 수호가 없으면, 지각활동의 수호를 상실함과 동시에 계행(戒行)의 조건이 파괴된다오.

비구들이여, 계행이 없으면, 계행을 상실함과 동시에 바른 삼매[正定]의 조건이 파괴된다오.

비구들이여, 바른 삼매가 없으면, 바른 삼매를 상실함과 동시에 여실지견(如實知見)의 조건이 파괴된다오.

비구들이여, 여실지견이 없으면, 여실지견을 상실함과 동시에 염리(厭離)와 이욕(離欲)의 조건이 파괴된다오.

비구들이여, 염리와 이욕이 없으면, 염리와 이욕을 상실함과 동시에 해탈지견(解脫知見)의 조건이 파괴된다오.

비구들이여, 비유하면 가지와 잎사귀를 상실한 나무는 새싹도 나오지 않고, 겉껍질도 만들어지지 않고, 속껍질도 만들어지지 않고, 수심(樹心)도 만들어지지 않는 것과 같다오.

… (중략) …

비구들이여, 주의집중과 알아차림이 있으면, 주의집중과 알아차림을 성취함과 동시에 부끄러움과 뉘우침의 조건이 성취된다오.

비구들이여, 부끄러움과 뉘우침이 있으면, 부끄러움과 뉘우침을 성취함과 동시에 지각활동의 수호의 조건이 성취된다오.

비구들이여, 지각활동의 수호가 있으면, 지각활동의 수호를 성취함과 동시에 계행의 조건이 성취된다오.

비구들이여, 계행이 있으면, 계행을 성취함과 동시에 바른 삼매의 조건이 성취된다오.

비구들이여, 바른 삼매가 있으면, 바른 삼매를 성취함과 동시에 여실지견의 조건이 성취된다오.

비구들이여, 여실지견이 있으면, 여실지견을 성취함과 동시에 염리와 이욕의 조건이 성취된다오.

비구들이여, 염리와 이욕이 있으면, 염리와 이욕을 성취함과 동시에 해탈지견의 조건이 성취된다오.

비구들이여, 비유하면 가지와 잎사귀를 구족한 나무는 새싹도 나오고, 겉껍질도 만들어지고, 속껍질도 만들어지고, 수심(樹心)도 만들어지는 것과 같다오."

… (이하 생략) …

A.8.10. 근본(Mūla) 〈A.8.83.〉

"비구들이여, 만약에 외도 편력수행자들이 '존자여, 모든 법은 무엇이 근본이고, 무엇이 낳은 것이고, 무엇이 쌓인 것이고, 무엇이 결합한 것이고, 무엇이 선두에 있고, 무엇이 지배하고, 무엇이 위에 있고, 무엇이 핵심인가?'라고 묻는다면, 비구들이여, 그대들은 그 외도 편력수행자들에게 어떻게 답변하겠는가?"

"세존이시여, 세존께서는 법의 근본이시고, 법의 안내자이시고,

법의 귀의처이십니다. 세존이시여, 부디 세존께서는 이 말씀의 의미를 밝혀주십시오. 세존의 말씀을 듣고 비구들은 받아 지닐 것입니다."

"비구들이여, 그렇다면 그대들은 듣고 잘 생각하도록 하시오. 내가 이야기하겠소."

그 비구들은 "그렇게 하겠습니다. 세존이시여"라고 대답했습니다.

세존께서는 다음과 같이 말씀하셨습니다.

"비구들이여, 만약에 외도 편력수행자들이 '존자여, 모든 법은 무엇이 근본이고, 무엇이 낳은 것이고, 무엇이 집기(集起)한 것이고, 무엇이 모인 것이고, 무엇이 선두에 있고, 무엇이 지배하고, 무엇이 위에 있고, 무엇이 핵심인가?'라고 묻는다면, 비구들이여, 그대들은 이와 같이 답변하도록 하시오.

'존자여, 모든 법은 의욕[欲]이 근본이고, 모든 법은 관심[作意]이 기원(起源)이고, 모든 법은 접촉[觸]이 집기한 것이고, 모든 법은 느낌[受]이 모인 것이고, 모든 법은 삼매[定]가 선두에 있고, 모든 법은 주의집중[念]이 지배하고, 모든 법은 통찰지[般若]가 위에 있고, 모든 법은 해탈(解脫)이 핵심이라오.'"[12]

---

12 'chandamūlakā āvuso sabbe dhammā, manasikārasambhavā sabbe dhammā, phassasamudayā sabbe dhammā, vedanāsamosaraṇā sabbe dhammā, samādhipamukhā sabbe dhammā, satādhipateyyā sabbe dhammā, paññuttarā sabbe dhammā, vimuttisārā sabbe dhammā ti'의 번역. 『中阿含經』〈113. 諸法本經〉과 대조. 欲爲諸法本, 更樂[觸]爲諸法和, 覺[受]爲諸法來, 思想爲諸法有, 念爲諸法上主, 定爲諸法前, 慧爲諸法上, 解脫爲諸法眞, 涅槃爲諸法訖. 〈대정장 1.602c.〉

9

아홉-모음

Navaka-Nipāta

해제

아홉 개의 주제를 다룬 경을 모은 '아홉-모음(Navaka-Nipāta)'은 9품(Vagga) 95경(Sutta)으로 이루어져 있다. 이 책에서는 그 가운데 18개의 경을 선정하여 번역하였으며, 『앙굿따라 니까야』에는 없지만 매우 중요한 의미가 있는 『증일아함경』의 제45 마왕품(馬王品) 제4경을 번역하여 첨가했다.

선정된 경 가운데 주목할 경을 소개하면 다음과 같다.

A.9.1. 메기야(Meghiya) 〈A.9.3.〉 경에서는 해탈을 구하는 수행자에게 좋은 도반(道伴)이 있어야 함을 가르친다.

A.9.4. 싸밋디(Samiddhi) 〈A.9.14.〉 경에서 싸리뿟따 존자는 이름과 형색[名色]이 의도와 사유의 대상이고, 다양한 이름과 형색은 계(界)에서 이루어지며, 접촉[觸]이 집기(集起)한 것이며, 느낌[受]이 집합한 것이라고 이야기한다. 이 경은 이렇게 명색(名色)을 정신과 물질로 이해하는 아비달마의 해석이 잘못된 것임을 보여준다.

A.9.5. 점차적인 소멸(Anupubbanirodha) 〈A.9.31.〉 경은 9차제정(九次第定)을 단계적인 소멸로 설명한다. 이 경은 선정수행을 통해서 단계적으로 소멸하는 것이 무엇인지 이야기한다.

A.9.7. 열반(Nibbāna) 〈A.9.34.〉 경은 싸리뿟따 존자의 설법으로 이루어졌다. 이 경은 열반을 행복으로 규정하고, 9차제정을 참된 행복을 얻는 과정으로 이야기한다.

A.9.8. 선(禪, Jhāna) 〈A.9.36.〉 경은 9차제정의 내용을 살펴볼 수 있는 중요한 경이다.

A.9.9. 아난다(Ānanda) 〈A.9.37.〉 경은 무색계(無色界)에 속하는 이른바 공무변처(空無邊處), 식무변처(識無邊處), 무소유처(無所有處), 비유상비무상처(非有想非無想處)에 대하여 이야기한다. 이 경에서는 이들 무색계에 대하여, '의식이 있어도 그 머물고 있는 곳[處]은 느껴지지 않는다'라고 말한다. 이것은 무색계가 느낌[受]이 소멸한 곳이라는 것을 의미한다. 즉 욕계(欲界)는 욕망으로 이루어진 세계이지만, 색계는 느낌으로 이루어진 세계이며, 무색계(無色界)는 관념[想]으로 이루어진 세계라는 것을 이 경은 보여준다. 이와 같은 삼계(三界)를 벗어나는 것이 상수멸(想受滅)이다.

A.9.10. 바라문(Brāhmaṇa) 〈A.9.38.〉 경에서 붓다는, 세간은 다섯 가지 감각적 욕망의 대상을 의미한다고 말하고, 세간의 끝에 가서 세간을 벗어나는 방법으로 9차제정을 설한다.

A.9.19. 아홉 종류의 음식 경은 『앙굿따라 니까야』에는 없지만, 그 내용이 중요하므로 한역 『증일아함경(增壹阿含經)』의 제45 마왕품(馬王品) 제4경을 번역하여 넣은 것이다.

이 경에서 붓다는 인간을 이루는 네 종류의 음식[四種人間食]과 인간을 벗어나는 다섯 종류의 음식[五種出人間食]에 대하여 설한다. 인간을 이루는 네 종류의 음식은 단식(摶食), 촉식(觸食), 의사식(意思食), 식식(識

食)인데, 이들은 5온을 형성하는 자양분으로 여러 경에서 자주 언급되는 내용이다. 그런데 인간을 벗어나는 다섯 종류의 음식[五種出人間食]으로 설해진 선식(禪食), 원식(願食), 염식(念食), 8해탈식(八解脫食), 희식(喜食)에 대한 법문은 자주 접할 수 없는 귀한 법문이다.

◈

A.9.1. 메기야(Meghiya) 〈A.9.3.〉

세존께서 짤리까(Cālikā)의 짤리까산(Cālikāpabbata)에 머무실 때 메기야(Meghiya) 존자는 세존의 시자였습니다.

어느 날 메기야 존자는 세존을 찾아가서 예배하고 한쪽에 서서 세존께 말씀드렸습니다.

"세존이시여, 저는 자뚜가마(Jatugama)로 탁발하러 가고 싶습니다."

"메기야여, 그렇다면, 네가 알아서 하여라."

메기야 존자는 오전에 옷을 입고, 발우와 법의를 지니고 탁발하러 자뚜가마에 들어갔습니다. 그는 자뚜가마에서 탁발하여 식사를 한 후에 돌아와 끼미깔라(Kimikālā) 강둑으로 갔습니다. 메기야 존자는 강둑을 따라 산책하다가 마음에 드는 아름다운 망고 숲을 보았습니다. 그는 '이 망고 숲은 아름답고 마음에 든다. 이 숲은 선남자가 정진하기에 참으로 적당하구나. 만약에 세존께서 나에게 허락하신다면 이 망고 숲으로 정진하러 와야겠다'라고 생각했습니다.

메기야 존자는 세존을 찾아가서 예배하고 한쪽에 앉아 세존께 말씀드렸습니다.

"세존이시여, 저는 오전에 옷을 입고, 발우와 법의를 지니고 탁발하러 자뚜가마에 들어갔습니다. 저는 자뚜가마에서 탁발한 후에 돌아와 끼미깔라 강둑으로 가서 강둑을 따라 산책을 하다가 마음에 드는 아름다운 망고 숲을 보았습니다. 그것을 보고 저는 '이 망고 숲은 아름답고 마음에 든다. 이 숲은 선남자가 정진하기에 참으로 적당하구나. 만약에 세존께서 나에게 허락하신다면 이 망고 숲으로 정진하러 와야겠다'라고 생각했습니다. 세존께서 저에게 허락하신다면 저는 정진하러 그 망고 숲으로 가겠습니다."

"메기야여, 우리 둘뿐이니 누구든 다른 비구가 나타날 때까지 기다려라!"

그렇지만 메기야 존자는 두 번째로 세존께 간청했습니다.

"세존이시여, 세존께서는 더 이상 하실 일이 없고 보충하실 것이 없지만, 저에게는 할 일이 있고 보충할 것이 있습니다. 세존께서 저에게 허락하신다면 저는 정진하러 그 망고 숲으로 가겠습니다."

"메기야여, 우리 둘뿐이니 누구든 다른 비구가 나타날 때까지 기다려라!"

그렇지만 메기야 존자는 세 번째로 세존께 간청했습니다.

"세존이시여, 세존께서는 더 이상 하실 일이 없고 보충하실 것이 없지만, 저에게는 할 일이 있고 보충할 것이 있습니다. 세존께서 저에게 허락하신다면 저는 정진하러 그 망고 숲으로 가겠습니다."

"메기야여, '정진하기 위해서'라고 하는데, 내가 무슨 말을 할 수 있겠느냐? 메기야여, 그렇다면 네가 알아서 하여라."

메기야 존자는 자리에서 일어나 세존께 예배하고 오른쪽으로 돈 후에 그 망고 숲에 들어가 오후의 휴식을 하기 위해 나무 아래에 앉았습니다. 메기야 존자가 그 망고 숲에서 머물 때, 거의 대부분 세 가지 사악하고 불선한 생각, 즉 감각적 욕망에 대한 생각, 분노에 대한 생각, 해치려는 생각이 일어났습니다. 메기야 존자는 '참으로 놀랍다. 일찍이 이런 일은 없었다. 나는 믿음으로 집을 버리고 출가했다. 그런데 세 가지 사악하고 불선한 생각, 즉 감각적 욕망에 대한 생각, 분노에 대한 생각, 해치려는 생각이 들러붙다니!'라고 생각했습니다.

메기야 존자는 세존을 찾아가서 예배하고 한쪽에 앉아 세존께 말씀드렸습니다.

"세존이시여, 제가 그 망고 숲에서 머물 때, 거의 대부분 세 가지 사악하고 불선한 생각, 즉 감각적 욕망에 대한 생각, 분노에 대한 생각, 해치려는 생각이 일어났습니다. 저는 '참으로 놀랍다. 일찍이 이런 일은 없었다. 나는 신념에 의해서 집을 버리고 출가했다. 그런데 세 가지 사악하고 불선한 생각, 즉 감각적 욕망에 대한 생각, 분노에 대한 생각, 해치려는 생각이 들러붙다니!'라고 생각했습니다."

"메기야여, 다섯 가지 법이 성숙하지 못한 심해탈(心解脫)을 성숙하게 하는 데 도움이 된다. 그 다섯은 어떤 것인가?

메기야여, 비구는 훌륭한 친구, 훌륭한 동료, 훌륭한 벗이 있다. 메기야여, 이것이 성숙하지 못한 심해탈을 성숙하게 하는 데 도움이 되는 첫 번째 법이다.

메기야여, 그다음에, 비구는 계율을 지킨다. 그는 별해탈율의(別解脫律儀)를 수호하며 살아가며, 행동규범[行境]을 갖추어 하찮은 죄에서도 두려움을 보고, 학계(學戒)를 수지(受持)하여 공부한다. 메기야여, 이것이 성숙하지 못한 심해탈을 성숙하게 하는 데 도움이 되는 두 번째 법이다.

메기야여, 그다음에, 비구는 마음을 정화하기에 적합한 솔직한 이야기들, 예를 들면 소욕(小欲) 이야기, 만족(滿足) 이야기, 원리(遠離) 이야기, (속인들과) 어울리지 않는 이야기, 용맹정진 이야기, 계율 이야기, 삼매[定] 이야기, 통찰지[般若] 이야기, 해탈 이야기, 해탈지견(解脫知見) 이야기, 이런 이야기들을 힘들이지 않고 어렵지 않게 즐겁게 나눈다. 메기야여, 이것이 성숙하지 못한 심해탈을 성숙하게 하는 데 도움이 되는 세 번째 법이다.

메기야여, 그다음에, 비구는 불선법(不善法)을 버리고, 선법(善法)을 얻기 위하여, 선법 가운데서 끈기 있게 불굴의 노력을 하며 열심히 살아간다. 메기야여, 이것이 성숙하지 못한 심해탈을 성숙하게 하는 데 도움이 되는 네 번째 법이다.

메기야여, 그다음에, 비구는 통찰지를 갖추어서 생성과 소멸에 이르는 길에 대한 통찰지로 거룩한 괴로움의 소멸에 이르는 바른길을 판단하여 선택한다. 메기야여, 이것이 성숙하지 못한 심해탈을 성숙하게 하는 데 도움이 되는 다섯 번째 법이다.

메기야여, 훌륭한 친구, 훌륭한 동료, 훌륭한 벗이 있는 비구는 당연히 계행을 갖출 수 있고, 별해탈율의를 수호하며 살아갈 수 있고, 행동규범[行境]을 갖추어 하찮은 죄에서도 두려움을 보고, 학계를 수지하여 공부할 수 있다.

메기야여, 훌륭한 친구, 훌륭한 동료, 훌륭한 벗이 있는 비구는 당연히 마음을 정화하기에 적합한 솔직한 이야기들, 예를 들면 소욕 이야기, 지족 이야기, 원리 이야기, (속인들과) 어울리지 않는 이야기, 용맹정진 이야기, 계율 이야기, 삼매 이야기, 통찰지 이야기, 해탈 이야기, 해탈지견 이야기, 이런 이야기들을 힘들이지 않고 어렵지 않으면서도 즐겁게 나눌 수 있다.

메기야여, 훌륭한 친구, 훌륭한 동료, 훌륭한 벗이 있는 비구는 당연히 불선법을 버리고, 선법을 얻기 위하여, 선법 가운데서 끈기 있게 불굴의 노력을 하며 열심히 살아갈 수 있다.

메기야여, 훌륭한 친구, 훌륭한 동료, 훌륭한 벗이 있는 비구는 당연히 통찰지를 갖추어서 생성과 소멸에 이르는 길에 대한 통찰지로 거룩한 괴로움의 소멸에 이르는 바른길을 판단하여 선택할 수 있다.

메기야여, 이들 다섯 가지 법 가운데 확고하게 자리 잡은 비구는 그 위에 네 가지 법을 수련해야 한다. 탐욕을 끊어버리기 위하여 부정관(不淨觀)을 수련해야 하고, 분노를 끊어버리기 위하여 자애로운 마음을 수련해야 하고, 사유를 그치기 위하여 들숨날숨 주의집중을 수련해야 하고, '내가 있다'는 아만(我慢)을 제거하기 위하여 무상하다는 생각[無常想]을 수련해야 한다.

메기야여, 무상(無常)하다는 생각을 지닌 사람은 무아라는 생각을 확립하며, 무아라는 생각을 가진 사람은 '내가 있다'는 아만을 제거하고, 지금 여기에서 열반을 얻는다."

A.9.2. 난다까(Nandaka) 〈A.9.4.〉

세존께서 싸왓티의 제따와나 아나타삔디까 사원(寺院)에 머무실 때 난다까(Nandaka) 존자가 강당에서 법담(法談)을 하며 비구들을 가르치고, 격려하고, 칭찬하고, 기쁘게 했습니다.

그때 세존께서 저녁에 좌선에서 일어나 강당으로 오셨습니다. 강당에 오신 세존께서는 출입문 밖에 서서 이야기가 끝나기를 기다리며

서 계셨습니다. 세존께서는 이야기가 끝난 것을 알고, 헛기침을 하신 후에 문고리를 두드렸습니다. 비구들은 세존께 문을 열어드렸습니다. 세존께서는 강당으로 들어가 마련된 자리에 앉으셨습니다. 자리에 앉으신 세존께서 난다까 존자에게 말씀하셨습니다.

"난다까여, 그대는 비구들에게 긴 설법을 했군요. 출입문 밖에서 이야기가 끝나기를 기다리며 서 있었더니 나의 등이 아프군요."

이와 같이 말씀하시자, 난다까 존자는 당황한 기색으로 세존께 말씀드렸습니다.

"세존이시여, 우리는 세존께서 출입문 밖에 서 계신다는 것을 알지 못했습니다. 만약에 우리가 세존께서 출입문 밖에 서 계신다는 것을 알았다면, 우리는 그렇게 오랫동안 이야기를 주고받지 않았을 것입니다."

세존께서는 난다까 존자의 당황한 기색을 보시고 난다까 존자에게 말씀하셨습니다.

"난다까여, 괜찮다오! 훌륭하오![01] 난다까여, 그대들이 법담을 나누기 위해서 모여 앉은 것은 믿음으로 집을 버리고 출가한 선남자인 그대들에게 적합한 것이오. 난다까여, 그대들이 모여서 해야 할 일은 법담(法談) 아니면 거룩한 침묵(沈黙) 두 가지라오.

난다까여, 비구가 믿음은 있으나 계행을 지니지 못했다면, 이와 같이 그는 그 부분을 충족하지 못한 것이라오. 그는 '나는 어떻게 해야 믿음이 있고, 계행을 지니게 될까?'라고 그 부분을 충족해야 한다오. 난다까여, 비구가 믿음이 있고, 계행을 지니면, 이와 같이 그 부분을 충족

---

01 'sādhu sādhu Nandaka'의 번역.

한다오.

난다까여, 비구가 믿음이 있고 계행을 지니고 있지만 안으로 마음의 지식(止息, samatha)을 성취하지 못했다면, 이와 같이 그는 그 부분을 충족하지 못한 것이라오. 그는 '나는 어떻게 해야 믿음이 있고, 계행을 지니면서 안으로 마음의 지식(止息)을 얻게 될까?'[02]라고 그 부분을 충족해야 한다오. 난다까여, 비구가 믿음이 있고, 계행을 지니면서 안으로 마음의 지식을 성취하면, 이와 같이 그 부분을 충족한다오.

난다까여, 비구가 믿음이 있고, 계행을 지니고 있고, 안으로 마음의 지식을 성취했지만 뛰어난 통찰지[般若]로 법을 관찰하지 못한다면, 이와 같이 그는 그 부분을 충족하지 못한 것이라오. 난다까여, 비유하면, 네발 달린 짐승의 발 하나가 오그라들어 작은 것과 같다오. 난다까여, 이와 같이 비구가 믿음이 있고, 계행을 지니고 있고, 안으로 마음의 지식을 성취했지만 뛰어난 통찰지로 법을 관찰하지 못한다면, 그는 그 부분을 충족하지 못한 것이라오. 그는 '나는 어떻게 해야 믿음이 있고, 계행도 지니면서 안으로 마음의 지식을 성취하고, 뛰어난 통찰지로 법을 관찰하게 될까?'[03]라고 그 부분을 충족시켜야 한다오. 난다까여, 비구가 믿음이 있고, 계행도 지니고, 안으로 마음의 지식을 얻고, 뛰어난 통찰지로 법을 관찰하면, 이와 같이 그는 그 부분을 충족한다오."

이것이 세존께서 하신 말씀입니다. 선서께서는 이것을 말씀하시고, 자리에서 일어나 처소로 들어가셨습니다.

---

02 'lābhī ca ajjhattaṃ cetosamathassa'의 번역.

03 'lābhī ca adhipaññādhammavipassanāya'의 번역.

A.9.3. 꼿티따(Koṭṭhita) 〈A.9.13.〉

마하꼿티따(Mahākoṭṭhita) 존자가 싸리뿟따 존자를 찾아와서 싸리뿟따 존자와 함께 정중하게 인사를 하고, 공손한 인사말을 나눈 후에 한쪽에 앉았습니다. 한쪽에 앉은 마하꼿티따 존자가 싸리뿟따 존자에게 말했습니다.

"싸리뿟따 존자여, '현재에 과보를 받을 나의 업(業)을 미래에 받도록 하겠다'라는, 이런 목적으로 세존 아래서 청정한 수행을 영위합니까?"

"존자여, 그렇지 않다오."

"싸리뿟따 존자여, 그렇다면 '미래에 과보를 받을 나의 업을 현재에 과보를 받도록 하겠다'라는, 이런 목적으로 세존 아래서 청정한 수행을 영위합니까?"

"존자여, 그렇지 않다오."

"싸리뿟따 존자여, '즐거운 과보를 받을 나의 업을 괴로운 과보를 받도록 하겠다'라는, 이런 목적으로 세존 아래서 청정한 수행을 영위합니까?"

"존자여, 그렇지 않다오."

"싸리뿟따 존자여, 그렇다면 '괴로운 과보를 받을 나의 업을 즐거운 과보를 받도록 하겠다'라는, 이런 목적으로 세존 아래서 청정한 수행을 영위합니까?"

"존자여, 그렇지 않다오."

"싸리뿟따 존자여, '성숙한 과보를 받을 나의 업을 미숙한 과보를 받도록 하겠다'라는, 이런 목적으로 세존 아래서 청정한 수행을 영위합니까?”

“존자여, 그렇지 않다오.”

“싸리뿟따 존자여, 그렇다면 ‘미숙한 과보를 받을 나의 업을 성숙한 과보를 받도록 하겠다’라는, 이런 목적으로 세존 아래서 청정한 수행을 영위합니까?”

“존자여, 그렇지 않다오.”

“싸리뿟따 존자여, ‘많은 과보를 받을 나의 업을 적은 과보를 받도록 하겠다’라는, 이런 목적으로 세존 아래서 청정한 수행을 영위합니까?”

“존자여, 그렇지 않다오.”

“싸리뿟따 존자여, 그렇다면 ‘적은 과보를 받을 나의 업을 많은 과보를 받도록 하겠다’라는, 이런 목적으로 세존 아래서 청정한 수행을 영위합니까?”

“존자여, 그렇지 않다오.”

“싸리뿟따 존자여, ‘과보를 받을 나의 업을 과보를 받지 않도록 하겠다’라는, 이런 목적으로 세존 아래서 청정한 수행을 영위합니까?”

“존자여, 그렇지 않다오.”

“싸리뿟따 존자여, 그렇다면 ‘과보를 받지 않을 나의 업을 과보를 받도록 하겠다’라는, 이런 목적으로 세존 아래서 청정한 수행을 영위합니까?”

“존자여, 그렇지 않다오.”

“모든 질문에 한결같이 ‘존자여, 그렇지 않다오’라고 말씀하셨는데, 싸리뿟따 존자여, 그렇다면 세존 아래서 청정한 수행을 영위하는 목적은 무엇입니까?”

"알지 못하고, 보지 못하고, 성취하지 못하고, 체득하지 못하고, 자각하지 못한 것이 있을 때, 그것을 알고, 보고, 성취하고, 체득하고, 자각하기 위해서 세존 아래서 청정한 수행을 영위한다오."

"싸리뿟따 존자여, 그렇다면 알지 못하고, 보지 못하고, 성취하지 못하고, 체득하지 못하고, 자각하지 못한 것이 무엇이기에, 그것을 알고, 보고, 성취하고, 체득하고, 자각하기 위해서 세존 아래서 청정한 수행을 영위합니까?"

"존자여, '이것은 괴로움[苦]이다'라는 것을 알지 못하고, 보지 못하고, 성취하지 못하고, 체득하지 못하고, 자각하지 못하고 있을 때, 그것을 알고, 보고, 성취하고, 체득하고, 자각하기 위해서 세존 아래서 청정한 수행을 영위한다오. 존자여, '이것이 괴로움의 쌓임[苦集]이다, 이것이 괴로움의 소멸[苦滅]이다, 이것이 괴로움의 소멸에 이르는 길[苦滅道]이다'라는 것을 알지 못하고, 보지 못하고, 성취하지 못하고, 체득하지 못하고, 자각하지 못하고 있을 때, 그것을 알고, 보고, 성취하고, 체득하고, 자각하기 위해서 세존 아래서 청정한 수행을 영위한다오. 존자여, 이것을 알지 못하고, 보지 못하고, 성취하지 못하고, 체득하지 못하고, 자각하지 못한 것이 있을 때, 그것을 알고, 보고, 성취하고, 체득하고, 자각하기 위해서 세존 아래서 청정한 수행을 영위한다오."

A.9.4. 싸밋디(Samiddhi) 〈A.9.14.〉

싸밋디(Samiddhi) 존자가 싸리뿟따 존자를 찾아와서 싸리뿟따 존자와 함께 정중하게 인사를 하고, 공손한 인사말을 나눈 후에 한쪽에 앉았습니다. 한쪽에 앉은 싸밋디 존자에게 싸리뿟따 존자가 말했습니다.

"싸밋디여, 무엇을 대상으로 사람에게 의도와 사유들이[04] 발생하는가?"

"존자여, 이름과 형색[名色]이 대상입니다."[05]

"싸밋디여, 그렇다면, 그것들은 어디에서 여러 가지가 되는가?"[06]

"존자여, 계(界)들 가운데서입니다."[07]

"싸밋디여, 그렇다면, 그것들은 어떤 것들이 집기(集起)한 것인가?"

"존자여, 접촉[觸]이 집기(集起)한 것입니다."[08]

"싸밋디여, 그렇다면, 그것들은 어떤 것들이 모인 것인가?"

"존자여, 느낌[受]이 모인 것입니다."[09]

"싸밋디여, 그렇다면, 그것들은 어떤 것들이 선두에 있는가?"

"존자여, 삼매[定]가 선두에 있습니다."[10]

"싸밋디여, 그렇다면, 그것들은 어떤 것이 지배하는가?"

"존자여, 주의집중[念]이 지배합니다."[11]

---

04 'saṅkappavitakkā'의 번역.

05 'nāmarūpārammaṇā bhante'의 번역.

06 'te pana Samiddhi kva nānattaṃ gacchanti'의 번역.

07 'dhātūsu bhante'의 번역.

08 'phassaamudayā bhante'의 번역.

09 'vedanāsamosaraṇā bhante'의 번역.

10 'samādhipamukhā bhante'의 번역.

11 'satādhipateyyā bhante'의 번역.

"싸밋디여, 그렇다면, 그것들은 어떤 것이 위에 있는가?"

"존자여, 통찰지[般若]가 위에 있습니다."[12]

"싸밋디여, 그렇다면, 그것들은 어떤 것이 핵심인가?"

"존자여, 해탈이 핵심입니다."[13]

"싸밋디여, 그렇다면, 그것들은 어떤 것에 들어가는가?"

"존자여, 불사(不死)에 들어갑니다."[14]

"훌륭하다. 싸밋디여, 훌륭하다. 싸밋디여, 그대는 질문을 받고 잘 대답했다. 그렇다고 자만해서는 안 된다."

A.9.5. 점차적인 소멸(Anupubbanirodha) 〈A.9.31.〉

"비구들이여, 아홉 단계의 점차적인 소멸이 있다오. 그 아홉은 어떤 것인가?

비구들이여, 초선(初禪)에 들어가면 감각적 쾌락에 대한 관념이[15] 소멸하고, 제2선(第二禪)에 들어가면 사유와 숙고가[16] 소멸하고, 제3선(第三禪)에 들어가면 희열(喜悅)이[17] 소멸하고, 제4선(第四禪)에 들어가

12 'paññuttarā bhante'의 번역.

13 'vimuttisārā bhante'의 번역.

14 'amtogadhā bhante'의 번역.

15 'kāmasaññā'의 번역.

16 'vitakkavicārā'의 번역.

17 'pīti'의 번역.

면 들숨날숨[出息入息]이[18] 소멸하고, 공무변처(空無邊處)에 들어가면 형색에 대한 관념이[19] 소멸하고, 식무변처(識無邊處)에 들어가면 공무변처에 대한 관념이[20] 소멸하고, 무소유처(無所有處)에 들어가면 식무변처에 대한 관념이[21] 소멸하고, 비유상비무상처(非有想非無想處)에 들어가면 무소유처에 대한 관념이[22] 소멸하고, 상수멸(想受滅)에 들어가면 생각과 느낌이[23] 소멸한다오. 비구들이여, 이것이 아홉 가지 점차적인 소멸이라오."

A.9.6. 점차적인 삶(Anupubbavihāra) 〈A.9.32.〉

"비구들이여, 아홉 단계의 점차적인 삶이 있다오. 그 아홉은 어떤 것인가?

비구들이여, 비구는 감각적 욕망을 멀리하고, 불선법(不善法)을 멀리하여, 사유[尋]가 있고, 숙고[伺]가 있는, 멀리함에서 생긴 희열과 행복이 있는 초선(初禪)을 성취하여 살아가고, 사유와 숙고를 억제하여, 내적으로 조용해진, 마음이 집중된, 사유와 숙고가 없는, 삼매에서 생

18 'assāsapassāsā'의 번역.

19 'rūpasaññā'의 번역.

20 'ākāsānañcāyatanasaññā'의 번역.

21 'viññāṇañācāyatanasaññā'의 번역.

22 'ākiñcaññāyatanasaññā'의 번역.

23 'saññā ca vedanā ca'의 번역.

긴 희열과 행복이 있는 제2선(第二禪)을 성취하여 살아가고, 희열과 이욕(離欲)으로부터 초연하여 평정한 주의집중과 알아차림을 하며 지내면서 몸으로 행복을 느끼는, 성자들이 '평정한[捨] 주의집중을 하는 행복한 상태'라고 이야기한 제3선(第三禪)을 성취하여 살아가고, 행복감을 포기하고 괴로움을 버림으로써, 이전의 만족과 불만이 소멸하여 괴롭지도 않고 즐겁지도 않은, 평정한 주의집중이 청정한 제4선(第四禪)을 성취하여 살아가고, 일체의 형색에 대한 관념[色想]을 초월하고, 지각대상에 대한 관념[有對想]을 소멸하고, 다양한 모습에 대한 관념[想]에 마음 쓰지 않음[不作意]으로써 '허공은 무한하다'라고 생각하는 공무변처(空無邊處)를 성취하여 살아가고, 일체의 공무변처를 초월하여, '의식은 무한하다'라고 생각하는 식무변처(識無邊處)를 성취하여 살아가고, 일체의 식무변처를 초월하여, '아무것도 없다'라고 생각하는 무소유처(無所有處)를 성취하여 살아가고, 일체의 무소유처를 초월하여, 비유상비무상처(非有想非無想處)를 성취하여 살아가고, 일체의 비유상비무상처를 초월하여, 상수멸(想受滅)을 성취하여 살아간다오.

비구들이여, 이것이 아홉 단계의 점차적인 삶이라오."

A.9.7. 열반(Nibbāna) 〈A.9.34.〉

한때 싸리뿟따 존자께서는 라자가하에 있는 웰루와나 깔란다까니와빠(Veḷuvana-Kalandakanivāpa)에 머무셨습니다. 그때 싸리뿟따 존자께서 비구들에게 말씀하셨습니다.

"존자들이여, 행복이라 열반이라오.[24] 존자들이여, 행복이 열반이라오."

이와 같이 말씀하시자, 우다이(Udāyi) 존자가 싸리뿟따 존자에게 말했습니다.

"싸리뿟따 존자여, 느껴짐 없는 것이 어떻게 행복입니까?"

"존자여, 느껴짐 없는 것, 그것이 실로 행복이라오. 존자여, 다섯 가지 감각적 욕망의 대상이[25] 있다오. 그 다섯은 어떤 것인가? 마음에 들고 사랑스럽고 매력적이고 귀엽고 쾌락을 주는 유혹적인, 눈에 보이는[26] 형색[色], 귀에 들리는 소리[聲], 코에 맡아지는 냄새[香], 혀에 느껴지는 맛[味], 몸에 느껴지는 촉감[觸], 이들이 다섯 가지 감각적 욕망의 대상이라오. 존자여, 이들 다섯 가지 감각적 욕망의 대상을 의지하여 생기는 즐거움과 기쁨을 감각적 쾌락[欲樂]이라고 부른다오.

존자여, 비구는 감각적 욕망을 멀리하고 불선법(不善法)을 멀리하며, 사유(思惟)가 있고 숙고(熟考)가 있고, 멀리함에서 생긴 기쁨과 행복감이 있는 초선(初禪)을 성취하여 살아간다오. 만약에 이렇게 살아가는 비구에게 감각적 욕망을 수반하는 생각과 관심이 일어난다면,[27] 그에게는 그것이 질병이라오. 존자여, 비유하면, 행복한 사람에게 질병에 의한 약간의 괴로움이 일어나는 것과 같다오. 이와 같이 그에게 감각적

---

24 'sukham idhaṃ āvuso nibbānaṃ'의 번역.

25 'pañca kāmaguṇā'의 번역.

26 'cakkhuviññeyyā'의 번역.

27 'kāmasahagatā saññāmanasikārā samudācaranti'의 번역.

욕망을 수반하는 생각과 관심이 일어나면, 그에게는 그것이 질병이라오. 존자여, 더구나 질병은 괴로움이라고 세존께서 말씀하셨다오. 존자여, 이런 까닭에 행복이 열반이라고 알아야 한다오.

존자여, 다음으로 비구는 사유와 숙고를 억제하여, 내적으로 조용해진, 마음이 집중된, 사유와 숙고가 없는, 삼매에서 생긴 희열과 행복이 있는 제2선(第二禪)을 성취하여 살아간다오. 만약에 이렇게 살아가는 비구에게 사유를 수반하는 생각과 관심이[28] 일어난다면, 그에게는 그것이 질병이라오. 존자여, 비유하면, 행복한 사람에게 질병에 의한 괴로움 정도는 일어나는 것과 같다오. 이와 같이 그에게 사유를 수반하는 생각과 관심이 일어나면, 그에게는 그것이 질병이라오. 존자여, 더구나 질병은 괴로움이라고 세존께서 말씀하셨다오. 존자여, 이런 까닭에 행복이 열반이라고 알아야 한다오.

존자여, 다음으로 비구는 희열과 이욕(離欲)으로부터 초연하여 평정한 주의집중과 알아차림을 하며 몸으로 행복을 느끼는, 성자들이 '평정한[捨] 주의집중을 하는 행복한 상태'라고 이야기한 제3선(第三禪)을 성취하여 살아간다오. 만약에 이렇게 살아가는 비구에게 희열을 수반하는 생각과 관심이[29] 일어난다면, 그에게는 그것이 질병이라오. 존자여, 비유하면, 행복한 사람에게 질병에 의한 괴로움 정도는 일어나는 것과 같다오. 이와 같이 그에게 희열을 수반하는 생각과 관심이 일어나면, 그에게는 그것이 질병이라오. 존자여, 더구나 질병은 괴로움이라고

28 'vittakasahagatā saññāmanasikārā'의 번역.

29 'pītisahagatā saññāmanasikārā'의 번역.

세존께서 말씀하셨다오. 존자여, 이런 까닭에 행복이 열반이라고 알아야 한다오.

존자여, 다음으로 비구는 행복감을 포기하고 괴로움을 버림으로써, 이전의 만족과 불만이 소멸하여 괴롭지도 않고 즐겁지도 않은, 평정한 주의집중이 청정한 제4선(第四禪)을 성취하여 살아간다오. 만약에 이렇게 살아가는 비구에게 평정한 행복을 수반하는 생각과 관심이[30] 일어난다면, 그에게는 그것이 질병이라오. 존자여, 비유하면, 행복한 사람에게 질병에 의한 괴로움 정도는 일어나는 것과 같다오. 이와 같이 그에게 평정한 행복을 수반하는 생각과 관심이 일어나면, 그에게는 그것이 질병이라오. 존자여, 더구나 질병은 괴로움이라고 세존께서 말씀하셨다오. 존자여, 이런 까닭에 행복이 열반이라고 알아야 한다오.

존자여, 다음으로 비구는 일체의 형색에 대한 관념[色想]을 초월하고, 지각대상에 대한 관념[有對想]을 소멸하고, 다양한 모습에 대한 관념[想]에 마음 쓰지 않음[不作意]으로써 '허공은 무한하다'라고 생각하는 공무변처(空無邊處)를 성취하여 살아간다오. 만약에 이렇게 살아가는 비구에게 형색[色]을 수반하는 생각과 관심이[31] 일어난다면, 그에게는 그것이 질병이라오. 존자여, 비유하면, 행복한 사람에게 질병에 의한 괴로움 정도는 일어나는 것과 같다오. 이와 같이 그에게 형색을 수반하는 생각과 관심이 일어나면, 그에게는 그것이 질병이라오. 존자여, 더구나 질병은 괴로움이라고 세존께서 말씀하셨다오. 존자여, 이런 까

---

30 'upekhāsukhasahagatā saññāmanasikārā'의 번역.

31 'rūpasahagatā saññāmanasikārā'의 번역.

닭에 행복이 열반이라고 알아야 한다오.

존자여, 다음으로 비구는 일체의 공무변처를 초월하여, '의식은 무한하다'라고 생각하는 식무변처(識無邊處)를 성취하여 살아간다오. 만약에 이렇게 살아가는 비구에게 공무변처를 수반하는 생각과 관심이[32] 일어난다면, 그에게는 그것이 질병이라오. 존자여, 비유하면, 행복한 사람에게 질병에 의한 괴로움 정도는 일어나는 것과 같다오. 이와 같이 그에게 공무변처를 수반하는 생각과 관심이 일어나면, 그에게는 그것이 질병이라오. 존자여, 더구나 질병은 괴로움이라고 세존께서 말씀하셨다오. 존자여, 이런 까닭에 행복이 열반이라고 알아야 한다오.

존자여, 다음으로 비구는 일체의 식무변처를 초월하여, '아무것도 없다'라고 생각하는 무소유처(無所有處)를 성취하여 살아간다오. 만약에 이렇게 살아가는 비구에게 식무변처를 수반하는 생각과 관심이[33] 일어난다면, 그에게는 그것이 질병이라오. 존자여, 비유하면, 행복한 사람에게 질병에 의한 괴로움 정도는 일어나는 것과 같다오. 이와 같이 그에게 공무변처를 수반하는 생각과 관심이 일어나면, 그에게는 그것이 질병이라오. 존자여, 더구나 질병은 괴로움이라고 세존께서 말씀하셨다오. 존자여, 이런 까닭에 행복이 열반이라고 알아야 한다오.

존자여, 다음으로 비구는 일체의 무소유처를 초월하여, 비유상비무상처(非有想非無想處)를 성취하여 살아간다오. 만약에 이렇게 살아가

32 'ākāsānañcāyatanasahagatā saññāmanasikārā'의 번역.

33 'viññāṇañācāyatanasahagatā saññāmanasikārā'의 번역.

는 비구에게 무소유처를 수반하는 생각과 관심이[34] 일어난다면, 그에게는 그것이 질병이라오. 존자여, 비유하면, 행복한 사람에게 질병에 의한 괴로움 정도는 일어나는 것과 같다오. 이와 같이 그에게 무소유처를 수반하는 생각과 관심이 일어나면, 그에게는 그것이 질병이라오. 존자여, 더구나 질병은 괴로움이라고 세존께서 말씀하셨다오. 존자여, 이런 까닭에 행복이 열반이라고 알아야 한다오.

존자여, 다음으로 비구는 일체의 비유상비무상처를 초월하여, 상수멸(想受滅)을 성취하여 살아간다오. 그리고 통찰지[般若]로 (상수멸을) 본 후 번뇌[漏]를 남김없이 소멸한다오.[35] 존자여, 이런 까닭에 행복이 열반이라고 알아야 한다오."

A.9.8. 선(禪, Jhāna) 〈A.9.36.〉

"비구들이여, 나는 초선(初禪)에 의지하는 번뇌의 소멸도 이야기하고,[36] 제2선(第二禪)에 의지하는 번뇌의 소멸도 이야기하고, 제3선(第三禪)에 의지하는 번뇌의 소멸도 이야기하고, 제4선(第四禪)에 의지하는 번뇌의 소멸도 이야기하고, 공무변처(空無邊處)에 의지하는 번뇌의 소멸도 이야기하고, 식무변처(識無邊處)에 의지하는 번뇌의 소멸도 이야기하고, 무소유처(無所有處)에 의지하는 번뇌의 소멸도 이야기하고, 비유상

---

34 'ākiñcaññāyatanasahagatā saññāmanasikārā'의 번역.

35 'paññāya c'assa disvā āsavā parikhīṇā hoti'의 번역.

36 'paṭhamam p'ahaṃ bhikkhave jhānaṃ nissāya āsavānaṃ khayaṃ vadāmi'의 번역.

비무상처(非有想非無想處)에 의지하는 번뇌의 소멸도 이야기한다오.

비구들이여, '나는 초선에 의지하는 번뇌의 소멸도 이야기한다'라고 말했는데, 이 말은 무엇을 근거로 한 말인가? 비구들이여, 비구는 감각적 욕망을 멀리하고 불선법(不善法)을 멀리하며, 사유(思惟)가 있고 숙고(熟考)가 있고, 멀리함에서 생긴 기쁨과 행복감이 있는 초선을 성취하여 살아간다오. 그는 형색[色]이 나타나고, 느낌[受]이 나타나고, 생각[想]이 나타나고, 조작하는 행위[行]가 나타나고, 분별[識]이 나타날 때,[37] 그 법들을 무상(無常)한 것[38]이고, 괴로운 것[39]이고, 병(病)이고, 종기(腫氣)이고, 화살이고, 재앙(災殃)이고, 고통이고, 타자(他者)[40]이고, 괴멸(壞滅)할 것[41]이고, 텅 빈 것[空][42]이고, 자아가 없는 것[無我][43]으로 여긴다오. 그는 마음이 그 법들에서 벗어나며, '모든 조작하는 행위들의 그침, 모든 집착의 버림, 갈애의 소멸, 욕탐을 멀리함, 지멸(止滅), 열반(涅槃), 이것이 평온한 것이며, 이것이 수승(殊勝)한 것이다'라고 불사의 세계[不死界]에 마음을 집중한다오. 그는 그곳에 머물러 번뇌의 소멸을 성취한다오. 만약에 번뇌의 소멸을 성취하지 못한다면, 그는 법에 대

37 'so yad eva tattha hoti rūpagataṃ vedanāgataṃ saññāgataṃ saṅkhāragataṃ viññāṇagataṃ'의 번역.

38 'aniccato'의 번역.

39 'dukkhato'의 번역.

40 'parato'의 번역.

41 'palokato'의 번역.

42 'suññato'의 번역.

43 'anattato'의 번역.

한 열망에 의해서, 법에 대한 환희에 의해서 다섯 가지 낮은 단계의 결박[五下分結]을 끊고, (천상세계에) 화생(化生)하여 돌아오지 않는 자[不還]가[44] 되어 그 세간에서 반열반(般涅槃)하게 된다오. 비구들이여, 비유하면, 궁사나 궁사의 제자가 허수아비나 진흙덩어리로 훈련을 하고 나서, 그 후에 능숙한 사수가 되어 멀리서 대군을 쳐부수는 것과 같다오. 비구들이여, 이와 같이 비구는 감각적 욕망을 멀리하고 … (중략) … 초선을 성취하여 … (중략) … 그곳에 머물러 번뇌의 소멸을 성취한다오. 만약에 번뇌의 소멸을 성취하지 못한다면, 그는 법에 대한 열망에 의해서, 법에 대한 환희에 의해서 다섯 가지 낮은 단계의 결박을 끊고, (천상세계에) 화생하여 돌아오지 않는 자가 되어 그 세간에서 반열반하게 된다오. 비구들이여, '나는 초선에 의지하는 번뇌의 소멸도 이야기한다'라고 말했는데, 이 말은 이것을 근거로 한 말이라오.

비구들이여, '나는 제2선에 의지하는 번뇌의 소멸도 이야기하고, 제3선에 의지하는 번뇌의 소멸도 이야기하고, 제4선에 의지하는 번뇌의 소멸도 이야기하고, 공무변처에 의지하는 번뇌의 소멸도 이야기하고, 식무변처에 의지하는 번뇌의 소멸도 이야기하고, 무소유처에 의지하는 번뇌의 소멸도 이야기한다'라고 말했는데, 이 말은 무엇을 근거로 한 말인가? 비구들이여, 비구는 제2선, 제3선, 제4선, 공무변처, 식무변처, 무소유처를 성취하여 살아간다오. 그는 형색[色]이 나타나고, 느낌[受]이 나타나고, 생각[想]이 나타나고, 조작하는 행위[行]가 나타나고,

44 'anāvattidhammo'의 번역.

분별[識]이 나타날 때,[45] 그 법들을 무상(無常)한 것[46]이고, 괴로운 것[47]이고, 병이고, 종기이고, 화살이고, 재앙이고, 고통이고, 타자[48]이고, 괴멸할 것[49]이고, 텅 빈 것[50]이고, 자아가 없는 것[51]으로 여긴다오. 그는 마음이 그 법들에서 벗어나며, 그는 '모든 조작하는 행위들의 그침, 모든 집착의 버림, 갈애의 소멸, 욕탐을 멀리함, 지멸, 열반, 이것이 평온한 것이며, 이것이 수승한 것이다'라고 불사의 세계에 마음을 집중한다오. 그는 그곳에 머물러 번뇌의 소멸을 성취한다오. 만약에 번뇌의 소멸을 성취하지 못한다면, 그는 법에 대한 열망에 의해서, 법에 대한 환희에 의해서 다섯 가지 낮은 단계의 결박을 끊고, (천상세계에) 화생하여 돌아오지 않는 자가[52] 되어 그 세간에서 반열반하게 된다오. 비구들이여, 비유하면, 궁사나 궁사의 제자가 허수아비나 진흙덩어리로 훈련을 하고 나서, 그 후에 능숙한 사수가 되어 멀리서 대군을 쳐부수는 것과 같다오. 비구들이여, 이와 같이 비구는 제2선, 제3선, 제4선, 공무변처, 식무변처, 무소유처를 성취하여 … (중략) … 그곳에 머물러 번뇌의 소멸을

45 'so yad eva tattha hoti rūpagataṃ vedanāgataṃ saññāgataṃ saṅkhāragataṃ viññāṇagataṃ'의 번역.

46 'aniccato'의 번역.

47 'dukkhato'의 번역.

48 'parato'의 번역.

49 'palokato'의 번역.

50 'suññato'의 번역.

51 'anattato'의 번역.

52 'anāvattidhammo'의 번역.

성취한다오. 만약에 번뇌의 소멸을 성취하지 못한다면, 그는 법에 대한 열망에 의해서, 법에 대한 환희에 의해서 다섯 가지 낮은 단계의 결박을 끊고, (천상세계에) 화생하여 돌아오지 않는 자가 되어 그 세간에서 반열반하게 된다오. 비구들이여, '나는 제2선, 제3선, 제4선, 공무변처, 식무변처, 무소유처에 의지하는 번뇌의 소멸도 이야기한다'라고 말했는데, 이 말은 이것을 근거로 한 말이라오.

비구들이여, 이와 같이 관념(觀念)에 대한 선정(禪定, 想定)에 들어감으로써 구경지(究竟智)로 (그것을) 파악한다오.[53] 비구들이여, 내 말은 '이들 처(處)들, 즉 비유상비무상처정(非有想非無想處定)에 들어가는 것과 상수멸정(想受滅定)은, 비구들이여, 선정수행을 하는 비구들이 능숙하게 선정에 들어가고 능숙하게 선정에서 나옴으로써, 선정에 들어갔다가 선정에서 나온 후에 바르게 이야기할 수 있다'는 말이라오."[54]

A.9.9. 아난다(Ānanda) 〈A.9.37.〉

한때 아난다 존자께서는 꼬삼비의 고시따 사원(寺院)에 머무셨습니다. 그때 아난다 존자께서 비구들에게 말씀하셨습니다.

---

53 'iti kho bhikkhave yāvatā saññāsamāpatti, tāvatā aññāpaṭvedho'의 번역. 관념에 대한 선정(禪定)은 무색계(無色界) 4선정(四禪定), 즉 공무변처정(空無邊處定), 식무변처정(識無邊處定), 무소유처정(無所有處定), 비유상비무상처정(非有想非無想處定)과 상수멸정(想受滅定)을 의미한다고 생각된다.

54 'yāni ca kho imāni bhikkhave āyatāni ; nevasaññānāsaññāyatanasamāpatti ca saññāvedayita nirodho ca jhāyī h' ete bhikkhave bhikkhūhi samāpattikusalehi samāpaṭṭivuṭṭhānakusalehi samāpajjitvā vuṭṭhahitvā samakkhātabbānī ti vadāmi ti'의 번역.

"존자들이여, 놀라운 일이라오. 존자들이여, 희유한 일이라오. 아시고 보시는 아라한이며 등정각(等正覺)이신 세존께서는 장애 가운데서 중생들이 근심과 슬픔, 괴로움과 고통을 극복하고 소멸하는 청정한 길을 성취하여 열반을 증득할 수 있는 가능성을 발견했다오.[55] (그 길을 가면) 실로 시각[眼]은 있어도, 형색[色]들과 형색들이 머물고 있는 곳[處]은 느껴지지 않게 될 것이오.[56] 실로 청각[耳]은 있어도, 소리[聲]들과 소리들이 머물고 있는 곳[處]은 느껴지지 않게 될 것이오. 실로 후각[鼻]은 있어도, 냄새[香]들과 냄새들이 머물고 있는 곳[處]은 느껴지지 않게 될 것이오. 실로 미각[舌]은 있어도, 맛[味]들과 맛들이 머물고 있는 곳[處]은 느껴지지 않게 될 것이오. 실로 촉각[身]은 있어도, 접촉되는 것[觸]들과 접촉되는 것들이 머물고 있는 곳은 느껴지지 않게 될 것이오."

이와 같이 말씀하시자, 우다인(Udāyin) 존자가 아난다 존자에게 말했습니다.

"아난다 존자여, 의식이 있는데 그 머물고 있는 곳이 느껴지지 않습니까, 그렇지 않으면 의식이 없어서입니까?"[57]

"존자여, 의식이 있는데 그 머물고 있는 곳이 느껴지지 않는다오.

---

55 'sambādhe okāsādhigamo anubudho sattānaṃ visudhiyā sokaparidevānaṃ samatikkamāya dukkhadomanassānaṃ atthaṅgamāya ñāyāssa adhigamāya nibbānassa sacchikiriyāya'의 번역.

56 'tad eva nāma cakkhuṃ bhavissati, te rūpā tañ cāyatanaṃ no paṭisaṃvedissati'의 번역. 각주에 의하면 'rūpā tañ'이 Turnour MS. Morris MS. 등에는 'rūpānaṃ'으로 되어있다고 하여 여기에서는 'rūpānaṃ'의 의미로 번역함.

57 'saññī-m-eva nu kho āvuso Ānanda tad āyatanaṃ no paṭisaṃvedeti, udāhu āsaññī ti'의 번역.

의식이 없어서가 아니라오."

"존자여, 어떻게 의식이 있는데, 그 머물고 있는 곳이 느껴지지 않을까요?"

"존자여, 비구가 일체의 형색에 대한 관념[色想]을 초월하고, 지각대상에 대한 관념[有對想]을 소멸하고, 다양한 모습에 대한 관념[想]에 마음 쓰지 않음[不作意]으로써 '허공은 무한하다'라고 생각하는 공무변처(空無邊處)를 성취하여 살아간다오. 이와 같이 의식이 있어도 그 머물고 있는 곳은 느껴지지 않는다오.

존자여, 그다음에, 비구는 일체의 공무변처를 초월하여, '의식은 무한하다'라고 생각하는 식무변처(識無邊處)를 성취하여 살아간다오. 이와 같이 의식이 있어도 그 머물고 있는 곳은 느껴지지 않는다오.

존자여, 그다음에, 비구는 일체의 식무변처를 초월하여, '아무것도 없다'라고 생각하는 무소유처(無所有處)를 성취하여 살아간다오. 이와 같이 의식이 있어도 그 머물고 있는 곳은 느껴지지 않는다오.

존자여, 그다음에, 비구는 일체의 무소유처를 초월하여, 비유상비무상처(非有想非無想處)를 성취하여 살아간다오. 이와 같이 의식이 있어도 그 머물고 있는 곳은 느껴지지 않는다오.

존자여, 나는 한때 싸께따(Sāketa)의 안자나와나(Añjanavana)에 있는 미가다야(Migadāya)에 머물렀다오. 존자여, 그때 자띨라가히야(Jaṭilāgāhiyā) 비구니가 나를 찾아와서 나에게 예배한 후에 한쪽에 서서 나에게 말했다오.

'아난다 존자님! 이 삼매(三昧)는 이리저리 흔들리지 않으며, 조작하는 행위에 얽매여 제약받지 않고 스스로 해탈하며, 자제력을 가지고 머물며, 스스로 만족을 알아 만족하고 걱정하지 않습니다. 아난다 존자님! 이 삼매의 결과는 무엇이라고 세존께서 말씀하셨습니까?'

존자들이여, 이와 같이 말하자, 나는 자띨라가히야 비구니에게 '자매여, 이리저리 흔들리지 않으며, 조작하는 행위에 얽매여 제약받지 않고 스스로 해탈하며, 자제력을 가지고 머물며, 스스로 만족을 알아 만족하고 걱정하지 않는 이 삼매의 결과는 구경지(究境智)라고 세존께서 말씀하셨다'라고 말했다오.

존자들이여, 이와 같이 의식이 있어도 그 머물고 있는 곳은 느껴지지 않는다오."

A.9.10. 바라문(Brāhmaṇa) 〈A.9.38.〉

어느 날 세속 철학자인[58] 두 바라문이 세존을 찾아와서 세존과 함께 정중하게 인사를 하고, 공손한 인사말을 나눈 후에 한쪽에 앉았습니다. 한쪽에 앉은 그 바라문들이 세존께 말씀드렸습니다.

"고따마 존자여, 뿌라나 깟싸빠(Pūraṇa Kassapa)는 모든 것을 남김없이 알고 보는 일체지자(一切知者)이며 일체견자(一切見者)로서, '걸을 때나 서 있을 때나, 잠잘 때나 깨어있을 때나, 끊임없이 계속해서 지견(知見)이 현전(現前)한다'라고 공언합니다. 그는 '나는 무한한 지식으로 끝이 있는 세간을 알고 보며 살아간다'[59]라고 말했습니다. 고따마 존자

58 'lokāyatikā'의 번역.

59 'ahaṃ anantena ñāṇena antavantaṃ lokaṃ jānaṃ passaṃ vihrāmī ti'의 번역.

여, 니간타 나따뿟따는 모든 것을 남김없이 알고 보는 일체지자이며 일체견자로서, '걸을 때나 서 있을 때나, 잠잘 때나 깨어있을 때나, 끊임없이 계속해서 지견이 현전한다'라고 공언합니다. 그는 '나는 유한한 지식으로 끝이 있는 세간을 알고 보며 살아간다'[60]라고 말했습니다. 고따마 존자여, 이들 두 사람의 지식에 대한 주장은 서로 다르며 대립적입니다. 누가 한 말이 진실이고, 누가 한 말이 거짓입니까?"

"잠깐만! 바라문들이여, '서로 다르며 대립적인 이들 두 사람의 지식에 대한 주장 가운데 누가 한 말이 진실이고, 누가 한 말이 거짓인지'는 내버려둡시다. 바라문들이여, 내가 그대들에게 사실[法]을 이야기하겠소. 잘 듣고 깊이 생각해보시오. 내가 이야기하겠소."

바라문들이 "존자여, 그렇게 하겠습니다"라고 세존께 대답하자, 세존께서 이렇게 말씀하셨습니다.

"바라문들이여, 예를 들면, 훈련받아 능숙하게 숙련된 솜씨 좋은 궁사가 가볍게 화살을 야자수 그림자를 가로질러 날려 보내는 것 같은 가장 빠른 속도로 달릴 수 있는, 비유하면, 한 발걸음에 동해에서 서해로 가로질러 가는 가장 빠른 발걸음을 지닌 네 명의 사람이 사방을 향하여 서 있는 것과 같다오.

이제 동쪽을 향해 서 있는 사람이 '나는 걸어서 세간의 끝에 도달해야겠다'라고 말한다면, 그는 음식을 먹고, 마시고, 대소변을 보고, 잠자고, 지칠 때를 제외하고 100년을 걸어가도 세간의 끝에 도달하지 못하고 도중에 죽을 것이오. 이제 서쪽을 향해 서 있는 사람이 '나는 걸어

---

60 'ahaṃ antavantena ñāṇena antavantaṃ lokaṃ jānaṃ passaṃ vihrāmī ti'의 번역.

서 세간의 끝에 도달해야겠다'라고 말한다면, 그는 음식을 먹고, 마시고, 대소변을 보고, 잠자고, 지칠 때를 제외하고 100년을 걸어가도 세간의 끝에 도달하지 못하고 도중에 죽을 것이오. 이제 북쪽을 향해 서 있는 사람이 '나는 걸어서 세간의 끝에 도달해야겠다'라고 말한다면, 그는 음식을 먹고, 마시고, 대소변을 보고, 잠자고, 지칠 때를 제외하고 100년을 걸어가도 세간의 끝에 도달하지 못하고 도중에 죽을 것이오. 이제 남쪽을 향해 서 있는 사람이 '나는 걸어서 세간의 끝에 도달해야겠다'라고 말한다면, 그는 음식을 먹고, 마시고, 대소변을 보고, 잠자고, 지칠 때를 제외하고 100년을 걸어가도 세간의 끝에 도달하지 못하고 도중에 죽을 것이오.

그 원인은 무엇일까요? 바라문들이여, 나는 이런 식으로 달려가서 세간의 끝을 알 수 있고, 볼 수 있고, 도달할 수 있다고 말하지 않는다오. 바라문들이여, 그리고 나는 세간의 끝에 도달하지 않고 괴로움의 종식이 있다고 말하지도 않는다오.

바라문들이여, 성인의 율(律)에서는 다섯 가지 감각적 욕망의 대상을 세간이라고 부른다오.[61] 그 다섯은 어떤 것인가? 마음에 들고 사랑스럽고 매력적이고 귀엽고 쾌락을 주는 유혹적인, 눈에 보이는 형색[色], 귀에 들리는 소리[聲], 코에 맡아지는 냄새[香], 혀에 느껴지는 맛[味], 몸에 느껴지는 촉감[觸], 이들이 다섯 가지 감각적 욕망의 대상이라오. 바라문들이여, 성인의 율에서는 이들 다섯 가지 감각적 욕망의 대상을 세간이라고 부른다오.

---

61 'pañca ime brāhmaṇā kāmaguṇā ariyassa vinaye loko ti vuccati'의 번역.

바라문들이여, 비구는 감각적 욕망을 멀리하고 불선법(不善法)을 멀리하며, 사유(思惟)가 있고 숙고(熟考)가 있고, 멀리함에서 생긴 기쁨과 행복감이 있는 초선(初禪)을 성취하여 살아간다오. 바라문들이여, 이 비구는 세간의 끝에 가서 세간의 끝에서 살아간다오. 다른 사람들은 그것을 '이것은 세간에 속한다. 이것은 세간에서 벗어난 것이 아니다'라고 말했다오. 바라문들이여, 나도 역시 '이것은 세간에 속한다. 이것은 세간에서 벗어난 것이 아니다'라고 말한다오.

바라문들이여, 그다음에 비구는 사유와 숙고를 억제하여, 내적으로 조용해진, 마음이 집중된, 사유와 숙고가 없는, 삼매에서 생긴 희열과 행복이 있는 제2선(第二禪)을 성취하여 살아간다오. 바라문들이여, 이 비구는 세간의 끝에 가서 세간의 끝에서 살아간다오. 다른 사람들은 그것을 '이것은 세간에 속한다. 이것은 세간에서 벗어난 것이 아니다'라고 말했다오. 바라문들이여, 나도 역시 '이것은 세간에 속한다. 이것은 세간에서 벗어난 것이 아니다'라고 말한다오.

바라문들이여, 그다음에 비구는 희열과 이욕(離欲)으로부터 초연하여 평정한 주의집중과 알아차림을 하며 지내면서 몸으로 행복을 느끼는, 성자들이 '평정한[捨] 주의집중을 하는 행복한 상태'라고 이야기한 제3선(第三禪)을 성취하여 살아간다오. 바라문들이여, 이 비구는 세간의 끝에 가서 세간의 끝에서 살아간다오. 다른 사람들은 그것을 '이것은 세간에 속한다. 이것은 세간에서 벗어난 것이 아니다'라고 말했다오. 바라문들이여, 나도 역시 '이것은 세간에 속한다. 이것은 세간에서 벗어난 것이 아니다'라고 말한다오.

바라문들이여, 그다음에 비구는 행복감을 포기하고 괴로움을 버림으로써, 이전의 만족과 불만이 소멸하여 괴롭지도 않고 즐겁지도 않은, 평정한 주의집중이 청정한 제4선(第四禪)을 성취하여 살아간다오. 바라문들이여, 이 비구는 세간의 끝에 가서 세간의 끝에서 살아간다오. 다른 사람들은 그것을 '이것은 세간에 속한다. 이것은 세간에서 벗어난 것이 아니다'라고 말했다오. 바라문들이여, 나도 역시 '이것은 세간에 속한다. 이것은 세간에서 벗어난 것이 아니다'라고 말한다오.

바라문들이여, 그다음에 비구는 일체의 형색에 대한 관념[色想]을 초월하고, 지각대상에 대한 관념[有對想]을 소멸하고, 다양한 모습에 대한 관념[想]에 마음 쓰지 않음[不作意]으로써 '허공은 무한하다'라고 생각하는 공무변처(空無邊處)를 성취하여 살아간다오. 바라문들이여, 이 비구는 세간의 끝에 가서 세간의 끝에서 살아간다오. 다른 사람들은 그것을 '이것은 세간에 속한다. 이것은 세간에서 벗어난 것이 아니다'라고 말했다오. 바라문들이여, 나도 역시 '이것은 세간에 속한다. 이것은 세간에서 벗어난 것이 아니다'라고 말한다오.

바라문들이여, 그다음에 비구는 일체의 공무변처를 초월하여, '의식은 무한하다'라고 생각하는 식무변처(識無邊處)를 성취하여 살아간다오. 바라문들이여, 이 비구는 세간의 끝에 가서 세간의 끝에서 살아간다오. 다른 사람들은 그것을 '이것은 세간에 속한다. 이것은 세간에서 벗어난 것이 아니다'라고 말했다오. 바라문들이여, 나도 역시 '이것은 세간에 속한다. 이것은 세간에서 벗어난 것이 아니다'라고 말한다오.

바라문들이여, 그다음에 비구는 일체의 식무변처를 초월하여, '아무것도 없다'라고 생각하는 무소유처(無所有處)를 성취하여 살아간다오. 바라문들이여, 이 비구는 세간의 끝에 가서 세간의 끝에서 살아간다오. 다른 사람들은 그것을 '이것은 세간에 속한다. 이것은 세간에서 벗어난 것이 아니다'라고 말했다오. 바라문들이여, 나도 역시 '이것은 세간에 속한다. 이것은 세간에서 벗어난 것이 아니다'라고 말한다오.

바라문들이여, 그다음에 비구는 일체의 무소유처를 초월하여, 비유상비무상처(非有想非無想處)를 성취하여 살아간다오. 바라문들이여, 이 비구는 세간의 끝에 가서 세간의 끝에서 살아간다오. 다른 사람들은 그것을 '이것은 세간에 속한다. 이것은 세간에서 벗어난 것이 아니다'라고 말했다오. 바라문들이여, 나도 역시 '이것은 세간에 속한다. 이것은 세간에서 벗어난 것이 아니다'라고 말한다오.

바라문들이여, 그다음에 비구는 일체의 비유상비무상처를 초월하여, 상수멸(想受滅)을 성취하여 살아간다오. 그리고 통찰지[般若]로 (상수멸을) 본 후 번뇌[漏]를 남김없이 소멸한다오. 바라문들이여, 이것을 '비구가 세간의 끝에 가서 세간의 끝에서 살아가면서 세간에 대한 애착을 초월했다'라고 말한다오."

A.9.11. 따뿟싸(Tapussa) 〈A.9.41.〉

한때 세존께서는 말라(Mall)에 있는 우루웰라깝빠(Uruvelakappa)라고 하는 말라족 마을에 머무셨습니다. 어느 날 세존께서는 오전에 옷을 입고, 발우와 법의를 지니고 탁발하러 우루웰라깝빠에 들어가셨습니다. 세존께서는 우루웰라깝빠에서 탁발을 마치고 돌아와서 아난다 존자에게 말씀하셨습니다.

"아난다여, 내가 오후의 휴식을 위해 마하와나 숲속에 들어가 있는 동안 너는 이곳에 있어라."

아난다 존자는 "세존이시여, 그렇게 하겠습니다"라고 세존께 대답했습니다. 세존께서는 마하와나 숲속에 들어가서 어떤 나무 아래 앉으셨습니다.

그때 따뿟싸(Tapussa) 장자가 아난다 존자를 찾아와서 예배하고 한쪽에 앉은 후에 아난다 존자에게 말했습니다.

"아난다 존자님! 우리 재가자(在家者)들은 감각적 욕망을 즐기고, 감각적 욕망을 좋아하고, 감각적 욕망을 탐닉하고, 감각적 욕망에 열광합니다. 이렇게 감각적 욕망을 즐기고, 감각적 욕망을 좋아하고, 감각적 욕망을 탐닉하고, 감각적 욕망에 열광하는 우리 재가자들에게는 욕망에서 벗어나는 일[出離]이 절벽처럼 보입니다. 존자님! 저는 이 가르침[法]과 율(律) 가운데서 젊은 비구들의 마음이 욕망에서 벗어나는 일에 뛰어들어 확신을 가지고 안정되고, '이것이 적정(寂靜)이다'[62]라고 보면서 해탈한다고 들었습니다. 존자님! 이 가르침과 율 가운데 있는 비구들과 많은 사람들의 차이는 이 욕망에서 벗어나는 일인 것 같습니다."

"장자여, 이것은 토론해야 할 주제군요. 장자여, 우리 세존을 뵈러 갑시다. 세존을 찾아가서 세존께 이 주제를 말씀드립시다. 그리하여 세존께서 판단하신 대로 우리는 받아 지닙시다."

따뿟싸 장자는 "존자님! 그렇게 하겠습니다"라고 아난다 존자에

62 'etaṃ santan ti'의 번역.

게 대답했습니다.

아난다 존자는 따뿟싸 장자와 함께 세존을 찾아가서 세존께 예배하고 한쪽에 앉아 세존께 이 일에 대하여 말씀드렸습니다.

"아난다여, 그렇다. 아난다여, 그렇다. 예전에 내가 바른 깨달음[正覺]을 원만하게 깨닫지 못한 보살이었을 때를 기억해보니, 그때 나는 '욕망에서 벗어나는 일은 훌륭한 일이다. 욕망을 멀리하는 일[遠離]은 훌륭한 일이다'라고 생각했다. 아난다여, 그런데 나의 마음은 욕망에서 벗어나는 일에 뛰어들지 않고, 확신을 갖지 못하고, 안정되지 않고, '이것이 적정(寂靜)이다'라고 보면서 해탈하지 못했다. 아난다여, 그래서 나는, 내 마음이 욕망에서 벗어나는 일에 뛰어들지 않고, 확신을 갖지 못하고, 안정되지 않고, '이것이 적정이다'라고 보면서 해탈하지 못하는 원인은 무엇이고, 조건은 무엇인지를 생각했다.

아난다여, 나는 감각적 욕망을 재앙으로 보지 않았기 때문에 욕망에서 벗어나는 일을 익히지 않았고, 욕망에서 벗어나는 일의 이익을 이해하지 못했기 때문에 그것을 추구하지 않았다. 그렇기 때문에 나의 마음은 욕망에서 벗어나는 일에 뛰어들지 않고, 확신을 갖지 못하고, 안정되지 않고, '이것이 적정이다'라고 보면서 해탈하지 못했다고 생각했다.

아난다여, 나는, 만약에 내가 감각적 욕망을 재앙으로 보고, 욕망에서 벗어나는 일을 익히고, 욕망에서 벗어나는 일의 이익을 이해하고, 그것을 추구하면 나의 마음은 욕망에서 벗어나는 일에 뛰어들어 확신을 가지고 안정되고, '이것이 적정이다'라고 보면서 해탈할 수 있다고 생각했다.

아난다여, 나는 그 후에 감각적 욕망을 재앙으로 보고, 욕망에서 벗어나는 일을 익히고, 욕망에서 벗어나는 일의 이익을 이해하고, 그것을 추구했다. 아난다여, 그러자 나의 마음은 욕망에서 벗어나는 일에 뛰어들어 확신을 가지고 안정되었으며, '이것이 적정이다'라고 보면서 해탈했다.

아난다여, 나는 그 후에 감각적 욕망을 멀리하고 불선법(不善法)을 멀리하며, 사유(思惟)가 있고 숙고(熟考)가 있고, 멀리함에서 생긴 기쁨과 행복감이 있는 초선(初禪)을 성취하여 머물렀다. 아난다여, 이렇게 머무는 가운데 나에게 감각적 욕망을 수반하는 생각과 관심이 일어났다. 나에게는 그것이 질병이었다. 아난다여, 비유하면, 행복한 사람에게 질병에 의한 괴로움 정도는 일어나는 것과 같다. 이와 같이 나에게 감각적 욕망을 수반하는 생각과 관심이 일어났으며, 나에게는 그것이 질병이었다.

아난다여, 나는 그 후에 사유와 숙고를 억제하여, 내적으로 조용해진, 마음이 집중된, 사유와 숙고가 없는, 삼매에서 생긴 희열과 행복이 있는 제2선(第二禪)을 성취하여 머물겠다고 생각했다. 아난다여, 그런데 나의 마음은 사유 없는 상태에[63] 뛰어들지 않고, 확신을 갖지 못하고, 안정되지 않고, '이것이 적정이다'라고 보면서 해탈하지 못했다. 아난다여, 그래서 나는, 내 마음이 사유 없는 상태에 뛰어들지 않고, 확신을 갖지 못하고, 안정되지 않고, '이것이 적정이다'라고 보면서 해탈하지 못하는 원인은 무엇이고, 조건은 무엇인지를 생각했다.

아난다여, 나는 사유를 재앙으로 보지 않았기 때문에 사유 없는

63 'avitakke'의 번역.

상태를 익히지 않았고, 사유 없는 상태의 이익을 이해하지 못했기 때문에 그것을 추구하지 않았다. 그렇기 때문에 나의 마음은 사유 없는 상태에 뛰어들지 않고, 확신을 갖지 못하고, 안정되지 않고, '이것이 적정이다'라고 보면서 해탈하지 못했다고 생각했다.

아난다여, 나는, 만약에 내가 사유를 재앙으로 보고, 사유 없는 상태를 익히고, 사유 없는 상태의 이익을 이해하고, 그것을 추구하면 나의 마음은 사유 없는 상태에 뛰어들어 확신을 가지고 안정되고, '이것이 적정이다'라고 보면서 해탈할 수 있다고 생각했다.

아난다여, 나는 그 후에 사유를 재앙으로 보고, 사유 없는 상태를 익히고, 사유 없는 상태의 이익을 이해하고, 그것을 추구했다. 아난다여, 그러자 나의 마음은 사유 없는 상태에 뛰어들어 확신을 가지고 안정되었으며, '이것이 적정이다'라고 보면서 해탈했다.

아난다여, 나는 그 후에 사유와 숙고를 억제하여, 내적으로 조용해진, 마음이 집중된, 사유와 숙고가 없는, 삼매에서 생긴 희열과 행복이 있는 제2선을 성취하여 머물렀다. 아난다여, 이렇게 머무는 가운데 나에게 사유를 수반하는 생각과 관심이 일어났다. 나에게는 그것이 질병이었다. 아난다여, 비유하면, 행복한 사람에게 질병에 의한 괴로움 정도는 일어나는 것과 같다. 이와 같이 나에게 사유를 수반하는 생각과 관심이 일어났으며, 나에게는 그것이 질병이었다.

아난다여, 나는 그 후에 희열과 이욕(離欲)으로부터 초연하여 평정한 주의집중과 알아차림을 하며 지내면서 몸으로 행복을 느끼는, 성자들이 '평정한[捨] 주의집중을 하는 행복한 상태'라고 이야기한 제3선(第三禪)을 성취하여 머물겠다고 생각했다. 아난다여, 그런데 나의 마음은 희열에서 벗어난 상태에[64] 뛰어들지 않고, 확신을 갖지 못하고, 안정되지 않고, '이것이 적정이다'라고 보면서 해탈하지 못했다. 아난다여, 그래서 나는, 내 마음이 희열에서 벗어난 상태에 뛰어들지 않고, 확신을 갖지 못하고, 안정되지 않고, '이것이 적정이다'라고 보면서 해탈하지 못하는 원인은 무엇이고, 조건은 무엇인지를 생각했다.

아난다여, 나는 희열을 재앙으로 보지 않았기 때문에 희열에서 벗어난 상태를 익히지 않았고, 희열에서 벗어난 상태의 이익을 이해하지 못했기 때문에 그것을 추구하지 않았다. 그렇기 때문에 나의 마음은 희열에서 벗어난 상태에 뛰어들지 않고, 확신을 갖지 못하고, 안정되지 않고, '이것이 적정이다'라고 보면서 해탈하지 못했다고 생각했다.

아난다여, 나는, 만약에 내가 희열을 재앙으로 보고, 희열에서 벗어난 상태를 익히고, 희열에서 벗어난 상태의 이익을 이해하고, 그것을 추구하면 나의 마음은 희열에서 벗어난 상태에 뛰어들어 확신을 가지고 안정되고, '이것이 적정이다'라고 보면서 해탈할 수 있다고 생각했다.

아난다여, 나는 그 후에 희열을 재앙으로 보고, 희열에서 벗어난 상태를 익히고, 희열에서 벗어난 상태의 이익을 이해하고, 그것을 추구했다. 아난다여, 그러자 나의 마음은 희열에서 벗어난 상태에 뛰어들어 확신을 가지고 안정되었으며, '이것이 적정이다'라고 보면서 해탈했다.

아난다여, 나는 그 후에 희열과 이욕으로부터 초연하여 평정한 주의집중과 알아차림을 하며 지내면서 몸으로 행복을 느끼는, 성자들이

64 'nippītike'의 번역.

'평정한[捨] 주의집중을 하는 행복한 상태'라고 이야기한 제3선을 성취하여 머물렀다. 아난다여, 이렇게 머무는 가운데 나에게 희열을 수반하는 생각과 관심이 일어났다. 나에게는 그것이 질병이었다. 아난다여, 비유하면, 행복한 사람에게 질병에 의한 괴로움 정도는 일어나는 것과 같다. 이와 같이 나에게 희열을 수반하는 생각과 관심이 일어났으며, 나에게는 그것이 질병이었다.

아난다여, 나는 그 후에 행복감을 포기하고 괴로움을 버림으로써, 이전의 만족과 불만이 소멸하여 괴롭지도 않고 즐겁지도 않은, 평정한 주의집중이 청정한 제4선(第四禪)을 성취하여 머물겠다고 생각했다. 아난다여, 그런데 나의 마음은 괴롭지도 즐겁지도 않은 상태에[65] 뛰어들지 않고, 확신을 갖지 못하고, 안정되지 않고, '이것이 적정이다'라고 보면서 해탈하지 못했다. 아난다여, 그래서 나는, 내 마음이 괴롭지도 즐겁지도 않은 상태에 뛰어들지 않고, 확신을 갖지 못하고, 안정되지 않고, '이것이 적정이다'라고 보면서 해탈하지 못하는 원인은 무엇이고, 조건은 무엇인지를 생각했다.

아난다여, 나는 평정의 즐거움을 재앙으로 보지 않았기 때문에 괴롭지도 즐겁지도 않은 상태를 익히지 않았고, 괴롭지도 즐겁지도 않은 상태의 이익을 이해하지 못했기 때문에 그것을 추구하지 않았다. 그렇기 때문에 나의 마음은 괴롭지도 즐겁지도 않은 상태에 뛰어들지 않고, 확신을 갖지 못하고, 안정되지 않고, '이것이 적정이다'라고 보면서 해탈하지 못했다고 생각했다.

---

65 'adukkhamasukhe'의 번역.

아난다여, 나는, 만약에 내가 평정의 즐거움을 재앙으로 보고, 괴롭지도 즐겁지도 않은 상태를 익히고, 괴롭지도 즐겁지도 않은 상태의 이익을 이해하고, 그것을 추구하면 나의 마음은 괴롭지도 즐겁지도 않은 상태에 뛰어들어 확신을 가지고 안정되고, '이것이 적정이다'라고 보면서 해탈할 수 있다고 생각했다.

아난다여, 나는 그 후에 평정의 즐거움을 재앙으로 보고, 괴롭지도 즐겁지도 않은 상태를 익히고, 괴롭지도 즐겁지도 않은 상태의 이익을 이해하고, 그것을 추구했다. 아난다여, 그러자 나의 마음은 괴롭지도 즐겁지도 않은 상태에 뛰어들어 확신을 가지고 안정되었으며, '이것이 적정이다'라고 보면서 해탈했다.

아난다여, 나는 그 후에 행복감을 포기하고 괴로움을 버림으로써, 이전의 만족과 불만이 소멸하여 괴롭지도 않고 즐겁지도 않은, 평정한 주의집중이 청정한 제4선을 성취하여 머물렀다. 아난다여, 이렇게 머무는 가운데 나에게 평정의 즐거움을 수반하는 생각과 관심이 일어났다. 나에게는 그것이 질병이었다. 아난다여, 비유하면, 행복한 사람에게 질병에 의한 괴로움 정도는 일어나는 것과 같다. 이와 같이 나에게 평정의 즐거움을 수반하는 생각과 관심이 일어났으며, 나에게는 그것이 질병이었다.

아난다여, 나는 그 후에 일체의 형색에 대한 관념[色想]을 초월하고, 지각대상에 대한 관념[有對想]을 소멸하고, 다양한 모습에 대한 관념[想]에 마음 쓰지 않음[不作意]으로써 '허공은 무한하다'라고 생각하는 공무변처(空無邊處)를 성취하여 머물겠다고 생각했다. 아난다여, 그런데 나의 마음은 공무변처에 뛰어들지 않고, 확신을 갖지 못하고, 안정되지 않고, '이것이 적정이다'라고 보면서 해탈하지 못했다. 아난다여, 그래서 나는, 내 마음이 공무변처에 뛰어들지 않고, 확신을 갖지 못하고, 안정되지 않고, '이것이 적정이다'라고 보면서 해탈하지 못하는 원인은 무엇이고, 조건은 무엇인지를 생각했다.

아난다여, 나는 형색[色]을 재앙으로 보지 않았기 때문에 공무변처를 익히지 않았고, 공무변처의 이익을 이해하지 못했기 때문에 그것을 추구하지 않았다. 그렇기 때문에 나의 마음은 공무변처에 뛰어들지 않고, 확신을 갖지 못하고, 안정되지 않고, '이것이 적정이다'라고 보면서 해탈하지 못했다고 생각했다.

아난다여, 나는, 만약에 내가 형색을 재앙으로 보고, 공무변처를 익히고, 공무변처의 이익을 이해하고, 그것을 추구하면 나의 마음은 공무변처에 뛰어들어 확신을 가지고 안정되고, '이것이 적정이다'라고 보면서 해탈할 수 있다고 생각했다.

아난다여, 나는 그 후에 형색을 재앙으로 보고, 공무변처를 익히고, 공무변처의 이익을 이해하고, 그것을 추구했다. 아난다여, 그러자 나의 마음은 공무변처에 뛰어들어 확신을 가지고 안정되었으며, '이것이 적정이다'라고 보면서 해탈했다.

아난다여, 나는 그 후에 일체의 형색에 대한 관념을 초월하고, 지각대상에 대한 관념을 소멸하고, 다양한 모습에 대한 관념에 마음 쓰지 않음으로써 '허공은 무한하다'라고 생각하는 공무변처를 성취하여 머물렀다. 아난다여, 이렇게 머무는 가운데 나에게 형색을 수반하는 생각과 관심이 일어났다. 나에게는 그것이 질병이었다. 아난다여, 비유하면, 행복한 사람에게 질병에 의한 괴로움 정도는 일어나는 것과 같다.

이와 같이 나에게 형색을 수반하는 생각과 관심이 일어났으며, 나에게는 그것이 질병이었다.

아난다여, 나는 그 후에 일체의 공무변처를 초월하여, '의식은 무한하다'라고 생각하는 식무변처(識無邊處)를 성취하여 머물겠다고 생각했다. 아난다여, 그런데 나의 마음은 식무변처에 뛰어들지 않고, 확신을 갖지 못하고, 안정되지 않고, '이것이 적정이다'라고 보면서 해탈하지 못했다. 아난다여, 그래서 나는, 내 마음이 식무변처에 뛰어들지 않고, 확신을 갖지 못하고, 안정되지 않고, '이것이 적정이다'라고 보면서 해탈하지 못하는 원인은 무엇이고, 조건은 무엇인지를 생각했다.

아난다여, 나는 공무변처를 재앙으로 보지 않았기 때문에 식무변처를 익히지 않았고, 식무변처의 이익을 이해하지 못했기 때문에 그것을 추구하지 않았다. 그렇기 때문에 나의 마음은 식무변처에 뛰어들지 않고, 확신을 갖지 못하고, 안정되지 않고, '이것이 적정이다'라고 보면서 해탈하지 못했다고 생각했다.

아난다여, 나는, 만약에 내가 공무변처를 재앙으로 보고, 식무변처를 익히고, 식무변처의 이익을 이해하고, 그것을 추구하면 나의 마음은 식무변처에 뛰어들어 확신을 가지고 안정되고, '이것이 적정이다'라고 보면서 해탈할 수 있다고 생각했다.

아난다여, 나는 그 후에 공무변처를 재앙으로 보고, 식무변처를 익히고, 식무변처의 이익을 이해하고, 그것을 추구했다. 아난다여, 그러자 나의 마음은 식무변처에 뛰어들어 확신을 가지고 안정되었으며, '이것이 적정이다'라고 보면서 해탈했다.

아난다여, 나는 그 후에 일체의 공무변처를 초월하여, '의식은 무한하다'라고 생각하는 식무변처를 성취하여 머물렀다. 아난다여, 이렇게 머무는 가운데 나에게 공무변처를 수반하는 생각과 관심이 일어났다. 나에게는 그것이 질병이었다. 아난다여, 비유하면, 행복한 사람에게 질병에 의한 괴로움 정도는 일어나는 것과 같다. 이와 같이 나에게 공무변처를 수반하는 생각과 관심이 일어났으며, 나에게는 그것이 질병이었다.

아난다여, 나는 그 후에 일체의 식무변처를 초월하여, '아무것도 없다'라고 생각하는 무소유처(無所有處)를 성취하여 머물겠다고 생각했다. 아난다여, 그런데 나의 마음은 무소유처에 뛰어들지 않고, 확신을 갖지 못하고, 안정되지 않고, '이것이 적정이다'라고 보면서 해탈하지 못했다. 아난다여, 그래서 나는, 내 마음이 무소유처에 뛰어들지 않고, 확신을 갖지 못하고, 안정되지 않고, '이것이 적정이다'라고 보면서 해탈하지 못하는 원인은 무엇이고, 조건은 무엇인지를 생각했다.

아난다여, 나는 식무변처를 재앙으로 보지 않았기 때문에 무소유처를 익히지 않았고, 무소유처의 이익을 이해하지 못했기 때문에 그것을 추구하지 않았다. 그렇기 때문에 나의 마음은 무소유처에 뛰어들지 않고, 확신을 갖지 못하고, 안정되지 않고, '이것이 적정이다'라고 보면서 해탈하지 못했다고 생각했다.

아난다여, 나는, 만약에 내가 식무변처를 재앙으로 보고, 무소유처를 익히고, 무소유처의 이익을 이해하고, 그것을 추구하면 나의 마음은 무소유처에 뛰어들어 확신을 가지고 안정되고, '이것이 적정이다'라고 보면서 해탈할 수 있다고 생각했다.

아난다여, 나는 그 후에 식무변처를 재앙으로 보고, 무소유처를 익히고, 무소유처의 이익을 이해하고, 그것을 추구했다. 아난다여, 그러자 나의 마음은 무소유처에 뛰어들어 확신을 가지고 안정되었으며, '이것이 적정이다'라고 보면서 해탈했다.

아난다여, 나는 그 후에 일체의 식무변처를 초월하여, '아무것도 없다'라고 생각하는 무소유처를 성취하여 머물렀다. 아난다여, 이렇게 머무는 가운데 나에게 식무변처를 수반하는 생각과 관심이 일어났다. 나에게는 그것이 질병이었다. 아난다여, 비유하면, 행복한 사람에게 질병에 의한 괴로움 정도는 일어나는 것과 같다. 이와 같이 나에게 식무변처를 수반하는 생각과 관심이 일어났으며, 나에게는 그것이 질병이었다.

아난다여, 나는 그 후에 일체의 무소유처를 초월하여, 비유상비무상처(非有想非無想處)를 성취하여 머물겠다고 생각했다. 아난다여, 그런데 나의 마음은 비유상비무상처에 뛰어들지 않고, 확신을 갖지 못하고, 안정되지 않고, '이것이 적정이다'라고 보면서 해탈하지 못했다. 아난다여, 그래서 나는, 내 마음이 비유상비무상처에 뛰어들지 않고, 확신을 갖지 못하고, 안정되지 않고, '이것이 적정이다'라고 보면서 해탈하지 못하는 원인은 무엇이고, 조건은 무엇인지를 생각했다.

아난다여, 나는 무소유처를 재앙으로 보지 않았기 때문에 비유상비무상처를 익히지 않았고, 비유상비무상처의 이익을 이해하지 못했기 때문에 그것을 추구하지 않았다. 그렇기 때문에 나의 마음은 비유상비무상처에 뛰어들지 않고, 확신을 갖지 못하고, 안정되지 않고, '이것이 적정이다'라고 보면서 해탈하지 못했다고 생각했다.

아난다여, 나는, 만약에 내가 무소유처를 재앙으로 보고, 비유상비무상처를 익히고, 비유상비무상처의 이익을 이해하고, 그것을 추구하면 나의 마음은 비유상비무상처에 뛰어들어 확신을 가지고 안정되고, '이것이 적정이다'라고 보면서 해탈할 수 있다고 생각했다.

아난다여, 나는 그 후에 무소유처를 재앙으로 보고, 비유상비무상처를 익히고, 비유상비무상처의 이익을 이해하고, 그것을 추구했다. 아난다여, 그러자 나의 마음은 비유상비무상처에 뛰어들어 확신을 가지고 안정되었으며, '이것이 적정이다'라고 보면서 해탈했다.

아난다여, 나는 그 후에 일체의 무소유처를 초월하여, 비유상비무상처를 성취하여 머물렀다. 아난다여, 이렇게 머무는 가운데 나에게 무소유처를 수반하는 생각과 관심이 일어났다. 나에게는 그것이 질병이었다. 아난다여, 비유하면, 행복한 사람에게 질병에 의한 괴로움 정도는 일어나는 것과 같다. 이와 같이 나에게 무소유처를 수반하는 생각과 관심이 일어났으며, 나에게는 그것이 질병이었다.

아난다여, 나는 그 후에 일체의 비유상비무상처를 초월하여, 상수멸(想受滅)을 성취하여 머물겠다고 생각했다. 아난다여, 그런데 나의 마음은 상수멸에 뛰어들지 않고, 확신을 갖지 못하고, 안정되지 않고, '이것이 적정이다'라고 보면서 해탈하지 못했다. 아난다여, 그래서 나는, 내 마음이 상수멸에 뛰어들지 않고, 확신을 갖지 못하고, 안정되지 않고, '이것이 적정이다'라고 보면서 해탈하지 못하는 원인은 무엇이고, 조건은 무엇인지를 생각했다.

아난다여, 나는 비유상비무상처를 재앙으로 보지 않았기 때문에 상수멸을 익히지 않았고, 상수멸의 이익을 이해하지 못했기 때문에 그것을 추구하지 않았다. 그렇기 때문에 나의 마음은 상수멸에 뛰어들지 않고, 확신을 갖지 못하고, 안정되지 않고, '이것이 적정이다'라고 보면서 해탈하지 못했다고 생각했다.

아난다여, 나는, 만약에 내가 비유상비무상처를 재앙으로 보고, 상수멸을 익히고, 상수멸의 이익을 이해하고, 그것을 추구하면 나의 마음은 상수멸에 뛰어들어 확신을 가지고 안정되고, '이것이 적정이다'라고 보면서 해탈할 수 있다고 생각했다.

아난다여, 나는 그 후에 비유상비무상처를 재앙으로 보고, 상수멸을 익히고, 상수멸의 이익을 이해하고, 그것을 추구했다. 아난다여, 그러자 나의 마음은 상수멸에 뛰어들어 확신을 가지고 안정되었으며, '이것이 적정이다'라고 보면서 해탈했다.

아난다여, 나는 그 후에 일체의 비유상비무상처를 초월하여, 상수멸을 성취하여 머물렀다. 그리고 통찰지로 (상수멸을) 본 후 번뇌[漏]를 남김없이 소멸했다.

아난다여, 내가 이들 아홉 가지 점차적으로 머무는 선정[九次第住][66]에 순관(順觀)과 역관(逆觀)으로 들어가고 나오지 않았을 때는, 아난다여, 나는 천계(天界), 마라, 범천(梵天)을 포함한 이 세간과, 사문과 바라문, 왕과 백성을 포함한 인간들에게 위없는 바르고 평등한 깨달음[無上正等正覺]을 체험적으로 깨달았다고 선언하지 못했다.

아난다여, 나는 이들 아홉 가지 점차적으로 머무는 선정에 순관과 역관으로 들어가고 나왔기 때문에,[67] 아난다여, 나는 천계, 마라, 범

---

66 'nava anupubbavihārasamāpattiyo'의 번역.

67 'yato ca kho ahaṃ Ānanda imā nava anupubbavihārasamāpattiyo evaṃ anulomapaṭilomaṃ

천을 포함한 이 세간과 사문과 바라문, 왕과 백성을 포함한 인간들에게 위없는 바르고 평등한 깨달음[無上正等正覺]을 체험적으로 깨달았다고 선언했다. 그리고 나에게 '이 마음의 해탈[心解脫]은 확고하다. 이것이 마지막 태어남이다. 이제 다음 존재[後有]는 없다'라는 이해와 식견(識見)이 생겼다."[68]

A.9.12. 공부(Sikkhā) 〈A.9.63.〉

"비구들이여, 공부를 무력하게 하는 다섯 가지가 있다오. 그 다섯은 어떤 것인가? 그것은 살생(殺生), 불여취(不與取), 사음(邪淫), 거짓말, 방일(放逸)의 원인이 되는 곡주나 과일주 같은 술이라오. 비구들이여, 이들이 공부를 무력하게 하는 다섯 가지라오.

이들 다섯 가지 공부를 무력하게 하는 것을 버리기 위하여 4념처(四念處)를 수련해야 한다오. 그 넷은 어떤 것인가? 비구들이여, 비구는 몸[身]을 관찰하며 몸에 머물면서, 열심히 주의집중을 하고 알아차려 세간에 대한 탐욕과 불만을 제거해야 한다오. 느낌[受]을 관찰하며 느낌에 머물면서, 열심히 주의집중을 하고 알아차려 세간에 대한 탐욕과 불만을 제거해야 한다오. 마음[心]을 관찰하며 마음에 머물면서, 열심히 주의집중을 하고 알아차려 세간에 대한 탐욕과 불만을 제거해야 한

samāpajjim pi vuṭṭhahim pi'의 번역.

68 'ñāṇañ ca pana me dassanaṃ udapādi 'akuppā me cetovimutti, ayam antimā jāti, natthi dāni punabbhavo' ti'의 번역.

다오. 법(法)을 관찰하며 법에 머물면서, 열심히 주의집중을 하고 알아차려 세간에 대한 탐욕과 불만을 제거해야 한다오.

비구들이여, 다섯 가지 공부를 무력하게 하는 것을 버리기 위하여 이들 4념처를 수련해야 한다오."

A.9.13. 장애(Nīvaraṇa) 〈A.9.64.〉

"비구들이여, 다섯 가지 장애[五蓋]가 있다오. 그 다섯은 어떤 것인가? 그것은 감각적 욕망이라는 장애, 분노라는 장애, 혼침(昏沈)이라는 장애, 흥분과 후회[悼擧]라는 장애, 의심(疑心)이라는 장애라오. 비구들이여, 이들이 다섯 가지 장애라오.

비구들이여, 이들 다섯 가지 장애를 버리기 위하여 4념처(四念處)를 수련해야 한다오."

A.9.14. 감각적 욕망(Kāma) 〈A.9.65.〉

"비구들이여, 다섯 가지 감각적 욕망의 대상이 있다오. 그 다섯은 어떤 것인가? 마음에 들고 사랑스럽고 매력적이고 귀엽고 쾌락을 주는 유혹적인, 눈에 보이는[69] 형색[色], 귀에 들리는 소리[聲], 코에 맡아지는 냄새[香], 혀에 느껴지는 맛[味], 몸에 느껴지는 촉감[觸] 이들이 다섯 가지 감각적 욕망의 대상이라오.

---

69 'cakkhuviññeyyā'의 번역.

비구들이여, 이들 다섯 가지 감각적 욕망의 대상을 버리기 위하여 4념처(四念處)를 수련해야 한다오."

A.9.15. 괴로움 덩어리(Khandha) 〈A.9.66.〉

"비구들이여, 자아로 취해진 다섯 가지 괴로움 덩어리[五取蘊]가 있다오. 그 다섯은 어떤 것인가? 자아로 취해진 형색 덩어리[色取蘊], 자아로 취해진 느낌 덩어리[受取蘊], 자아로 취해진 생각 덩어리[想取蘊], 자아로 취해진 행위 덩어리[行取蘊], 자아로 취해진 의식 덩어리[識取蘊] 이들이 자아로 취해진 다섯 가지 괴로움 덩어리[五取蘊]라오.

비구들이여, 이들 자아로 취해진 다섯 가지 괴로움 덩어리를 버리기 위하여 4념처를 수련해야 한다오."

A.9.16. 낮은 단계(Orambhāgiya) 〈A.9.67.〉

"비구들이여, 다섯 가지 낮은 단계의 결박[五下分結]이 있다오. 그 다섯은 어떤 것인가? 유신견(有身見), 의심(疑心), 계금취견(戒禁取見), 욕탐(欲貪), 진에(瞋恚) 이들이 다섯 가지 낮은 단계의 결박이라오.

비구들이여, 이들 다섯 가지 낮은 단계의 결박을 버리기 위하여 4념처를 수련해야 한다오."

A.9.17. 가는 곳(Gati) 〈A.9.68.〉

"비구들이여, 다섯 가지 가는 곳[五趣]이 있다오. 그 다섯은 어떤 것인가? 지옥, 축생의 모태, 아귀의 경계, 인간, 천신 이들이 다섯 가지 가는 곳이라오.

비구들이여, 이들 다섯 가지 가는 곳을 버리기 위하여 4념처를 수련해야 한다오."

A.9.18. 높은 단계(Uddhambhāgiya) 〈A.9.70.〉

"비구들이여, 다섯 가지 높은 단계의 결박[五上分結]이 있다오. 그 다섯은 어떤 것인가? 색애결(色愛結), 무색애결(無色愛結), 도결(掉結), 만결(慢結), 무명결(無明結) 이들이 다섯 가지 높은 단계의 결박이라오.

비구들이여, 이들 다섯 가지 높은 단계의 결박을 버리기 위하여 4념처를 수련해야 한다오."

A.9.19. 아홉 종류의 음식[70]

이와 같이 나는 들었습니다. 한때 부처님께서는 바라원(婆羅園)에 머무셨습니다. 그때 세존께서는 때가 되자 옷을 입고 발우를 들고 바라촌(婆羅村)에 걸식하러 들어가셨습니다.

---

70 이 경은 『앙굿따라 니까야』에는 없지만 그 내용이 중요하므로 한역 『증일아함경(增壹阿含經)』 제45 마왕품(馬王品) 제4경을 번역하여 넣은 것이다.

그때 악마(惡魔) 파순(波旬)이 생각하기를 '지금 이 사문은 마을에 들어가서 걸식을 하려고 한다. 내가 방편을 써서 사람들이 그에게 음식을 주지 못하게 해야겠다'라고 했습니다. 그래서 악마 파순은 곧바로 나라의 인민들에게 명하여 사문 고따마(瞿曇)[71]에게 음식을 주는 일이 없도록 했습니다.

그때 세존께서 마을에 들어가 걸식을 하시는데, 사람들이 모두 여래에게 음식을 주지 않기로 함께 약속한 자들인지라 와서 받들어 공양하는 자가 없었습니다. 그래서 여래는 걸식을 마칠 때까지 음식을 얻지 못하고 마을에서 나오셨습니다. 이때 마왕 파순이 여래에게 다가와서 부처님께 물었습니다.

"사문은 걸식을 마칠 때까지 음식을 얻지 못했나요?"

세존께서 말씀하셨습니다.

"악마여, 네가 음식을 얻지 못하게 했기 때문이다. 너도 머지않아 그 보(報)를 받을 것이다. 악마여, 이제 내 말을 들어보아라. 현겁(賢劫) 가운데 부처님이 있으니 이름은 구루손(拘樓孫) 여래(如來), 응공(應供), 정변지(正遍知), 명행족(明行足), 선서(善逝), 세간해(世間解) 무상사(無上士), 조어장부(調御丈夫) 천인사(天人師) 불(佛) 세존(世尊)이니라.[72] 이 부처님께서 세간에 출현하셨을 때 그 부처님도 40만 대중을 거느리고 이 마을에 의지하여 머물렀다. 그때 악마 파순이 생각하기를 '내가 지금

---

71 한역의 '瞿曇'을 빠알리어 음으로 표기함.

72 증일아함경(增壹阿含經)의 여래십호(如來十號)는 이와 다르지만, 널리 통용되는 용어로 번역함.

이 사문이 구하는 것을 끝내 얻지 못하도록 하리라'라고 했으며, 악마가 다시 생각하기를 '내가 지금 바라촌의 사람들에게 사문에게 음식을 주지 않기로 약속하도록 명해야겠다'라고 했다.

이때 거룩한 대중이 모두 옷을 입고 발우를 들고 마을에 들어가서 걸식을 했는데, 그때 비구들은 모두 끝내 음식을 얻지 못하고 마을에서 나왔다. 그때 그 부처님께서 여러 비구들에게 이와 같은 묘법(妙法)을 말씀하셨다.

'음식에 아홉 가지가 있음을 통찰할지니, 그것은 인간을 이루는 네 종류의 음식[四種人間食]과 인간을 벗어나는 다섯 종류의 음식[五種出人間食]이다. 어떤 것이 인간을 이루는 네 종류의 음식인가? 첫째는 단식(摶食)이고, 둘째는 촉식(觸食)이고, 셋째는 의사식(意思食)이고 넷째는 식식(識食)이다.[73] 이것을 세간에 있는 네 가지 음식이라고 한다. 어떤 것이 인간을 벗어나는 다섯 종류의 음식인가? 첫째는 선식(禪食)이고, 둘째는 원식(願食)이고, 셋째는 염식(念食)이고, 넷째는 8해탈식(八解脫食)이고 다섯째는 희식(喜食)이다. 이것을 다섯 종류의 음식이라고 한다. 비구들이여, 이들이 아홉 종류의 음식이니 마땅히 함께 전념하여 네 종류의 음식을 없애버려야 하고, 방편을 구하여 다섯 종류의 음식을 갖추도록 해야 한다. 비구들이여, 마땅히 이렇게 공부해야 한다.'

그때 비구들은 그 부처님의 가르침을 받고 스스로 자기를 다스려

---

73 증일아함경(增壹阿含經)에서는 一者揣食 二者更樂食 三者念食 四者識食으로 번역되어 있는데, 여타의 아함경에서는 단식(摶食), 촉식(觸食), 의사식(意思食), 식식(識食)으로 번역되었기 때문에 이를 따라서 번역함.

서 다섯 종류의 음식을 갖추었다. 악마 파순은 어찌할 수가 없었다. 그래서 파순은 곧 '나는 지금 이 사문을 어찌할 수가 없다. 이제 보고, 듣고, 냄새 맡고, 맛보고, 만지고, 생각하는 것에 대한 방편을 구해야겠다. 나는 이제 마을에 머물면서 사람들을 가르쳐 사문들이 이양(利養)을 얻으려고 하면 그것을 얻게 하고, 이양을 곱절이나 더 많이 얻게 하여 그 비구들이 이양을 탐착하여 잠시도 탐착심을 버릴 수 없게 해야겠다. 그리고 보고, 듣고, 냄새 맡고, 맛보고, 만지고, 생각하는 것에 욕심을 내도록 해야겠다'라고 생각했다. 이때 그 부처님의 성문(聲聞) 제자들은 때가 되어 옷을 입고, 발우를 들고 마을에 들어가 걸식을 했다. 그러자 바라문촌 사람들은 비구에게 입을 옷과 음식과, 침상과 와구, 그리고 병을 치료할 의약을 부족하지 않도록 모두 나서서 승가리(僧伽梨)[74]를 붙잡고 억지로 주었다. 이때 그 부처님께서 여러 성문 제자들에게 이와 같은 법을 설하셨다.

'이양은 사람을 악취에 떨어뜨려 무위(無爲)의 경지에 이르지 못하게 한다. 비구들이여, 그대들은 생각을 집착하는 마음을 취하여 이양으로 나아가지 말고 이양을 버리고 멀리할 생각을 하라. 이양을 집착하는 비구는 5분법신(五分法身)을 이룰 수 없고 계덕(戒德)을 갖출 수 없다. 그러므로 비구는 아직 생기지 않은 이양의 마음은 생기지 않도록 하고, 이미 생긴 이양의 마음은 빨리 없애야 한다. 비구들이여, 마땅히 이와 같이 공부해야 한다.'"

이때 악마 파순은 모습을 감추고 사라졌습니다. 그때 모든 비구는

---

74 비구들이 걸식할 때 입는 옷.

부처님의 말씀을 듣고 기뻐하며 받들어 행하였습니다.[75]

75 聞如是 一時 佛在婆羅園中 爾時 世尊時到 著衣持鉢 入婆羅村乞食 是時 弊魔波旬便作是念 今此沙門欲入村乞食 我今當以方宜教諸男女不令與食 是時 弊魔波旬尋告國界人民之類 無令施彼沙門瞿曇之食 爾時 世尊入村乞食 人民之類皆不與如來共言談者 亦無有來承事供養者 如來乞食竟不得 便還出村 是時 弊魔波旬至如來所問佛言 沙門 乞食竟不得乎 世尊告曰 由魔所為 使吾不得食 汝亦 不久當受其報 魔 今聽吾說 賢劫之中有佛名拘樓孫如來 至真 等正覺 明行成為 善逝 世間解 無上士 道法御 天人師 號佛 衆祐 出現於世 是時 彼亦依此村居止 將四十萬衆 爾時 弊魔波旬便作是念 吾今求此沙門方便 終不果獲 時 魔復作是念 吾今當約勅婆羅村中人民之類 使不施沙門之食 是時 諸聖衆著衣持鉢 入村乞食 爾時諸比丘竟不得食 即還出村 爾時 彼佛告諸比丘 說如此妙法 夫觀食有九事 四種人間食五種出人間食 云何四種是人間食 一者揣食 二者更樂食 三者念食 四者識食 是謂世間有四種之食 彼云何名為五種之食 出世間之表 一者禪食 二者願食 三者念食四者八解脫食 五者喜食 是謂名為五種之食 如是 比丘 九種之食 出世間之表 當共專念捨除四種之食 求於方便辦五種之食 如是 比丘 當作是學 爾時 諸比丘受彼佛教已 即自剋己 成辦五種之食 是時 彼魔波旬不能得其便 是時 波旬便作是念 吾今不能得此沙門方便 今當求眼 耳 鼻 口 身 意之便 吾今當住村中 教諸人民 使沙門衆等 求得利養 使令得之 以辦利養倍增多也 使彼比丘貪著利養 不能暫捨 復欲從眼 耳 鼻 口 身 意得方便乎 是時 彼佛聲聞到時 著衣持鉢 入村乞食 是時 婆羅門村人民供給比丘衣被 飯食 床臥具 病瘦醫藥 不令有乏 皆前捉僧伽梨 以物強施 是時彼佛與衆聲聞說如此之法 夫利養者 墮人惡趣 不令至無為之處 汝等 比丘 莫趣想著之心 向於利養 當念捨離 其有比丘著利養者 不成五分法身 不具戒德 是故 比丘未生利養之心 當使不生 已生利養之心 時速滅之 如是 比丘 當作是學 時 魔波旬即隱形去 爾時 諸比丘聞佛所說 歡喜奉行

10

열-모음

Dasaka-Nipāta

해제

열 개의 주제를 다룬 경을 모은 '열-모음(Aṭṭhaka-Nipāta)'은 22품(Vagga) 219경(Sutta)으로 이루어져 있다. 이 책에서는 그 가운데 19개의 경을 선정하여 번역하였다.

선정된 경 가운데 주목할 경을 소개하면 다음과 같다.

A.10.2. 의도(Cetanā) 〈A.10.2.〉 경에서 붓다는 "계를 지키고 계를 구족한 사람에게 후회가 생기지 않는 것은 법성(法性)이고, 후회가 없는 사람에게 기쁨이 생기는 것도 법성이다"라고 이야기한다. 여기에서 법성으로 한역된 'dhammatā'는 '저절로 그렇게 되게 되어있는 성질'의 의미인데, 이 말은 대승불교에서 매우 중요한 개념으로 발전한다.

붓다는 이 경에서 불교수행은 억지로 의도하지 않아도 바른 수행을 하면 저절로 열반에 도달하게 된다고 말하며, 이것을 법성이라고 가르친다.

A.10.8. 무명(無明, Avijjā) 〈A.10.61.〉 경에서 붓다는 "중생들의 무명이 언제부터 있었는지는 알 수 없지만, 무명이 의지하는 조건은 알 수 있다"고 말하고, 그 조건을 설한다. 그리고 이어서 명지(明智)에 의한 해탈의 조건을 설한다.

A.10.9. 갈애[愛, Taṇhā] 〈A.10.62.〉 경은 앞의 경과 마찬가지로 갈애[愛]의 조건을 설하고, 이어서 명지(明智)에 의한 해탈의 조건을 설한다.

A.10.12. 왓지야마히따(Vajjiyamāhita) 〈A.10.94.〉 경에서는 붓다가 허무

주의자(虛無主義者)나 불가지론자(不可知論者)로 오해와 비난받는 것에 대하여 해명한다.

A.10.14. 꼬까누다(Kokanuda) 〈A.10.96.〉 경에서는 아난다 존자가 '세계는 상주(常住)하는가, 상주하지 않는가? 여래는 사후에 존재하는가, 존재하지 않는가?'라는 질문에 어떤 판단도 거부하고 침묵한 붓다의 의도를 설명한다. 이러한 물음은 이론(理論)일 뿐 사실이 아니며, 불교에서는 헛된 이론의 근거와 기반과 속박과 발생과 근절을 알기 때문에 판단하지 않는다고 이야기한다.

A.10.15. 쌍가와라(Saṅgāvara) 〈A.10.117.〉 경에서는 차안(此岸)과 피안(彼岸)에 대하여 이야기한다. 이 경에서 이야기하는 피안은 8정도(八正道)와 바른 앎[正知] 그리고 바른 해탈[正解脫]이다. 그리고 차안은 8정도를 벗어난 삿된 삶과 그릇된 앎, 그릇된 해탈이다. 이것은 불교에서 추구하는 열반은 수행을 통해서 얻게 되는 결과가 아니라, 8정도라는 바른 삶과 그 삶을 통해서 바르게 알고 모든 욕망에서 벗어나 살아가는 바른 삶의 과정 그 자체라는 것을 보여준다.

A.10.18. 의도를 가지고(Sañcetanika) 〈A.10.207.〉 경에서 붓다는 우리에게 과보를 가져다주는 업은 의도를 가지고 지은 것이라고 가르친다. 바꾸어 말하면, 의도하지 않고 행한 행위는 업이 아니라는 것이다.

A.10.19. 업(業)에서 생긴 몸(Karajakāya) 〈A.10.208.〉 경은 4무량심(四無

量心)을 닦아서 해탈하는 방법을 가르친다.

◈

A.10.1. 무슨 목적으로(Kimatthiya) 〈A.10.1.〉

세존께서 싸왓티의 제따와나 아나타삔디까 사원(寺院)에 머무실 때, 아난다 존자가 세존을 찾아와서 예배하고 한쪽에 앉아 세존께 말씀드렸습니다.

"세존이시여, 착한 계행(戒行)은 무엇이 목적이고, 공덕은 어떤 것입니까?"[01]

"아난다여, 착한 계행은 후회 없음이 목적이고, 후회 없음이 공덕이다."[02]

"세존이시여, 후회 없음은 무엇이 목적이고, 공덕은 어떤 것입니까?"

"아난다여, 후회 없음은 기쁨이 목적이고,[03] 기쁨이 공덕이다."

"세존이시여, 기쁨은 무엇이 목적이고, 공덕은 어떤 것입니까?"

"아난다여, 기쁨은 희열이 목적이고,[04] 희열이 공덕이다."

"세존이시여, 희열은 무엇이 목적이고, 공덕은 어떤 것입니까?"

"아난다여, 희열은 경안(輕安)이 목적이고,[05] 경안이 공덕이다."

---

01 'kimatthiyāni bhante kusalāni sīlāni kimānisaṃsānī'의 번역.

02 'pāmujjattho'의 번역.

03 'avippaṭisāratthiyāni kho Ānanda kusalāni sīlāni avippaṭisārānisaṃsānī'의 번역.

04 'pītatthaṃ'의 번역.

05 'passaddhatthā'의 번역.

"세존이시여, 경안은 무엇이 목적이고, 공덕은 어떤 것입니까?"

"아난다여, 경안은 즐거움이 목적이고,[06] 즐거움이 공덕이다."

"세존이시여, 즐거움은 무엇이 목적이고, 공덕은 어떤 것입니까?"

"아난다여, 즐거움은 삼매(三昧)가 목적이고,[07] 삼매가 공덕이다."

"세존이시여, 삼매는 무엇이 목적이고, 공덕은 어떤 것입니까?"

"아난다여, 삼매는 여실지견(如實知見)이 목적이고,[08] 여실지견이 공덕이다."

"세존이시여, 여실지견은 무엇이 목적이고, 공덕은 어떤 것입니까?"

"아난다여, 여실지견은 염리(厭離)와 이욕(離欲)이 목적이고,[09] 염리와 이욕이 공덕이다."

"세존이시여, 염리와 이욕은 무엇이 목적이고, 공덕은 어떤 것입니까?"

"아난다여, 염리와 이욕은 해탈지견(解脫知見)이 목적이고,[10] 해탈지견이 공덕이다.

아난다여, 이와 같이 착한 계행의 목적과 공덕은 후회 없음이고, 후회 없음의 목적과 공덕은 기쁨이고, 기쁨의 목적과 공덕은 희열이고,

---

06 'sukhatthā'의 번역.

07 'samādhatthā'의 번역.

08 'yathābhūtañāṇadassanatthā'의 번역.

09 'nibbidāvirāgatthaṃ'의 번역.

10 'vimuttiñāṇadassanattho'의 번역.

희열의 목적과 공덕은 경안이고, 경안의 목적과 공덕은 즐거움이고, 즐거움의 목적과 공덕은 삼매이고, 삼매의 목적과 공덕은 여실지견이고, 여실지견의 목적과 공덕은 염리와 이욕이고, 염리와 이욕의 목적과 공덕은 해탈지견이다. 아난다여, 이와 같이 착한 계행은 점차적으로 최상(最上)에 도달한다."

A.10.2. 의도(Cetanā) 〈A.10.2.〉

"비구들이여, 계를 지키고 계를 구족한 사람은 의도적으로 '나에게 후회가 생기지 않았으면!' 하는 생각을 할 필요가 없다오. 비구들이여, 계를 지키고 계를 구족한 사람에게 후회가 생기지 않는 것은 법성(法性)[11]이라오. 비구들이여, 후회가 없는 사람은 의도적으로 '나에게 기쁨이 생겼으면!' 하는 생각을 할 필요가 없다오. 비구들이여, 후회가 없는 사람에게 기쁨이 생기는 것은 법성이라오. 비구들이여, 기쁜 사람은 의도적으로 '나에게 희열이 생겼으면!' 하는 생각을 할 필요가 없다오. 비구들이여, 기쁜 사람에게 희열이 생기는 것은 법성이라오. 비구들이여, 희열에 찬 사람은 의도적으로 '나의 몸이 편안했으면!' 하는 생각을 할 필요가 없다오. 비구들이여, 희열에 찬 사람의 몸이 편안한 것은 법성이라오. 비구들이여, 몸이 편안한 사람은 의도적으로 '나는 즐거움을 느껴야겠다!'라는 생각을 할 필요가 없다오. 비구들이여, 몸이 편안한 사람이 즐거움을 느끼는 것은 법성이라오. 비구들이여, 즐거운 사람

11 'dhammatā'의 번역.

은 의도적으로 '나의 마음이 삼매에 들었으면!' 하는 생각을 할 필요가 없다오. 비구들이여, 즐거운 사람의 마음이 삼매에 들어가는 것은 법성이라오. 비구들이여, 삼매에 든 사람은 의도적으로 '나는 여실(如實)하게 알아야겠다!'라는 생각을 할 필요가 없다오. 비구들이여, 삼매에 든 사람이 여실하게 아는 것은 법성이라오. 비구들이여, 여실하게 알고 본 사람은 의도적으로 '나는 염리(厭離)하고 이욕(離欲)하겠다!'라는 생각을 할 필요가 없다오. 비구들이여, 여실하게 알고 본 사람이 염리하고 이욕하는 것은 법성이라오. 비구들이여, 염리하고 이욕한 사람은 의도적으로 '나는 해탈지견(解脫知見)을 체득하겠다!'라는 생각을 할 필요가 없다오. 비구들이여, 염리하고 이욕한 사람이 해탈지견을 체득하는 것은 법성이라오.

비구들이여, 이와 같이 염리와 이욕의 목적과 공덕은 해탈지견이고, 여실지견(如實知見)의 목적과 공덕은 염리와 이욕이고, 삼매의 목적과 공덕은 여실지견이고, 즐거움의 목적과 공덕은 삼매이고, 경안의 목적과 공덕은 즐거움이고, 희열의 목적과 공덕은 경안이고, 기쁨의 목적과 공덕은 희열이고, 후회 없음의 목적과 공덕은 기쁨이고, 착한 계행의 목적과 공덕은 후회 없음이라오.

비구들이여, 이와 같이 이 언덕에서 저 언덕으로 가기 위하여, 법들이 법들을 채우고, 법들이 법들을 실현시킨다오."[12]

---

12 'dhammā 'va dhamme abhisandenti, dhammā 'va dhamme paripūreti apārā pāraṃ gamanāya'의 번역.

A.10.3. 우빨리(Upāli) 〈A.10.31.〉

어느 날 우빨리(Upāli) 존자가 세존을 찾아와서 예배하고 한쪽에 앉아 세존께 말씀드렸습니다.

"세존이시여, 여래께서 제자들의 학계(學戒)를 시설(施設)하고,[13] 별해탈율의(別解脫律儀)를 제정하신 이유는 몇 가지입니까?"

"우빨리여, 여래가 제자들의 학계를 시설하고, 별해탈율의를 제정한 이유는 열 가지다. 그 열은 어떤 것인가? 훌륭한 승가를 만들기 위함이며, 승가의 안녕을 위함이며, 불량한 사람들을 제어하기 위함이며, 선량한 비구들을 편히 살게 하기 위함이며, 지금 여기에 있는 번뇌를 억제하기 위함이며, 미래의 번뇌를 막기 위함이며, 믿음이 없는 사람들을 믿게 하기 위함이며, 믿음이 있는 사람들을 더욱 믿게 하기 위함이며, 정법(正法)을 머물게 하기 위함이며, 율(律)을 옹호하기 위함이다. 이 열 가지 이유로 인해서 여래는 제자들의 공부할 과목을 시설하고, 별해탈율의를 제정한다."

… (이하 생략) …

A.10.4. 승가의 분열(Saṅghabheda) 〈A.10.35.〉

"세존이시여, '승가의 분열'이라고들 말합니다. 세존이시여, 어떻게 하면 승가가 분열됩니까?"

"우빨리여, 어떤 비구들은 비법(非法)을 법(法)이라고 선언하고, 법

---

13 'Tathāgatassa sāvakānaṃ sikkhāpadaṃ paññattaṃ'의 번역.

을 비법이라고 선언하고, 율(律)이 아닌 것을 율이라고 선언하고, 율을 율이 아니라고 선언하고, 여래가 설하지 않고 말하지 않은 것을 여래가 설하고 말했다고 선언하고, 여래가 설하고 말한 것을 여래가 설하지 않고 말하지 않았다고 선언하고, 여래가 실천하지 않은 것을 여래가 실천했다고 선언하고, 여래가 실천한 것을 여래가 실천하지 않았다고 선언하고, 여래가 시설하지 않은 것을 여래가 시설했다고 선언하고, 여래가 시설한 것을 여래가 시설하지 않았다고 선언한다. 그들은 이들 열 가지 일을 통해서 흩어지게 하고, 갈라지게 하고, 별도의 의식을 행하고, 별도의 별해탈율의를 제정한다. 우빨리여, 이렇게 하면 승가가 분열된다."

A.10.5. 승가의 화합(Saṅghasāmaggī) 〈A.10.36.〉

"세존이시여, '승가의 화합'이라고들 말합니다. 세존이시여, 어떻게 하면 승가가 화합합니까?"

"우빨리여, 어떤 비구들은 비법(非法)을 비법이라고 선언하고, 법(法)을 법이라고 선언하고, 율(律)이 아닌 것을 율이 아니라고 선언하고, 율을 율이라고 선언하고, 여래가 설하지 않고 말하지 않은 것을 여래가 설하지 않고 말하지 않았다고 선언하고, 여래가 설하고 말한 것을 여래가 설하고 말했다고 선언하고, 여래가 실천하지 않은 것을 여래가 실천하지 않았다고 선언하고, 여래가 실천한 것을 여래가 실천했다고 선언하고, 여래가 시설하지 않은 것을 여래가 시설하지 않았다고 선언하고, 여래가 시설한 것을 여래가 시설했다고 선언한다. 그들은 이들 열 가지 일을 통해서 흩어지지 않게 하고, 갈라지지 않게 하고, 별도의 의식을 행하지 않고, 별도의 별해탈율의를 제정하지 않는다. 우빨리여, 이렇게 하면 승가가 화합한다.”

A.10.6. 꾸씨나라(Kusinārā) 〈A.10.44.〉

세존께서 꾸씨나라(Kusinārā)의 공양을 올리는 숲에[14] 머무실 때, 세존께서 비구들을 불러 말씀하셨습니다.

“비구들이여, 견책하는 비구가 다른 사람을 견책하고자 할 때는 안으로 다섯 가지 행실을 살피고, 안으로 다섯 가지 원칙을 세운 후에 다른 사람을 견책해야 한다오.

안으로 살펴야 할 다섯 가지 행실은 어떤 것인가?

비구들이여, 견책하는 비구가 다른 사람을 견책하고자 할 때는 ‘나는 몸으로 한 행동이 청정한가? 나는 결함이 없고 잘못이 없는 청정한 몸의 행동을 갖추었는가? 나에게 이런 행실이 있는가, 그렇지 않으면 없는가?’라고 살펴야 한다오. 비구들이여, 만약에 비구가 몸으로 한 행동이 청정하지 않고, 결함이 없고 잘못이 없는 청정한 몸의 행동을 갖추지 못했다면, 사람들은 그에게 ‘존자여, 그대는 먼저 몸에 대하여 학습하시오!’라고 말할 것이오. 반드시 이렇게 말하는 사람들이 있을 것이오.

비구들이여, 그다음으로 견책하는 비구가 다른 사람을 견책하고자 할 때는 ‘나는 언어로 한 행동이 청정한가? 나는 결함이 없고 잘못이

14 ‘baliharaṇe vanasaṇḍe’의 번역.

없는 청정한 언행(言行)을 갖추었는가? 나에게 이런 행실이 있는가, 그렇지 않으면 없는가?'라고 살펴야 한다오. 비구들이여, 만약에 비구가 언어로 한 행동이 청정하지 않고, 결함이 없고 잘못이 없는 청정한 언행을 갖추지 못했다면, 사람들은 그에게 '존자여, 그대는 먼저 언행을 학습하시오!'라고 말할 것이오. 반드시 이렇게 말하는 사람들이 있을 것이오.

비구들이여, 그다음으로 견책하는 비구가 다른 사람을 견책하고자 할 때는 '나는 도반(道伴)들에 대하여 악의가 없는 자애로운 마음을 보이는가? 나에게 이런 행실이 있는가, 그렇지 않으면 없는가?'라고 살펴야 한다오. 비구들이여, 만약에 비구가 도반들에 대하여 악의가 없는 자애로운 마음을 보이지 않으면, 사람들은 그에게 '존자여, 그대는 먼저 도반들에 대하여 악의가 없는 자애로운 마음을 갖추시오!'라고 말할 것이오. 반드시 이렇게 말하는 사람들이 있을 것이오.

비구들이여, 그다음으로 견책하는 비구가 다른 사람을 견책하고자 할 때는 '나는 많이 배우고,[15] 배운 것을 기억하고,[16] 배운 것을 모았는가? 처음도 좋고 중간도 좋고 마지막도 좋은, 의미 있고 명쾌하고 완벽하고 청정한 범행(梵行)을 알려주는 가르침들을 많이 배우고 기억하고 언어로 모아서[17] 심사숙고하고, 바른 견해로 잘 이해했는가?[18] 나에게 이런 행실이 있는가, 그렇지 않으면 없는가?'라고 살펴야 한다오. 비구

---

15 'bahussuto'의 번역.

16 'sutadharo'의 번역.

17 'vacasā paricitā'의 번역.

18 'diṭṭhiyā suppaṭividdhā'의 번역.

들이여, 만약에 비구가 많이 배우지 않고, 배운 것을 기억하지 않고, 배운 것을 모으지 않고, 처음도 좋고 중간도 좋고 마지막도 좋은, 의미 있고 명쾌하고 완벽하고 청정한 범행을 알려주는 가르침들을 많이 배우지 않고 기억하지 않고 언어로 모아서 심사숙고하지 않고, 바른 견해로 잘 이해하지 못하면, 사람들은 그에게 '존자여, 그대는 먼저 전승된 가르침을[19] 숙지(熟知)하시오!'라고 말할 것이오. 반드시 이렇게 말하는 사람들이 있을 것이오.

비구들이여, 그다음으로 견책하는 비구가 다른 사람을 견책하고자 할 때는 '나는 한편으로는 별해탈율의를 상세하게 암기하고, 다른 한편으로는 경(經)을 대조하여 상세하게 잘 정리하고, 잘 진술하고, 잘 설명하는가? 나에게 이런 행실이 있는가, 그렇지 않으면 없는가?'라고 살펴야 한다오. 비구들이여, 만약에 비구가 그렇지 못하면, '존자여, 세존께서 이 말씀을 어디에서 하셨는가?'라는 질문에 설명할 수 없다오. 사람들은 그에게 '존자여, 그대는 먼저 율(律)을[20] 배우시오!'라고 말할 것이오. 반드시 이렇게 말하는 사람들이 있을 것이오.

이들이 안으로 살펴야 할 다섯 가지 행실이라오.

안으로 세워야 할 다섯 가지 원칙은 어떤 것인가? 나는 적절한 때에 말하고, 적절하지 않은 때에는 말하지 않겠다. 나는 있었던 일을 가지고 말하고, 없었던 일을 가지고 말하지 않겠다. 나는 부드럽게 말하고, 거칠게 말하지 않겠다. 나는 유익한 말을 하고, 무익한 말은 하지 않겠

---

19 'āgamaṃ'의 번역.

20 'āgamaṃ'의 번역.

다. 나는 자애로운 마음으로 말하고, 악의(惡意)를 품고 말하지 않겠다.

이들이 안으로 세워야 할 다섯 가지 원칙이라오.

비구들이여, 견책하는 비구가 다른 사람을 견책하고자 할 때는 안으로 이들 다섯 가지 행실을 살피고, 안으로 이들 다섯 가지 원칙을 세운 후에 다른 사람을 견책해야 한다오."

A.10.7. 싹까(Sakka) 〈A.10.46.〉

세존께서 싹까족의 까삘라왓투에 있는 니그로다 사원에 머무실 때, 많은 싹까족의 청신사들이 어느 포살일(布薩日)에 세존을 찾아와서 세존께 예배하고 한쪽에 앉았습니다. 한쪽에 앉은 싹까족의 청신사들에게 세존께서 말씀하셨습니다.

"싹까들이여, 그대들은 여덟 가지를 구족한 포살(布薩)을 행하는가?"

"세존이시여, 저희들은 여덟 가지를 구족한 포살을 어떤 때는 행하고, 어떤 때는 행하지 않습니다."

"싹까들이여, 슬픔과 죽음의 공포로 가득 찬 삶 속에서, 그대들이 여덟 가지를 구족한 포살을 어떤 때는 행하고, 어떤 때는 행하지 않는다면, 이것은 무익하며, 이익을 얻기 어렵다오. 싹까들이여, 어떻게 생각하는가? 어떤 사람이 궂은 날을 마다하지 않고,[21] 어떤 일이든 열심

21 'anāpajja akusalaṃ divasaṃ'의 번역.

히 하여 2분의 1까하빠나(kahāpaṇa)[22]를 번다면, '유능하고 근면한 사람이다'라고 말하기에 충분하지 않겠는가?"

"세존이시여, 그렇습니다."

"싹까들이여, 어떻게 생각하는가? 어떤 사람이 궂은 날을 마다하지 않고, 어떤 일이든 열심히 하여 1까하빠나를 번다면, '유능하고 근면한 사람이다'라고 말하기에 충분하지 않겠는가?"

"세존이시여, 그렇습니다."

"싹까들이여, 어떻게 생각하는가? 어떤 사람이 궂은 날을 마다하지 않고, 어떤 일이든 열심히 하여 2까하빠나를 번다면, … 3까하빠나를 번다면, … 4까하빠나를 번다면, … 5까하빠나를 번다면, … 6까하빠나를 번다면, … 7까하빠나를 번다면, … 8까하빠나를 번다면, … 9까하빠나를 번다면, … 10까하빠나를 번다면, … 20까하빠나를 번다면, … 30까하빠나를 번다면, … 40까하빠나를 번다면, … 50까하빠나를 번다면, '유능하고 근면한 사람이다'라고 말하기에 충분하지 않겠는가?"

"세존이시여, 그렇습니다."

"싹까들이여, 어떻게 생각하는가? 그 사람이 날마다 100까하빠나를 벌고, 1,000까하빠나를 벌어서, 번 돈을 100살까지, 100년을 살면서 모으면, 큰 재산을 이루지 않겠는가?"

"세존이시여, 그렇습니다."

"싹까들이여, 어떻게 생각하는가? 그 사람이 재산으로 인해서, 재산에 의해서, 재산으로 말미암아 하루 밤이나 하루 낮, 또는 반나절의 밤

---

22 화폐의 단위.

이나 반나절의 낮 동안 한결같은 즐거움을 느끼면서 지낼 수 있겠는가?"

"세존이시여, 그럴 수 없습니다. 왜냐하면, 감각적 쾌락은 무상(無常)하고, 공허하고, 거짓되고, 허망한 법(法)이기 때문입니다."

"싹까들이여, 나의 제자가 내가 가르친 대로 10년을 열심히 노력하고 정진하여 실천하면, 백 년, 천 년, 만 년, 10만 년 동안 한결같은 즐거움을 느끼면서 지낼 수 있을 것이오. 그리고 그는 사다함(sakadagāmin, 一來)이 되거나, 아나함(anāgāmin, 不還)이 될 것이며, 그렇지 않으면 확실히 수다원(sotāpanna, 豫流)은 될 것이오.

싹까들이여, 10년은 차치(且置)하고, 나의 제자가 내가 가르친 대로 9년, 8년, 7년, 6년, 5년, 4년, 3년, 2년, 1년을 열심히 노력하고 정진하여 실천하면, 백 년, 천 년, 만 년, 10만 년 동안 한결같은 즐거움을 느끼면서 지낼 수 있을 것이오. 그리고 그는 사다함이 되거나, 아나함이 될 것이며, 그렇지 않으면 확실히 수다원은 될 것이오.

싹까들이여, 1년은 차치하고, 나의 제자가 내가 가르친 대로 열 달을 열심히 노력하고 정진하여 실천하면, 백 년, 천 년, 만 년, 10만 년 동안 한결같은 즐거움을 느끼면서 지낼 수 있을 것이오. 그리고 그는 사다함이 되거나, 아나함이 될 것이며, 그렇지 않으면 확실히 수다원은 될 것이오.

싹까들이여, 열 달은 차치하고, 나의 제자가 내가 가르친 대로 아홉 달, 여덟 달, 일곱 달, 여섯 달, 다섯 달, 넉 달, 석 달, 두 달, 한 달, 반달을 열심히 노력하고 정진하여 실천하면, 백 년, 천 년, 만 년, 10만 년 동안 한결같은 즐거움을 느끼면서 지낼 수 있을 것이오. 그리고 그는 사다함이 되거나, 아나함이 될 것이며, 그렇지 않으면 확실히 수다원은 될 것이오.

싹까들이여, 반달은 차치하고, 나의 제자가 내가 가르친 대로 열흘 밤낮을 열심히 노력하고 정진하여 실천하면, 백 년, 천 년, 만 년, 10만 년 동안 한결같은 즐거움을 느끼면서 지낼 수 있을 것이오. 그리고 그는 사다함이 되거나, 아나함이 될 것이며, 그렇지 않으면 확실히 수다원은 될 것이오.

싹까들이여, 열흘 밤낮은 차치하고, 나의 제자가 내가 가르친 대로 아흐레 밤낮, 여드레 밤낮, 이레 밤낮, 엿새 밤낮, 닷새 밤낮, 나흘 밤낮, 사흘 밤낮, 이틀 밤낮, 하루 밤낮을 열심히 노력하고 정진하여 실천하면, 백 년, 천 년, 만 년, 10만 년 동안 한결같은 즐거움을 느끼면서 지낼 수 있을 것이오. 그리고 그는 사다함이 되거나, 아나함이 될 것이며, 그렇지 않으면 확실히 수다원은 될 것이오.

싹까들이여, 슬픔과 죽음의 공포로 가득 찬 삶 속에서, 그대들이 여덟 가지를 구족한 포살을 어떤 때는 행하고, 어떤 때는 행하지 않는다면, 이것은 무익하며, 이익을 얻기 어렵다오."

"세존이시여, 이제 저희들은 오늘부터 여덟 가지를 구족한 포살을 행하겠습니다."

A.10.8. 무명(無明, Avijjā) 〈A.10.61.〉

"비구들이여, '이전에는 무명(無明)이 없었는데, 지금 이후에 생겼다'라고 할 수 있는 무명의 시작점은 누가 봐도 알 수 없다오.[23] 비구들이여,

23 'purimā bhikkhave koṭi na paññāyati avijjāya 'ito pubbe avijjā nāhosi, atha pacch sambhavī'의

그리고 '그렇지만, '이 조건에 의지하고 있는 무명'은 누가 봐도 알 수 있다'[24]라고 이야기된다오.

비구들이여, 무명은 (그것을 이루는) 음식이 있으며, 결코 없지 않다고[25] 나는 말한다오. 무엇이 무명의 음식인가? 그것은 '다섯 가지 장애[五蓋]'[26]라고 말해야 한다오. 비구들이여, 다섯 가지 장애는 (그것을 이루는) 음식이 있으며, 결코 없지 않다고 나는 말한다오. 무엇이 다섯 가지 장애의 음식인가? 그것은 '세 가지 나쁜 행위[惡行]'[27]라고 말해야 한다오. 비구들이여, 세 가지 나쁜 행위는 (그것을 이루는) 음식이 있으며, 결코 없지 않다고 나는 말한다오. 무엇이 세 가지 나쁜 행위의 음식인가? 그것은 '지각활동[根]을 수호(守護)하지 않음'[28]이라고 말해야 한다오. 비구들이여, '지각활동을 수호하지 않음'은 (그것을 이루는) 음식이 있으며, 결코 없지 않다고 나는 말한다오. 무엇이 '지각활동을 수호하지 않음'의 음식인가? 그것은 '주의집중을 하지 못하고 알아차리지 못함'[29]이라고 말해야 한다오. 비구들이여, '주의집중을 하지 못하고 알아차리지 못함'은 (그것을 이루는) 음식이 있으며, 결코 없지 않다고 나는 말한다

번역.

24 'atha ca pana paññāyati idapapaccayā avijjā'의 번역.

25 'avijjam p'ahaṃ bhikkhave sāhāraṃ vadāmi, no anāhāraṃ'의 번역.

26 'pañca nīvaraṇā'의 번역.

27 'tīṇi duccaritāni'의 번역.

28 'indriyāsaṃvaro'의 번역.

29 'asatāsampajaññaṃ'의 번역.

오. 무엇이 '주의집중을 하지 못하고 알아차리지 못함'의 음식인가? 그것은 '이치에 맞지 않는 생각[非如理作意]'[30]이라고 말해야 한다오. 비구들이여, '이치에 맞지 않는 생각'은 (그것을 이루는) 음식이 있으며, 결코 없지 않다고 나는 말한다오. 무엇이 '이치에 맞지 않는 생각'의 음식인가? 그것은 '불신(不信)'[31]이라고 말해야 한다오. 비구들이여, '불신'은 (그것을 이루는) 음식이 있으며, 결코 없지 않다고 나는 말한다오. 무엇이 '불신'의 음식인가? 그것은 '정법(正法)을 듣지 않음'[32]이라고 말해야 한다오. 비구들이여, '정법을 듣지 않음'은 (그것을 이루는) 음식이 있으며, 결코 없지 않다고 나는 말한다오. 무엇이 '정법을 듣지 않음'의 음식인가? 그것은 '참사람을 가까이하지[親近] 않음'[33]이라고 말해야 한다오.

비구들이여, 이와 같이 참사람을 가까이하지 않는 일이 정법을 듣지 않게 하고, 정법을 듣지 않는 일이 불신을 이루고, 이치에 맞지 않는 생각을 이루고, 이치에 맞지 않는 생각이 주의집중을 하지 못하고 알아차리지 못하게 하고, 주의집중을 하지 못하고 알아차리지 못하는 일이 지각활동을 수호하지 않게 하고, 지각활동을 수호하지 않는 일이 세 가지 나쁜 행위를 이루고, 세 가지 나쁜 행위가 다섯 가지 장애를 이루고, 다섯 가지 장애가 무명을 이룬다오.

이와 같이 무명의 음식이 있으며, 이와 같이 (그 음식이) 무명을 이

---

30 'ayonisomanasikāro'의 번역.

31 'assaddhiyaṃ'의 번역.

32 'asaddhammasavanaṃ'의 번역.

33 'asappurisasaṃsevo'의 번역.

룬다오.[34]

비구들이여, 비유하면, 산꼭대기에서 천둥이 치면서 큰 비가 내릴 때, 그 물이 낮은 곳으로 흘러가면서 산의 협곡을 채우고, 산의 협곡을 채운 후에 작은 웅덩이를 채우고, 작은 웅덩이를 채운 후에 큰 구덩이를 채우고, 큰 구덩이를 채운 후에 작은 개울을 채우고, 작은 개울을 채운 후에 큰 강을 채우고, 큰 강을 채운 후에 큰 바다와 대양(大洋)을 채우는 것과 같다오. 이와 같이 큰 바다와 대양의 음식이 있으며, 이와 같이 (그 음식이) 큰 바다와 대양을 이루듯이, 이와 같이 무명의 음식이 있으며, 이와 같이 (그 음식이) 무명을 이룬다오.

비구들이여, 명지에 의한 해탈은 (그것을 이루는) 음식이 있으며, 결코 없지 않다고[35] 나는 말한다오. 무엇이 명지에 의한 해탈의 음식인가? 그것은 '7각지(七覺支)'[36]라고 말해야 한다오. 비구들이여, 7각지는 (그것을 이루는) 음식이 있으며, 결코 없지 않다고 나는 말한다오. 무엇이 7각지의 음식인가? 그것은 '4념처(四念處)'[37]라고 말해야 한다오. 비구들이여, 4념처는 (그것을 이루는) 음식이 있으며, 결코 없지 않다고 나는 말한다오. 무엇이 4념처의 음식인가? 그것은 '세 가지 착한 행위[善行]'[38]라고 말해야 한다오. 비구들이여, 세 가지 착한 행위는 (그것을 이루

---

34 'evam etissaā avijjāya āhāro hoti, evañ ca pāripūri'의 번역.

35 'vijjāvimuttim p'ahaṃ bhikkhave sāhāraṃ vadāmi, no anāhāraṃ'의 번역.

36 'satta bojjhaṅgā'의 번역.

37 'cattaro satipaṭṭhānā'의 번역.

38 'tīṇi sucaritāni'의 번역.

는) 음식이 있으며, 결코 없지 않다고 나는 말한다오. 무엇이 세 가지 착한 행위의 음식인가? 그것은 '지각활동의 수호'[39]라고 말해야 한다오. 비구들이여, '지각활동의 수호'는 (그것을 이루는) 음식이 있으며, 결코 없지 않다고 나는 말한다오. 무엇이 '지각활동의 수호'의 음식인가? 그것은 '주의집중과 알아차림'[40]이라고 말해야 한다오. 비구들이여, '주의집중과 알아차림'은 (그것을 이루는) 음식이 있으며, 결코 없지 않다고 나는 말한다오. 무엇이 '주의집중과 알아차림'의 음식인가? 그것은 '이치에 맞는 생각'[41]이라고 말해야 한다오. 비구들이여, '이치에 맞는 생각'은 (그것을 이루는) 음식이 있으며, 결코 없지 않다고 나는 말한다오. 무엇이 '이치에 맞는 생각'의 음식인가? 그것은 '믿음'[42]이라고 말해야 한다오. 비구들이여, '믿음'은 (그것을 이루는) 음식이 있으며, 결코 없지 않다고 나는 말한다오. 무엇이 '믿음'의 음식인가? 그것은 '정법을 듣는 일'[43]이라고 말해야 한다오. 비구들이여, '정법을 듣는 일'은 (그것을 이루는) 음식이 있으며, 결코 없지 않다고 나는 말한다오. 무엇이 '정법을 듣는 일'의 음식인가? 그것은 '참사람을 가까이함'[44]이라고 말해야 한다오.

비구들이여, 이와 같이 참사람을 가까이하는 일이 정법을 듣게 하

---

39 'indriyasaṃvaro'의 번역.

40 'satisampajaññaṃ'의 번역.

41 'yonisomanasikāro'의 번역.

42 'saddhā'의 번역.

43 'saddhammasavanaṃ'의 번역.

44 'sappurisasaṃsevo'의 번역.

고, 정법을 듣는 일이 믿음을 이루고, 믿음이 이치에 맞는 생각을 이루고, 이치에 맞는 생각이 주의집중과 알아차림을 이루고, 주의집중과 알아차림이 지각활동의 수호를 이루고, 지각활동의 수호가 세 가지 착한 행위를 이루고, 세 가지 착한 행위가 4념처를 이루고, 4념처가 7각지를 이루고, 7각지가 명지(明智)에 의한 해탈을 이룬다오.

이와 같이 명지에 의한 해탈의 음식이 있으며, 이와 같이 (그 음식이) 명지에 의한 해탈을 이룬다오.[45]

비구들이여, 비유하면, 산꼭대기에서 천둥이 치면서 큰 비가 내릴 때, 그 물이 낮은 곳으로 흘러가면서 산의 협곡을 채우고, 산의 협곡을 채운 후에 작은 웅덩이를 채우고, 작은 웅덩이를 채운 후에 큰 구덩이를 채우고, 큰 구덩이를 채운 후에 작은 개울을 채우고, 작은 개울을 채운 후에 큰 강을 채우고, 큰 강을 채운 후에 큰 바다와 대양을 채우는 것과 같다오. 이와 같이 큰 바다와 대양의 음식이 있으며, 이와 같이 (그 음식이) 큰 바다와 대양을 이루듯이, 이와 같이 명지에 의한 해탈의 음식이 있으며, 이와 같이 (그 음식이) 명지에 의한 해탈을 이룬다오."

A.10.9. 갈애〔愛, Taṇhā〕〈A.10.62.〉

"비구들이여, '이전에는 존재에 대한 갈애[愛]가 없었는데, 지금 이후에 생겼다'라고 할 수 있는 존재에 대한 갈애의 시작점은 누가 봐도 알 수

45 'evam etissaā vijjāya āhāro hoti, evañ ca pāripūri'의 번역.

없다오.[46] 비구들이여, 그리고 '그렇지만, '이 조건에 의지하고 있는 존재에 대한 갈애'는 누가 봐도 알 수 있다'라고 이야기된다오.

비구들이여, 존재에 대한 갈애는 (그것을 이루는) 음식이 있으며, 결코 없지 않다고[47] 나는 말한다오. 무엇이 존재에 대한 갈애의 음식인가? 그것은 '무명(無明)'이라고 말해야 한다오. 비구들이여, 무명은 (그것을 이루는) 음식이 있으며, 결코 없지 않다고 나는 말한다오. 무엇이 무명의 음식인가? 그것은 '다섯 가지 장애[五蓋]'라고 말해야 한다오. 비구들이여, 다섯 가지 장애는 (그것을 이루는) 음식이 있으며, 결코 없지 않다고 나는 말한다오. 무엇이 다섯 가지 장애의 음식인가? 그것은 '세 가지 나쁜 행위[惡行]'라고 말해야 한다오. 비구들이여, 세 가지 나쁜 행위는 (그것을 이루는) 음식이 있으며, 결코 없지 않다고 나는 말한다오. 무엇이 세 가지 나쁜 행위의 음식인가? 그것은 '지각활동[根]을 수호(守護)하지 않음'이라고 말해야 한다오. 비구들이여, '지각활동을 수호하지 않음'은 (그것을 이루는) 음식이 있으며, 결코 없지 않다고 나는 말한다오. 무엇이 '지각활동을 수호하지 않음'의 음식인가? 그것은 '주의집중을 하지 못하고 알아차리지 못함'이라고 말해야 한다오. 비구들이여, '주의집중을 하지 못하고 알아차리지 못함'은 (그것을 이루는) 음식이 있으며, 결코 없지 않다고 나는 말한다오. 무엇이 '주의집중을 하지 못하고 알아차리지 못함'의 음식인가? 그것은 '이치에 맞지 않는 생각[非如理作意]'이

---

46 'purimā bhikkhave koṭi na paññāyati bhavataṇhāya 'ito pubbe avijjā nāhosi, atha pacch sambhavī'의 번역.

47 'avijjam p'ahaṃ bhikkhave sāhāraṃ vadāmi, no anāhāraṃ'의 번역.

라고 말해야 한다오. 비구들이여, '이치에 맞지 않는 생각'은 (그것을 이루는) 음식이 있으며, 결코 없지 않다고 나는 말한다오. 무엇이 '이치에 맞지 않는 생각'의 음식인가? 그것은 '불신(不信)'이라고 말해야 한다오. 비구들이여, '불신'은 (그것을 이루는) 음식이 있으며, 결코 없지 않다고 나는 말한다오. 무엇이 '불신'의 음식인가? 그것은 '정법을 듣지 않음'이라고 말해야 한다오. 비구들이여, '정법을 듣지 않음'은 (그것을 이루는) 음식이 있으며, 결코 없지 않다고 나는 말한다오. 무엇이 '정법을 듣지 않음'의 음식인가? 그것은 '참사람을 가까이하지[親近] 않음'이라고 말해야 한다오.

비구들이여, 이와 같이 참사람을 가까이하지 않는 일이 정법을 듣지 않게 하고, 정법을 듣지 않는 일이 불신을 이루고, 불신이 이치에 맞지 않는 생각을 이루고, 이치에 맞지 않는 생각이 주의집중을 하지 못하고 알아차리지 못하게 하고, 주의집중을 하지 못하고 알아차리지 못하는 일이 지각활동을 수호하지 않게 하고, 지각활동을 수호하지 않는 일이 세 가지 나쁜 행위를 이루고, 세 가지 나쁜 행위가 다섯 가지 장애를 이루고, 다섯 가지 장애가 무명을 이루고 무명이 존재에 대한 갈애를 이룬다오.

이와 같이 존재에 대한 갈애의 음식이 있으며, 이와 같이 (그 음식이) 존재에 대한 갈애를 이룬다오.

비구들이여, 비유하면, 산꼭대기에서 천둥이 치면서 큰 비가 내릴 때, 그 물이 낮은 곳으로 흘러가면서 산의 협곡을 채우고, 산의 협곡을 채운 후에 작은 웅덩이를 채우고, 작은 웅덩이를 채운 후에 큰 구덩이를 채우고, 큰 구덩이를 채운 후에 작은 개울을 채우고, 작은 개울을 채운 후에 큰 강을 채우고, 큰 강을 채운 후에 큰 바다와 대양을 채우는 것과 같다오. 이와 같이 큰 바다와 대양의 음식이 있으며, 이와 같이 (그 음식이) 큰 바다와 대양을 이루듯이, 이와 같이 존재에 대한 갈애 음식이 있으며, 이와 같이 (그 음식이) 존재에 대한 갈애를 이룬다오.

비구들이여, 명지(明智)에 의한 해탈은 (그것을 이루는) 음식이 있으며, 결코 없지 않다고 나는 말한다오. 무엇이 명지에 의한 해탈의 음식인가? 그것은 '7각지(七覺支)'라고 말해야 한다오. 비구들이여, 7각지는 (그것을 이루는) 음식이 있으며, 결코 없지 않다고 나는 말한다오. 무엇이 7각지의 음식인가? 그것은 '4념처(四念處)'라고 말해야 한다오. 비구들이여, 4념처는 (그것을 이루는) 음식이 있으며, 결코 없지 않다고 나는 말한다오. 무엇이 4념처의 음식인가? 그것은 '세 가지 착한 행위'라고 말해야 한다오. 비구들이여, 세 가지 착한 행위는 (그것을 이루는) 음식이 있으며, 결코 없지 않다고 나는 말한다오. 무엇이 세 가지 착한 행위의 음식인가? 그것은 '지각활동의 수호'라고 말해야 한다오. 비구들이여, '지각활동의 수호'는 (그것을 이루는) 음식이 있으며, 결코 없지 않다고 나는 말한다오. 무엇이 '지각활동의 수호'의 음식인가? 그것은 '주의집중과 알아차림'이라고 말해야 한다오. 비구들이여, '주의집중과 알아차림'은 (그것을 이루는) 음식이 있으며, 결코 없지 않다고 나는 말한다오. 무엇이 '주의집중과 알아차림'의 음식인가? 그것은 '이치에 맞는 생각'이라고 말해야 한다오. 비구들이여, '이치에 맞는 생각'은 (그것을 이루는) 음식이 있으며, 결코 없지 않다고 나는 말한다오. 무엇이 '이치에 맞는 생각'의 음식인가? 그것은 '믿음'이라고 말해야 한다오. 비구들이여, '믿음'은 (그것을 이루는) 음식이 있으며, 결코 없지 않다고 나는 말한다오. 무엇이 '믿음'의 음식인가? 그것은 '정법을 듣는 일'이라고 말해야 한다오. 비구들이여, '정법을 듣는 일'은 (그것을 이루는) 음식이 있으며, 결코 없지 않다고 나는 말한다오. 무엇이 '정법을 듣는 일'의 음식인가? 그것은 '참사람을 가까이함'이라고 말해야 한다오.

비구들이여, 이와 같이 참사람을 가까이하는 일이 정법을 듣게 하고, 정법을 듣는 일이 믿음을 이루고, 믿음이 이치에 맞는 생각을 이루고, 이치에 맞는 생각이 주의집중과 알아차림을 이루고, 주의집중과 알아차림이 지각활동의 수호를 이루고, 지각활동의 수호가 세 가지 착한 행위를 이루고, 세 가지 착한 행위가 4념처를 이루고, 4념처가 7각지를 이루고, 7각지가 명지에 의한 해탈을 이룬다오.

이와 같이 명지에 의한 해탈의 음식이 있으며, 이와 같이 (그 음식이) 명지에 의한 해탈을 이룬다오.

비구들이여, 비유하면, 산꼭대기에서 천둥이 치면서 큰 비가 내릴 때, 그 물이 낮은 곳으로 흘러가면서 산의 협곡을 채우고, 산의 협곡을 채운 후에 작은 웅덩이를 채우고, 작은 웅덩이를 채운 후에 큰 구덩이를 채우고, 큰 구덩이를 채운 후에 작은 개울을 채우고, 작은 개울을 채운 후에 큰 강을 채우고, 큰 강을 채운 후에 큰 바다와 대양을 채우는 것과 같다오. 이와 같이 큰 바다와 대양의 음식이 있으며, 이와 같이 (그 음식이) 큰 바다와 대양을 이루듯이, 이와 같이 명지에 의한 해탈의 음식이 있으며, 이와 같이 (그 음식이) 명지에 의한 해탈을 이룬다오."

A.10.10. 불가능(Abhabba) 〈A.10.76.〉

"비구들이여, 세간에 세 가지 법(法)이 존재하지 않으면, 아라한이며 등정각(等正覺)인 여래(如來)가 세간에 출현하지 않고, 여래가 가르친 법과 율(律)이 세간에서 빛을 내지 않는다오. 그 셋은 어떤 것인가? 태어남[生]과 늙음[老]과 죽음[死]이라오. 비구들이여, 세간에 이들 세 가지 법이 존재하지 않으면, 아라한이며 등정각인 여래가 세간에 출현하지 않고, 여래가 가르친 법과 율이 세간에서 빛을 내지 않는다오. 비구들이여, 세간에 이들 세 가지 법이 존재하기 때문에 아라한이며 등정각인 여래가 출현하고, 여래가 가르친 법과 율이 세간에서 빛을 낸다오.

비구들이여, 세 가지 법을 버리지 않으면 태어남을 극복할 수 없고, 늙음을 극복할 수 없고, 죽음을 극복할 수 없다오. 그 셋은 어떤 것인가? 탐욕[貪]을 버리지 않고, 분노[瞋]를 버리지 않고, 어리석음[癡]을 버리지 않으면, 비구들이여, 이들 세 가지 법을 버리지 않으면, 태어남을 극복할 수 없고, 늙음을 극복할 수 없고, 죽음을 극복할 수 없다오.

비구들이여, 세 가지 법을 버리지 않으면 탐욕을 극복할 수 없고, 분노를 극복할 수 없고, 어리석음을 극복할 수 없다오. 그 셋은 어떤 것인가? 자신이 존재한다는 견해[有身見][48]를 버리지 않고, 의심(疑心)을[49] 버리지 않고, 부당한 관습적 금계(禁戒)에 대한 취착[戒禁取]을[50] 버리지 않으면, 비구들이여, 이들 세 가지 법을 버리지 않으면, 탐욕을 극복할

---

48 'sakkāyadiṭṭhiṃ'의 번역.

49 'vicikicchaṃ'의 번역.

50 'sīlabbataparāmāsaṃ'의 번역.

수 없고, 분노를 극복할 수 없고, 어리석음을 극복할 수 없다오.

비구들이여, 세 가지 법을 버리지 않으면 자신이 존재한다는 견해를 극복할 수 없고, 의심을 극복할 수 없고, 부당한 관습적 금계에 대한 취착을 극복할 수 없다오. 그 셋은 어떤 것인가? 이치에 맞지 않는 생각[非如理作意]을 버리지 않고, 사도(邪道)를 가까이하는 일을[51] 버리지 않고, 무감각한 마음을[52] 버리지 않으면, 비구들이여, 이들 세 가지 법을 버리지 않으면, 자신이 존재한다는 견해를 극복할 수 없고, 의심을 극복할 수 없고, 부당한 관습적 금계에 대한 취착을 극복할 수 없다오.

비구들이여, 세 가지 법을 버리지 않으면 이치에 맞지 않는 생각을 극복할 수 없고, 사도를 가까이하는 일을 극복할 수 없고, 무감각한 마음을 극복할 수 없다오. 그 셋은 어떤 것인가? 주의집중의 망각[失念]을[53] 버리지 않고, 알아차리지 못함을[54] 버리지 않고, 산란한 마음을[55] 버리지 않으면, 비구들이여, 이들 세 가지 법을 버리지 않으면, 이치에 맞지 않는 생각을 극복할 수 없고, 사도를 가까이하는 일을 극복할 수 없고, 무감각한 마음을 극복할 수 없다오.

비구들이여, 세 가지 법을 버리지 않으면 주의집중의 망각을 극복할 수 없고, 알아차리지 못함을 극복할 수 없고, 산란한 마음을 극복할

---

51 'kummaggasevanaṃ'의 번역.

52 'cetaso līnattaṃ'의 번역.

53 'muṭṭhasaccaṃ'의 번역.

54 'asampjaññaṃ'의 번역.

55 'cetaso vikkhepaṃ'의 번역.

수 없다오. 그 셋은 어떤 것인가? 성인(聖人) 뵙기를 바라지 않고,[56] 성인의 가르침을 들으려 하지 않고,[57] 비난하는 심성(心性)을[58] 버리지 않으면, 비구들이여, 이들 세 가지 법을 버리지 않으면, 주의집중의 망각을 극복할 수 없고, 알아차리지 못함을 극복할 수 없고, 산란한 마음을 극복할 수 없다오.

비구들이여, 세 가지 법을 버리지 않으면 성인 뵙기를 바라지 않음을 극복할 수 없고, 성인의 가르침 듣기를 바라지 않음을 극복할 수 없고, 비난하는 심성을 극복할 수 없다오. 그 셋은 어떤 것인가? 들뜸[掉擧]을[59] 버리지 않고, 수호하지 않음을[60] 버리지 않고, 파계(破戒)를[61] 버리지 않으면, 비구들이여, 이들 세 가지 법을 버리지 않으면, 성인 뵙기를 바라지 않음을 극복할 수 없고, 성인의 가르침 듣기를 바라지 않음을 극복할 수 없고, 비난하는 심성을 극복할 수 없다오.

비구들이여, 세 가지 법을 버리지 않으면 들뜸을 극복할 수 없고, 수호하지 않음을 극복할 수 없고, 파계를 극복할 수 없다오. 그 셋은 어떤 것인가? 불신을[62] 버리지 않고, 인색(吝嗇)을[63] 버리지 않고, 나태

---

56 'aryānaṃ adassanakamyataṃ'의 번역.

57 'aryadhammaṃ asotukamyataṃ'의 번역.

58 'upārambhacittataṃ'의 번역.

59 'aryānaṃ adassanakamyataṃ'의 번역.

60 'asaṃvaraṃ'의 번역.

61 'dussīlaṃ'의 번역.

62 'assaddhiyaṃ'의 번역.

(懶怠)를[64] 버리지 않으면, 비구들이여, 이들 세 가지 법을 버리지 않으면, 들뜸을 극복할 수 없고, 수호하지 않음을 극복할 수 없고, 파계를 극복할 수 없다오.

비구들이여, 세 가지 법을 버리지 않으면 불신을 극복할 수 없고, 인색을 극복할 수 없고, 나태를 극복할 수 없다오. 그 셋은 어떤 것인가? 무례(無禮)를[65] 버리지 않고, 거친 말을[66] 버리지 않고, 못된 벗과의 사귐을[67] 버리지 않으면, 비구들이여, 이들 세 가지 법을 버리지 않으면, 불신을 극복할 수 없고, 인색을 극복할 수 없고, 나태를 극복할 수 없다오.

비구들이여, 세 가지 법을 버리지 않으면 무례를 극복할 수 없고, 거친 말을 극복할 수 없고, 못된 벗과의 사귐을 극복할 수 없다오. 그 셋은 어떤 것인가? 부끄러움이 없음[無慚]을[68] 버리지 않고, 뉘우침이 없음을[69] 버리지 않고, 방일(放逸)을[70] 버리지 않으면, 비구들이여, 이들 세 가지 법을 버리지 않으면, 무례를 극복할 수 없고, 거친 말을 극복할 수 없고, 못된 벗과의 사귐을 극복할 수 없다오.

---

63 'avadaññutaṃ'의 번역.

64 'dussīlaṃ'의 번역.

65 'anādariyaṃ'의 번역.

66 'dovacassataṃ'의 번역.

67 'pāpamittataṃ'의 번역.

68 'ahirikaṃ'의 번역.

69 'anottappaṃ'의 번역.

70 'pamādaṃ'의 번역.

비구들이여, 부끄러움이 없고, 뉘우침이 없고, 방일하면, 그는 방일하기 때문에 무례를 극복할 수 없고, 거친 말을 극복할 수 없고, 못된 벗과의 사귐을 극복할 수 없다오. 그는 못된 벗과 사귀기 때문에 불신을 극복할 수 없고, 인색을 극복할 수 없고, 나태를 극복할 수 없다오. 그는 나태하기 때문에 들뜸을 극복할 수 없고, 수호하지 않음을 극복할 수 없고, 파계를 극복할 수 없다오. 그는 파계하기 때문에 성인 뵙기를 바라지 않음을 극복할 수 없고, 성인의 가르침 듣기를 바라지 않음을 극복할 수 없고, 비난하는 심성을 극복할 수 없다오. 그는 비난하는 심성이 있기 때문에 주의집중의 망각을 극복할 수 없고, 알아차리지 못함을 극복할 수 없고, 산란한 마음을 극복할 수 없다오. 그는 마음이 산란하기 때문에 이치에 맞지 않는 생각을 극복할 수 없고, 사도를 가까이하는 일을 극복할 수 없고, 무감각한 마음을 극복할 수 없다오. 그는 마음이 무감각하기 때문에 자신이 존재한다는 견해를 극복할 수 없고, 의심을 극복할 수 없고, 부당한 관습적 금계에 대한 취착을 극복할 수 없다오. 그는 의심이 있기 때문에 탐욕을 극복할 수 없고, 분노를 극복할 수 없고, 어리석음을 극복할 수 없다오. 그는 탐욕을 버리지 않고, 분노를 버리지 않고, 어리석음을 버리지 않기 때문에 태어남을 극복할 수 없고, 늙음을 극복할 수 없고, 죽음을 극복할 수 없다오.

비구들이여, 세 가지 법을 버리면 태어남을 극복할 수 있고, 늙음을 극복할 수 있고, 죽음을 극복할 수 있다오. 그 셋은 어떤 것인가? 탐욕을 버리고, 분노를 버리고, 어리석음을 버리면, 비구들이여, 이들 세 가지 법을 버리면, 태어남을 극복할 수 있고, 늙음을 극복할 수 있고, 죽음을 극복할 수 있다오.

비구들이여, 세 가지 법을 버리면 탐욕을 극복할 수 있고, 분노를 극복할 수 있고, 어리석음을 극복할 수 있다오. 그 셋은 어떤 것인가? 자신이 존재한다는 견해를 버리고, 의심을 버리고, 부당한 관습적 금계에 대한 취착을 버리면, 비구들이여, 이들 세 가지 법을 버리면, 탐욕을 극복할 수 있고, 분노를 극복할 수 있고, 어리석음을 극복할 수 있다오.

비구들이여, 세 가지 법을 버리면 자신이 존재한다는 견해를 극복할 수 있고, 의심을 극복할 수 있고, 부당한 관습적 금계에 대한 취착을 극복할 수 있다오. 그 셋은 어떤 것인가? 이치에 맞지 않는 생각을 버리고, 사도를 가까이하는 일을 버리고, 무감각한 마음을 버리면, 비구들이여, 이들 세 가지 법을 버리면, 자신이 존재한다는 견해를 극복할 수 있고, 의심을 극복할 수 있고, 부당한 관습적 금계에 대한 취착을 극복할 수 있다오.

비구들이여, 세 가지 법을 버리면 이치에 맞지 않는 생각을 극복할 수 있고, 사도를 가까이하는 일을 극복할 수 있고, 무감각한 마음을 극복할 수 있다오. 그 셋은 어떤 것인가? 주의집중의 망각을 버리고, 알아차리지 못함을 버리고, 산란한 마음을 버리면, 비구들이여, 이들 세 가지 법을 버리면, 이치에 맞지 않는 생각을 극복할 수 있고, 사도를 가까이하는 일을 극복할 수 있고, 무감각한 마음을 극복할 수 있다오.

비구들이여, 세 가지 법을 버리면 주의집중의 망각을 극복할 수 있고, 알아차리지 못함을 극복할 수 있고, 산란한 마음을 극복할 수 있다오. 그 셋은 어떤 것인가? 성인 뵙기를 바라지 않음을 버리고, 성인의 가르침 듣기를 바라지 않음을 버리고, 비난하는 심성을 버리면, 비구들이여, 이들 세 가지 법을 버리면, 주의집중의 망각을 극복할 수 있고, 알아차리지 못함을 극복할 수 있고, 산란한 마음을 극복할 수 있다오.

비구들이여, 세 가지 법을 버리면 성인 뵙기를 바라지 않음을 극복할 수 있고, 성인의 가르침 듣기를 바라지 않음을 극복할 수 있고, 비난하는 심성을 극복할 수 있다오. 그 셋은 어떤 것인가? 들뜸을 버리고, 수호하지 않음을 버리고, 파계를 버리면, 비구들이여, 이들 세 가지 법을 버리면, 성인 뵙기를 바라지 않음을 극복할 수 있고, 성인의 가르침 듣기를 바라지 않음을 극복할 수 있고, 비난하는 심성을 극복할 수 있다오.

비구들이여, 세 가지 법을 버리면 들뜸을 극복할 수 있고, 수호하지 않음을 극복할 수 있고, 파계를 극복할 수 있다오. 그 셋은 어떤 것인가? 불신을 버리고, 인색을 버리고, 나태를 버리면, 비구들이여, 이들 세 가지 법을 버리면, 들뜸을 극복할 수 있고, 수호하지 않음을 극복할 수 있고, 파계를 극복할 수 있다오.

비구들이여, 세 가지 법을 버리면 불신을 극복할 수 있고, 인색을 극복할 수 있고, 나태를 극복할 수 있다오. 그 셋은 어떤 것인가? 무례를 버리고, 거친 말을 버리고, 못된 벗과의 사귐을 버리면, 비구들이여, 이들 세 가지 법을 버리면, 불신을 극복할 수 있고, 인색을 극복할 수 있고, 나태를 극복할 수 있다오.

비구들이여, 세 가지 법을 버리면 무례를 극복할 수 있고, 거친 말을 극복할 수 있고, 못된 벗과의 사귐을 극복할 수 있다오. 그 셋은 어떤 것인가? 부끄러움이 없음[無慚]을 버리고, 뉘우침이 없음을 버리고, 방일(放逸)을 버리면, 비구들이여, 이들 세 가지 법을 버리면, 무례를 극복할 수 있고, 거친 말을 극복할 수 있고, 못된 벗과의 사귐을 극복할 수 있다오.

비구들이여, 부끄러움이 있고, 뉘우침이 있고, 방일하지 않으면, 그는 방일하지 않기 때문에 무례를 극복할 수 있고, 거친 말을 극복할 수 있고, 못된 벗과의 사귐을 극복할 수 있다오. 그는 못된 벗과 사귀지 않기 때문에 불신을 극복할 수 있고, 인색을 극복할 수 있고, 나태를 극복할 수 있다오. 그는 나태하지 않기 때문에 들뜸을 극복할 수 있고, 수호하지 않음을 극복할 수 있고, 파계를 극복할 수 있다오. 그는 파계하지 않기 때문에 성인 뵙기를 바라지 않음을 극복할 수 있고, 성인의 가르침 듣기를 바라지 않음을 극복할 수 있고, 비난하는 심성을 극복할 수 있다오. 그는 비난하는 심성이 없기 때문에 주의집중의 망각을 극복할 수 있고, 알아차리지 못함을 극복할 수 있고, 산란한 마음을 극복할 수 있다오. 그는 마음이 산란하지 않기 때문에 이치에 맞지 않는 생각을 극복할 수 있고, 사도를 가까이하는 일을 극복할 수 있고, 무감각한 마음을 극복할 수 있다오. 그는 마음이 무감각하지 않기 때문에 자신이 존재한다는 견해를 극복할 수 있고, 의심을 극복할 수 있고, 부당한 관습적 금계에 대한 취착을 극복할 수 있다오. 그는 의심이 없기 때문에 탐욕을 극복할 수 있고, 분노를 극복할 수 있고, 어리석음을 극복할 수 있다오. 그는 탐욕을 버리고, 분노를 버리고, 어리석음을 버리기 때문에 태어남을 극복할 수 있고, 늙음을 극복할 수 있고, 죽음을 극복할 수 있다오."

A.10.11. 견해(Diṭṭhi) 〈A.10.93.〉

한때 세존께서는 싸왓티의 제따와나 아나타삔디까 사원(寺院)에 머무셨습니다. 어느 날 아나타삔디까(Anātapiṇḍika, 給孤獨) 장자는 아침 일찍 세존을 뵈러 가기 위해서 싸왓티성 밖으로 나왔습니다. 그때 아나타삔디까 장자는 '지금은 세존께서 홀로 앉아 마음수행을 하실 시간이므로 세존을 뵙기에 적당한 때가 아니다. 비구들도 홀로 앉아 마음수행을 하실 시간이므로 비구들을 뵙기에도 적당한 때가 아니다. 그러니 나는 외도 편력수행자들의 원림으로 가는 것이 좋겠다'라고 생각했습니다. 그래서 아나타삔디까 장자는 외도 편력수행자들의 원림으로 갔습니다.

그때 외도 편력수행자들은 함께 모여서 시끄럽게 높고 큰 소리로 여러 가지 잡스러운 이야기를 하면서 앉아있었습니다. 그 외도 편력수행자들은 멀리서 아나타삔디까 장자가 오고 있는 것을 보고 서로서로 저지했습니다.

"여러분, 조용히 하시오. 여러분, 소리 내지 마시오. 고따마 사문의 제자인 아나타삔디까 장자가 오고 있습니다. 싸왓티에는 고따마 사문의 흰옷을 입는 재가 제자들이 살고 있습니다. 아나타삔디까 장자는 그들 가운데 한 사람입니다. 그 존자들은 조용한 것을 좋아하고, 정숙하도록 교육받고, 조용한 것을 칭찬하기 때문에 분명히 대중들이 조용해진 것을 보고 나서 가까이 올 것입니다."

그러자 그 편력수행자들은 침묵했습니다.

아나타삔디까 장자는 그 편력수행자들에게 가서 그들과 함께 정중하게 인사하고, 공손한 인사말을 나눈 후에 한쪽에 앉았습니다. 한쪽에 앉은 아나타삔디까 장자에게 그 편력수행자들이 말했습니다.

"장자여, 고따마 사문은 어떤 견해를 가지고 있는지 말씀해주십시오."

"존자들이여, 나는 세존의 견해를 다 알지 못합니다."

"장자여, 그대가 고따마 사문의 견해를 다 알지 못한다고 하니, 그렇다면, 장자여, 비구들은 어떤 견해를 가지고 있는지 말씀해주십시오."

"존자들이여, 나는 비구들의 견해를 다 알지 못합니다."

"장자여, 그대가 고따마 사문의 견해를 다 알지 못하고, 비구들의 견해를 다 알지 못한다고 하니, 그렇다면, 장자여, 그대는 어떤 견해를 가지고 있는지 말씀해주십시오."

"존자들이여, 내가 어떤 견해를 가졌는지를 밝히는 것은 나에게 어려운 일이 아닙니다. 존자들이여, 이제 그대들이 먼저 자신들의 견해들에 대하여 밝히십시오. 그 후에 내가 어떤 견해를 가졌는지를 밝히면 저에게 어려움이 없을 것 같습니다."

이와 같이 말하자, 아나타삔디까 장자에게 어떤 편력수행자는 "장자여, 나는 '세간은 상주(常住)한다. 실로 이것이 진실이고 다른 것은 거짓이다'라는 견해를 가지고 있습니다"라고 말하고, 어떤 편력수행자는 "장자여, 나는 '세간은 상주하지 않는다. 실로 이것이 진실이고 다른 것은 거짓이다'라는 견해를 가지고 있습니다"라고 말하고, 어떤 편력수행자는 "장자여, 나는 '세간은 끝이 있다. 실로 이것이 진실이고 다른 것은 거짓이다'라는 견해를 가지고 있습니다"라고 말하고, 어떤 편력수행자는 "장자여, 나는 '세간은 끝이 없다. 실로 이것이 진실이고 다른 것은 거짓이다'라는 견해를 가지고 있습니다"라고 말하고, 어떤 편력수행자는 "장자여, 나는 '생명과 육신(肉身)은 같다. 실로 이것이 진실이고 다른 것은 거짓이다'라는 견해를 가지고 있습니다"라고 말하고, 어떤 편력수행자는 "장자여, 나는 '생명과 육신은 다르다. 실로 이것이 진실이고 다른 것은 거짓이다'라는 견해를 가지고 있습니다"라고 말하고, 어떤 편력수행자는 "장자여, 나는 '여래는 사후(死後)에 존재한다. 실로 이것이 진실이고 다른 것은 거짓이다'라는 견해를 가지고 있습니다"라고 말하고, 어떤 편력수행자는 "장자여, 나는 '여래는 사후에 존재하지 않는다. 실로 이것이 진실이고 다른 것은 거짓이다'라는 견해를 가지고 있습니다"라고 말하고, 어떤 편력수행자는 "장자여, 나는 '여래는 사후에 존재하기도 하고, 존재하지 않기도 한다. 실로 이것이 진실이고 다른 것은 거짓이다'라는 견해를 가지고 있습니다"라고 말하고, 어떤 편력수행자는 "장자여, 나는 '여래는 사후에 존재하지도 않고, 존재하지 아니하지도 않는다. 실로 이것이 진실이고 다른 것은 거짓이다'라는 견해를 가지고 있습니다"라고 말했습니다.

이와 같이 말하자, 아나타삔디까 장자가 그 편력수행자들에게 말했습니다.

"존자여, 존자가 '장자여, 세간은 상주(常住)한다. 실로 이것이 진실이고 다른 것은 거짓이다. 나는 이런 견해를 가지고 있다'라고 이야기한 존자의 견해는 자신의 이치에 맞지 않는 생각으로 인해서 생긴 것이거나 다른 사람의 말에 의지하고 있습니다. 그런데 이렇게 생긴 견해는 조작된 것[有爲]이며, 의도된 것이며, 연기(緣起)한 것입니다.[71] 이렇게 생

71 'sā kho pan' esā diṭṭhi bhūtā saṃkhatā cetayitā paṭiccasamuppannā'의 번역.

긴 조작되고, 의도되고, 연기한 것은 어떤 것이든 무상(無常)하며, 무상한 것은 괴로움이며, 존자는 그 괴로움에 붙잡혀있고, 존자는 그 괴로움에 의지하고 있습니다. 다른 견해도 마찬가지입니다. 존자들이 이야기한 견해는 자신의 이치에 맞지 않는 생각으로 인해서 생긴 것이거나 다른 사람의 말에 의지하고 있습니다. 그런데 이렇게 생긴 견해는 조작된 것이며, 의도된 것이며, 연기한 것입니다. 조작되고, 의도되고, 연기하여 생긴 것은 어떤 것이든 무상하며, 무상한 것은 괴로움이며, 존자들은 그 괴로움에 붙잡혀있고, 존자들은 그 괴로움에 의지하고 있습니다."

이와 같이 말하자, 그 편력수행자들이 아나타삔디까 장자에게 말했습니다.

"장자여, 우리는 모두 자신의 견해를 그대로 밝혔습니다. 장자여, 그대의 견해는 어떤 것인지 말해주십시오."

"존자들이여, 조작되고, 의도되고, 연기하여 생긴 것은 어떤 것이든 무상하며, 무상한 것은 괴로움이며, 그것은 나의 것이 아니고, 그것은 내가 아니고, 그것은 나의 자아가 아닙니다. 존자들이여, 나는 이와 같은 견해를 가지고 있습니다."

"장자여, 조작되고, 의도되고, 연기하여 생긴 것은 어떤 것이든 무상하며, 무상한 것은 괴로움이군요. 장자여, 그대는 그 괴로움에 붙잡혀있고, 그대는 그 괴로움에 의지하고 있군요."

"존자들이여, '조작되고, 의도되고, 연기하여 생긴 것은 어떤 것이든 무상하며, 무상한 것은 괴로움이며, 그것은 나의 것이 아니고, 그것은 내가 아니고, 그것은 나의 자아가 아니다'라고 이와 같이 그것을 있는 그대로 바른 통찰지[般若]로 잘 봄으로써, 나는 최상의 벗어남[出離]

을 여실하게 알고 있습니다."

이와 같이 말하자, 그 편력수행자들은 아무 말도 못하고, 당황해하면서, 어깨를 늘어뜨리고, 고개를 떨구고, 생각에 잠긴 채 앉아있었습니다.

아나타삔디까 장자는 그 편력수행자들이 아무 말도 못 하고, 당황해하면서, 어깨를 늘어뜨리고, 고개를 떨구고, 생각에 잠긴 채 있는 것을 보고, 자리에서 일어나 세존을 찾아갔습니다. 그는 세존을 찾아가서 예배하고 한쪽에 앉았습니다. 한쪽에 앉은 아나타삔디까 장자는 외도 편력수행자들과 함께 나눈 이야기를 모두 세존께 말씀드렸습니다.

"장자여, 매우 훌륭하군요. 그대는 시의적절(時宜適切)하게 사실을 가지고[72] 잘 절복(折伏)해야 할 어리석은 사람들을 절복했군요."

세존께서는 법을 설하여 아나타삔디까 장자를 가르치고, 격려하고, 칭찬하고, 기쁘게 하셨습니다. 아나타삔디까 장자는 세존의 설법에 의해 가르침을 받고, 격려를 받고 칭찬을 받고, 기뻐하면서 자리에서 일어나 세존께 예배하고 오른쪽으로 돈 후에 떠났습니다.

세존께서는 아나타삔디까 장자가 떠난 후에 곧바로 비구들에게 말씀하셨습니다.

"비구들이여, 이 가르침과 율(律)에서 구족계를 받은 지 100년 된 비구도 역시 아나타삔디까 장자가 잘 절복해야 할 외도 편력수행자들을 사실로써 절복한 것처럼, 그와 같이 절복할 것이오."

---

72 'saha dhammena'의 번역.

A.10.12. 왓지야마히따(Vajjiyamāhita) 〈A.10.94.〉

한때 세존께서는 짬빠(Campā)의 각가라(Gaggarā) 호수 기슭에 머무셨습니다. 어느 날 왓지야마히따(Vajjiyamāhita) 장자는 아침 일찍 세존을 뵈러 가기 위해서 짬빠성 밖으로 나왔습니다. 그때 왓지야마히따 장자는 '지금은 세존께서 홀로 앉아 마음수행을 하실 시간이므로 세존을 뵙기에 적당한 때가 아니다. 비구들도 홀로 앉아 마음수행을 하실 시간이므로 비구들을 뵙기에도 적당한 때가 아니다. 그러니 나는 외도 편력수행자들의 원림으로 가는 것이 좋겠다'라고 생각했습니다. 그래서 왓지야마히따 장자는 외도 편력수행자들의 원림으로 갔습니다.

그때 외도 편력수행자들은 함께 모여서 시끄럽게 높고 큰 소리로 여러 가지 잡스러운 이야기를 하면서 앉아있었습니다. 그 외도 편력수행자들은 멀리서 왓지야마히따 장자가 오고 있는 것을 보고 서로서로 저지했습니다.

"여러분, 조용히 하시오. 여러분, 소리 내지 마시오. 고따마 사문의 제자인 왓지야마히따 장자가 오고 있습니다. 짬빠에는 고따마 사문의 흰옷을 입는 재가 제자들이 살고 있습니다. 왓지야마히따 장자는 그들 가운데 한 사람입니다. 그 존자들은 조용한 것을 좋아하고, 정숙하도록 교육받고, 조용한 것을 칭찬하기 때문에 분명히 대중들이 조용해진 것을 보고 나서 가까이 올 것입니다."

그러자 그 편력수행자들은 침묵했습니다.

왓지야마히따 장자는 그 편력수행자들에게 가서 그들과 함께 정중하게 인사하고, 공손한 인사말을 나눈 후에 한쪽에 앉았습니다. 한쪽에 앉은 왓지야마히따 장자에게 그 편력수행자들이 말했습니다.

"장자여, 고따마 사문은 모든 고행(苦行)을 비난하면서, 모든 고행수행자(苦行修行者)를 하나같이 비루(鄙陋)한 삶을 산다고 꾸짖고 비방한다고 하던데, 사실인가요?"

"존자들이여, 세존께서는 모든 고행을 비난하지 않으며, 모든 고행수행자를 하나같이 비루한 삶을 산다고 꾸짖거나 비방하지 않습니다. 존자들이여, 세존께서는 비판해야 할 것은 비판하시고, 칭찬해야 할 것은 칭찬하십니다. 존자들이여, 세존께서는 분별하여 말씀하시지, 그렇게 하나같이 말씀하시지 않습니다."

이와 같이 말하자, 어떤 편력수행자가 왓지야마히따 장자에게 말했습니다.

"장자여, 잠깐 멈추시오! 당신은 고따마 사문을 찬탄하지만, 그 고따마 사문은 허무주의자(虛無主義者)[73]이며, 불가지론자(不可知論者)[74]입니다."

"존자들이여, 이점에 관하여 내가 존자들에게 사실을 가지고[75] 말하겠습니다. 존자들이여, 세존께서는 '이것은 선(善)이다'라고 알려주셨습니다. 존자들이여, 세존께서는 '이것은 불선(不善)이다'라고 알려주셨습니다. 이렇게 세존께서는 선을 선이라고 알려주고, 불선을 불선이라고 알려주신 지식을 가진 분[76]입니다. 세존은 허무주의자나 불가

---

73 'venayiko'의 번역.

74 'appaññattiko'의 번역.

75 'saha dhammena'의 번역.

76 'sappaññattiko'의 번역.

지론자가 아닙니다."

이와 같이 말하자, 그 편력수행자들은 아무 말도 못 하고, 당황해하면서, 어깨를 늘어뜨리고, 고개를 떨구고, 생각에 잠긴 채 앉아있었습니다.

왓지야마히따 장자는 그 편력수행자들이 아무 말도 못 하고, 당황해하면서, 어깨를 늘어뜨리고, 고개를 떨구고, 생각에 잠긴 채 있는 것을 보고, 자리에서 일어나 세존을 찾아갔습니다. 그는 세존을 찾아가서 예배하고 한쪽에 앉았습니다. 한쪽에 앉은 왓지야마히따 장자는 외도 편력수행자들과 함께 나눈 이야기를 모두 세존께 말씀드렸습니다.

"장자여, 매우 훌륭하군요. 그대는 시의적절(時宜適切)하게 사실을 가지고 잘 절복(折伏)해야 할 어리석은 사람들을 절복했군요. 장자여, 나는 '모든 고행을 해야 한다'라고도 말하지 않고, '모든 고행을 해서는 안 된다'라고도 말하지 않는다오. 장자여, 나는 '모든 수련(修鍊)을 행해야 한다'라고도 말하지 않고, '모든 수련을 행해서는 안 된다'라고도 말하지 않는다오. 장자여, 나는 '모든 노력을 기울여야 한다'라고도 말하지 않고, '모든 노력을 기울여서는 안 된다'라고도 말하지 않는다오. 장자여, 나는 '모든 버림을 행해야 한다'라고도 말하지 않고, '모든 버림을 행해서는 안 된다'라고도 말하지 않는다오. 장자여, 나는 '모든 것에서 벗어나야 한다'[77]라고도 말하지 않고, '모든 것에서 벗어나서는 안 된다'라고도 말하지 않는다오.

장자여, 고행을 하여 불선법(不善法)이 늘어나고 선법(善法)이 줄어

77 'sabbā vimutti vimuccitabbā ti'의 번역.

든다면, 그와 같은 고행은 해서는 안 된다고 나는 말한다오. 장자여, 그렇지만 고행을 하여 선법이 늘어나고 불선법이 줄어든다면, 그와 같은 고행은 해야 한다고 나는 말한다오. 장자여, 수련을 행하여 불선법이 늘어나고 선법이 줄어든다면, 그와 같은 수련은 행해서는 안 된다고 나는 말한다오. 장자여, 그렇지만 수련을 행하여 선법이 늘어나고 불선법이 줄어든다면, 그와 같은 수련은 행해야 한다고 나는 말한다오. 장자여, 노력을 기울여서 불선법이 늘어나고 선법이 줄어든다면, 그와 같은 노력은 해서는 안 된다고 나는 말한다오. 장자여, 그렇지만 노력을 기울여서 선법이 늘어나고 불선법이 줄어든다면, 그와 같은 노력은 해야 한다고 나는 말한다오. 장자여, 버림을 행하여 불선법이 늘어나고 선법이 줄어든다면, 그와 같은 버림은 행해서는 안 된다고 나는 말한다오. 장자여, 그렇지만 버림을 행하여 선법이 늘어나고 불선법이 줄어든다면, 그와 같은 버림은 행해야 한다고 나는 말한다오. 장자여, 벗어나서 불선법이 늘어나고 선법이 줄어든다면, 그와 같은 것에서 벗어나서는 안 된다고 나는 말한다오. 장자여, 그렇지만 벗어나서 선법이 늘어나고 불선법이 줄어든다면, 그와 같은 것에서는 벗어나야 한다고 나는 말한다오."

세존께서는 법을 설하여 왓지야마히따 장자를 가르치고, 격려하고, 칭찬하고, 기쁘게 하셨습니다. 왓지야마히따 장자는 세존의 설법에 의해 가르침받고, 격려받고, 칭찬받고, 기뻐하면서 자리에서 일어나 세존께 예배하고 오른쪽으로 돈 후에 떠났습니다.

세존께서는 왓지야마히따 장자가 떠난 후에 곧바로 비구들에게 말씀하셨습니다.

"이 가르침과 율(律)에서 오랜 세월을 허물없이 지낸 비구 역시 왓지야마히따 장자가 잘 절복해야 할 외도 편력수행자들을 사실로써 절복한 것처럼, 그와 같이 절복할 것이오."

A.10.13. 웃띠야(Uttiya) 〈A.10.95.〉

어느 날 편력수행자 웃띠야(Uttiya)가 세존을 찾아와서 세존과 함께 정중하게 인사하고, 공손한 인사말을 나눈 후에 한쪽에 앉았습니다. 한쪽에 앉은 편력수행자 웃띠야가 세존께 말씀드렸습니다.

"고따마 존자여, 세계는 상주(常住)하며, 실로 이것이 진실이고 다른 것은 거짓입니까?"

"웃띠야여, 나는 '세계는 상주하며, 실로 이것이 진실이고 다른 것은 거짓이다'라고 말하지 않는다오."

"고따마 존자여, 그렇다면 '세계는 상주하지 않으며, 실로 이것이 진실이고 다른 것은 거짓입니까"

"웃띠야여, 나는 '세계는 상주하지 않으며, 실로 이것이 진실이고 다른 것은 거짓이다'라고 말하지 않는다오."

"고따마 존자여, 세계는 끝이 있으며, 실로 이것이 진실이고 다른 것은 거짓입니까?"

"웃띠야여, 나는 '세계는 끝이 있으며, 실로 이것이 진실이고 다른 것은 거짓이다'라고 말하지 않는다오."

" 고따마 존자여, 그렇다면 세계는 끝이 없으며, 실로 이것이 진실이고 다른 것은 거짓입니까?"

"웃띠야여, 나는 '세계는 끝이 없으며, 실로 이것이 진실이고 다른 것은 거짓이다'라고 말하지 않는다오."

"고따마 존자여, 생명과 육신은 같은 것이며, 실로 이것이 진실이고 다른 것은 거짓입니까?"

"웃띠야여, 나는 '생명과 육신은 같은 것이며, 실로 이것이 진실이고 다른 것은 거짓이다'라고 말하지 않는다오."

" 고따마 존자여, 그렇다면 생명과 육신은 서로 다른 것이며, 실로 이것이 진실이고 다른 것은 거짓입니까?"

"웃띠야여, 나는 '생명과 육신은 서로 다른 것이며, 실로 이것이 진실이고 다른 것은 거짓이다'라고 말하지 않는다오."

"고따마 존자여, 여래는 사후(死後)에 존재하며, 실로 이것이 진실이고 다른 것은 거짓입니까?"

"웃띠야여, 나는 '여래는 사후에 존재하며, 실로 이것이 진실이고 다른 것은 거짓이다'라고 말하지 않는다오."

"고따마 존자여, 그렇다면 '여래는 사후에 존재하지 않으며, 실로 이것이 진실이고 다른 것은 거짓입니까?"

"웃띠야여, 나는 '여래는 사후에 존재하지 않으며, 실로 이것이 진실이고 다른 것은 거짓이다'라고 말하지 않는다오."

"고따마 존자여, '여래는 사후에 존재하기도 하고, 존재하지 않기도 하며, 실로 이것이 진실이고 다른 것은 거짓입니까?"

"웃띠야여, 나는 '여래는 사후에 존재하기도 하고, 존재하지 않기도 하며, 실로 이것이 진실이고 다른 것은 거짓이다'라고 말하지 않는다오."

"고따마 존자여, 그렇다면 '여래는 사후에 존재하지도 않고, 존재하지 아니하지도 않으며, 실로 이것이 진실이고 다른 것은 거짓입니까?"

"웃띠야여, 나는 '여래는 사후에 존재하지도 않고, 존재하지 아니하지도 않으며, 실로 이것이 진실이고 다른 것은 거짓이다'라고 말하지 않는다오."

"고따마 존자여, 고따마 존자는 나의 질문을 받고, 모든 질문에 '웃띠야여, 나는 그런 말을 하지 않는다'라고 말했습니다. 그렇다면 고따마 존자는 무엇을 이야기합니까?"

"웃띠야여, 나는 체험적 지혜로 중생들을 청정하게 하고, 슬픔과 걱정을 극복하고, 고통과 번민을 소멸하는 방법을 이해하여 열반을 체득하는 법(法)을 제자들에게 가르친다오."

"그렇다면 고따마 존자가 체험적 지혜로 중생들을 청정하게 하고, 슬픔과 걱정을 극복하고, 고통과 번민을 소멸하는 방법을 이해하여 제자들에게 가르친 열반을 체득하는 법에 의해서 세간 모두가 벗어나게 됩니까, 절반이 벗어나게 됩니까. 3분의 1이 벗어나게 됩니까?"

이와 같이 말하자 세존께서는 침묵하셨습니다. 그러자 아난다 존자에게 '편력수행자 웃띠야가 '내가 고따마 사문에게 뛰어난 질문을 하여 감히 대답할 수 없게 하였다'라는 생각을 갖지 못하게 해야겠다. 그것은 편력수행자 웃띠야에게 오랜 세월 손해가 되고 괴로움이 될 것이다'라는 생각이 들었습니다. 그래서 아난다 존자가 편력수행자 웃띠야에게 말했습니다.

"웃띠야 존자여, 그렇다면, 내가 그대에게 비유를 들어보겠습니다. 여기에서 어떤 지혜로운 사람들은 비유를 통해서 말의 의미를 이해할 것입니다. 웃띠야 존자여, 비유하면, 변경에 있는 왕의 성에는 성벽에 견고한 성문 하나가 있는데, 그곳에서 총명하고, 유능하고, 현명한 문지기가 모르는 사람은 막고, 아는 사람은 들여보내는 것과 같습니다. 그는 그 성으로 가는 모든 길을 순찰하면서 성벽의 틈이나 구멍으로 고양이가 돌아다니는 것까지 살피지는 않을 것입니다. 그는 '이 성을 들어오거나 나가는 몸집이 큰 짐승은 어떤 것이든, 모두가 이 문으로 들어오거나 나간다'라고 생각할 것입니다. 웃띠야 존자여, 이와 마찬가지로 세존께서는 그것으로 세간 모두가 벗어나게 되는지, 절반이 벗어나게 되는지. 3분의 1이 벗어나게 되는지는 마음 쓰지 않으십니다. 세존께서는 '누구든지 (과거에) 세간에서 벗어났거나, (현재) 세간에서 벗어나거나, (앞으로) 세간에서 벗어나게 될 사람은 모두가 다섯 가지 장애[五蓋]를 버리고, 통찰지[般若]로써 마음의 번뇌들[心隨煩惱]을[78] 무력하게 하고, 4념처(四念處)에 잘 자리 잡은 마음으로 7각지(七覺支)를 여법하게 수련한 후에 세간에서 벗어났거나, 세간에서 벗어나거나, 세간에서 벗어나게 된다'라고 생각하십니다. 웃띠야 존자여, 그대는 세존께 질문을 했습니다. 그런데 세존의 입장과 다른 질문을 했습니다. 그래서 세존께서는 그 질문에 대답하지 않으신 것입니다."

---

78 'cetaso upakkilese'의 번역.

A.10.14. 꼬까누다(Kokanuda) 〈A.10.96.〉

한때 아난다 존자는 라자가하의 따뽀다(Tapodā) 사원에[79] 머물었습니다. 아난다 존자는 어스름 새벽에 일어나 목욕을 하러 따뽀다강에 갔습니다. 그는 따뽀다강에서 목욕을 마치고 나와 승복 하나만 걸친 채로 서서 몸을 말리고 있었습니다. 편력수행자 꼬까누다(Kokanuda)도 어스름 새벽에 일어나 목욕을 하러 갔습니다. 편력수행자 꼬까누다는 멀리서 다가오는 아난다 존자를 보고, 아난다 존자에게 말했습니다.

"존자여, 그대는 누구입니까?"

"존자여, 나는 비구입니다."

"존자여, 어떤 비구에 속합니까?"

"존자여, 석씨(釋氏) 사문(沙門)에 속합니다."[80]

"우리는 존자님께 어떤 점에 대하여 묻고 싶습니다. 만약에 존자님께서 허락하신다면 물음에 답을 주시기 바랍니다."

"존자여, 질문하십시오. 들어보고 말하겠습니다."

"존자여, '세계는 상주(常住)한다. 실로 이것이 진실이고 다른 것은 거짓이다.' 이것이 존자의 견해입니까?"

"존자여, 나는 그런 견해가 없습니다."

"존자여, 그렇다면 '세계는 상주하지 않는다. 실로 이것이 진실이고 다른 것은 거짓이다.' 이것이 존자의 이론(理論)입니까?"

---

79 따뽀다(Tapodā)강 옆에 세운 정사(精舍). 'Tapodā'는 '열'을 의미하는 'tapa'와 '물'을 의미하는 'uda'의 합성어로서 '온천수'를 의미한다. 온천수가 흐르기 때문에 '따뽀다(Tapodā)'로 불린 것 같다. 이 강은 라자가하 근처의 웨바라(Vebhāra) 언덕 아래에서 흐른다.

80 'samaṇānaṃ āvuso sakyaputtiyānan ti'의 번역.

"존자여, 나는 그런 이론이 없습니다."

"존자여, '세계는 끝이 있다. 실로 이것이 진실이고 다른 것은 거짓이다.' 이것이 존자의 이론입니까?"

"존자여, 나는 그런 이론이 없습니다."

"존자여, 그렇다면 '세계는 끝이 없다. 실로 이것이 진실이고 다른 것은 거짓이다.' 이것이 존자의 이론입니까?"

"존자여, 나는 그런 이론이 없습니다."

"존자여, '생명과 육신은 같은 것이다. 실로 이것이 진실이고 다른 것은 거짓이다.' 이것이 존자의 이론입니까?"

"존자여, 나는 그런 이론이 없습니다."

"존자여, 그렇다면 '생명과 육신은 서로 다른 것이다. 실로 이것이 진실이고 다른 것은 거짓이다.' 이것이 존자의 이론입니까?"

"존자여, 나는 그런 이론이 없습니다."

"존자여, '여래는 사후에 존재한다. 실로 이것이 진실이고 다른 것은 거짓이다.' 이것이 존자의 이론입니까?"

"존자여, 나는 그런 이론이 없습니다."

"존자여, 그렇다면 '여래는 사후에 존재하지 않는다. 실로 이것이 진실이고 다른 것은 거짓이다.' 이것이 존자의 이론입니까?"

"존자여, 나는 그런 이론이 없습니다."

"존자여, '여래는 사후에 존재하기도 하고, 존재하지 않기도 한다. 실로 이것이 진실이고 다른 것은 거짓이다.' 이것이 존자의 이론입니까?"

"존자여, 나는 그런 이론이 없습니다."

"존자여, 그렇다면 '여래는 사후에 존재하지도 않고, 존재하지 아니하지도 않는다. 실로 이것이 진실이고 다른 것은 거짓이다.' 이것이 존자의 이론입니까?"

"존자여, 나는 그런 이론이 없습니다."

"그렇다면, 존자는 알지 못하고, 보지 못하는 것입니까?"

"존자여, 나는 알지 못하고, 보지 못하는 것이 아닙니다. 존자여, 나는 알고, 봅니다."

"존자여, 존자는 나의 모든 질문에 '나는 그런 이론이 없습니다'라고 말했습니다. '그렇다면, 존자는 알지 못하고, 보지 못하는 것입니까?' 라고 질문하자, 그대는 '나는 알지 못하고, 보지 못하는 것이 아닙니다. 나는 알고, 봅니다'라고 말했습니다. 존자여, 도대체 이 말들의 의미를 어떻게 이해해야 할까요?"

"존자여, '세계는 상주한다. 실로 이것이 진실이고 다른 것은 거짓이다.' 이 주장은 이론에 빠진 것입니다.[81] 다른 주장들도 마찬가지로 이론에 빠진 것입니다. 존자여, 이론에 관하여, 이론의 근거와 기반과 속박과 발생과 근절에 관하여,[82] 나는 그것을 알고, 나는 그것을 봅니다. 그것을 알고 있고, 그것을 보고 있는 내가 '나는 알지 못한다. 나는 보지 못한다'라고 해야 할 까닭이 무엇이겠습니까? 존자여, 나는 알고 봅니다."

"존자여, 이름이 무엇입니까? 도반들은 존자를 어떻게 알고 있습니까?"

---

81 'diṭṭhigatam etaṃ'의 번역.

82 'yāvatā āvuso diṭṭhigatā yāvatā diṭṭhiṭṭhāna-adhiṭṭhāna-pariyuṭṭhāna-samuṭṭhāna- samugghāto' 의 번역.

"내 이름은 아난다라고 합니다. 도반들은 나를 아난다라고 알고 있습니다."

"위대한 스승인신 존자님과 함께 논의하면서도 제가 아난다 존자님이라는 것을 알지 못했습니다. 만약에 제가 아난다 존자님이라는 것을 알았다면, 이렇게 질문하지 않았을 것입니다. 아난다 존자님께서는 저를 용서해주십시오!"

A.10.15. 쌍가와라(Saṅgāvara) 〈A.10.117.〉

어느 날 쌍가와라(Saṅgāvara) 바라문이 세존을 찾아와서 세존과 함께 정중하게 인사하고, 공손한 인사말을 나눈 후에 한쪽에 앉았습니다. 한쪽에 앉은 쌍가와라 바라문이 세존께 말씀드렸습니다.

"고따마 존자님! 무엇이 차안(此岸)이고, 무엇이 피안(彼岸)입니까?"

"바라문이여, 삿된 견해[邪見]가 차안이고 정견(正見)이 피안이라오. 삿된 의도(意圖)가 차안이고, 정사유(正思惟)가 피안이라오. 삿된 언행(言行)이 차안이고, 바른 언행[正語]이 피안이라오. 삿된 행동이 차안이고, 바른 행동[正業]이 피안이라오. 삿된 생계(生計)가 차안이고, 바른 생계[正命]가 피안이라오. 삿된 정진(精進)이 차안이고, 바른 정진[正精進]이 피안이라오. 삿된 주의집중이 차안이고, 바른 주의집중[正念]이 피안이라오. 삿된 삼매(三昧)가 차안이고, 바른 삼매[正定]가 피안이라오. 삿된 앎이 차안이고, 바른 앎[正知]이 피안이라오. 삿된 해탈(解脫)이 차안이고, 바른 해탈[正解脫]이 피안이라오. 바라문이여, 이것이 차안이고 이것이 피안이라오."

인간들 가운데 건너가는 사람은 드물고
다른 사람들은 이 언덕을 따라갈 뿐이네.
바르게 설해진 가르침 가운데서 가르침을 따르는 사람들,
그들은 벗어나기 어려운 죽음의 영역을 건너가게 된다네.
악법(惡法)을 버리고 선법(善法)을 닦은 현명한 사람은
집에서 나와 멀리 떨어진 집 없는 곳으로 간다네.
현명한 사람은 그곳에서 기쁨을 얻게 되고,
남김없이 쾌락을 버린 후에
마음의 번뇌를 정화한다네.
그들은 정각(正覺)을 이루는 수행을 통해[83]
바르게 마음을 잘 닦아서
집착을 버리고 취착 없이 즐긴다네.
찬란하게 빛나는 번뇌가 소멸한 사람들은
세간에서 반열반(般涅槃)을 성취한다네.

A.10.16. 하강제(下降祭, Paccorohaṇi) 〈A.10.119.〉

그때 자눗쏘니(Jāṇusoṇi) 바라문은 어느 포살일(布薩日)에 머리를 감고, 깨끗한 모시옷 한 벌을 갖추어 입고,[84] 신선한 길상초(吉祥草) 한 줌을

83 'sambodhiyaṅgesu'의 번역.

84 'navaṃ khomayugaṃ nivattho'의 번역.

쥐고,[85] 세존 가까이 한쪽에 서 있었습니다. 세존께서는 자눗쏘니 바라문을 보시고 그에게 말씀하셨습니다.

"바라문이여, 그대는 왜 포살일에 머리를 감고, 깨끗한 모시옷 한 벌을 갖추어 입고, 신선한 길상초 한 줌을 쥐고 한쪽에 서 있나요? 오늘 바라문의 집안에 무슨 일이 있나요?"

"고따마 존자여, 오늘은 바라문 집안의 하강제(下降祭) 날입니다."

"바라문이여, 바라문의 하강제는 어떻게 하나요?"

"고따마 존자여, 바라문들은 어떤 포살일에 머리를 감고, 깨끗한 모시옷 한 벌을 갖추어 입고, 신선한 쇠똥을 땅에 바른 후에, 푸른 길상초를 깔고, 그 경계선과 제화당(祭火堂) 사이에 잠자리를 마련합니다. 그들은 그날 밤에 세 차례 일어나서 불의 신에게 합장하고, '우리는 당신께 내려갑니다.[86] 우리는 당신께 내려갑니다'라고 예경(禮敬)합니다. 많은 버터기름과 생우유로 불의 신에게 헌공(獻供)하고, 그날 밤이 지나면 딱딱하고 부드러운 맛있는 음식을 바라문들에게 공양합니다. 고따마 존자여, 바라문들의 하강제는 이렇게 합니다."

"바라문이여, 바라문들의 하강제는 성자(聖者)의 율(律)에서 행하는 하강제와 다르군요."

"고따마 존자여, 그렇다면 성자의 율에서는 하강제를 어떻게 합니까? 고따마 존자님께서는 부디 저에게 성자의 율에서는 하강제를 어떻게 행하는지 가르쳐주십시오!"

---

85 'allaṃ kusamuṭṭhiṃ ādāya'의 번역.

86 'paccorohāma bhavantaṃ'의 번역.

"바라문이여, 그렇다면 듣고 잘 생각해보시오. 내가 가르쳐주겠소."

자눗쏘니 바라문은 "존자여, 그렇게 하겠습니다"라고 세존께 대답했습니다.

세존께서 말씀하셨습니다.

"바라문이여, 성자의 제자는 '삿된 견해[邪見]로 인해서 현재와 미래에 악한 과보(果報)가 있다'라고 성찰한다오. 그는 이렇게 성찰함으로써 삿된 견해를 버리고, 삿된 견해에서 내려온다오. 바라문이여, 성자의 제자는 '삿된 의도로 인해서 현재와 미래에 악한 과보가 있다'라고 성찰한다오. 그는 이렇게 성찰함으로써 삿된 의도를 버리고, 삿된 의도에서 내려온다오. 바라문이여, 성자의 제자는 '삿된 언행(言行)으로 인해서 현재와 미래에 악한 과보가 있다'라고 성찰한다오. 그는 이렇게 성찰함으로써 삿된 언행을 버리고, 삿된 언행에서 내려온다오. 바라문이여, 성자의 제자는 '삿된 행동으로 인해서 현재와 미래에 악한 과보가 있다'라고 성찰한다오. 그는 이렇게 성찰함으로써 삿된 행동을 버리고, 삿된 행동에서 내려온다오. 바라문이여, 성자의 제자는 '삿된 생계(生計)로 인해서 현재와 미래에 악한 과보가 있다'라고 성찰한다오. 그는 이렇게 성찰함으로써 삿된 생계를 버리고, 삿된 생계에서 내려온다오. 바라문이여, 성자의 제자는 '삿된 정진(精進)으로 인해서 현재와 미래에 악한 과보가 있다'라고 성찰한다오. 그는 이렇게 성찰함으로써 삿된 정진을 버리고, 삿된 정진에서 내려온다오. 바라문이여, 성자의 제자는 '삿된 주의집중으로 인해서 현재와 미래에 악한 과보가 있다'라고 성찰한다오. 그는 이렇게 성찰함으로써 삿된 주의집중을 버리고, 삿된 주의집중에서 내려온다오. 바라문이여, 성자의 제자는 '삿된 삼매(三昧)으로 인해서 현재와 미래에 악한 과보가 있다'라고 성찰한다오. 그는 이렇게 성찰함으로써 삿된 삼매를 버리고, 삿된 삼매에서 내려온다오. 바라문이여, 성자의 제자는 '삿된 앎으로 인해서 현재와 미래에 악한 과보가 있다'라고 성찰한다오. 그는 이렇게 성찰함으로써 삿된 앎을 버리고, 삿된 앎에서 내려온다오. 바라문이여, 성자의 제자는 '삿된 해탈(解脫)로 인해서 현재와 미래에 악한 과보가 있다'라고 성찰한다오. 그는 이렇게 성찰함으로써 삿된 해탈을 버리고, 삿된 해탈에서 내려온다오. 바라문이여, 성자의 율에서는 이렇게 하강제를 행한다오."

"고따마 존자여, 바라문들의 하강제는 성자의 율에서 행하는 하강제와 다르군요. 고따마 존자여, 이 성자의 율에서 행하는 하강제에 비하면 바라문들의 하강제는 16분의 1밖에 되지 않는군요. 훌륭합니다. 고따마 존자여! … (중략) … 이제 저는 고따마 존자께 귀의합니다. 가르침과 비구 승가에 귀의합니다. 고따마 존자께서는 저를 청신사(淸信士)로 받아주소서. 오늘부터 살아있는 날까지 귀의하겠나이다."

A.10.17. 쭌다(Cunda) 〈A.10.176.〉

한때 세존께서는 빠와(Pāvā)에서 대장장이 쭌다(Cunda)의 망고 숲에 머무시었습니다. 그때 대장장이 쭌다는 세존을 찾아가서 세존께 예배한 후에 한쪽에 앉았습니다. 한쪽에 앉은 대장장이 쭌다에게 세존께서 말씀하셨습니다.

"쭌다여, 그대는 누구의 정화(淨化)를 좋아하나요?"[87]

"세존이시여, 물병을 들고, 수초(水草) 화만(華鬘)을 걸고, 불을 숭배하는 서쪽 지방의 바라문들은 물에 들어가 목욕재계하고, 정화를 시행(施行)합니다. 저는 그들의 정화를 좋아합니다."

"쭌다여, 그렇다면 물병을 들고, 수초 화만을 걸고, 불을 숭배하는 서쪽 지방의 바라문들은 물에 들어가 목욕재계하고 어떻게 정화를 시행하나요?"

"세존이시여, 물병을 들고, 수초 화만을 걸고, 불을 숭배하는 서쪽 지방의 바라문들은 물에 들어가 목욕재계하고, 신도(信徒)에게[88] '불쌍한 사람아![89] 이리 오너라. 너는 이른 아침에 잠자리에서 일어나 땅을 만져라. 만약에 땅을 만지지 않으려면, 신선한 쇠똥을 만져라. 만약에 신선한 쇠똥을 만지지 않으려면, 푸른 풀을 만져라. 만약에 푸른 풀을 만지지 않으려면, 불의 신에게 예배하라. 만약에 불의 신에게 예배하지 않으려면, 합장하고 태양을 예경(禮敬)하라. 만약에 태양을 예경하지 않으려면, 밤중인 삼경(三更)에 물에 들어가서 목욕재계하라'라고 알려줍니다. 세존이시여, 이와 같이 물병을 들고, 수초 화만을 걸고, 불을 숭배하는 서쪽 지방의 바라문들은 물에 들어가 목욕재계하고 정화를 시행합니다. 저는 그들의 정화를 좋아합니다."

---

87 'kassa no tvaṃ Cunda soceyyāni rocesi'의 번역.

88 'sāvakaṃ'의 번역. 일반적으로 sāvaka를 '제자'로 번역하는데, 여기에서는 정화의식에 참여한 신도를 의미하기 때문에 '신도'로 번역함.

89 'ambho purisa'의 번역.

"쭌다여, 물병을 들고, 수초 화만을 걸고, 불을 숭배하는 서쪽 지방의 바라문들이 물에 들어가 목욕재계하고 시행하는 정화는 성자의 율에서 행하는 정화와 다르군요."

"세존이시여, 그렇다면 성자의 율에서는 정화를 어떻게 합니까? 세존께서는 부디 저에게 성자의 율에서는 정화를 어떻게 행하는지 가르쳐주십시오!"

"쭌다여, 그렇다면 듣고 잘 생각해보시오. 내가 가르쳐주겠소."

쭌다는 "세존이시여, 그렇게 하겠습니다"라고 세존께 대답했습니다.

세존께서 말씀하셨습니다.

"쭌다여, 몸에 의한 세 가지 부정(不淨)이 있고, 언어에 의한 네 가지 부정이 있고, 마음에 의한 세 가지 부정이 있다오.

쭌다여, 몸에 의한 세 가지 부정은 어떤 것인가? 쭌다여, 어떤 사람은 살생을 한다오. 그는 생명에 대하여 자비심이 없이 손에 피를 묻히고 잔인하게 살생을 일삼는다오. 어떤 사람은 주지 않은 것을 취한다오. 그는 마을이나 숲에 가서 주지 않은 다른 사람의 재물을 남몰래 훔친다오. 어떤 사람은 삿된 음행[邪淫]을 한다오. 그는 부모의 보호를 받는 여인, 형제의 보호를 받는 여인, 자매의 보호를 받는 여인, 친척의 보호를 받는 여인, 남편이 있는 여인, 법의 보호를 받는 여인, 심지어는 결혼을 위해 화만으로 치장한 여인에 이르기까지, 그런 사람들과 관계를 갖는다오. 쭌다여, 이와 같이 몸에 의한 세 가지 부정이 있다오.

쭌다여, 언어에 의한 네 가지 부정은 어떤 것인가? 쭌다여, 어떤 사람은 거짓말을 한다오. 그는 집회에 가거나, 대중들에게 가거나, 문중(門中)에 가거나, 단체에 가거나, 법정에 가서 '그대는 아는 것을 말하라!'라고 증인으로서 심문받을 때, 알지 못하는 것을 '나는 안다'라고 말하고, 아는 것을 '나는 모른다'라고 말하고, 보지 못한 것을 '나는 보았다'라고 말하고, 본 것을 '나는 보지 못했다'라고 말한다오. 그는 이렇게 자신 때문에, 또는 다른 사람 때문에, 또는 하찮은 이익 때문에 고의로 거짓말을 한다오. 어떤 사람은 이간(離間)하는 말을 한다오. 그는 화합을 파괴하기 위하여 여기에서 들은 것을 저기에 알리고, 화합을 파괴하기 위하여 저기에서 들은 것을 여기에 알린다오. 그는 이렇게 화합을 파괴하고, 분열을 조장하고, 분열을 즐기고, 분열을 좋아하고, 분열을 기뻐하면서 분열시키는 말을 한다오. 어떤 사람은 추악한 말을 한다오. 그는 거칠고 난폭하고 신랄한 말로 남을 질책하고, 이웃에 화를 내면서, 삼매(三昧)로 이끌지 않는 말을 한다오. 어떤 사람은 잡담을 한다오. 그는 때에 맞지 않고, 진실하지 않고, 의미 없고, 진리에 맞지 않고, 율에 맞지 않는 말을 하며, 적절하지 않은 때에 근거 없고, 일정한 의도가 없고, 이익이 없는 무의미한 말을 한다오. 쭌다여, 이와 같이 언어에 의한 네 가지 부정이 있다오.

쭌다여, 마음에 의한 세 가지 부정은 어떤 것인가? 쭌다여, 어떤 사람은 탐욕스럽다오. 그는 '아! 다른 사람의 것이 내 것이면 좋을 텐데'라고 생각하면서 다른 사람의 재물을 탐낸다오. 어떤 사람은 증오심을 갖는다오. 그는 '이 중생들을 죽여버리겠다. 때려죽이겠다. 찢어죽이겠다. 없애버리겠다. 존재하지 못하게 하겠다'라고 생각하는 악의(惡意)를 품는다오. 어떤 사람은 사견(邪見)을 가진다오. 그는 '보시(布施)의 과보(果報)도 없고, 공양(供養)의 과보도 없고, 헌공(獻供)의 과보도 없고, 선악업(善惡業)의 과보도 없다. 이 세상도 없고, 저세상도 없다. 부모도 없고, 중생의 화생(化生)[90]도 없다. 세상에는 이 세상과 저세상을 스스로 지혜로 체득하여 알려주는, 바른 삶과 바른 실천을 하는 사문과 바라문도 없다'라고 생각하는 뒤집힌[顚倒] 견해를 갖는다오. 쭌다여, 이와 같이 마음에 의한 세 가지 부정이 있다오.

쭌다여, 이들은 열 가지 불선업도(不善業道)라오. 쭌다여, 이들 열 가지 불선업도를 갖추면, 이른 아침 잠자리에서 일어나 땅을 만져도 청정하지 않고, 땅을 만지지 않아도 청정하지 않으며, 신선한 쇠똥을 만져도 청정하지 않고, 신선한 쇠똥을 만지지 않아도 청정하지 않으며, 푸른 풀을 만져도 청정하지 않고, 푸른 풀을 만지지 않아도 청정하지 않으며, 불의 신에게 예배해도 청정하지 않고, 불의 신에게 예배하지 않아도 청정하지 않으며, 합장하고 태양을 예경해도 청정하지 않고, 태양을 예경하지 않아도 청정하지 않으며, 밤중인 삼경에 물에 들어가서 목욕재계해도 청정하지 않고, 밤중인 삼경에 물에 들어가서 목욕재계하지 않아도 청정하지 않다오. 그 까닭은 무엇인가? 쭌다여, 이들 열 가지 불선업도는 청정하지 않고, 부정을 만드는 것이기 때문이라오. 쭌다여, 이들 열 가지 불선업도를 갖춤으로 인해서 지옥(地獄)이 나타나게 되고,[91] 축생의 모태(母胎)가 나타나게 되고, 아귀(餓鬼)의 영역이 나타나게 되고, 그 밖의 악취(惡趣)가 있게 된다오.

쭌다여, 몸에 의한 세 가지 청정(淸淨)이 있고, 언어에 의한 네 가지

90 'opapākika'의 번역.

91 'paññāyati'의 번역.

청정이 있고, 마음에 의한 세 가지 청정이 있다오.

쭌다여, 몸에 의한 세 가지 청정은 어떤 것인가? 쭌다여, 어떤 사람은 살생을 멀리하고, 살생하지 않는다오. 그는 몽둥이와 칼을 내려놓고, 부끄러워할 줄 알며, 연민을 가지고 모든 생명을 동정하여 이익을 주며 살아간다오. 어떤 사람은 도둑질을 멀리하고 도둑질을 하지 않는다오. 그는 마을이나 숲에 가서 주지 않은 다른 사람의 재물을 남몰래 훔치지 않는다오. 어떤 사람은 삿된 음행을 멀리하고 삿된 음행을 하지 않는다오. 그는 부모의 보호를 받는 여인, 형제의 보호를 받는 여인, 자매의 보호를 받는 여인, 친척의 보호를 받는 여인, 남편이 있는 여인, 법의 보호를 받는 여인, 결혼을 위해 화만으로 치장한 여인에 이르기까지, 그런 사람들과 관계를 갖지 않는다오. 쭌다여, 이와 같이 몸에 의한 세 가지 청정이 있다오.

쭌다여, 언어에 의한 세 가지 청정은 어떤 것인가? 쭌다여, 어떤 사람은 거짓말을 멀리하고, 거짓말을 하지 않는다오. 그는 집회에 가거나, 대중들에게 가거나, 문중에 가거나, 단체에 가거나, 법정에 가서 '그대는 아는 것을 말하라!'라고 증인으로서 심문받을 때, 알지 못하는 것은, '나는 모른다'라고 말하고, 아는 것은, '나는 안다'라고 말하고, 보지 못한 것은, '나는 보지 못했다'라고 말하고, 본 것은, '나는 보았다'라고 말한다오. 그는 이렇게 자신 때문에, 또는 다른 사람 때문에, 또는 하찮은 이익 때문에 고의로 거짓말을 하지 않는다오. 어떤 사람은 이간하는 말을 멀리하고, 이간하는 말을 하지 않는다오. 그는 여기에서 들은 것을 저기에 알려 화합을 파괴하지 않고, 저기에서 들은 것을 여기에 알려 화합을 파괴하지 않는다오. 그는 이렇게 분열을 화해하거나 단합하도록 하며. 화합을 즐기고, 화합을 좋아하고, 화합을 기뻐하면서 화합하는 말을 한다오. 어떤 사람은 추악한 말을 멀리하고, 추악한 말을 하지 않는다오. 그는 온화하고, 듣기 좋고, 사랑스럽고, 유쾌하고, 예의 바르고, 대중을 즐겁게 하는 말을 한다오. 어떤 사람은 잡담을 멀리하고, 잡담을 하지 않는다오. 그는 때에 맞고, 진실하고, 의미 있고, 진리에 맞고, 율에 맞는 말을 하는 자로서, 적절한 때에 근거 있고, 일정한 의도가 있고, 이익이 있는, 의미 있는 말을 한다오. 쭌다여, 이와 같이 언어에 의한 네 가지 청정이 있다오.

쭌다여, 마음에 의한 세 가지 청정은 어떤 것인가? 쭌다여, 어떤 사람은 탐욕스럽지 않다오. 그는 '아! 다른 사람의 것이 내 것이면 좋을 텐데'라고 생각하거나 다른 사람의 재물을 탐내지 않는다오. 어떤 사람은 증오심이 없다오. 그는 악의 없이 '이 중생들이 원한 없이, 평화롭고, 편안하고, 행복하게 자신을 보호하기 바란다'라고 생각한다오. 어떤 사람은 정견(正見)을 가진다오. 그는 '보시의 과보도 있고, 공양의 과보도 있고, 헌공의 과보도 있고, 선악업(善惡業)의 과보도 있다. 이 세상도 있고, 저세상도 있다. 부모도 있고, 중생의 화생(化生)도 있다. 세상에는 이 세상과 저세상을 스스로 지혜로 체득하여 알려주는, 바른 삶과 바른 실천을 하는 사문과 바라문도 있다'라고 생각하는 확실한 견해를 갖는다오. 쭌다여, 이와 같이 마음에 의한 세 가지 청정이 있다오.

쭌다여, 이들은 열 가지 선업도(善業道)라오. 쭌다여, 이들 열 가지 선업도를 갖추면, 이른 아침 잠자리에서 일어나 땅을 만져도 청정하고, 땅을 만지지 않아도 청정하며, 신선한 쇠똥을 만져도 청정하고, 신선한 쇠똥을 만지지 않아도 청정하며, 푸른 풀을 만져도 청정하고, 푸른 풀을 만지지 않아도 청정하며, 불의 신에게 예배해도 청정하고, 불의 신에게 예배하지 않아도 청정하며, 합장하고 태양을 예경해도 청정하고, 태양을 예경하지 않아도 청정하며, 밤중인 삼경에 물에 들어가서 목욕재계해도 청정하고, 밤중인 삼경에 물에 들어가서 목욕재계하지 않아도 청정하다오. 그 까닭은 무엇인가? 쭌다여, 이들 열 가지 선업도는 청정하고, 청정을 만드는 것이기 때문이라오. 쭌다여, 이들 열 가지 선업도를 갖춤으로 인해서 천신들이 나타나게 되고,[92] 인간들이 나타나게 되고, 그 밖의 선취(善趣)가 있게 된다오."

이와 같이 말씀하시자, 대장장이 쭌다는 세존께 이렇게 말씀드렸습니다.

"훌륭합니다. 세존이시여! … (중략) … 이제 저는 세존께 귀의합니다. 가르침과 비구 승가에 귀의합니다. 세존께서는 저를 청신사(淸信士)로 받아주소서. 오늘부터 살아있는 날까지 귀의하겠나이다."

A.10.18. 의도를 가지고(Sañcetanika) 〈A.10.207.〉

"비구들이여, 내가 말하나니, 의도를 가지고 지어서 쌓은 업은, (그 과보를) 받지 않으면 그치지 않는다오. 그것은 지금 여기에 나타나거나, 아니면 미래에 돌고 돌아서 나타난다오.[93] 비구들이여, 내가 말하나니, 의

---

92 'paññāyati'의 번역.

93 'nāhaṃ bhikkhave sañcetanikānaṃ kammānaṃ katānam upacitānaṃ appaṭisaṃviditvā vyantibhāvaṃ vadāmi, tañ ca kho diṭṭh'eva dhamme upapajjaṃ vā apare vā pariyāye'의 번역.

도를 가지고 지어서 쌓은 업은 (그 과보를) 받지 않으면 괴로움이 종식(終熄)되지 않는다오.[94] 비구들이여, 여기에서 나쁜 의도를 가지고 몸으로 행하는 악의(惡意)에 오염된 세 가지 행위는 괴로움을 가져오고 괴로운 과보가 있고, 나쁜 의도를 가지고 언어로 행하는 악의에 오염된 네 가지 행위는 괴로움을 가져오고 괴로운 과보가 있고, 나쁜 의도를 가지고 마음으로 행하는 악의에 오염된 세 가지 행위는 괴로움을 가져오고 괴로운 과보가 있다오.

비구들이여, 괴로움을 가져오고 괴로운 과보가 있는, 나쁜 의도를 가지고 몸으로 행하는 악의에 오염된 세 가지 행위는 어떤 것인가? 비구들이여, 어떤 사람은 살생을 한다오. 그는 생명에 대하여 자비심 없이 손에 피를 묻히고 잔인하게 살생을 일삼는다오. 어떤 사람은 주지 않은 것을 취한다오. 그는 마을이나 숲에 가서 주지 않은 다른 사람의 재물을 남몰래 훔친다오. 어떤 사람은 삿된 음행[邪淫]을 한다오. 그는 부모의 보호를 받는 여인, 형제의 보호를 받는 여인, 자매의 보호를 받는 여인, 친척의 보호를 받는 여인, 남편이 있는 여인, 법의 보호를 받는 여인, 심지어는 결혼을 위해 화만(華鬘)으로 치장한 여인에 이르기까지, 그런 사람들과 관계를 갖는다오. 비구들이여, 이와 같이 나쁜 의도를 가지고 몸으로 행하는 악의에 오염된 세 가지 행위는 괴로움을 가져오고 괴로운 과보가 있다오.

비구들이여, 괴로움을 가져오고 괴로운 과보가 있는, 나쁜 의도를

94 'nāhaṃ bhikkhave sañcetanikānaṃ kammānaṃ katānam upacitānaṃ appaṭisaṃviditvā dukkhass' antakiriyaṃ vadāmi'의 번역.

가지고 언어로 행하는 악의에 오염된 네 가지 행위는 어떤 것인가? 비구들이여, 어떤 사람은 거짓말을 한다오. 그는 집회에 가거나, 대중들에게 가거나, 문중(門中)에 가거나, 단체에 가거나, 법정에 가서 '그대는 아는 것을 말하라!'라고 증인으로서 심문받을 때, 알지 못하는 것을 '나는 안다'라고 말하고, 아는 것을 '나는 모른다'라고 말하고, 보지 못한 것을 '나는 보았다'라고 말하고, 본 것을 '나는 보지 못했다'라고 말한다오. 그는 이렇게 자신 때문에, 또는 다른 사람 때문에, 또는 하찮은 이익 때문에 고의로 거짓말을 한다오. 어떤 사람은 이간(離間)하는 말을 한다오. 그는 화합을 파괴하기 위하여 여기에서 들은 것을 저기에 알리고, 화합을 파괴하기 위하여 저기에서 들은 것을 여기에 알린다오. 그는 이렇게 화합을 파괴하고, 분열을 조장하고, 분열을 즐기고, 분열을 좋아하고, 분열을 기뻐하면서 분열시키는 말을 한다오. 어떤 사람은 추악한 말을 한다오. 그는 거칠고 난폭하고 신랄한 말로 남을 질책하고, 이웃에 화를 내면서, 삼매(三昧)로 이끌지 않는 말을 한다오. 어떤 사람은 잡담을 한다오. 그는 때에 맞지 않고, 진실하지 않고, 의미 없고, 진리에 맞지 않고, 율(律)에 맞지 않는 말을 하며, 적절하지 않은 때에 근거 없고, 일정한 의도가 없고, 이익이 없는 무의미한 말을 한다오. 이와 같이 나쁜 의도를 가지고 언어로 행하는 악의에 오염된 세 가지 행위는 괴로움을 가져오고 괴로운 과보가 있다오.

비구들이여, 괴로움을 가져오고 괴로운 과보가 있는, 나쁜 의도를 가지고 마음으로 행하는 악의에 오염된 세 가지 행위는 어떤 것인가? 비구들이여, 어떤 사람은 탐욕스럽다오. 그는 '아! 다른 사람의 것이 내 것이면 좋을 텐데'라고 생각하면서 다른 사람의 재물을 탐낸다오. 어떤 사람은 증오심을 갖는다오. 그는 '이 중생들을 죽여버리겠다. 때려죽이겠다. 찢어 죽이겠다. 없애버리겠다. 존재하지 못하게 하겠다'라고 생각하는 악의를 품는다오. 어떤 사람은 사견(邪見)을 가진다오. 그는 '보시의 과보도 없고, 공양의 과보도 없고, 헌공의 과보도 없고, 선악업의 과보도 없다. 이 세상도 없고, 저세상도 없다. 부모도 없고, 중생의 화생(化生)도 없다. 세상에는 이 세상과 저세상을 스스로 지혜로 체득하여 알려주는, 바른 삶과 바른 실천을 하는 사문과 바라문도 없다'라고 생각하는 뒤집힌[顚倒] 견해를 갖는다오. 비구들이여, 이와 같이 나쁜 의도를 가지고 마음으로 행하는 악의에 오염된 세 가지 행위는 괴로움을 가져오고 괴로운 과보가 있다오.

비구들이여, 나쁜 의도를 가지고 몸으로 행하는 악의에 오염된 세 가지 행위로 인하여, 나쁜 의도를 가지고 언어로 행하는 악의에 오염된 네 가지 행위로 인하여, 나쁜 의도를 가지고 마음으로 행하는 악의에 오염된 세 가지 행위로 인하여, 중생들은 몸이 무너져 죽은 후에 괴롭고, 험난하고, 고통스러운 지옥에 태어난다오.

비구들이여, 비유하면, 주사위를 위로 던지면 어디에 떨어져도 반듯하게 떨어지듯이, 비구들이여, 이와 같이 나쁜 의도를 가지고 몸으로 행하는 악의에 오염된 세 가지 행위로 인하여, 나쁜 의도를 가지고 언어로 행하는 악의에 오염된 네 가지 행위로 인하여, 나쁜 의도를 가지고 마음으로 행하는 악의에 오염된 세 가지 행위로 인하여, 중생들은 몸이 무너져 죽은 후에 괴롭고, 험난하고, 고통스러운 지옥에 태어난다오.

비구들이여, 내가 말하나니, 의도를 가지고 지어서 쌓은 업은, (그 과보를) 받지 않으면 그치지 않는다오. 그것은 지금 여기에 나타나거나, 아니면 미래에 돌고 돌아서 나타난다오. 비구들이여, 내가 말하나니, 의도를 가지고 지어서 쌓은 업은 (그 과보를) 받지 않으면 괴로움이 종식(終熄)되지 않는다오. 비구들이여, 여기에서 좋은 의도를 가지고 몸으로 행하는 훌륭한 세 가지 행위는 즐거움을 가져오고 즐거운 과보가 있고, 좋은 의도를 가지고 언어로 행하는 훌륭한 네 가지 행위는 즐거움을 가져오고 즐거운 과보가 있고, 좋은 의도를 가지고 마음으로 행하는 훌륭한 세 가지 행위는 즐거움을 가져오고 즐거운 과보가 있다오.

비구들이여, 즐거움을 가져오고 즐거운 과보가 있는, 좋은 의도를 가지고 몸으로 행하는 훌륭한 세 가지 행위는 어떤 것인가? 비구들이여, 어떤 사람은 살생을 멀리하고, 살생하지 않는다오. 그는 몽둥이와 칼을 내려놓고, 부끄러워할 줄 알며, 연민을 가지고 모든 생명을 동정하여 이익을 주며 살아간다오. 어떤 사람은 도둑질을 멀리하고 도둑질을 하지 않는다오. 그는 마을이나 숲에 가서 주지 않은 다른 사람의 재물을 남몰래 훔치지 않는다오. 어떤 사람은 삿된 음행[邪淫]을 멀리하고 삿된 음행을 하지 않는다오. 그는 부모의 보호를 받는 여인, 형제의 보호를 받는 여인, 자매의 보호를 받는 여인, 친척의 보호를 받는 여인, 남편이 있는 여인, 법의 보호를 받는 여인, 결혼을 위해 화만으로 치장한 여인에 이르기까지, 그런 사람들과 관계를 갖지 않는다오. 비구들이여, 이와 같이 좋은 의도를 가지고 몸으로 행하는 훌륭한 세 가지 행위는 즐거움을 가져오고 즐거운 과보가 있다오.

비구들이여, 즐거움을 가져오고 즐거운 과보가 있는, 좋은 의도를 가지고 언어로 행하는 훌륭한 네 가지 행위는 어떤 것인가? 비구들이여, 어떤 사람은 거짓말을 멀리하고, 거짓말을 하지 않는다오. 그는 집회에 가거나, 대중들에게 가거나, 문중에 가거나, 단체에 가거나, 법정에 가서 '그대는 아는 것을 말하라!'라고 증인으로서 심문받을 때, 알지 못하는 것은, '나는 모른다'라고 말하고, 아는 것은, '나는 안다'라고 말하고, 보지 못한 것은, '나는 보지 못했다'라고 말하고, 본 것은, '나는 보았다'라고 말한다오. 그는 이렇게 자신 때문에, 또는 다른 사람 때문에, 또는 하찮은 이익 때문에 고의로 거짓말을 하지 않는다오. 어떤 사람은 이간하는 말을 멀리하고, 이간하는 말을 하지 않는다오. 그는 여기에서 들은 것을 저기에 알려 화합을 파괴하지 않고, 저기에서 들은 것을 여기에 알려 화합을 파괴하지 않는다오. 그는 이렇게 분열을 화해하거나 단합하도록 하며. 화합을 즐기고, 화합을 좋아하고, 화합을 기뻐하면서 화합하는 말을 한다오. 어떤 사람은 추악한 말을 멀리하고, 추악한 말을 하지 않는다오. 그는 온화하고, 듣기 좋고, 사랑스럽고, 유쾌하고, 예의 바르고, 대중을 즐겁게 하는 말을 한다오. 어떤 사람은 잡담을 멀리하고, 잡담을 하지 않는다오. 그는 때에 맞고, 진실하고, 의미 있고, 진리에 맞고, 율(律)에 맞는 말을 하는 자로서, 적절한 때에 근거 있고, 일정한 의도가 있고, 이익이 있는, 의미 있는 말을 한다오. 비구들이여, 이와 같이 좋은 의도를 가지고 언어로 행하는 훌륭한 세 가지 행위는 즐거움을 가져오고 즐거운 과보가 있다오.

비구들이여, 즐거움을 가져오고 즐거운 과보가 있는, 좋은 의도를 가지고 마음으로 행하는 훌륭한 세 가지 행위는 어떤 것인가? 어떤 사람은 탐욕스럽지 않다오. 그는 '아! 다른 사람의 것이 내 것이면 좋을 텐데'라고 생각하거나 다른 사람의 재물을 탐내지 않는다오. 어떤 사람은 증오심이 없다오. 그는 악의 없이 '이 중생들이 원한 없이, 평화롭고, 편안하고, 행복하게 자신을 보호하기 바란다'라고 생각한다오. 어떤 사람은 정견(正見)을 가진다오. 그는 '보시의 과보도 있고, 공양의 과보도 있고, 헌공의 과보도 있고, 선악업의 과보도 있다. 이 세상도 있고, 저세상도 있다. 부모도 있고, 중생의 화생도 있다. 세상에는 이 세상과 저세상을 스스로 지혜로 체득하여 알려주는, 바른 삶과 바른 실천을 하는 사문과 바라문도 있다'라고 생각하는 확실한 견해를 갖는다오. 비구들이여, 이와 같이 좋은 의도를 가지고 마음으로 행하는 훌륭한 세 가지 행위는 즐거움을 가져오고 즐거운 과보가 있다오.

비구들이여, 좋은 의도를 가지고 몸으로 행하는 훌륭한 세 가지 행위로 인하여, 좋은 의도를 가지고 언어로 행하는 훌륭한 네 가지 행위로 인하여, 좋은 의도를 가지고 마음으로 행하는 훌륭한 세 가지 행위로 인하여, 중생들은 몸이 무너져 죽은 후에 행복한 천상세계(天上世界)에 태어난다오.

비구들이여, 비유하면, 주사위를 위로 던지면 어디에 떨어져도 반듯하게 떨어지듯이, 비구들이여, 이와 같이 좋은 의도를 가지고 몸으로 행하는 훌륭한 세 가지 행위로 인하여, 좋은 의도를 가지고 언어로 행하는 훌륭한 네 가지 행위로 인하여, 좋은 의도를 가지고 마음으로 행하는 훌륭한 세 가지 행위로 인하여, 중생들은 몸이 무너져 죽은 후에 행복한 천상세계에 태어난다오.

비구들이여, 내가 말하나니, 의도를 가지고 지어서 쌓은 업은, (그 과보를) 받지 않으면 그치지 않는다오. 그것은 지금 여기에 나타나거나,

아니면 미래에 돌고 돌아서 나타난다오.[95] 비구들이여, 내가 말하나니, 의도를 가지고 지어서 쌓은 업은 (그 과보를) 받지 않으면 괴로움이 종식(終熄)되지 않는다오."

A.10.19. 업(業)에서 생긴 몸(Karajakāya) 〈A.10.208.〉

"비구들이여, 내가 말하나니, 의도를 가지고 지어서 쌓은 업은, (그 과보를) 받지 않으면 그치지 않는다오. 그것은 지금 여기에 나타나거나, 아니면 미래에 돌고 돌아서 나타난다오. 비구들이여, 내가 말하나니, 의도를 가지고 지어서 쌓인 업은 (그 과보를) 받지 않으면 괴로움이 종식(終熄)되지 않는다오.

비구들이여, 성자의 제자는 탐욕이 없고, 악의가 없고, 흐리멍덩하지 않고, 알아차리고, 주의집중을 확립하여 자애로운 마음[慈]으로 한 쪽을 가득 채우고 살아간다오. 그와 같이 두 번째, 세 번째, 네 번째 방향을 가득 채우고 살아간다오. 이와 같이 위로, 아래로, 사방으로, 모든 곳에 빠짐없이, 온 세상을 편재(遍在)하고 광대하고 무한하게, 원한 없고 폭력 없는 자애로운 마음으로 가득 채우고 살아간다오.

그는 '이전에 나의 마음은 수련되지 않아서 옹졸했었다. 그런데 지금 나의 이 마음은 잘 수련되어 한계가 없다. 그래서 한계를 만드는

---

95 'nāhaṃ bhikkhave sañcetanikānaṃ kammānaṃ katānam upacitānaṃ appaṭisaṃviditvā vyantibhāvaṃ vadāmi, tañ ca kho diṭṭh' eva dhamme upapajjaṃ vā apare vā pariyāye'의 번역.

업은[96] 어떤 것도 거기에 남아있지 않고, 머물고 있지 않다'라고 통찰한다오.

비구들이여, 어떻게 생각하는가? 어린 시절에 처음부터 어린이가 이 자애(慈愛)로운 마음[慈]에 의한 심해탈(心解脫)을[97] 수련한다면, 그가 사악한 업을 짓겠는가?"

"세존이시여, 결코 그렇지 않을 것입니다."

"그가 사악한 업을 짓지 않았는데, 괴로움을 겪겠는가?"

"세존이시여, 결코 그렇지 않을 것입니다. 세존이시여, 그가 사악한 업을 짓지 않았는데, 어찌 괴로움을 겪겠습니까?"

"비구들이여, 여자든 남자든, 자애로운 마음에 의한 심해탈을 수련해야 한다오. 비구들이여, 여자든 남자든, 이 몸을 가지고 가는 것이 아니라오.[98] 비구들이여, 마음속에 언젠가 죽어야 할 인간이 있다오.[99] 그는 '내가 여기에서 과거에 업에서 생긴 몸으로 지은 사악한 업은 어떤 것이든지 모두 여기에서 (그 과보를) 겪어버리고, 그것이 따라오지 못하게 하겠다'[100]라고 통찰한다오. 비구들이여, 이와 같이 통찰한 비구는

---

96 'pamānakataṃ kammaṃ'의 번역.

97 'mettācetovimuttiṃ'의 번역.

98 'nāyaṃ kāyo ādāya gamanīyo'의 번역.

99 'cittantaro ayaṃ bhikkhave macco'의 번역.

100 'yaṃ kho me idha kiñci pubbe iminā karajakāyena pāpakammaṃ kataṃ, sabban taṃ idha vedanīyaṃ, na taṃ anugaṃ bhavissatī ti'의 번역.

더 높은 해탈을 성취하지 못할지라도,[101] 이와 같이 수련된 자애로운 마음에 의한 심해탈은 불환과(不還果)로 이어진다오.[102]

비구들이여, 다음으로 성자의 제자는 연민하는 마음[悲]으로, … (중략) … 기뻐하는 마음[喜]으로, … (중략) … 평정한 마음[捨]으로 한쪽을 가득 채우고 살아간다오. 그와 같이 두 번째, 세 번째, 네 번째 방향을 가득 채우고 살아간다오. 이와 같이 위로, 아래로, 사방으로, 모든 곳에 빠짐없이, 온 세상을 편재(遍在)하고 광대하고 무한하게 연민하는 마음, 기뻐하는 마음, 평정한 마음으로 가득 채우고 살아간다오.

그는 '이전에 나의 마음은 수련되지 않아서 옹졸했었다. 그런데 지금 나의 이 마음은 잘 수련되어 한계(限界)가 없다. 그래서 한계를 만드는 업은 어떤 것도 거기에 남아있지 않고, 머물고 있지 않다'라고 통찰한다오.

비구들이여, 어떻게 생각하는가? 어린 시절에 처음부터 어린이가 이 연민하는 마음에 의한 심해탈, 기뻐하는 마음에 의한 심해탈, 평정한 마음에 의한 심해탈을 수련한다면, 그가 사악한 업을 짓겠는가?"

"세존이시여, 결코 그렇지 않을 것입니다."

"그가 사악한 업을 짓지 않았는데, 괴로움을 겪겠는가?"

"세존이시여, 결코 그렇지 않을 것입니다. 세존이시여, 그가 사악한 업을 짓지 않았는데, 어찌 괴로움을 겪겠습니까?"

"비구들이여, 여자든 남자든, 연민하는 마음에 의한 심해탈, 기뻐

---

101 'idha paññ'assa bhikkhuno uttariṃ vimuttiṃ appaṭivijjhato'의 번역.

102 'evaṃ bhāvitā kho bhikkhave mettācetovimutti anāgāmittāya saṃvattati'의 번역.

하는 마음에 의한 심해탈, 평정한 마음에 의한 심해탈을 수련해야 한다오. 비구들이여, 여자든 남자든, 이 몸을 가지고 가는 것이 아니라오. 비구들이여, 마음속에 언젠가 죽어야 할 인간이 있다오. 그는 '내가 여기에서 과거에 업에서 생긴 몸으로 지은 사악한 업은 어떤 것이든지 모두 여기에서 (그 과보를) 겪어버리고, 그것이 따라오지 못하게 하겠다'라고 통찰한다오. 비구들이여, 이와 같이 통찰한 비구는 더 높은 해탈을 성취하지 못할지라도, 이와 같이 수련된 연민하는 마음에 의한 심해탈, 기뻐하는 마음에 의한 심해탈, 평정한 마음에 의한 심해탈은 불환과로 이어진다오."

精選 앙굿따라 니까야

2023년 09월 04일 초판 1쇄 발행

지은이 이중표
발행인 박상근(至弘) • 편집인 류지호 • 편집이사 양동민
편집 김재호, 양민호, 김소영, 최호승, 하다해 • 디자인 쿠담디자인
제작 김명환 • 마케팅 김대현, 이선호 • 관리 윤정안
콘텐츠국 유권준, 정승채
펴낸 곳 불광출판사 (03169) 서울시 종로구 사직로10길 17 인왕빌딩 301호
대표전화 02) 420-3200 편집부 02) 420-3300 팩시밀리 02) 420-3400
출판등록 제300-2009-130호(1979. 10. 10.)

ISBN 979-11-92997-83-4 (04220)
978-89-7479-668-6 (04220) (세트)

값 30,000원

석학 이중표 명예교수의 불교철학 시리즈!

- **정선 디가 니까야**
『디가 니까야』 가운데 가장 핵심적인 12개의 경을 선정하여 번역하고 주석과 해설을 덧붙였다. 불교 교리의 정수를 담았다.
이중표 역해 | 532쪽 | 28,000원

- **정선 맛지마 니까야**
『맛지마 니까야』 가운데 가장 핵심적인 70개의 경을 선정하여 번역하고 주석과 해설을 덧붙였다. 37조도품과 9차제정 등 불교 수행의 모든 과정을 담았다.
이중표 역해 | 888쪽 | 39,000원

- **정선 쌍윳따 니까야**
『쌍윳따 니까야』 2,889개의 경 가운데 500여 개의 경을 선정하여 번역하고 주석과 해설을 덧붙였다. 온(蘊)·처(處)·계(界)·연기의 교학과 37도품의 수행 체계를 핵심 주제로 설명한다.
이중표 역해 | 801쪽 | 39,000원

- **니까야로 읽는 반야심경**
『반야심경』의 '반야'와 '공(空)' 사상의 원류를 초기경전 『니까야』에서 찾아 분석하였다. 『니까야』를 통해 『반야심경』의 탄생 배경과 사용된 용어들의 진의를 알 수 있다.
이중표 역해 | 272쪽 | 20,000원

- **니까야로 읽는 금강경**
산스크리트어, 빠알리어, 한문 원전의 꼼꼼한 해석을 바탕으로 『금강경』 속 언어의 모순, 관념, 보살, 깨달음, 자비, 지혜를 하나의 흐름으로 파악할 수 있게 하였다. 『금강경』이 설하는 언어의 세계와 보살의 길을 바르게 이해하는 방법을 제시한다.
이중표 역해 | 400쪽 | 28,000원